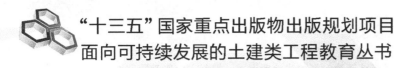

"十三五"国家重点出版物出版规划项目
面向可持续发展的土建类工程教育丛书

SUSTAINABLE
DEVELOPMENT

房地产项目投资与策划

宋永发　编著

本书将我国国民经济转型时期的房地产调控、投资方向作为研究对象，重点介绍了我国保障性住房、长租公寓、养老地产项目、以产业为导向的特色小镇、舒缓中心城市非主流功能的卫星城等新型房地产投资项目的策划。本书改变了以往以商品住宅为策划对象的研究模式，对"调结构、补短板"相关房地产项目的投资与策划提出新的内容与方法，融入了产品更新换代、新科学技术应用、人与自然和谐相处、循环经济、消费者支付意愿等新理念，并通过案例阐释了全新的策划理念与创意。

本书主要作为工程管理、房地产经营与管理、经济类专业本科生教材或教学参考书，也可作为相关专业研究生的教材或教学参考书，还可供工程项目管理、房地产开发等从业人员学习参考。

图书在版编目（CIP）数据

房地产项目投资与策划/宋永发编著.—北京：机械工业出版社，2020.10（2022.1 重印）

（面向可持续发展的土建类工程教育丛书）

"十三五"国家重点出版物出版规划项目

ISBN 978-7-111-66514-4

Ⅰ.①房… Ⅱ.①宋… Ⅲ.①房地产投资-策划 Ⅳ.①F293.353

中国版本图书馆 CIP 数据核字（2020）第 172402 号

机械工业出版社（北京市百万庄大街22号　邮政编码100037）
策划编辑：冷　彬　责任编辑：冷　彬　舒　宜
责任校对：朱继文　封面设计：张　静
责任印制：郜　敏
北京盛通商印快线网络科技有限公司印刷
2022 年 1 月第 1 版第 2 次印刷
184mm×260mm·18.5 印张·470 千字
标准书号：ISBN 978-7-111-66514-4
定价：49.80 元

电话服务　　　　　　　　网络服务
客服电话：010-88361066　机　工　官　网：www.cmpbook.com
　　　　　010-88379833　机　工　官　博：weibo.com/cmp1952
　　　　　010-68326294　金　书　网：www.golden-book.com
封底无防伪标均为盗版　机工教育服务网：www.cmpedu.com

前　言

党的十九大报告提出"坚持房子是用来住的、不是用来炒的定位，加快建立多主体供给、多渠道保障、租购并举的住房制度，让全体人民住有所居"，强调了"住有所居"，并再次明确了"房住不炒"。显然，这将成为未来我国住房政策的核心指导思想。

作为中国特色社会主义的先行示范区以及大湾区的核心，深圳率先于2018年启动了第二次房改，这是自1998年我国住宅市场化改革之后的标志性、根本性的变革，是实现居者有其屋的重要保障和建立长效机制的重要手段，对我国房地产市场也将起到示范作用。土地供给方面，2019年8月，《土地管理法》进行了第三次修订，正式确定集体土地直接入市的合法性，对现有土地出让政策具有深远和重大影响，将彻底改变房地产租赁市场的供给关系。此外，雄安新区的保障房制度是房地产市场的另一个创新，是发展人才战略的重要手段，也将具有标杆作用。

基于党的十九大确定的房地产定位、《土地管理法》的修订和地方人才的发展战略，本书重点论述了我国保障性住房、长租公寓、养老地产项目、以产业为导向的特色小镇、舒缓中心城市非主流功能的卫星城等新型房地产投资项目的投资与策划。全书以落实"三降一退一补"为目标，结合近期国家和地方的政策，对"调结构、补短板"的房地产项目提出了新的内容和策划方法，提出了符合国家产业政策引导方向、绿色环保、节能减排、建筑工业化、住宅产业化的市场发展的策略，此外，本书还编入大量案例，通过案例体现全新的策划理念与创意，全面系统地介绍房地产投资、开发、策划全过程。

本书的特点及创新性概括如下：

1) 内容符合国家的宏观经济政策、产业政策以及区域规划发展需要。

2) 改变以商品住宅为策划主体的模式，以房地产投资"调结构、补短板"的要求为核心，重点论述了养老地产项目、保障性住房、长租公寓、特色小镇、卫星城等新型房地产项目的投资与策划，结合国家的经济政策调整编写内容，在策划方法、产品设计、市场定位、客户群体、营销手段等方面进行系统的介绍和论述，符合当前房地产投资的发展方向和教学内容的要求，填补了相关教材的空白。

3) 通过分析以"补短板"及人口政策为核心的房地产投资项目，对政策环境对消费者的影响进行了阐释。

4) 结合大量实际工程案例对上述项目进行了综合分析，并对产品设计、新技术应用、绿色环保、节能减排、建筑工业化及产业化、循环经济等方面的策划内容予以介绍。

5）依据房地产市场发展的前景，对房地产企业转型进行了分析和论证。

总之，本书力求系统性、理论性与实践性相结合，使读者能够了解和掌握房地产投资项目与策划的发展方向。同时，本书列举了大量国内外工程项目的经典案例，增强了实用性、时效性与可读性。

大连理工大学研究生陈鹏慧、王晓莹、米雪、于贝妮、杨璐瑶等参与了资料收集整理工作，在此对他们表示感谢。本书在编写过程中参考了许多同行专家出版的专著、发表的文章及论文，谨对各位作者表示衷心感谢。

由于编著者水平有限，加之时间仓促，本书难免存在错误和不妥之处，敬请读者批评指正。

编著者

目 录

前 言

第1章 房地产项目投资概述 / 1
1.1 概述 / 1
1.2 产业政策与房地产投资 / 11
1.3 区域经济与房地产投资 / 25
1.4 如何建立房地产的长效机制 / 39

第2章 房地产项目策划 / 43
2.1 策划概述 / 43
2.2 房地产项目策划的含义及特征 / 48
2.3 房地产项目策划的作用及地位 / 50
2.4 房地产项目策划的原则 / 51
2.5 房地产项目策划的内容及程序 / 53
2.6 房地产项目策划的模式 / 56
2.7 房地产项目策划的现状、问题及发展趋势 / 58

第3章 房地产项目市场调查 / 61
3.1 市场调查的作用、特点及原则 / 61
3.2 市场调查的内容 / 65
3.3 市场调查的类型和方法 / 70
3.4 市场调查报告的编制 / 82
3.5 开发商与市场调查机构的合作 / 89

第4章 消费者心理行为分析 / 91
4.1 消费者心理分析 / 91
4.2 社会文化、家庭生命周期对消费者的影响 / 92
4.3 政策环境对消费者的影响 / 94

第5章 养老地产项目策划 / 101
5.1 养老产业政策发展历程 / 101

5.2 人口老龄化分析 / 106
5.3 养老地产需求分析 / 113
5.4 养老模式分析 / 119
5.5 适老化住宅标准化设计 / 137
5.6 消费者支付能力研究与发展建议 / 142
5.7 国内外养老地产案例分析 / 143

第 6 章 保障性住房及共有产权住房项目策划 / 151

6.1 保障性住房体制及其相应政策 / 151
6.2 保障性住房策划要点 / 160
6.3 共有产权住房体制及其相应政策 / 162
6.4 共有产权住房定价分析 / 169
6.5 案例分析 / 171

第 7 章 长租公寓项目策划 / 175

7.1 长租公寓项目投资分析 / 175
7.2 长租公寓产品设计策略 / 186
7.3 长租公寓项目定价策略 / 189
7.4 长租公寓项目案例分析 / 190

第 8 章 特色小镇项目策划 / 196

8.1 特色小镇项目政策及投资机会 / 196
8.2 国内外特色小镇成功经验分析 / 203
8.3 特色小镇发展模式 / 208
8.4 特色小镇规划及产品策划 / 213
8.5 特色小镇招商引资策划 / 223
8.6 特色小镇项目案例分析 / 227

第 9 章 区域规划与卫星城策划 / 232

9.1 粤港澳大湾区的发展模式 / 232
9.2 承接非首都核心功能——雄安 / 242
9.3 轨道交通缩小城市空间——卫星城 / 249

第 10 章 房地产企业的转型之路 / 261

10.1 房地产发展现状 / 261
10.2 销售型转为自持型 / 265
10.3 存量房时代的发展出路 / 271
10.4 不同层次房地产企业的发展之路 / 277

参考文献 / 286

第 1 章

房地产项目投资概述

当前，我国经济发展已进入新常态，国内经济增速从高速转向中高速，经济结构不断改进和升级。房地产行业作为我国经济的支柱产业，在新常态下将依然发挥重要作用。2016年中央经济工作会议指出，要坚持"房子是用来住的、不是用来炒的"的定位；十九大报告中再次强调了"房住不炒"，并提出"要加快建立多主体供给、多渠道保障、租购并举的住房制度，让全体人民住有所居"。因此，未来的房地产投资也不应仅仅局限于单一的传统商品住宅，而要逐渐面向多层次房地产投资与消费市场，如保障性住房、养老地产等。

为此，本章首先介绍房地产投资的相关概念、其与GDP的关系、未来房地产业转型，接着从产业政策和区域经济两方面分别阐述未来房地产投资的发展方向，最后结合十九大提出的"房住不炒"理念，探讨构建房地产长效机制的必要性并提出相关政策建议。

1.1 概述

1.1.1 房地产业概述

1. 房地产业的概念

在介绍房地产项目投资之前，不得不提到"房地产业"这个名词。所谓产业，是指提供同样或相近产品和服务的企业的集合。围绕着房地产这一经济物品的生产和流通，众多的相关企业被抽象为一个集合，即房地产业。当前一些论著对房地产业的定义可以说是大同小异。相同之处在于，都将房地产业看作一个独立的产业部门；认为房地产经济活动和经济实体是房地产业的基础；也都强调了房地产业中具体经营活动的多样性。

从房地产业实践来看，房地产业是指以提供房地产产品为目的的相关企业及其经济活动的集合。具体来说，房地产业除了提供房地产直接产品的房地产开发经营业务外，还包括以房地产为对象在相关领域中提供服务的行业，如物业管理业、中介服务业和房地产金融业、房地产保险业等，其中中介服务业又包括房地产咨询、房地产价格评估和房地产经纪等活动。

2. 房地产业兴起的城市化背景

（1）城市化概念

《城市化发展学原理》将城市化定义为：城市化是一个变传统落后的乡村社会为现代先进的城市社会的自然历史过程。可进一步分五个层次来表述：一是农村地域不断转化为城市区域并最终为城市文明所同化，如新型城区、城市的形成，老城区规模的不断扩张；二是乡村村落自身内部的城市化建设，如江苏的华西村改造成小城镇；三是城市的城市化，即原有的城市适应城市化进程的要求而不断地完善和发展，如原有城市改造、扩张功能转型；四是作为相关学科研究对象的城市化，如人口城市化、地理城市化、经济城市化、社会城市化、生态城市化等；五是抽象的城市化，即综合以上四个层次作为一个系统性的完整运动过程的城市化。

美国学者弗里德良将城市化分为城市化Ⅰ和城市化Ⅱ，前者包括人口和非农业活动在规模不同的城市环境中的地域集中的过程，非城市景观转化为城市景观的地域推进过程；后者包括城市文化生活方式、价值观念在乡村的扩散过程。如果从城市化的"S"曲线来划分城市化的不同阶段，通常可以分为初期、中期和后期。

关于城市化的定义及阶段划分理论还有很多，但综合来看，有关城市化的定义大体上都包含了两个宏观层面的意思：一个是可见的、物化了的或者说实体性的城市化过程，另一个是抽象的、精神上的城市化过程。就是说，第一个层面是城市化的数量过程，第二个层面是城市化的质量过程。而本节所探讨的"房地产业兴起的城市化背景"中的城市化，讨论的恰恰是第一个层面的问题，即在可见的、物化了的或者实体性的城市化过程中房地产的地位和作用以及它们之间的关系。

（2）城市化与房地产的兴起

房地产业的兴起有着深刻的经济基础和客观的社会需求。18世纪产业革命以来，工业化与城市化的发展直接导致了迫切的城市住房问题。各国在经济发展的过程中都不可避免地将发展房地产业作为有效解决城市住房问题的主要途径。因此可以说，工业化与城市化直接催生了房地产业的形成与快速发展。具体来说，城市化在导致城市人口持续增长的同时，直接产生了大规模的住房需求，从而推动了房地产业的兴起。

另外，房地产业不仅是城市化的产物，而且也是推进城市化发展和提高城市现代化水平的重要力量。1998年之前，我国的城市化率增长缓慢，但从1999年开始，城市化进程明显加速。截至2018年，我国居住在城镇的人口增加至83137万人，城市化率从1998年的33.35%上升到59.58%[○]。

（3）房地产业的发展应结合新型城镇化的内涵

党的十八大中，"新型城镇化"被明确为国家未来发展的重大战略之一，规划提出了"三个一亿人"的城镇化目标，即"促进约一亿人农业转移人口落户城镇，改造约一亿人居住的城镇棚户区和城中村，引导约一亿人在中西部地区就近城镇化"。而前文也提到，房地产业的发展与城镇化息息相关，因此房地产业要想取得长足的发展，势必要和新型城镇化结合，领会新型城镇化的深刻内涵。具体来说，新型城镇化具有以下四个方面的内涵：

1）经济新常态下的城镇化。新型城镇化正是在经济发展步入新常态的大环境下进行

○ 数据来源：中国统计年鉴。

的。因此，新常态的经济发展新阶段自然对城镇化提出了新的要求。推进城镇化健康发展是优化经济发展空间格局的重要内容，要有历史耐心，不能急于求成。为了适应经济发展方式转变和经济结构调整优化的新常态，新型城镇化必然要走内涵式和集约型发展道路，着力优化城镇空间布局结构，深入挖掘存量建设用地潜力，大力提高土地资源特别是存量用地资源的配置效率。

2）人口的城镇化。大量农业转移人口难以融入城市社会，市民化进程滞后是传统城镇化的一大弊端。根据中国社会科学院2013年7月发布的《城市蓝皮书》，2011年全国农业转移人口市民化程度仅有40%左右。当前，农民工已成为我国产业工人的主体，受城乡分割的户籍制度影响，被统计为城镇人口的农民工及其随迁家属有2.34亿人，他们未能在教育、就业、医疗、养老、保障性住房等方面享受城镇居民的基本公共服务，产城融合不紧密，产业集聚与人口集聚不同步，城镇化滞后于工业化。

对此，新型城镇化强调以人为本，有序推进农业转移人口市民化。其主要任务是解决已经转移到城镇就业的农业人口落户问题，努力提高农民工融入城镇的程度。另外，还要统筹推进户籍制度改革与基本公共服务均等化，通过实施差别化的落户政策，把有能力、有意愿、长期在城镇务工经商的农民工及其家属逐步转为城镇居民。通过实施居住证制度，使在城镇就业居住但未落户的城镇常住人口能够享受相应的城镇基本公共服务。

3）资源节约型和环境友好型的城镇化。目前，我国的建设用地增速较快、粗放利用的阶段性特征还很明显。城镇用地增长较快，村庄用地不降反升；许多地方普遍存在建设用地结构失衡、利用粗放、效率低等问题。而且，由于东中西部城镇化进程的不平衡，还会诱致污染的集聚，比如京津冀、长江三角洲、珠江三角洲三大城市群，以2.8%的国土面积集聚了18%的人口，进而对城镇环境的承载力和城市生态的可持续发展带来了巨大压力。

因此，新型城镇化强调要按照严守底线、调整结构、深化改革的思路，严控增量，盘活存量，切实提高城镇建设用地集约化程度。按照促进生产空间集约高效、生活空间宜居适度、生态空间山清水秀的总体要求，形成生产、生活、生态空间的合理结构。换而言之，就是要推进绿色发展、循环发展、低碳发展，要节约集约利用水、土地、能源等资源，强化生态修复和环境治理，推进绿色城市的建设，推动形成绿色低碳的生产生活方式和城市建设运营管理模式，尽可能地减少对自然的干扰，尽可能降低对环境的损害。

4）城乡一体化发展的城镇化。一方面，城镇化给农村带来一些新的矛盾与问题。例如：相当多的农村劳动力在城镇就业，作为劳动力输出地的农村出现了空心村与老龄化问题。这不仅导致从事农业生产的劳动力短缺，影响国家粮食安全；还造成城镇化过程中城市和农村建设用地"双增加"。另一方面，传统的城镇化无法有效统筹城乡发展。工业化、城镇化带来的社会财富的整体增加并未很好地惠及广大农村和农民。城乡差距依旧显著，农村和农民尚无机会充分积累能够实现其后发展的财富，也尚未找到可行的发展道路。

3. 房地产业的关联特性

房地产业是一个横跨生产领域、流通领域和消费领域的产业部门，是一个内容广泛的紧密联系的产业群。发展经济学家罗斯托认为，一个高速增长的部门，其效果可以通过后向、前向和环向三个关联效应来促进国民经济的发展。从这一理论出发，可以发现房地产业与其他产业之间存在着三种形式的关联：一是后向关联，指房地产业与向其提供投入要素的产业之间的联系，如原材料业、制造业、电力、热力等；二是前向关联，指房地产业与那些直接以房地产产品为经济活动前提的产业之间的联系，房地产业的前向关联产业覆盖所有层次的产业，即第一、第二和第三产业；三是环向关联，其是指既向本产业提供生产要素又将本产业的产品或服务作为其生产要素的产业之间的关联，表现为该产业通过需求拉动和供给推动对相关产业产生的总效应，也称为带动效应。

具体来说，房地产业涉及建筑、建材、交通、能源、冶金、轻工、化工、电子、通信、机械等40多个行业的2000多个品种，其中一些产业不仅与房地产业相关性较大，而且在国民经济中地位也较突出。比如：房地产业对建筑业具有直接的带动作用，而建筑业在促进经济增长、增加就业上也具有重要的作用。再比如，房地产业对建材业、建筑机械设备业、冶金业、化工业、电子业、仪表业的发展具有重要的促进作用。当然，房地产业对金融业也具有重要的推动作用。

1.1.2 房地产投资的含义与一般过程

1. 房地产投资的含义

房地产投资，即房地产项目投资，是指房地产投资者为了获取预期的投资收益而将资本投入到房地产开发经营领域内及房地产金融资产上，以获得最大限度利润的经济行为。从某种意义上讲，房地产投资是为了获得房地产产权（置业投资），或者是在进行房地产开发后，利用房地产（产权）交易来实现资本增值。

房地产投资是房地产业的基础，它以形成新的房地产价值为表现结果。房地产投资包括房地产实业投资和房地产金融资产投资。房地产实业投资主要是将资本投入到房地产开发、经营、中介服务及物业管理服务等经济活动中；房地产金融资产投资是指通过购买房地产证券（股票、债券、房地产信托），达到进行房地产投资活动的目的。

在房地产投资中，地产是第一性的，房产是第二性的，因为在物质形态上房产与地产总是连接为一体的，房依地建，地为房用，房地不可分离；在法律上，获得了房产的所有权，实际上同时取得了所占用土地的使用权；在经济上，地价包括在房价之中，房价是地价的折射反映。

2. 房地产投资的一般过程

房地产投资过程实际上就是房地产项目开发经营的全过程，房地产投资周期长、环节多，是个相当复杂的过程，房地产投资过程与开发过程是类似的，不过其侧重点不同。概括而言，房地产投资过程大体可分为投资可行性分析、土地开发权的获得、房地产开发建设及房地产销售经营四个阶段。

（1）投资可行性分析

一旦做出房地产投资决策，资金投入就是一个难以逆转的持续过程。投资决策准确是确保房地产开发项目成功的关键。若投资决策失误，就会导致重大损失。因此，慎重地进行房地产投资决策，是房地产开发经营的必要前提。要保证投资决策成功，就必须在充分的市场调查分析、科学的财务分析的基础上，认真做好可行性分析研究。

（2）土地开发权的获得

这一过程是土地使用权或产权的取得与议价程序。做出投资决策以后，必须确定采取土地招拍挂、合作开发或长期租赁等方式获得土地开发权。

要明确获得土地的程序及与土地所有者议价的程序，确定土地产权的取得成本。在这个环节中，是从一级市场通过批租形式获得土地，还是从二级市场购得土地，其具体法律手续各有差异，必须弄清楚其中的每一个环节，以免产生不必要的纠纷。由于土地（房地产）为良好的担保品，土地使用权取得成本巨大，所以大多数投资者会运用财务杠杆向金融机构融资以取得土地使用权。不同的金融单位其信用成本与融资条件不同，因而在进行融资活动时，要详细评估投资计划与各种融资机会，以选择最有利的融资方式。

(3) 房地产开发建设

房地产开发首先要取得政府立项和规划许可。立项和规划涉及资金运作及水、电、气、路等各项配套条件，是一项相当繁杂而且又十分重要的工作。在房地产开发过程中，立项和规划与投资决策、土地使用权获得一起被称为开发前期阶段。

在上述前期工作完成之后，方可进入实质性的开发建设阶段。根据规划及开发要求进行设计，然后寻找建筑商进行建造。在整个建造过程中，投资者必须进行必要的监督或委托监理公司进行建设监理。房地产开发所需要的资金相当庞大，在大多数情况下，投资者仍须向金融机构融资。此时，融资活动又成为一项重要的工作，要选择有利的融资机会和融资条件，确保融资到位以保证开发建设进度。

(4) 房地产销售经营

在房地产销售阶段，主要包括制订营销计划和营销策划、开展实际的销售活动和提供购房者融资服务等工作。制订营销计划，包括确定目标市场的购买者，拟定适当的营销策略及建立营销组织。实际的销售活动，包括根据市场状况及可能条件、采取的各种促销手段，以及如签约、收取订金、过户登记等具体手续。由于房地产金额庞大，在促销过程中，常常需要替购买者安排有利的融资计划以吸引买者，因此融资特别是购房按揭贷款及确定各项分期付款方案也会成为这一阶段的重要工作。

开发建设完工的房地产，在经营阶段依据不同的经营形态，还要提供相应的物业管理服务，如维修、更新、保全，各种费用税金的缴纳与各种收入的收取，以及实际从事经营的必要管理活动等。

1.1.3 房地产投资与 GDP 的关系

1. 投资与 GDP 的关系

国内生产总值（GDP）是指按市场价格计算的一个国家或地区所有常住单位在一定时期内生产活动的最终成果。它直接反映出了国民经济总量及其内部产业结构，是把握国民经济整体运行情况的基本指标。

对于投资与 GDP 的关系，西方经济学家普遍认为：扩大投资对于促进 GDP 增长能够发挥重要作用。例如，凯恩斯学说着眼于国民经济短期的稳定运行，认为通过扩大政府投资可以弥补私人投资和消费的不足，从而达到提高国民收入、促进经济增长的目标；新古典综合派发展了凯恩斯学说，提出总需求是由消费、投资、出口共同决定的。从短期看，可以通过扩张性的财政政策和货币政策刺激投资需求，促进经济增长。

投资与经济增长之间的关系历来十分紧密，两者之间存在相互促进、相互制约的关系，具体体现在：经济增量水平决定投资总量水平，投资总量由上期国民收入积累水平决定；同时，投资对经济增长具有有力的推动作用，在一定的科学技术水平和有效资源条件下，经济增长速度主要取决于投资总量及其增长率的大小。国民经济的长期发展从需求角度看依赖于消费需求的增长，但短期内经济增幅的高低依赖于固定资产投资的增长情况。

2008 年的全球性金融危机给世界经济造成重创，我国经济从 2008 年下半年起受到影响，经济增长明显下滑。从 GDP 季度增长情况看，2008 年 1 季度和 2 季度时，增速还略高于 10%，而到 3 季度和 4 季度就分别下降到 9% 和 6.8%，到 2009 年 1 季度更滑落到 6.2% 的谷底。针对国内外经济形势的变化，中央及时调整宏观经济政策取向，迅速出台扩大国内需求的 10 项措施，包括加大政府投入、提高城乡居民收入、减税和增大金融支持力度，其中加大政府投入的主要内容就是实施两年 4 万亿元投资计划。4 万亿元投资计划按照"调结构、转方式、促民生"的基本方针安排投资，对扩大内需和加强经济社会薄弱环节发挥了重要作用。国家和地方分别建成了一批大型项目，民生工程不断向深度和广度推进，自主创新和节能减排投资显著加强。

在针对投资、消费、出口的一揽子经济刺激计划的拉动下，我国经济在短期内全面复苏，度过了 21 世纪以来经济发展最为困难的一年。自 2009 年 1 季度中国经济增长陷入谷底的 6.2% 之后，2009 年第 2、3、4 季度，我国经济增长率分别达到 7.9%、8.9% 和 10.7%，全年增速保持在 9.2% 的高水平上[○]，工业增速持续上升。因此，事实证明，政府投资将对短期内经济增长确实有极强的拉动作用。

2. 房地产投资与 GDP 的关系

目前，我国的投资增长主要依靠积极支出性的财政政策拉动，自主性投资增长乏力。从投资结构上看，除房地产投资增长一直较快外，固定资产投资和更新改造投资都处于较低的水平。因此，在消费需求启动难度大的情况下，经济增长的快慢就主要取决于房地产投资增长速度的快慢。在发达国家和地区，房地产业的发展所创造的国民财富占 GDP 的比例已经达到 10% 左右（见表 1-1）。房地产业已经成为这些国家和地区国民经济的支柱产业之一。

表 1-1　2015 年部分国家或地区房地产业增加值占 GDP 的比例

国家（地区）	美　国	日　本	德　国	英　国	中　国
比例（%）	12.5	11.5	10.9	13.9	6.05

前面也提到，房地产业具有很强的关联特性，通常会带动建筑、建材、建筑设备、农林、冶金、机械、金融保险、装饰装潢等行业的发展。在乘数效应下，房地产开发过程中的设计规划、建筑施工、房地产策划等费用以及房地产销售收入均会累加至 GDP，这样的 GDP 增长比依靠企业业务增长获得要容易得多。而且房价越高，乘数效应越明显；GDP 越高，地方政府的功绩就越大，地方政府的财政收益越大。可见，房地产投资与其他投资相比，与 GDP 存在密切的关系，可有效促进地方经济的发展。

另一方面，GDP 对房地产投资富有弹性，是决定房地产投资增长的重要因素，即地方经济发展的好坏又影响着房地产业的发展。当地方经济越发达，区位和投资环境越好，越能吸引房地产投资者的眼光。一线城市（如北京、上海、广州、深圳等地）的房地产发展势头迅猛，就是因为当地经济发展快的原因。相比落后地区（如新疆、西藏等地），即便是盖好了高楼大厦，若没有相关产业支撑也是无济于事，所以地方经济的发展为发展房地产业奠

○　数据来源：东方财富网网站。

定了基础，二者是互相促进的。

1.1.4 房地产业的转型

2013年底以来，由于国际金融危机的深度延伸影响，全球经济仍然比较低迷，各类潜在风险相互交织。与此同时，我国经济也进入产业结构转变调整期和经济增长引擎更换期，经济下行压力巨大。2014年5月，习近平总书记首次提出当前我国经济要积极、主动适应"新常态"，因此房地产业面临着转型升级，未来的房地产投资也不应仅仅局限于单一的传统商品住宅，而要逐渐面向多层次房地产投资与消费市场。

1. 房地产转型的新常态经济背景

中国经济经过长达30多年的高速增长，随着此前积累的诸多风险不断显化，人口、资源、政策红利等多方面优势不再明显，现已进入拐点阶段。中国经济明显出现了不同于以往的特征，集中体现在以下几个方面：

（1）经济增长速度放缓

根据2005—2015年国家统计局网站数据，我国GDP增速经历过去30多年平均10%左右的高速增长之后，从2012年起开始逐步步入下行区间，2013—2015年增速分别为7.7%、7.3%、6.9%。

（2）结构转型压力增大

产业结构方面，钢铁、煤炭等传统行业严重产能过剩，第三产业虽然逐步成为产业主体，但是产值占GDP比重相距发达国家仍有一定差距。增长动力方面，随着劳动力、资本等要素价格上涨，经济发展无法再依靠传统要素驱动、投资驱动方式，科技创新驱动逐渐取代成为新的增长点。

（3）发展面临多重挑战

新常态下我国经济、社会面临许多新的挑战，一些不确定性风险逐渐凸显。一方面，老龄化问题、城乡区域差距问题、医疗问题等仍未得到有效解决；另一方面，楼市、股市、地方债务等方面长期积累的诸多潜在风险，随着经济增速下滑渐渐凸显，这些风险因素相互关联，任何一个风险点的爆发都可能产生连锁性的反应。综合来看，当前经济告别过去的传统高速增长，转而进入中高速发展阶段，是新常态的最基本特征。在这种形式下，房地产行业作为过去十多年来国民经济发展的支柱行业，也面临着新的问题与挑战。

2. 新常态下房地产业面临的主要挑战

自1998年实行住房分配货币化以来，我国房地产行业进入市场化阶段，并得到快速发展，为国民经济总量增长和社会发展做出了巨大贡献。但由于过去十多年房地产业投资过热，完全脱离了理性发展的轨道，2013年底至今，随着国内外经济形势的变化、中国货币政策的变化、房企之间竞争的加剧，房地产行业面临着前所未有的困难。

（1）房地产业整体经营状况变化

整体来看，房地产业无论是开发投资额、销售额还是价格水平，增速都已经明显放慢甚至出现负增长。据克而瑞地产研究中心统计数据显示，2019年上半年，在"房住不炒、因城施策"的主基调指引下，我国房地产市场行业整体增速较2018年显著放缓。同时，土地价格、人员工资、材料调动以及融资等成本支出都在加大，进一步导致房地产企业的利润不断收缩。据同花顺统计数据显示，截至2019年7月，沪深两市共计43家上市房企披露2019

年中期业绩预告,有半数房企上半年业绩处于亏损状态,中小房企夹缝中生存的压力逐渐凸显。

(2) 存量规模大带来的挑战

当前的一二线城市聚集了过多资源。从房地产企业资金来源看,2000 年以来,长三角地区利用外资和国外贷款的比例分别是全国平均比例的 1.44 倍、1.11 倍,而自筹资金的比例大约是全国平均比例的 80%。一二线城市需求集中,无论是刚性需求还是投资需求,相比而言供给和存量需求较为短缺,因此市场供不应求,房价持续上涨。

与此同时,三四线城市库存积压严重,市场供过于求,隐藏较大风险,多个城市的房价趋于下降。截至 2014 年 9 月,35 个城市总的新建住宅库存量上升到 28013 万 m^2,年均增长率为 23.8%。一二三线城市的总新房地产库存分别为 37.94 万 m^2、201.67 万 m^2、4052 万 m^2,同比增速分别为 39.6%、21.8%、21.1%⊖。从客观上来讲,房地产投资变缓,长期房地产价格趋于稳定,是房地产市场向均衡的回归。有业内专家认为,房地产市场去库存决定了房地产的未来发展方向,也在一定程度上决定了我国经济未来两年的走势是 L 形还是 U 形。可见,能否化解楼市库存不仅关系我国房地产的发展,更是决定我国经济"新常态"持续时间的关键问题。

(3) 房地产业在国民经济地位变化

房地产业影响力系数和感应度系数是判断房地产业在国民经济中所发挥作用的重要指标。房地产业影响力表现为它对国民经济发展的拉动能力,其影响力系数能够反映房地产业增加一个单位最终使用时,对国民经济各部门所产生的生产波及影响程度;房地产业感应度表现为国民经济发展对房地产业的推动能力,其感应度系数能够反映当国民经济各部门增加一个单位最终使用时,房地产业在需求方面受到的感应程度,也就是需要房地产业为其他部门的生产而提供的产出量。利用我国 2008—2014 年 42 个行业投入产出基本流量表中的数据附录,并借助 SPSS 统计软件,我们可以计算得到房地产业影响力系数和感应度系数,以及在 42 个行业中的排名。2008—2014 年房地产影响力系数及感应度系数变化及排名见表 1-2。

表 1-2 2008—2014 年房地产影响力系数及感应度系数变化及排名

项 目	2008 年	2010 年	2012 年	2014 年
影响力系数	1.435	1.273	1.199	1.164
排名	2	3	7	12
感应度系数	0.956	0.629	0.659	0.453
排名	12	20	19	22

资料来源:国家统计局。

从影响力系数来看,房地产业对国民经济的拉动能力逐年下降,排名从 2008 年的第 2 名逐渐下降到 2014 年的 12 名。这说明房地产业对其他行业所产生的影响程度高于全社会平均影响水平,但是逐年下降,这反映了房地产业在国民经济中的地位下降;从感应度系数来看,房地产业受国民经济的推动能力指标感应度变化不大,且感应度排名逐年下降,排名从 2008 年的第 12 名逐渐下降到 2014 年的 22 名左右。这说明房地产业受国民经济的感应程度

⊖ 数据来源:陈晓,魏兰叶:《经济新常态下我国房地产市场发展路径研究——基于房地产投资水平分析》。

高房地产业自身的价值。例如，韩国仁川滨水区的松岛新城，其内的社区、医院、公司和政府机构已实现全方位信息共享；数字技术深入住户房屋、街道和办公大楼，像一张无形的大网把城市支端末节连为一体。只需一张智能卡，居民就能轻松完成付款、查询医疗记录和开门等一系列琐事。随着城镇化的不断推进，楼市深度转型期的进入，传统的商业业态、资本模式都面临变局，互联网等商业模式新思维、新模式不断地走进人们的生活，冲击着房地产业的过往与思维，房地产商要在新城镇化过程中学会用互联网思维方式研究房地产，让房地产行业推进提高城镇化的质量。

1.2 产业政策与房地产投资

产业政策是指政府为改变产业之间的资源分配和各种产业中企业的某种经营活动而采取的政策。可以看出，产业政策是在政府干预下的经济资源配置方式，体现了政府的经济发展战略，目的是促进产业结构的合理化和高级化，提高本国产品的国际竞争力。此外，为了配合产业政策的执行，国家还会出台相关的土地政策和金融政策予以支持，三者都是国家对房地产业实施宏观调控的重要手段，对房地产的短期影响最直接、最鲜明、最有针对性。

当前，我国正处于经济结构阶段性的调整期，以消费为代表的服务业需求扩张的服务业经济，包括文化传媒、教育、医疗等产业迅速兴起和扩张，对房地产的发展无疑是巨大的机遇。所以，房地产企业必须树立战略思维，从长计议，审时度势，做到未雨绸缪，才能在复杂多变的环境中发挥作用，获取长久利益。为此，下面就近年来关于房地产的土地政策、金融政策、发展租赁市场、保障性住房、养老产业、特色小镇、卫星城政策加以简要分析，以帮助企业及个人找准具有潜力的房地产投资方向。

1.2.1 土地政策

1. 政策分析

从我国房地产市场多年发展情况来看，房地产业的失衡很大程度上是源于土地市场的失衡。另外，当前我国许多地方的土地供给直接决定了房屋供给，经济过热与低成本土地供给密不可分，因此土地政策是影响房地产市场供需均衡的源头因素，也一度成为近年房地产调控中最主要的调控手段。2004年始，国家以前所未有的力度大力整顿土地市场。以开发区的暂停审批、清理整顿为开端，从严控建设用地总量，全面实行土地出让"招拍挂"，到开发用地供应结构上有压有保，试图改善住房供应结构，稳定房价。

对2005年以来国家出台的关于房地产方面的重要文件进行分类，土地方面的调控政策主要集中在三个方面：一是保证中低价位、中小户型、经济适用房、廉租房、保障性住房的土地供应；二是促进闲置土地开发；三是完善土地出让方式。前两个方面往往在一个文件中同时要求，第三项则在2009年以后更多地提及。

（1）保障三类住房用地供应

这项措施在土地调控中最多提及。例如，2006年5月，《国务院办公厅转发建设部等部门关于调整住房供应结构稳定住房价格意见的通知》（国办发〔2006〕37号），明确从2006年6月1日起，凡新审批、新开工的商品住房建设，套型建筑面积90m^{2}以下住房面积所占比重，必须达到开发建设总面积的70%以上。2009年5月，《国土资源部关于切实落实保障性安居工程用地的通知》（国土资发〔2009〕58号）要求编制保障性住房供地计划，确定供地标准，明确供地规模和时序，并落实到地块。2010年3月，《国土资源部关于加强房地产用地供应和监管有关问题的通知》（国土资发〔2010〕34号）中规定，三类住房由"保障性住房、棚户改造和自住性中小套型普通商品房"构成，并规定三类用地的用地供应量，不得低于住房建设用地供应总量的70%。2010年强调向社会公布住房用地年度供应计划，对保障性住房特别关注。未完成2010年保障性住房供地任务，保障性住房、棚户区改造住房、中小套型普通商品住房"三类用地"供应总量未达到住房用地供应总量70%的市县，年底前不得出让大户型高档商品住宅用地。

（2）促进闲置土地开发，加快供地速度

2005年以来出台的文件中超过一半都提到了促进闲置土地开发。文件中反复强调的是，促进存量土地合理利用，提高土地实际供应总量和利用效率。加大闲置土地清理力度，切实制止囤积土地行为，严格执行法律规定，对超过合同约定的动工开发日期满1年未动工开发的，征收土地闲置费；满2年未动工开发的，无偿收回土地使用权。对那些虽然按照合同约定日期动工建设，但开发建设面积不足1/3或已投资额不足1/4，且未经批准中止开发建设连续满1年的，按闲置土地处置。2017年4月，《关于加强近期住房及用地供应管理和调控有关工作的通知》（建房〔2017〕80号）中对住宅用地供应做出合理安排：各地要结合实际情况，统筹安排中期（五年）和近三年的住房建设所需用地；各地要根据商品住房库存消化周期，适时调整住宅用地供应规模、结构和时序，对消化周期在36个月以上的，应停止供地；36～18个月的，要减少供地；12～6个月的，要增加供地；6个月以下的，不仅要显著增加供地，还要加快供地节奏。

（3）完善土地出让方式

2006年5月《国务院办公厅转发建设部等部门关于调整住房供应结构稳定住房价格意见的通知》（国办发〔2006〕37号）中明确，"土地供应在限套型、限房价的基础上，采取竞地价、竞房价的办法，以招标方式确定开发建设单位"。这是文件中首次对出让方式进行反思。2010年《国务院办公厅关于促进房地产市场平稳健康发展的通知》（国办发〔2010〕4号）中，强调"综合考虑土地价格、价款缴纳、合同约定开发时限及企业闲置土地等因素，合理确定土地供应方式和内容"。2010年4月《国务院关于坚决遏制部分城市房价过快上涨的通知》（国发〔2010〕10号）中，提出"在坚持和完善招拍挂制度的同时，探索综合评标、一次竞价、双向竞价等出让方式，抑制居住用地价格非理性上涨"。2010年《国土资源部、住房和城乡建设部关于进一步加强房地产用地和建设管理调控的通知》（国土资发〔2010〕151号），要求"探索以划拨和出让方式加大公共租赁住房供地建房"。

此外，自2015年《国务院办公厅关于加快发展和培育住房租赁市场的若干意见》（国办发〔2016〕39号）发布后，国家便不断出台各项土地政策以支持租赁市场的发展。例如，2017年《利用集体建设用地建设租赁住房试点方案》（国土资发〔2017〕100号），确定在北京、上海、沈阳、南京、杭州、合肥、厦门、郑州、武汉、广州、佛山、肇庆、成都13个城市开展第一批利用集体建设用地建设租赁住房试点；2019年8月，第十三届全国人民代表大会常务委员会第十二次会议通过《土地管理法》第三次修正，明确了土地利用总体规划、城乡规划确定为工业、商业等经营性用途，并经依法登记的集体经营性建设用地，土地所有权人可以通过出让、出租等方式交由单位或者个人使用。这些政策正式确定了集体土地直接入市的合法性，对现存土地出让政策具有深远影响。

2. 政策效果分析

（1）"三类住房"用地得到保障

从国土资源部门"经济适用性住房占地面积"调查数据中显示，到 2012 年为止，其用地累计达到了 4.5 万 hm^2，即占总住房用地的 10%。此外，在新政策实施的基础上，"三类住房"的用地量在开发过程中已经超出了国家标准的 65%。另外，从 2012 年相关调查数据显示，"三类住房"开发数量到目前为止已经达到 750 万套，即落实率达到了 98%，因而可看出土地政策落实的积极影响较为明显。

虽然从 2005 年起，中央就提出了调整土地供应结构、住房供应结构的思路，但受制于 2008 年及之前宏观经济处于"防止经济过热""紧银根、紧地根"的形势，用于房地产开发的土地供应总量受到严格限制；同时住宅用地内部各类土地供应结构失衡，地价较高的商品房用地供应量大，比重高；而经济适用住房等价位较低的保障性住房用地供应量少，比重小。直到 2010 年加大土地供应总量之后，调整结构才真正得到较好的落实并产生较好的效果。这说明只有在增加土地供应总量的前提下调整供地结构，才容易取得较好效果。

（2）促进闲置土地开发利用、完善土地出让方式等政策效果不明显

近年来，虽有许多文件涉及闲置土地开发，但鲜有实质性政策。据国土资源部的数据显示，截至 2010 年 5 月底，全国共上报闲置土地 2815 宗，面积为 16.95 万亩（1 亩 = 666.67m^2），闲置 5 年以上的占总数的 31%。然而，经过 5 年，土地闲置的情况也没有得到很大的改观。比如，国家审计署 2015 年发布的审计报告称，截至 2015 年 6 月底，北京、天津、河北、安徽、江西、湖北和福建 7 个省（直辖市）闲置土地总面积为 54 万亩；国土部 2015 年发布的《2014 年国家土地督察公告》显示，截至 2014 年 9 月 30 日，近五年内，全国闲置土地为 105.27 万亩。

此外，为了回应社会上招拍挂抬高了地价的说法而提出的"完善土地出让方式"，未有实质性措施。即使在北京、杭州等地价房价高涨的城市采取了综合评标等方式，也未见地价房价有明显下降。

通过调整土地政策，最终虽然取得了一定成果，但调控的结果并不理想，仍需进一步完善。此外，从土地政策导向来看，未来房地产投资是一种"防御型投资"，主要用来抵御长期通胀，获得暴利越来越难，炒房变得越来越不明智，因此各个房地产商应将注意力转移到保障性住房及租赁市场上去。

1.2.2　金融政策

房地产金融政策是指与房地产相关资金的筹集、融通以及在信用基础上的金融服务活动的总称。通过金融政策对房地产投资进行一定程度的干预。本节将从以下五个方面来探讨金融政策：

1. 货币政策

政府运用灵活的货币政策可有效地刺激或抑制房地产投资规模、信贷规模，从而间接促进或抑制房地产市场的发展。

货币政策主要涉及三个因素：一是利率，二是期限，三是按揭比例，即首付款比例。利率对房地产市场的影响一般表现在两个方面：一是对房地产开发投资的影响，银行贷款是房

地产开发资金的重要来源，利率的高低会直接影响开发成本和利润；二是对住房需求的影响，利率的高低影响着消费者的贷款信心、还款压力和支付能力等。一般来说，利率的上升会导致房价下跌。期限的延长和按揭比例的提升都会导致金融支持力度加大，从而有助于房地产市场的繁荣。

需要注意的是，目前已有大量的实证分析结果表明，利率对房地产投资进行调控效果非常有限。因为若将利率作为经济周期变化的度量方式，则房地产投资存在顺经济周期变化的特性与"超调"效应。当经济过热，央行加息时，由于房地产是暴利行业，对利率不敏感，加息抑制了其他行业的投资，对房地产投资的抑制效果却不明显，导致对总投资的抑制要大于对房地产投资的抑制，使房地产投资占比相对上升。因此，从宏观总体上采用利率手段对房地产投资进行调控效果是不理想的。

2. 财政政策

财政政策对房地产的影响主要体现在财政收入及财政支出两个方面，同样也属于宏观调控的范畴。财政收入主要通过税收进行调节，针对房地产企业征收的各类税费会增加房企的开发成本，针对购房者的税收使得购房和持有成本上升，能抑制房地产的投机需求；财政支出则通过调整转移支付政策，加大对低收入者的转移支付，缩小收入分配差距，保障低收入者的基本住房需求，健全住房保障体系。2016年以来，"营改增"政策对二手房市场形成一定利好，税负略有下降但并不明显，影响相对有限；2017年全国人大常委会把制定房地产税法列入了五年立法规划；2018年9月，十三届全国人大常委会立法规划公布，房地产税法列为"第一类"。

3. 融资政策

房地产业属于资金密集型行业，投资规模大、周期长等特点使房地产开发、投资需要大量的资金，故融资为房地产业的核心。不同的融资政策均会对房地产企业融资产生不同的影响，进而影响整个行业。将近几年国家不同的融资政策分为以下七个方面：

（1）银行贷款方面政策

一方面，银行贷款的系列政策堵住了银行信贷通过信托等方式绕道流向房地产企业，使得银行贷款逐步收紧，运作更加规范；另一方面，银行对房企信贷投放的门槛和监管进一步收紧，主要是为了规范房企信用扩张，限制资信不足的中小房企和风格激进的高负债房企获取银行信贷。例如，2018年《银行业金融机构联合授信管理办法（试行）》（银保监发〔2018〕24号）中规定"3家以上银行融资余额合计50亿元以上企业，银行将建立联合授信"，意味着未来房地产多头融资和过度融资不可持续，银行信贷将逐步转向资质较好的国有或上市房企。

（2）非标融资方面政策

2018年《关于规范金融机构资产管理业务的指导意见》（银发〔2018〕106号）中限制资管产品多层嵌套、资金和资产期限错配，因此渠道类信托规模将持续收缩，而主动管理类地产信托将承接需求外溢。该类政策重点在于加强跨行业监管，封堵非标投资通道，促使银行非标资产转投标准化债权。

（3）股权融资方面政策

通过暂停批准违规企业上市、再融资和重大资产重组、遏制房企的土地闲置及炒地行为，2017年《关于修改〈上市公司非公开发行股票实施细则〉的决定》（证监会公告

〔2017〕5号）的目的在于抑制目前市场存在的过度融资、募集资金脱实向虚等现象。

（4）债券融资方面政策

对房企发行公司债实行"基础范围+综合指标评价"的分类监管，提高房企发行公司债标准，并限制资金用于偿还债务、项目建设和补充流动资金，要求详细披露项目情况、定期披露资金使用情况，严格限制房企发行企业债券融资，用于商业性房地产项目。

（5）ABS融资方面政策

2018年《关于推进住房租赁资产证券化相关工作的通知》（证监发〔2018〕30号）中鼓励专业化、机构化住房租赁企业开展资产证券化，优先支持国家政策鼓励租赁项目开展资产证券化，并鼓励ABS发行。

（6）私募股权基金方面政策

2017年《证券期货经营机构私募资产管理计划备案管理规范第4号——私募资产管理计划投资房地产开发企业、项目》中规定，房价上涨过快的16个热点城市，私募资管计划不得投资于普通住宅地产项目。

（7）海外融资方面政策

2015年取消境内企业发行海外债的额度审批，实行备案登记制管理，助推中资企业境外发债；2018年5月发布的《关于完善市场约束机制严格防范外债风险和地方债务风险的通知》（发改外资〔2018〕706号）规范房企境外发债资金投向，主要用于偿还到期债务，避免债务违约，限制投资境内外房地产项目、补充运营资金等。

可以看出，融资政策的收紧从供给端对房地产企业的融资渠道和规模进行控制，着力于防范资产泡沫和金融风险，该政策对市场供需的冲击力大、调控作用较为明显。这些政策一方面使房地产企业融资更加困难，另一方面，也使广大集体或个人投资者减少了投资渠道。

4. REITs 相关政策

与以上融资政策收紧形成鲜明对比的是，房地产投资信托基金（Real Estate Investment Trusts，简称REITs）在我国的热度持续增长。近几年来，中国REITs相关政策利好不断、创新类REITs产品持续落地，不仅为房地产业的发展提供了一种重要的融资渠道，而且为投资者提供了具有稳定收入、风险较低的投资产品。

REITs是指在交易所上市、专门从事房地产经营活动的投资信托公司或集合信托投资计划。它是一种集合众多投资者资金，用来投资及经营各类房地产项目的投资工具，投资标的一般包括购物中心、写字楼、酒店、出租公寓及游乐场所等。REITs属于一种房地产证券化，是指信托机构面向公众公开发行或者向特定人私募发行房地产投资信托受益凭证来筹集资金，然后将信托资金投向房地产项目、房地产相关权利或房地产证券等，投资所获得的利润按比例分配给投资者。仅2018年，我国就出台了以下几部REITs的相关政策，见表1-3。

表1-3 2018年我国出台的REITs的相关政策

时间	文件	相关内容
2018.1	《商业银行委托贷款管理办法》（银监发〔2018〕2号）	商业银行不得接受受托管理的他人资金、银行的授信资金、具有特定用途的各类专项基金、其他债务性资金和无法证明来源的资金等发放委托贷款
2018.1	《保险资金运用管理办法》（保监会令〔2018〕1号）	明确保险资金可以投资资产证券化产品

(续)

时间	文件	相关内容
2018.1	《关于市场化银行债权转股权实施中有关具体政策问题的通知》(发改财金〔2018〕152号)	允许实施机构发起设立私募股权投资基金开展市场化债转股。各类实施机构发起设立的私募股权投资基金可向符合条件的合格投资者募集资金,并遵守相关监管要求。符合条件的银行理财产品可依法依规向实施机构发起设立的私募股权投资基金出资
2018.2	深交所发布《发展战略规划纲要(2018—2020年)》	研究推进REITs产品,形成具有深市特色的REITs板块。全力开展REITs产品创新,为住房租赁、政府和社会资本合作(PPP)项目、保障性住房建设、商业物业等领域提供金融支持。探索发行公募REITs,引入多元化投资者
2018.4	《关于推进住房租赁资产证券化相关工作的通知》(证监发〔2018〕30号)	重点支持住房租赁企业发行以其持有不动产去也作为底层资产的权益类资产证券化产品,推动多类型具有债券性质的资产证券化产品,试点发放REITs
2018.8	《深圳市人民政府关于深化住房制度改革,加快建立做主题供给多渠道保障租购并举的住房供应与保障体系的意见》(深府规〔2018〕13号)	到2035年,新增建设筹集各类住房共170万套,其中人才住房、安居型商品房和公共租赁住房总量不少于100万套,并指出将加大住房货币补贴和住房保障金融创新力度,稳步推进REITs试点,支持金融机构创新住房金融产品和服务

未来几年,房地产市场的融资环境将不再像以往那样宽松,资金进入房地产的总量也将减少,高价地的情况将趋减,因此房地产企业需要拓展多元化房地产融资渠道,降低对强波动性融资的过度依赖,可将注意力转向安全系数相对较高的地产金融领域,而REITs作为发达市场地产金融主力军,将会成为我国地产金融的主流工具。

5. PPP相关政策

除了REITs这种新型的房地产融资工具,目前,我国也在大力推广PPP融资模式。PPP(Public-Private-Partnership)是指政府与社会资本方通过PPP项目合同建立伙伴关系,组建项目公司负责PPP项目的融资、建设、运营维护等工作,合作期满将项目移交给政府的模式。采用PPP模式运行的项目有以下三个特征:伙伴关系、利益共享和风险分担。

PPP是一种新型的管理模式,不仅具备管理的一般职能如计划、组织、领导、控制,还具有其他管理模式所不具备的职能:扩量融资、利用新技术,以及机制创新的职能。这里我们重点谈PPP的融资功能。政府在建设公路、铁路等基础设施时,往往由于资金不足,让民营部门进行投资,民营部门通过收费的形式收回投资。正是这种融资的职能,使得人们对PPP有了极大的兴趣和热情,随后这种PPP的融资职能被不断地运用到基础设施的各个方面,如自来水提供、污水处理、公共卫生与医疗、基础教育等。政府公共部门在不同的领域,通过民营资本来为社会提供公共产品和服务,可以弥补政府向社会提供公共产品和服务过程中资金的不足。

PPP融资模式主要应用于大型基础设施项目,但近些年来,PPP融资模式也越来越多地应用于公用事业领域。例如,2015年2月发布的《关于鼓励民间资本参与养老服务业发展的实施意见》(民发〔2015〕33号),文件中明确提出鼓励民间资本可通过PPP等模式参与居家和社区养老服务、机构养老服务、养老产业发展的具体举措,并就推进医养融合发展、完善投融资政策、落实税费优惠政策等做出了相关规定和政策优惠。此外,国家在鼓励PPP

模式对接养老服务业方面相继出台了许多相关指导意见。例如，降低养老服务业的准入门槛，鼓励社会资本投资健康与养老服务工程；支持采取股份制、股份合作制、PPP 等模式建设或发展养老机构。对于保障性住房的建设，2015 年 4 月发布的《关于运用政府和社会资本合作模式推进公共租赁住房投资建设和运营管理的通知》（财综〔2015〕15 号）中明确了包括融资政策在内的政府支持 PPP 模式公共租赁住房的政策体系，要求各地区从 2015 年开始组织开展公共租赁住房项目 PPP 模式试点和实施工作。

1.2.3　发展租赁市场的相关政策

1. 政策分析

在高房价现状和供给刚性的制约下，大力发展住房租赁市场，降低购房需求和减少住房支出成为新时期我国房地产调控政策的主要着力点，这也是建立房地产市场长效机制的重要手段。2015 年 1 月，住建部发布《关于加快培育和发展住房租赁市场的指导意见》（建房〔2015〕4 号），从住房租赁平台、住房租赁供给和住房租赁政策支持等方面提出了意见，这是我国大力支持住房租赁市场的政策起点。自此，国家不断发布文件以支持租赁市场的发展。我国近几年出台的关于发展租赁市场的文件见表 1-4。

表 1-4　我国近几年出台的关于发展租赁市场的文件

发布时间	文　件	主　要　内　容
2015.1	《关于加快培育和发展住房租赁市场的指导意见》（建房〔2015〕4 号）	发挥市场在资源配置中的决定性作用和政府作用，建立住房租赁信息政府服务平台；积极培育经营住房租赁的机构；积极推进房地产投资信托基金（REITs）试点；支持从租赁市场筹集公共租赁房房源
2015.12	2016 年中央经济工作会议公报	1）明确深化住房制度改革方向，以满足新市民住房需求；以建立租购并举住房制度为主要方向，把公租房扩大到非户籍人口 2）发展住房租赁市场。鼓励自然人和各类机构投资者购买库存商品房，成为租赁市场的房源提供者，鼓励发展以住房租赁为主营业务的专业化企业
2016.3	2016 年政府工作报告	建立租购并举的住房制度，把符合条件的外来人口逐步纳入公租房供应范围
2016.5	《国务院办公厅关于加快培育和发展住房租赁市场的若干意见》（国办发〔2016〕39 号）	1）发展住房租赁企业，鼓励房地产开发企业出租库存商品住房；引导房地产开发企业与住房租赁企业合作，发展租赁地产 2）鼓励新建租赁住房，将新建租赁住房纳入住房发展规划 3）允许将商业用房等按规定改建为租赁住房，允许将现有住房按照国家和地方的住宅设计规范改造后出租 4）税收优惠，个人出租住房享有增值税率优惠；企业出租房屋享有其他政策优惠 5）鼓励金融机构向住房租赁企业提供金融支持
2017.5	《住房租赁和销售管理条例（征求意见稿）》	我国首部专门针对住房租赁和销售的法规，重点为保障租房人的权益 1）出租人不得采取暴力、威胁或者其他强制方式驱逐承租人 2）合同中没有约定租金调整次数和幅度的，出租人不得单方面提高租金 3）直辖市、市、县人民政府应当建立住房租金发布制度，定期公布分区域的市场租金水平等信息 4）鼓励出租人与承租人签订长期住房租赁合同，当事人签订 3 年以上住房租赁合同且实际履行的，当地政府应给与相关政策支持

(续)

发布时间	文件	主要内容
2017.7	《关于在人口净流入的大中城市加快发展住房租赁市场的通知》（建房〔2017〕153号）	1）人口净流入的大中城市要充分发挥国有企业的引领和带动作用，支持相关国有企业转型为住房租赁企业 2）住建部会同有关部门共同搭建政府住房租赁交易服务平台，提供租赁信息发布服务 3）金融政策方面。加大对住房租赁企业的金融支持力度，拓宽直接融资渠道，支持发行公司信用类债券及资产支持证券，积极发展房地产投资信托基金

为保障租房者的合法权益，进一步推动租赁住房工作，"租售同权"这一概念应运而生。2017年7月，广州市政府办公厅出台了《广州市加快发展住房租赁市场工作方案》（穗府办〔2017〕29号），首次提出"租售同权"，开创了房地产市场新格局。同月，住建部等九部门联合出台了《关于在人口净流入的大中城市加快发展住房租赁市场的通知》（建房〔2017〕153号），选取了12个城市开展住房租赁试点。"租售同权"意味着租房居民与买房居民共享社会资源，尤其是教育资源。我国未来可以通过立法，建立稳定的租期、租金制度，保障租赁当事人的合法权益。逐步推进租房居民享受与买房居民同等的基本公共服务，这一政策对未来我国经济发展、人才流动和城市更新发展具有重要意义。

2. 长租公寓的兴起

据东方证券报告预测，我国住房空置率近30%，到2030年，租赁市场的规模将超过4万亿元。租赁市场规模的不断扩大，不仅意味着房地产业现已进入了存量时代，而且也被认为是大城市构建多层次住房体系的一种出路。

然而，传统租房市场中往往存在房屋配套老旧、管理差等诸多痛点，加上租客对于居住品质的追求日益提升，租房市场改革迫在眉睫，而长租公寓作为专业租赁管理机构，在规范整体租赁市场的同时，将迎来发展的黄金期。长租公寓是近几年房地产三级市场一个新兴的行业，是将业主房屋租赁过来或租用商住物业、工厂等进行装修改造，配齐家具家电，以单间的形式出租给房屋周边的上班人士。其具备诸多优点，例如：信息透明公开、明码标价、装修标准高于市场平均水平、租后服务贴心到位等，均使其与传统私人出租房的竞争中占尽优势。

但是，由于房价的因素，若仅仅依靠每月的租金收入，长租公寓的盈利往往无法支撑其扩张的速度。长租公寓公司收购房源改建成长租公寓需要大量的资金，这也导致很多靠互联网思维、民营资本支持的集中式长租公寓扩张缓慢。即便是实力更加雄厚的房地产企业，其下属的长租公寓也仅仅处于试验阶段，并未大规模扩张。而且获取物业再出租的成本越来越高。长租公寓行业想要实现更大发展，规模化是必然的方向，而前面提到的REITs则是长租公寓实现规模化扩张的最佳途径。

1.2.4 保障性住房、共有产权房

1. 政策分析

随着住房压力的扩大，中低收入人群的住房问题越来越多地引起国家的重视。此外，保

障性住房建设还是房价和经济的稳定器，能抑制房价过快上涨，破除房地产泡沫，使过热的经济平稳下来。当前，我国的保障性住房主要有经济适用住房、公共租赁住房和限价商品住房等形式。

我国着力解决城镇中低收入群众住房困难，从 1994 年《国务院关于深化城镇住房制度改革的决定》（国发〔1994〕43 号）中首次提到的"建立以中低收入家庭为对象、具有社会保障性质的经济适用房供应体系"，到 2007 年《国务院关于解决城市低收入家庭住房困难的若干意见》（国发〔2007〕24 号）的出台，再到近几年地方出台的各项保障性住房相关政策，我国的保障性住房已经进入一个新的发展阶段，目前已基本形成市场供给与政府保障相结合，市场供应为主的城镇住房政策框架。

共有产权保障房则是在经济适用住房基础上的一种创新，是一种"有限产权房"，2007 年起在江苏省淮安市首次进行试点。根据《淮安市共有产权经济适用住房管理办法（试行）》（淮政发〔2010〕208 号）规定，"共有产权经济适用住房（以下简称共有产权房），是指以出让方式取得经济适用住房用地，总价格参照普通商品住房，执行政府指导价，购房人实际出资额与房价总额的差价显化为政府出资，购房人和政府各自的出资比例构成共有产权，具有保障性质的政策性住房。"而且购买者以后还可向政府"赎回"产权。

之后，上海市也开始推进共有产权保障房制度。2012 年 2 月，上海市政府在《上海市住房发展"十二五"规划》（沪府发〔2012〕10 号）中提出：大力推进共有产权保障房制度，预计在未来 5 年内新开工建设 2000 万 m^2、新增 32 万套共有产权保障房。同年 3 月，结合房源建设供应的条件和中低收入家庭的实际住房支付能力等因素，市政府决定加大共有产权保障房的供应力度，修订了《上海市共有产权保障房申请、供应和售后管理实施细则》（沪房管规范保〔2012〕7 号）。2013 年分三个轮次启动共有产权保障房申请受理工作，共受理共有产权保障住房申请家庭 2.95 万户，并且完成购房签约家庭达到 2.4 万户。

自福利住房改革后，经济适用住房政策产生至今已经 20 余年。从保障性住房概念的产生、发展、制度化构建、到最后进行"共有产权"的创新阶段，可以看出我国住房保障体系得到了不断发展，但我们也应在这些政策落实的执行落实过程中，及时发现保障性住房建设存在的问题，并不断改进。总之，建立完善的住房保障体系仍然任重而道远。

2. 政策取向

从统筹城乡发展、保证城镇化健康快速发展的战略视角来看，保障性住房建设把握着我国城镇化道路的方向。根据这个战略定位进行顶层设计，本部分提出我国住房保障基本政策的取向。

（1）以基本居住保障为目标

在近几年大规模建设过程中，保障性住房建设先后被赋予了不同的目标：保增长、抑房价和舒房困等，结果也都得到了相当程度的实现。这些充分说明，保障性住房建设事关重大，影响广泛而深远，是民生工程。基本居住权是时代的要求，国家进步的重要标志。这是"以人为本"，从房、地等"物"到"人"的提升，是对户籍等种种身份限制形成的特权的破除和普遍化，是对保障性住房在经济、社会和政治等方面目标的综合。它既保证广大人民群众共享发展成果，又保障较为平等地获取进一步发展的机会和条件。2018 年 8 月，深圳发布《深圳市人民政府关于深化住房制度改革加快建立多主体供给多渠道保障租购并举的住房供应与保障体系的意见》（深府规〔2018〕13 号），规定从 2018 年起，在新增居住用地中，人才住房、安居型商品房和公共租赁住房用地比例不低于60%，普通商品房用地供应只有40%。并对这三类保障性住房的价格予以明确规定，分别为市场价的60%、50%和30%。可以发现，这是1998年地产市场化改革之后的标志性根本变革，对中国房地产市场具有示范性作用。

（2）以打破户籍为限制

当前，保障性住房建设应该着力解决农民工和新就业人员的住房困难问题。农民工一般处于收入的中低端，过去一直被排除在住房保障范围之外，他们的居住条件往往是最差的，有些不能满足基本住房需求。近年来，许多新就业特别是跨市的流动人员，收入稍高可能达到中等水平，但面对不断飞涨的房价和租金，只能成为"蚁族"，也没有基本居住条件。他们是劳动力和生产者，城镇建设和发展的生力军，是城镇不可缺少的部分。对农民工和其他流动人员开始住房保障，意味着基本居住权不再是某种身份所有的特权，而是面向所有居民的普遍的权利。这是"以人为本"的城镇化道路的基本要求，也为城镇化进一步发展提供了坚实有力的支撑和持久的力量源泉。

（3）以优质土地为基石

优质土地是保障性住房建设的坚实基石。优质、低价的土地，会吸引企业和社会力量积极投入保障性住房建设，这就为"政府主导、市场运作"的体制确立了基础和条件。目前，保障性住房建设的资金和入住等方面的困难和问题，很多就是因为地块没有吸引力。如果有了优质地块这个香饽饽，投资的问题、没人住的问题都应该会迎刃而解，问题的焦点就会转变为如何发挥住房保障的应有作用。因此，为了保证这个基石的稳固和持续可靠，保障性住房必须封闭运行。需要精心设计，既要调动各方面参与的积极性，使其又好又快地建设，又要通过小户型设计和严格的管理确保这些优质土地专门用于保障性住房，杜绝公共利益的侵蚀，保证住房保障的持续发展。

3. 对房地产投资的影响

在中国现行的制度安排下，保障性住房建设和土地出让金之间存在着一定的此消彼长的关系：保障性住房建设高涨，将挤压商品房市场的供地指标，从而打击房地产市场，造成地方政府土地出让金规模的缩减。这种此消彼长的关系使得保障性住房的建设和"土地财政"的制度安排之间产生了内在的矛盾：地方政府的土地财政规模很大程度上取决于房地产市场的市场化程度，而保障性住房的建设将弱化房地产市场的市场化程度。因此，如果保障性住房建设的进度过于激进，就会抽空作为保障性住房资金基础的土地财政，反而将保障性住房建设的步伐拉回来。

所以，保障性住房的大规模建设会在一定程度上打击房地产市场，从而会对以传统住宅产业为主的房地产企业造成不利影响。因此，房地产企业可尝试进行保障性住房的投资，让其成为房地产行业抵抗周期波动的缓冲器。在未来十年内，保障性住房体系建设将是我国在住房问题上的最重要工作内容，房地产企业致力于保障性住房的开发、建设也将得到土地、税费、金融等多方面的支持。

1.2.5 养老产业

目前，我国老龄化趋势不断加剧，并呈现出高龄化、空巢化与失能化的特征。加上我国家庭规模不断缩小，四二一家庭结构已成为我国社会的主流家庭结构，传统的依靠子女养老的方式在这样的家庭结构中难以为继。同时,人们思想观念、生活方式以及价值观念的转变,使得传统的养老模式受到冲击。因此,未来一段时期将会衍生出巨大的养老市场需求,而实现养老事业转型、走养老产业发展之路已经成为必然选择。

1. 政策分析

养老产业泛指以老年人群为目标客户,特别是指针对老年人群基本需要及市场需求,以养老住宅地产、养老医疗保健和养老生活服务为核心,延伸上下游不同环节产业生态链形成的庞杂产业群。三维养老产业生态链解析模型如图 1-1 所示。

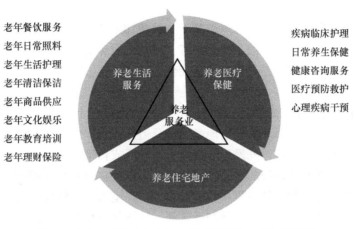

图 1-1　三维养老产业生态链解析模型

自 2011 年以来,国家对养老产业政策的支持力度加大,从构建养老服务体系、养老金融机制、养老保险制度、养老地产、医疗养老等多方面指导养老产业平稳有序发展。2013 年 9 月国务院发布了《关于加快发展养老服务业的若干意见》(国发〔2013〕35 号),将养老服务体系建设纳入国家战略,标志着我国养老产业正式启动。

2014 年,政府密集出台了 20 多项政策,包括国务院、城乡建设部门、民政部、发改委、教育部和国土资源部等部门从不同侧重点推出了各项养老产业政策,是对国发〔2013〕35 号文件的进一步支持和落实。2015 年养老产业政策出台速度减缓,以消化吸收落实为重点。政策方面主要是鼓励各类民间资本参与,加强医养结合。2016 年,各类养老产业政策不断出台,主要是对前几年养老产业政策的进一步阐述,逐渐走向法制法规建设及"十三五规划"开局。2017 年 1 月国务院发布了国发〔2017〕13 号文,制订了"十三五"国家老龄事业发展和养老体系建设规划。

依据政策内容划分,2013 年以来各项养老产业政策可归结为三个方面:一是从养老产业模式看,优化资源配置和提高资源使用效率,重点关注社区居家养老,构建以居家为基础、社区为依托、机构为补充的养老服务体系;推进医养合作和互联网+养老等;二是从养老产业资源看,重点突出"人"(养老产业人才)、"财"(养老产业资金来源及社会保障)、"物"(主要是养老产业用地)三类资源的有效提供;三是从养老产业服务质量来看,构建养老产业标准化建设,提高服务质量。

此外,养老产业的相关政策除了关注以上部分,在以下两个方面也有侧重:①进行共有产权养老新模式的试点，探索养老用地新模式。2016年2月，北京市民政局与住建委联合印发《共有产权养老服务设施试点方案》（京民福〔2016〕73号），支持有关企业利用朝阳区双桥地区的恭和家园养老设施建设用地，探索共有产权养老服务设施模式。②大力推动智慧养老产业发展。2018年5月，国家民政部在《"互联网+民政服务"行动计划》（民发〔2018〕60号）中提出，要求"推动互联网与养老服务深度融合，构建线上线下相结合、多主体参与、资源共享、公平普惠的互联网养老服务供给体系""创新居家社区养老服务模式，推进智慧养老社区建设，提供高效、便捷的居家社区养老服务"等。

2. 对房地产投资的影响

本书所说的养老产业是指专门聚焦于基于"银发市场"、专门以老年群体为目标客户的机构养老开发项目及相关业务活动。就此而言，目前我国养老产业市场化程度还很低，随着既有公立公益性机构逐步转型，相关投资及社会力量从不同方向切入银发市场，市场化产业格局初具雏形。

1）从养老住宅地产维度来看，一些养老产业运营商依托社区基本建设布局及老年客户群居住情况，有针对性地选择开发养老地产项目及运作模式。例如，针对绝大多数居住在普通社区的居家生活型养老人群，开发建设社区活动场所或护理设施项目；针对居住在成熟老社区但缺乏综合性养老服务设施的居家生活型养老人群，在成熟社区周边穿插建设多功能型养老服务设施项目；还有利用既有机构设施及内外部环境条件，依托本机构独特优势开发建设相关养老住宅地产项目的。总之，地产运营商，特别是万科地产、保利地产等这些行业龙头老大，依托养老社区建设布局，以养老地产开发为核心，整合养老物业、餐饮、酒店及旅游等相关商业服务业，形成了一条龙住宅地产型系列养老产业生态链。

2）从养老生活服务维度来看，一些养老产业运营商依托家政服务、商业物流、教育培训、文化娱乐及保险理财金融服务等各具优势的行业背景，从利用不同的商机、切入点及杠杆入手，纷纷进入"银发市场"及养老产业领域。多年来，一些家政、餐饮及物流服务商，早已将相关业务延伸到养老服务领域，涵盖居家老人及社区或机构养老人群的日常保洁、餐饮、照料和护理等。一些金融保险机构也纷纷涉足养老保险产业，并取得了初步成果。

3）从养老医疗保健维度来看，基于老年人群对医疗健康服务的特殊需求，一些公立及民营医疗服务机构也纷纷进军"银发市场"和养老产业领域，并占领了相当的业务地盘和市场份额。医养产业是聚焦于满足老年人群对健康养生、医疗保健和养老服务复合型需求而形成的养老产业群。近年来，医养产业在大健康理念指导下对传统养老模式不断超越、提升，涵盖包括健康的自养老人、亚健康的康养老人以及患病的护养老人和医养老人等所有养老人群，渐次延伸到老年医养地产、老年医养用品、老年医养居游、老年医疗康复、老年照料护理服务、老年体育健身及文化娱乐等各个方面。

对于房地产企业来说，以养老地产开发为主轴进入养老产业领域，具有得天独厚的地利优势，但对于高投入、慢产出的养老地产项目来说，如何盈利成为投资开发及运营管理的难题。由于养老市场需求的复杂多变性，目前各个房地产开发商涉足养老产业基本上处于"试错性"尝试阶段，相关业务开展也多以单个项目的开发、建设和运营为主，在整个企业或行业层面尚没有可以大规模复制的成熟商业模式，仍需进一步探索。

此外，为解决养老服务机构融资难的问题，国家也不断出台政策以帮助拓宽养老服务机构的投融资渠道，并予以资金支持。在2019年3月出台的《国务院办公厅关于推进养老服务发展的意见》(国办发〔2019〕5 号)中,鼓励商业银行探索向产权明晰的民办养老机构发放资产(设施)抵押贷款和应收账款质押贷款。允许营利性养老机构以有偿取得的土地、设施等资产进行抵押融资。大力支持符合条件的市场化、规范化程度高的养老服务企业上市融资。此外,还鼓励企业发行可续期债券,用于养老机构等投资回收期较长的项目建设。对于项目建成后有稳定现金流的养老服务项目,允许以项目未来收益权为债券发行提供质押担保。这些政策对广大养老服务机构来说无疑是一个好的发展机遇。

1.2.6 特色小镇

2016 年 3 月,国务院发布的十三五规划中提出:"十三五"期间要加快发展中小城市和特色镇,因地制宜发展特色鲜明、产城融合、充满魅力的小城镇,这也成为新时期小城镇发展的新课题。"特色小镇"既不涉及行政区的调整,也不是现有国家城市体系的组成部分,因此"特色小镇"既是地方政府城市政策的组成部分,也是地方政府产业政策的重要内容。

1. 政策分析

在我国,特色小镇最早发源于浙江。2014 年 10 月,时任浙江省省长李强在参观"云栖小镇"时首次提出"特色小镇"概念。2015 年 4 月,《浙江省人民政府关于加快特色小镇规划建设的指导意见》(浙政发〔2015〕8 号)认为,特色小镇是相对独立于市区,具有明确产业定位、文化内涵、旅游和一定社区功能的发展空间平台,区别于行政区划单元和产业园区。

从政策制定者角度来看,特色小镇首先是经济转型的产物,承担着产业升级与转型的重任。2015 年的浙江省政府工作报告明确要在全省建设一批聚焦七大产业、兼顾历史经典产业、具有独特文化内涵和旅游功能的特色小镇,以新理念、新机制、新载体推进产业集聚、产业创新和产业升级。浙江省发改委副主任认为,小镇正是有效投资的重要抓手,原则上,每个特色小镇 3 年内要完成固定资产投资 50 亿元以上,以 100 个小镇计算,3 年累计可完成投资 5000 亿元以上。因此,经济功能是特色小镇的首要功能。

除了经济功能的优先性,特色小镇还承载着文化与社会的功能。根据有关政策,特色小镇是产业、文化、旅游和一定社区功能的叠加,既立足自己特色产业基础,培育出独特文化,又衍生出旅游功能以及必需的社区功能,三者是"聚合"的化学反应,是有机的统一。同时值得关注的是,在浙江省的方案中,由于特色小镇选址一般都位于城乡接合部,是连接城乡的重要节点,小镇都要按照景区来打造,历史经典特色小镇更直接承担着对传统历史文化的传承。因此,不难看出,浙江省首倡的不足 $3km^2$ 的"特色小镇"将承担着经济转型、文化传承和社区治理的三项功能。

作为推动新型城镇化的重要载体和突破点,我国其他各地近年来也都在大力推动特色小镇建设,短短几年内,特色小镇建设浪潮席卷全国,已成为投资热点。特色小镇的发展与政策的导向是紧密相连的,2016 年 7 月,住建部、发改委、财政部联合下发了《关于开展特色小镇培育工作的通知》(建村〔2016〕147 号),这是支持特色小镇建设的首个国家层面政策。自此之后,国家发布政策的密度不断加大。根据前瞻产业研究院发布的《2018—2023 年中国特色小镇建设战略规划与典型案例分析报告》统计,截至 2017 年底,全国共发布特色小镇相关政策 192 个,其中国家层面共发布 27 个、省级政策 93 个、市级政策 72 个,而这些政策具有以下三个方面特征:①加大对特色小镇的金融支持:目前,国家发改委已与住建部联合中国农业发展银行、国家开发银行、中国建设银行等先后提出了支持特色小镇建设的金融政策文件。国家通过综合运用财政政策和金融政策，引导金融机构加大对特色小镇建设的支持力度。②提高对特色小镇的建设要求：针对特色小镇中存在的建设特色不明显、过度依赖房地产等现象，近年来的国家政策中出现了明显的纠偏倾向，更加强调特色产业的核心地位、强调传统文化的传承以及生态环境的保护。③细化各专业领域对特色小镇的建设：除住建部统筹推进特色小镇建设外，国家体育总局、农业部、国家林业局率先结合自身相关领域及产业，分别启动了运动休闲特色小镇、农业特色互联网小镇、森林特色小镇的建设试点工作，并在资金方面给予了一定的支持。

2. 对房地产投资的影响

当前三四线城市火热，更多的是由于中短期去库存政策的推动，不会改变资源、人口向核心一线城市聚集的趋势。从这一趋势来看，环核心城市的小城市（适用一线）或核心城市近郊城镇（适用核心二线）拥有地理优势，来承接核心城市产业、人口和资源等外溢。而相较于产业园区这一更偏重于生产定位的业态，特色小镇多了生活和生态的元素，更好地迎合了"人、文化、生态、产业"等多方诉求，特色小镇这一房地产行业新业态有望为房企打开新的发展空间。

特色小镇基于当地资源与特质进行产业定位，主要为最具发展基础、发展优势和发展特色的产业，如智能制造、文化旅游、体育等特色产业。除此之外，特色小镇带来了对相关配套设施的建设需求，包括市政交通、水利、生态园林、环境保护等一系列系统性工程，其内容与建筑行业业务具有高度的关联性与协同性。建筑公司承接特色小镇建设具有先天优势与强烈动机，已经有诸多建筑企业布局特色小镇建设，特色小镇的万亿元市场空间将为相关企业带来巨大的市场机遇。

1.2.7 卫星城

房地产业与城市化发展密不可分，以城市群为特点的二次城市化也正在深刻影响着房地产业的发展思路。传统的一二三线城市的划分模式越来越成为"过去式"，而围绕城市群的中心城市——卫星城市进行投资则成为新的逻辑。

1. 政策分析

卫星城是指在大型城市外围建立的既有就业岗位又有比较完善的住宅和公共设施的城镇，是为分散中心城市的人口和工业而新建或扩建的具有相对独立性的城镇，旨在控制大城市的过度扩展，疏散过分集中的人口、产业和资源。因其像卫星一样围绕在中心城市周围而得名。卫星城的概念最早产生于英国，而美国人泰勒则正式提出并使用"卫星城"这一形象的比喻。

20世纪90年代以来，一些特大城市为适应改革开放的需要，结合五年计划和长远发展规划的编制、产业结构调整和城市总体规划的修编，开始研究和考虑卫星城的规划和建设问题。例如，1993年国务院批复《北京城市总体规划（1991—2010年）》明确提出要建设14个卫星城。北京（2004—2020年）总体规划中则确定北京市的城镇体系为"中心城-新城-镇"的市域城镇结构。新城是在原卫星城基础上，承担疏解中心城人口和功能，聚集新的产业，并带动区域发展的具有相对独立性的新型卫星城。

又例如，2014年3月，河北省委、省政府为落实京津冀协同发展国家战略，在拟定的

《河北省新型城镇化规划（2014—2020年）（征求意见稿）》中提出，把首都周边的一批县（市）建设成规模适度、特色鲜明、设施完善、生态宜居的卫星城市，构筑层次分明、梯度有序、分工明确、布局合理的区域城镇布局结构。根据此前河北省人民政府确定的环首都经济圈，总共包含了14个县市区。同年4月，时任秦皇岛市市长的商黎光也表示将落实京津冀协同发展国家战略，秦皇岛市将全力推进与京津基础设施互联互通、产业发展对接协作、生态环境共建共享、资源要素双向流动，加快打造北京富有滨海特色的卫星城。

与卫星城相对应的概念则是"中心城市"。"国家中心城市"这一概念最早是在2005年原建设部（现住建部）依据城市规划法编制《全国城镇体系规划（2006—2020年）》时提出的，其是指位于城镇体系最高位置，且在全国具备引领、辐射、集散功能的城市。至此，已经有北京、天津、上海、广州、重庆、成都、武汉、郑州、西安9座城市被明确定位为国家中心城市。卫星城的本质就是中心城市的扩张，用来承接中心城市的溢出效应。因此，国家这一规划的提出，也为将来卫星城的进一步建设提供了方向。

2. 对房地产投资的影响

中国新型城镇化可以通过卫星城的建设，来降低大城市工业化运行的成本，充分利用卫星城所具有的级差地租，降低工业用地成本和人工居住成本。而降低大城市的高房价和工业生产的成本，将给工业化生产的产业研发升级提供有力保障。卫星城的建设能够提供有效的房屋供给，以及低成本的工业生产，所以卫星城是未来的发展趋势，卫星城里的房地产目前更加具有投资价值。

选择卫星城进行房地产投资，一定要认真考虑以下几个方面：①该卫星城区域的扶持政策是否有合理规划，是否能够长期保证执行；政策的设定是否有吸引力，是否限制房价以吸引和保持人口流入。②该卫星城的环境是否宜人，卫星城承接主城的工业转移，是否是具有高性价比的工业，是否会带来严重的污染等问题。③卫星城是否有优秀的教育资源，从小学到大学，尤其是著名学府。好的大学搬迁到卫星城，能够起到很好的宣传鼓励效果，并且可以有效带来人口增量。大学生更加注重学校教育质量和品牌，但对学校所在地段等要求不高。高校的引入还能带来很大一部分员工入住。④是否有良好的医疗资源，宜居的卫星城如果有好的医疗资源，则能够在很大程度上提高该卫星城的投资价值。⑤卫星城是否有便捷的交通出行工具，首先参考交通枢纽等。⑥卫星城是否有行政机关的迁入，各级党政机关迁入卫星城具有很强烈的正面示范效应。基于当今的交通发展程度，行政机关搬迁到卫星城一点都不会影响效率，甚至还可能提高效率，减少政府机关门口交通堵塞等现象。进行卫星城投资选择的时候还要注意看这个卫星城的主城是哪个城市，将卫星城生活成本和主城的生活成本进行比较，看卫星城是否更加具有吸引力，能够承接主城的高等人才的流出。卫星城的经济发展无须百业兴旺，而要具备自己的城市特色优势。这个卫星城的特色是否具有竞争力，是判断卫星城未来发展前景的重要依据。

1.3 区域经济与房地产投资

区域经济是指在一定的地域范围内其经济的发展受到内部和外界多方面的影响而产生的经济区域发展实体。城市是区域经济发展的核心，在区域规划中起组织中心作用。任何一个城市的形成和发展都离不开一定的地域范围，城市发展都有它辐射的经济区域，尤其是特大城市和大城市，城市本身的吸引力与物质消耗都必须依托区域，才能促使城市有机体的运转和再生。随着工业化、城市化、现代化水平的提高，城市群之间和各城市之间的人流、物流、信息流、资金流等日益增强。因此，按照区域经济发展的内在规律，加强中心城市之间的协调、支援对于推动城市经济增长具有重要指导意义。

房地产投资是区域经济的重要组成部分，房地产周期本身也是经济周期的重要组成部分，其周期循环直接受房地产投资影响。房地产投资周期长，回收慢，其投资规模受生产发展水平制约，与经济发展水平呈相同趋势变动，但也呈现出房地产投资自身的不同特点。房地产投资能否与区域经济协调发展直接决定区域经济的发展状况。伴随着经济格局的转变，房地产的投资策略也随之发生改变，更多的房地产开发商、金融机构把投资布局的视角聚焦到城市群范畴上。

因此，应根据当地的区域经济发展特点和发展状况，结合可持续发展的战略目标，合理确定房地产的投资结构，使房地产投资行为与区域的经济发展协调。为此，本节对我国三个国家级新区、五个重要城市群的发展概况和趋势进行简要分析，为确定合理的投资结构提供借鉴。

1.3.1 国家级新区：深圳、上海、雄安

国家级新区是指由国务院批准设立的以相关行政区、特殊功能区为基础，承担着国家重大发展和改革开放战略任务的综合功能区。从1992年上海浦东新区设立至2017年雄安新区的设立，我国共设立了19个国家级新区。在这些国家级新区中，上海浦东新区和雄安新区是两个具有重大现实意义和深远历史意义的新区，而同样具有国家意志、发展使命的特区非深圳经济特区莫属。深圳经济特区成立40多年来所取得的非凡成就全国上下有目共睹。由于新区及特区的发展建设会给房地产行业带来巨大机遇，因此本节对深圳经济特区、上海浦东新区以及雄安新区进行简要介绍。

1. 概况

（1）深圳经济特区

20世纪70年代末，我国开始进行改革开放的探索尝试。1979年7月，中共中央、国务院在广东省深圳、珠海、汕头三市和福建省厦门市试办出口特区，并于1980年5月改称为经济特区，深圳经济特区由此诞生，从此便承担着改革开放的试验田和排头兵角色。

深圳特区位于广东省南部沿海，东起大鹏湾边的梅沙，西至深圳湾畔的蛇口工业区，毗邻香港，成立之初总面积327.5km^2，具有非常显著的地缘优势和金融对外开放程度高的竞争优势。深圳经济特区以前只是一个以农业为主、经济基础薄弱、社会发展比较落后的边境小县；成为特区后，地区经济出现了高速、持续、全面发展。深圳经济特区实行产业结构以工业为主、建设资金以外资为主、产品生产以出口为主的方针，以市场为取向突破计划经济体制束缚，实施特殊的经济政策和经营管理体制。深圳仅用不到40年的时间就从一个小渔村成长到经济总量超过新加坡，与中国香港相当的国际化现代大都市。

深圳在经济高速增长、率先发展的同时也率先进入了后工业化阶段。因此，面对特区经济转型的瓶颈和困境，深圳经济特区对自身经济转型进行了许多有益探索，使得以前的"三来一补"、加工贸易产业结构发展为如今以高新技术产业、金融产业、物流产业和文化产业为四大支柱产业，以生物、互联网、新材料、文化创意、新一代信息技术及新能源为六

大战略性新兴产业的产业结构格局。特别是 2008 年国际金融危机爆发以来，深圳经济特区适时提出了"高质量稳定增长和可持续全面发展"的目标，继续大力调整优化产业结构。

(2) 上海浦东新区

20 世纪 90 年代，我国改革开放和对外经济交流的步伐逐步加快。1990 年，中共中央、国务院做出开发和开放浦东的重大战略决策。1992 年 10 月 11 日，国务院正式批复设立上海市浦东新区，中共十四大明确提出："以上海浦东开发开放为龙头，进一步开放长江沿岸城市，尽快把上海建成国际经济、金融、贸易中心之一，带动长江三角洲和整个长江流域地区经济的新飞跃。"

浦东新区位于上海市东部，东临长江口，南与闵行、南汇两区接壤，西北隔黄浦江依次与崇明、宝山、杨浦、虹口、黄埔、卢湾、徐汇区相邻，区域面积 1429.67km^2，全区有 12 个街道和 24 镇。浦东开发意味着上海城市经济结构与方式的重大变迁，以高新技术产业、金融资本运营、信息产业、文化产业等为基本标志的后现代工业与商业，逐渐取代了传统工业制造业，成为上海在都市化进程中的主导性经济机制。浦东新区内有中国（上海）自由贸易试验区、陆家嘴金融贸易区、金桥经济技术开发区、张江高科技园区 4 个国家级开发区。在上海市政府已公布的《国务院关于上海市城市总体规划的批复》（国函〔2017〕147 号）中，在总体方向上，上海至 2035 年的目标是要建成包含国际经济、金融、贸易、航运、科技创新中心和文化的全球化城市。

(3) 雄安新区

雄安新区位于我国河北省保定市境内，地处北京、天津、保定腹地，规划范围涵盖河北省雄县、容城、安新 3 个小县及周边部分区域，并对这些区域实行托管。2017 年 4 月 1 日，中共中央、国务院印发通知，决定设立河北雄安新区，将其定性为"继深圳经济特区和上海浦东新区之后又一全国意义的新区，是千年大计、国家大事"。

总体来看，雄安新区与北京城市副中心是京津冀城市群"一核两翼"新空间格局的重要组成部分，是非首都功能疏解的重要承载地，统筹处理好两地工作，把握好"一核"与"两翼"关系，实现两地分工协作、错位发展，对于引导北京非首都功能有序疏解，促进京津冀协同发展至关重要。而对于规划建设雄安新区，有以下七个方面的重点任务：一是建设绿色智慧新城，建成国际一流、绿色、现代、智慧城市；二是打造优美生态环境，构建蓝绿交织、清新明亮、水城共融的生态城市；三是发展高端高新产业，积极吸纳和集聚创新要素资源，培育新动能；四是提供优质公共服务，建设优质公共设施，创建城市管理新样板；五是构建快捷高效交通网，打造绿色交通体系；六是推进体制机制改革，发挥市场在资源配置中的决定性作用和更好发挥政府作用，激发市场活力；七是扩大全方位对外开放，打造扩大开放新高地和对外合作新平台。

2. 三大地区发展的相同之处

(1) 均体现出较强的国家意志

深圳经济特区、上海浦东新区和雄安新区的规划建设是每一轮改革开放新时期的标志性事件，每一次全国性的特区或新区建设都蕴含了强大的国家意志。从深圳经济特区建设释放的巨大经济制度红利到雄安新区的规划建设，国家意志的嵌入为三大地区初期的投资建设完善提供了重要保障。深圳经济特区设置初期，尽管国家并未有较大的资金投入，但具有国家战略布局意义的经济特区仍吸引了社会资金的踊跃投入。从 1979—1985 年的 7 年间，深圳固定资产投资由 5938 万元快速增长到 33.32 亿元，固定资产投资额增长了 55 倍（见图 1-2）。在 1981—1985 年的"六五"时期，深圳固定资产投资年均增长 89.0%，较该时期经济年均增速高近 40 个百分点[1]。上海浦东新区尽管起步较晚，但在起步的极短时期内就形成了可以比肩深圳经济特区的固定资产投资额。其中，1991—1995 年，上海浦东固定资产投资由 28.95 亿元快速增长到 285.07 亿元，年均增速达到 82.32%[2]。1995—1998 年，上海浦东新区的固定资产投资连续 4 年高于深圳经济特区的固定资产投资水平。而作为国家型新区建设新起点的雄安新区，从深圳经济特区和上海浦东新区的发展经验可以预见，强劲的固定资产投资增势将是未来雄安新区城市初期发展的基本特征。

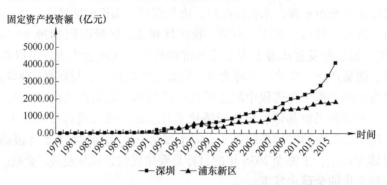

图 1-2　深圳与浦东新区成立以后的固定资产投资比较
注：根据《2016 年深圳统计年鉴》和《2016 年上海浦东新区统计年鉴》整理而得。

（2）承接产业转移是三大地区规划建设的基本立足点

深圳经济特区、上海浦东新区和雄安新区的规划建设本质上都具有承接产业转移的特征。所不同的是，深圳经济特区成立之初，承接的主要是以我国港台和东南亚为主体的产业发展低端环节。加工贸易是深圳经济特区成立伊始承接产业转移的主要形态。与深圳经济特区相比，上海浦东新区重点面向跨国公司和有较高技术含量的中小配套项目进行定向招商。《浦东新区市场主体发展状况白皮书》显示，截至 2016 年底，浦东累计有外资企业 22309户，在各类市场主体中占比近 6%；累计注册资本近 1.8 万亿元，在各类市场主体中占比 23.49%。经过 20 多年的发展，浦东新区已经成为外企的重要聚集地。而雄安新区承接产业转移首先面向的是集中疏解北京的非首都功能，在此过程中，一系列与首都无关的产业功能将转移至雄安新区，进而形成雄安新区迥异于深圳经济特区和上海浦东新区的产业转移承载特点。

（3）均肩负着促进区域一体化发展的历史使命

深圳经济特区、上海浦东新区和雄安新区的规划建设都是政府在综合考虑当时国际国内环境条件下所做的重大决策，在此决策过程中，带动区域一体化发展是三大地区规划建设的重要考量因素。对于深圳经济特区而言，改革开放以来，深圳经济的快速发展带动了珠三角的快速腾飞。1980—1996 年，以深圳为重要引擎的珠三角九市实现国内生产总值年均增长 17.8%，不仅远高于全国同期水平，而且也高于"亚洲四小龙"经济起飞阶段的平均增长

---

[1] 数据来源：《2016 年深圳统计年鉴》。
[2] 数据来源：《2016 年上海浦东新区统计年鉴》。

速度。而上海浦东新区则是长三角经济发展的领头羊，改革开放以来，在浦东新区快速发展的强力引领下，上海成为全球著名的金融中心，并与江苏、安徽、浙江三省的城市构成能级巨大的长三角城市群。雄安新区地处我国北方经济规模最大、最具活力的京津冀地区。成立伊始，雄安新区就被国家寄予调整优化京津冀城市布局和空间结构的历史使命。因此，从深圳经济特区、上海浦东新区到雄安新区，这三大地区都肩负着促进区域一体化协调发展的历史使命，并且政府对区域一体化发展的引导作用呈逐步加大的趋势。

1.3.2 粤港澳大湾区

1. 概况

湾区经济是金融服务与科技创新深度融合发展的经济形态。回顾过去几十年的世界发展，美国、日本等国的湾区经济都为本国的科技发展提供了强大的创新动力和完善的生态支撑。打造粤港澳大湾区，推动珠三角加快建设成世界级城市群，已成为国家战略的重要组成部分。

2017年7月，在国家领导人的见证下，国家发改委、广东省人民政府、香港特别行政区政府和澳门特别行政区政府于香港共同签署了《深化粤港澳合作 推进大湾区建设框架协议》，标志着粤港澳大湾区机制性建设迈上了新台阶。粤港澳大湾区由"9+2"的城市群组成，分别是珠三角的广州、佛山、肇庆、深圳、东莞、惠州、珠海、中山、江门，加上香港、澳门两个特别行政区。粤港澳大湾区是继美国纽约湾区、美国旧金山湾区、日本东京湾区之后，世界第四大湾区。该湾区是亚洲最强城市群，土地面积仅仅只有5.76万km^2，占全国0.6%，却拥有全国5%的人口，产出全国12%的GDP。150km距离内，共有4个一线城市，其他城市也都是全国经济强市，或者广东省经济强市。

2019年2月，中共中央、国务院印发了《粤港澳大湾区发展规划纲要》，根据纲要，粤港澳大湾区将瞄准五大战略定位，分别为充满活力的世界级城市群、具有全球影响力的国际科技创新中心、"一带一路"建设的重要支撑、内地与港澳深度合作示范区、宜居宜业宜游的优质生活圈。对于粤港澳大湾区的发展目标，规划中提出："到2022年，综合实力显著增强，世界级城市群框架基本形成""到2050年，形成以创新为主要支撑的经济体系和发展模式，国际一流湾区全面建成。"

粤港澳大湾区对标世界一流的湾区城市群建设，逐步成为中国城市群发展的重要标杆。而且，粤港澳大湾区的建设目标与传统的工业城市群迥然不同，必然需要新经济的推动。粗放式工业发展阶段形成的城市群污染严重，资源环境承载能力很弱，给当地生态环境造成巨大压力，经济发展与生态环境相互制约。经济发展诉求与环境承载能力的矛盾，直接催生了以科技、创新和高端服务业为引领的第二代城市群，即三大湾区——旧金山湾区、纽约湾区和东京湾区。三个湾区的共同特征都是逐步淘汰了高能耗、高污染的低端制造业，通过产业升级和科技创新实现了生态环境与经济协调发展的高质量发展模式。因此，我国的粤港澳大湾区建设也可充分借鉴纽约、旧金山、东京等湾发展经验，将粤港澳大湾区逐步建设成为充满活力的国际一流湾区。

2. 对房地产投资的影响

大湾区建设的推进将吸引更多的人口向城市群迁移，这部分新增人口对房地产需求稳步增长，土地估值也将迎来政策红利期，因此除了金融创新带来的机遇，房地产行业也将受益。此外，在支持性的经济和金融政策（创新技术、先进制造业、人民币流通等）、基础设施升级和户籍政策放开等条件的支持下，预计新一轮的房地产投资高潮即将来临。

1）广州、深圳、珠海的城市价值和物业价值将进一步提升。广州、深圳作为珠三角城市群的中心城市，产业集聚和人口增长的潜力大，近两年，珠三角地区90%以上的常住人口增长都集中于广州、深圳。在粤港澳大湾区建设的背景下，广州、深圳房地产市场的前景将更广阔。而珠海由于独特的地缘优势和不可替代的资源条件，有望成为粤港澳大湾区独具魅力的城市。珠海将打破以往由本地人居住和消费的内部市场和空间，必将成为未来10年房地产市场的投资热点。

2）在粤港澳大湾区建设背景下，江门、中山、顺德、佛山西部、肇庆等区域的房地产市场，将迎来强劲的价格补涨。未来3年，这些"价格洼地"地区的上升幅度将跑赢市场平均水平。2017年6—7月，肇庆、顺德等地的地价屡创新高，已经发出了明显的信号。提前布局，有望获得升值收益。

3）珠三角地区商业物业价值将重构。粤港湾大湾区的建设，必将带来了产业重新集聚、人口流动等巨大变化。新的城市空间将形成，房地产产品将更多元和更强调投资价值。未来几年，将是珠三角区域内商业物业重构的阶段，产业地产、旅游休闲地产、文化地产、养老地产等将获得新的增长空间。

另外，需要注意的是，在市场需求和政策导引下，大湾区房地产市场是房企抢占的重中之重。但高杠杆、高周转的模式不再适应未来，取而代之的是精细化、长期化的运作。

对于房企来说，未来在大湾区的机会在于三个方面：①满足改善性住房需求，在住宅绿色、环保、节能方面大有可为。②城市有机更新和住房改造的需求比较强烈，尤其是对于广州等房龄较老的城市。③专业化租赁运营企业仍然具有较强的发展空间，并且从单纯的住宅租赁运营向社区运营延展。从日本龙头企业发展的经验看，大湾区有望孕育集开发、设计、改造、租赁运营能力为一体的城市住房综合运营商。

1.3.3 长江三角洲城市群

长江三角洲城市群（简称"长三角城市群"）以上海为中心，位于长江入海之前的冲积平原，是中国的第一大也是综合实力最强的经济区。根据2016年6月国务院批准的《关于印发〈长江三角洲城市群发展规划〉的通知》（发改规划〔2016〕1176号），长三角城市群由上海市、江苏省、浙江省、安徽省三省一市组成，具体包括上海、江苏省的南京、无锡、常州、苏州、南通、盐城、扬州、镇江、泰州、浙江省的杭州、宁波、嘉兴、湖州、绍兴、金华、舟山、台州、安徽省的合肥、芜湖、马鞍山、铜陵、安庆、滁州、池州、宣城26市。《国务院关于印发全国主体功能区规划的通知》（国发〔2010〕46号）中，将长三角地区定位为："长江流域对外开放的门户，中国参与经济全球化的主体区域，有全球影响力的先进制造业基地和现代服务业基地，世界级大城市群，中国科技创新与技术研发基地，中国经济发展的重要引擎，辐射带动长江流域发展的龙头。"

1. 发展概况

（1）经济实力强，发展能力高

改革开放40多年来，长江三角洲地区经济取得了长足发展。从经济总量上看，到2014年，长江三角洲GDP高达12.9万亿元，占全国的比重由2001年的17.70%上升到2014年的20.25%，高于珠江三角洲和京津冀地区。从人均GDP来看，2014年，长三角地区人均GDP为81055元，比珠三角平均水平高28.2%，比京津冀地区人均GDP高103.4%。地均GDP也展现同样的规律，2014年长三角地区地均GDP比珠三角地均GDP高56.8%，比京津冀地区地均GDP高279.8%[○]。从以上指标看，长江三角洲地区的整体经济发展水平高于珠三角和京津冀地区。

(2) 多核心网络化格局

随着全球化进程中产业的不断扩散，长三角地区作为经济全球化快速深入的区域，城市发展已经基本呈现出了区域一体化趋势和多核心网络化的空间格局，形成了以沪、宁、杭等特大城市为核心的若干都市区。从经济空间发展态势来看，长江三角洲区域经济总量占全国比重不断增加，经济发展速度明显高于其他区域，并且区域内部经济增长速度趋于均衡，产业分工逐渐成熟合理。

从20世纪80年代开始，长三角区域经济走过了中心城市单向扩散阶段（20世纪80年代）、辐射带动的龙头作用阶段（20世纪90年代）和整体联动发展阶段（21世纪初）。目前，长三角地区发展已经进入一个多层次、多维度、多中心联动整合模式转变阶段。虽然根据某些经济指标来看，长三角城市群单极结构依然明显，但上海与周边苏州、无锡共同构成了区域发展极核，且南京、杭州的次中心地位依然重要，城市群内其他城市，尤其是各县级市发展速度加快，多中心网络化发展成为长三角城市群发展的趋势。上海市作为长三角城市群体系中的发展引导极核作用不断加强，其他城市在上海的引领下已经形成层级和圈层结构，城市群网络结构逐步明晰。由此可见，鉴于长三角地区经济的进一步发展和全球经济的不断渗透，其多中心联动整合的基础将不断增强，多核心网络化的经济一体化格局将不断成熟完善。

(3) 人口密度大，但与发达国家城市群相比，人口集聚水平仍偏低

据我国第六次人口普查数据，长三角城市群人口密度超过1000人/km^{2}的有上海、南京、苏州、无锡和常州五个城市，且人口总量大，具有较高的人口素质和人口城市化水平。但是与全球发达国家城市圈相比，长三角城市群的人口集聚水平仍然偏低，人口集聚长期较慢。如东京都市圈人口占日本总人口的比例从1955年的17.3%增长到2012年的28.0%，美国加州人口占美国总人口的比例从1900年的1.9%上升到2013年的12.1%，长三角的两省一市自1990年至今的经济高速增长期，人口在全国的占比仅提高了1个百分点，而在相同人均GDP水平下，日本东京都市圈人口集聚水平提高了7.2个百分点，长三角城市群人口极化明显滞后于经济极化。

2. 对房地产投资的影响

当前的房地产市场已经体现了区域发展的差异，长三角城市群已经成为中国乃至全球最大的房地产区域市场。长三角城市群的经济发展水平在现有城市群中居于首位，而区域经济与房地产投资息息相关，因此该城市群的发展最有利于该区域房地产市场的健康发展与扩容。

上节提到卫星城的概念，那么在长三角城市群中，上海、杭州、南京以外的城市扮演卫星城的角色，承担着核心城市的溢出效应，具有较多的房地产投资机会。长三角城市群存在

○ 数据来源：国家统计局。

上海、杭州和南京多个核心城市，那么在该城市群内就会形成多个都市圈。环绕各都市圈核心城市的卫星城在与核心城市的融城互动过程中，其房地产市场将会不断受到外溢需求的影响。这种外溢需求叠加本地经济发展带来的内生需求，将极大地推升和扩容本地房地产市场。而那些存在于两个都市圈交叠范围内的卫星城外溢需求会更加旺盛，部分强卫星城甚至还会形成二级外溢。例如，昆山在2013年轨交11号线通车以后，上海的外溢需求开始不断进入，叠加昆山本地改善型需求，使得昆山新房销售规模从2012年的254亿元攀升到2016年的743亿元。2017年受政策调控的影响回落到354亿元，但是仍高于之前除2009年外的最高点，可见大趋势已经形成。

由于长三角城市群内存在多个具备核心竞争力的核心城市，因此该都市圈的房地产市场规模未来仍有很大空间。据相关机构测算，上海卫星城远期（2025—2030年）房地产市场规模可达3000亿元，近期预计房地产市场规模1500亿元⊖。

1.3.4 京津冀城市群

京津冀城市群由首都经济圈的概念发展而来，其位于环渤海湾地区、华北平原北部，包括北京市、天津市以及河北省的保定、唐山、廊坊、秦皇岛、张家口、承德、石家庄、沧州、邯郸、邢台、衡水11个地级市。其中，北京、天津、保定、廊坊为中部核心功能区。该区域土地面积21.8万km^2。2015年，中央政治局审议通过《京津冀协同发展规划纲要》，提出推动京津冀协同发展是一个"重大国家战略"，还特别强调京津冀整体定位是"以首都为核心的世界级城市群、区域整体协同发展改革引领区、全国创新驱动经济增长新引擎、生态修复环境改善示范区"。

1. 发展概况

（1）经济保持一定速度的速度增长

2005年至今，京津冀地区呈现出生产总值逐年提升，但年增长率呈下降趋势。2011年始，京津冀城市群深入落实各项宏观调控措施，加快转变经济发展方式，保持了经济的平稳增长，实现了"十二五"时期的良好开局，但2012年后经济进入新常态，增速回落，经济亟待转型。北京2014年全年实现生产总值21330.83亿元，比上年增长7.73%。按常住人口计算，北京人均地区生产总值达到99959元。天津全市生产总值完成15726.93亿元，比上年增长8.90%。河北全省生产总值实现29421.15亿元，比上年增长3.34%⊜。2014年京津冀城市群均呈现不同程度的经济下滑，以河北省最显著。综上所述，相对长三角城市群和粤港澳大湾区城市群，京津冀城市群的经济发展相对滞后。

（2）产业发展梯度落差过大，城市间产业发展联系松散

长期以来，北京市、天津市凭借区位、科技、人才、资金等要素优势一直处于有利地位，区域经济发展中"极化效应"远远大于"扩散效应"，给实力相对较弱的河北省带来了一定的负面影响。近年来，这种发展局面有所扭转，但北京市和天津市对河北省区域经济发展的辐射作用与预期目标仍有较大差距。客观地说，京津冀都市圈隶属于河北省的部分城市对京津的产业互补和支撑能力较弱，且这些城市与北京、天津相比，存在"梯度差异"，即

⊖ 数据来源：中国报告网：《2018—2024年中国房地产产业市场竞争现状调查及投资方向评估分析报告》。
⊜ 数据来源：2006年、2015年《中国统计年鉴》。

经济发展和技术层面的落差,其中产业发展领域的"梯度差异"最为明显。这种"梯度差异"是都市圈城市间产业分工协作层次低,产业发展联系不紧密的直接原因,具体到产业链条构建问题,研发、生产、销售等环节周边区域尚未表现出为京津冀都市圈核心区提供产业配套的强大能力。

2. 城市群发展定位

京津冀地区是我国社会经济持续发展新的战略支撑,以京津冀世界级城市群构建应对全球竞争的中国国家竞争力平台,是实现中华民族伟大复兴的重大举措。而对京津冀城市群进行合理准确的定位,对于推动京津冀城市群的快速发展具有重要意义。

(1)北京市是毋庸置疑的城市群核心

《京津冀协同发展规划纲要》中强调"以北京为核心城市""北京是京津冀协同发展的核心",且将北京定位为"全国政治中心、文化中心、国际交往中心、科技创新中心"。此外,《京津冀协同发展规划纲要》还赋予北京要发展成为世界经济体系中以高端服务业为主体的经济中心之一的目标,而不适宜再打造经济中心。作为我国的首都,北京的首都功能是国内任何一个城市都无法替代的,因此北京的全国政治中心地位毋庸置疑;北京历史文化底蕴深厚,文化资源丰富,其包容性和多元化的历史文化使其成为全国的文化中心;作为首都的北京,肩负着与国际友好往来的重要使命,外交机构、国际组织、全球商业总部云集北京,这些都要求北京提升自身的国际交往能力,成为一个合格的国际交往中心;除此之外,北京还聚集了以中关村为中心的大量科技资源,北京要以此为基础打造我国技术创新总部聚集地、科技成果交易核心区和全球高端创新中心及创新型人才聚集中心。

(2)天津市是具有国际意义的大型港口城市

《京津冀协同发展规划纲要》将天津定位为"全国先进制造研发基地、北方国际航运核心区、金融创新运营示范区、改革开放先行区"。天津的工业基础好,在承接产业转移过程中,重点引进高端科研资源,加快自身制造业的升级改造,促进科技创新与制造业的融合;天津具备作为国际性港口的主要条件。2015年4月21日,天津自贸区揭牌,使中国北方有了第一个自贸区。天津自贸区是京津冀的"试验田",服务京津冀系统发展、"一带一路"建设等国家战略;天津的金融服务发展良好,承担了区域金融、贸易以及生产性服务等多种功能,天津自贸区为离岸金融中心的打造提供了条件,助推"天津金融创新运营示范区"建设;天津滨海新区作为改革开放先行区,努力挖掘改革创新项目,争取更大的改革创新成果,为区域整体改革创新提供示范作用。

(3)河北省发展地区优势

《京津冀协同发展规划纲要》将河北省定位为"全国现代商贸物流重要基地、产业转型升级试验区、新型城镇化与城乡统筹示范区、京津冀生态环境支撑区。"结合河北省的实际情况,以现有的区位、腹地、交通人口等优势为基础,一方面承接京津产业转移,形成商贸物流产业集聚;另一方面以"互联网+"为依托,转变产业发展方式,对承接的传统产业进行转型升级,着重打造全国商贸物流基地和产业转型升级示范区。河北省应注重城镇化质量的提升,加快中小城市功能提升,对土地利用、城市建设等方面进行统筹规划、部署,推动新型城镇化建设,实现城乡统筹发展。此外,河北省的张承地区是京津冀都市圈的生态保护与水源涵养区域。因此,积极开展以生态保护为中心的生态建设,努力建设成为京津冀地区生态休闲旅游目的地、绿色制造业基地、清洁能源基地和生态产品供给基地。

1.3.5 长江中游城市群

1. 长江经济带

长江经济带是依托长江形成的长江产业密集带，是我国国土开发和经济布局T形空间结构战略中极其重要的发展轴。2016年5月，中央政治局审议通过了《长江经济带发展规划纲要》，并把推动长江经济带发展上升为国家战略的高度。其现在的空间范围横跨我国东中西三大区域，覆盖上海、江苏、浙江、安徽、江西、湖北、湖南、重庆、四川、云南、贵州等11个省（直辖市）。经过30多年的发展，长江经济带基础设施和产业的布局初步实现了空间的优化组合，辐射带动内地发展的功能逐渐增强，在全国的战略地位不断提高，已经成为我国目前最具活力的区域之一，并与"一带一路"、京津冀协同发展一起上升为新时期我国重点实施的三大区域经济战略。

从城市群来划分，长江经济带从东往西依次可以划分为长三角城市群、长江中游城市群和成渝城市群。而长江中游城市群作为长江经济带三大跨区域城市群之一，具有承东启西，连接南北的区位特征，是实施促进中部地区崛起战略、长江经济带发展战略以及全方位深化改革开放和推进新型城镇化的重点区域，在我国区域发展格局中占有重要地位。因此，本节对长江中游城市群进行介绍。

2. 长江中游城市群概述

2013年，"长江中游城市群"这一新经济地理概念诞生。2015年4月，国务院批复同意《国家发展改革委关于印发长江中游城市群发展规划的通知》（发改地区〔2015〕738号），规划涵盖湖北、江西、湖南三省，标志着"中三角"格局正式得到国家批复。

根据《国家发展改革委关于印发长江中游城市群规划的通知》，长江中游城市群是以武汉、长沙、南昌为中心城市，以武汉城市圈、环长株潭城市群、环鄱阳湖城市群为主体形成的特大型城市群，具体范围包括湖北省的武汉、黄石、鄂州、孝感、黄冈、咸宁、仙桃、潜江、天门、襄阳、宜昌、荆州、荆门13个城市，湖南省的长沙、株洲、湘潭、衡阳、岳阳、益阳、常德、娄底8个城市，江西省的南昌、九江、景德镇、鹰潭、新余、抚州、宜春、萍乡、上饶9个城市及吉安市的部分县（区），共31个城市。长江中游城市群面积共31.7万 km^2，占全国土地面积的3.3%。该城市群以浙赣线、长江中游交通走廊为主轴，依托沿江、沪昆和京广、京九、二广重点轴线，紧密相连。

（1）发展概况

1）发展潜力巨大，但综合实力有待提高。在全国主体功能区规划中，"长江中游地区"被列为18个"国家重点开发区域"之一，也是内陆唯一跨三省的重点开发区域，在我国空间开发格局中具有举足轻重的战略地位。同时，长江中游一直是我国重要的粮食主产区和工业基地，在实现新型工业化、信息化、城镇化、农业现代化同步协调发展方面具有重要的示范意义。2014年长江中游市群GDP达6.05万亿元，占全国8.8%，常住人口城镇化率超过55%，三次产业结构10.2∶52.4∶37.4，但其经济规模层面与长三角、珠三角及京津冀城市群相比还有较大的差距。长江中游城市群与三大成熟城市群相关数据对比（2010年）见表1-5。

表 1-5　长江中游城市群与三大成熟城市群相关数据对比（2010 年）

城 市 群	GDP（亿元）	人均 GDP（元/人）	投资密度（万元/km²）	产 业 结 构
中三角	25755	18598	706	15∶55∶30
长三角	70675	65663	4938	5∶51∶45
珠三角	37388	66624	6370	3∶50∶47
京津冀	42956	41620	4388	7∶44∶49

注：根据省市统计公报、统计年鉴及政府网站数据计算整理。

2）中心城市实力增强，但仍需提升。鄂湘赣三省的省会武汉、长沙、南昌是构成长江中下游城市群中三个都市圈的"首位"城市，尽管近年来经济发展不断加速，但与现有的国家中心城市（北京、上海、广州等）相比，依然存在明显差距。在经济结构与城市功能上，武汉、长沙、南昌目前尚处于工业化中后期阶段，产业结构中工业比重较大，服务业层次较低，城市的影响力与辐射力偏弱，尚缺乏具有全国影响的企业和产业集群；在城市体系上，发展成熟的城市群都具备比较完善的城市等级结构，然而长江中游城市群不仅三个中心城市在经济总量与城市功能上存在较为明显的距离，三省城市群内部其他城市与中心城市的差距也过大。

3）协调机制初步建立，但尚不成熟。2012 年 2 月，湖北、湖南、江西三省共同签署了《加快构建长江中游城市集群战略合作框架协议》，确定建立省际联席会议制度、区域合作领导小组制度、三省部门联席会议制度以及信息互通和情况通报制度。2013 年 2 月，《武汉共识》明确三省将在区域发展战略等九个层面深入开展协作，并签署了 11 部门之间的合作协议。相对于长三角城市群的政府、行业、企业互相联动，交通、能源、环保、信用、社保等重点领域趋于成熟的合作机制，长江中游城市群则主要由政府引导与推动，企业、社会层面的自发合作行为尚且不足。

（2）城市群发展定位

1）武汉城市圈。应充分利用长江经济带枢纽城市和"一路一带"节点城市的叠加效应，发挥武汉中心城市辐射地位，努力将武汉打造为长江中游地区最大的以汽车、钢铁、电子信息、装备制造为支柱的先进制造业基地，高技术产业的研发与产业化基地，以及面向中部崛起的区域性金融商贸中心、交通物流中心、科教创新中心、信息中心和旅游目的地。此外，武汉应重点建设好四大高端产业功能区；应逐渐增强扩散效应，推动区域空间结构和产业结构优化，降低对其他城市的负面影响，加强圈内城市的交通、经济、社会等多方面一体化建设，带动圈内城市均衡发展。

2）长株潭城市圈。通过推进环长株潭城市群的建设与发展，使其成为湖南省新型工业化、农业现代化、新型城镇化、信息化发展引领区，成为具有湖湘文化特色的现代化生态型城市群，资源与环境主要指标达到全国先进水平，率先成为全国"两型社会"建设示范区，成为内陆地区重要的先进制造业基地、高技术产业基地和现代服务业中心。其中，将长沙市建设成为科技教育研发中心、商务金融中心、区域物流枢纽、服务外包基地、文化娱乐中心和中南地区国际化大都市。

3）环鄱阳湖城市群。环鄱阳湖城市群的目标是成为我国中部地区重要的制造业中心、全国重要的生态产业中心、江南著名的优质农产品集散中心和国内外著名的生态旅游休闲胜地。其中，对于南昌市，要全面提升其中心城区的高端要素集聚、科技创新、文化引领和综合服务功能，强化昌北经济开发区、高新技术开发区和出口加工区的引领作用，重点发展汽车、航空医药食品、电子信息、新型材料等产业，全面提升先进制造业基地水平；加快发展金融商贸、物流、会展、旅游、服务外包等现代服务业，建设区域性商贸物流、金融、集散中心和全国重要的服务外包示范基地。

1.3.6 中原都市群

1. 发展概况

2016 年 12 月 28 日，国务院正式批复《发展改革委关于印发中原城市群发展规划的通知》（发改地区〔2016〕2817 号），标志着中原城市群正式跻身七大国家级城市群。中原城市群位于我国中部，以郑州为中心，范围涵盖河南、河北、山西、安徽、山东 5 省 30 个市，见表 1-6。截至 2016 年底，中原经济区总人口达到 1.64 亿人，约占全国人口总量的 11.85%；生产总值为 6.14 万亿元，约占全国 GDP 的 8.2%，经济总量仅次于长三角、珠三角及京津冀，是我国区域经济发展的第四增长极。

表 1-6 中原城市群规划范围

区 域	省 份	城 市
核心发展区	河南省	郑州、洛阳、开封、平顶山、新乡、焦作、许昌、漯河、济源、商丘、鹤壁、周口
	山西省	晋安
	安徽省	亳州
联动辐射区	河南省	安阳、濮阳、三门峡、南阳、信阳、驻马店
	河北省	邯郸、邢台
	山西省	长治、运城
	安徽省	宿州、阜阳、淮北、蚌埠
	山东省	聊城、菏泽

注：资料来源：中原城市群发展规划。

该城市群具有以下三个特点：一是地理位置优越，承东启西，连南贯北；二是交通便利，铁路、高速公路均呈网络状，京广线、陇海线呈"十字形"在郑州交汇，北有新荷铁路、西有焦枝铁路、南有漯平铁路，京珠、连霍高速公路穿境而过，且有十多条高速公路在建或待建；三是发展速度快、潜力大，近几年河南城镇化率的提升速度均在 1.4 个百分点左右。根据河南省的发展规划，到 2020 年，中原城市群地区非农劳动力占劳动力总数要达到 80%，城镇人口占总人口的比重要达到 60%。

2. 城市群发展方向

《中原城市群发展规划》中提出了中原城市群至 2025 年的发展目标是，现代基础设施网络全面形成，城市群一体化发展全面实现，综合经济实力和在全国发展大局中的地位快速上升，人口与经济集聚度进一步提高，带动全国发展的新增长极地位更加巩固，参与全球经济合作与竞争的能力大幅跃升。为达到目标，中原城市群在发展进程中应注意以下三个方面：

（1）加强实施内聚外联扩容战略

为从战略上将中原城市群培育成中西部地区三大跨省级城市群之一，就需要实施"内聚外联扩容"战略，着力促进城市群提质增效。"内聚外联扩容"战略是在《河南省新型城镇化规划（2014—2020年）》（豫政〔2014〕55号）中提出的。所谓内聚，就是要进一步加快中原城市群的整合发展，着力推动郑汴一体化、加快郑州航空港经济综合试验区和郑洛新国家自主创新示范区建设，逐步培育郑汴都市区、洛济都市区、焦新都市区，尽快形成以郑州为核心的半小时经济圈；所谓外联，就是要强化中原城市群与河南省其他中心城市以及周边省份相关中心城市的联系，打造以郑州为中心的两小时城市圈，只有彻底解决交通问题，才能有效地进行资源合理分配，加快城市间的资源和人才流动，有利于城市间的融合发展；所谓扩容，就是按照中原城市群自身发展规律、城市间的历史与经济文化联系、核心腹地的范围，以及培育引领区域经济发展重要增长极的要求，适度扩大中原城市群的核心城市数量和地域范围。

（2）强化城市群的核心枢纽地位

发挥中原城市群作为全国铁路、航空、信息枢纽优势，按照核心带动、轴带发展、节点提升、对接周边的总体要求，着力打造辐射东中西、连通境内外的国际物流通道枢纽。首先，进一步完善中原城市群和河南省其他中心城市之间的交通联系，加快郑州与周边城市城际轨道交通的建设。其次，抓住国家高速铁路网建设布局的契机，加快与完善"米"字形高速铁路建设，支持中原城市群与周边省份实现城际铁路网、高速公路网互联互通，推动跨省交通基础设施体化。再次，着力开发郑州航空港连接全球主要货运机场和发达经济体的国际航线，建设与欧洲、美洲连接的空中通道。最后，抓住网络强国与国家大数据战略的契机，争取建设区域互联网交换中心和区域性国际通信业务出入口局，打造郑州国家级数据中心，深入实施"互联网+"计划，大力发展网络经济，争取更多的智慧城市、智慧园区纳入国家试点，构建全国信息枢纽港。

（3）提高产业转移承接水平

2005年，特别是2008年以来，伴随着中国东部沿海地区生产成本的上升、外需向内需的转变，一些企业为了提高利润、保持竞争力，纷纷向中西部地区转移。中原城市群作为中西部地区承接产业转移的主要载体，应充分利用本次产业转移的历史机遇，加快产业转型升级步伐，做大做强中原城市群这一区域发展的增长极。首先，要加强硬环境改善，清除软环境制约，进一步营造承接产业转移的综合竞争优势，完善相关基础设施，提高城市群产业转移承接能力；同时，积极推进各项改革，进步健全和完善市场经济体制。其次，以优势产业为核心，利用产业链来承接转移产业，提高中原城市群产业配套能力。最后，以产业集聚区为承接平台，进一步明确产业集聚区的发展定位和主导产业，推动主导产业的集群化发展，有效发挥产业集群的规模效益和集聚效应。

1.3.7 城市群与人才政策

1. 城市群对区域经济的影响

很多大城市由于经济活动和人口的过度聚集而表现出"聚集不经济"和"大城市病"问题，而城市群的建设是缓解这些问题的重要举措。同时，城市群作为一种城市的集群体，体现了其聚集的特征，其发展推进能形成规模经济和聚集经济，这有利于整个地区经济的健康快速发展。因此，发挥增长极作用、推动区域协调发展是这些城市群的共同目标。而固定资产投资作为现代经济增长的三驾马车之一，同样可以将固定资产投资的其产业结构、规模形成投资的集聚经济，推动城市群投资在量的基础上实现质的飞跃，在较小的经济空间内创造更多的经济财富，进而有利于整个大经济背景的经济常态化健康增长。未来全球竞争的关键是区域的竞争、城市群的竞争。通过城市群建设实现各个城市的资源共享、优化配置和正向空间溢出是提高区域竞争力的关键。

此外，城市群的建设必然会引起产业的集聚，这与每个城市群的功能定位相关。例如，深圳是我国 IT 产业的重要研发和生产基地。据统计，2017 年深圳先进制造业和高技术制造业增加值分别为 5743.87 亿元和 5302.47 亿元，同比分别增长 13.1% 和 12.7%，占规模以上工业增加值比重分别达到 71.0% 和 65.6%，这与珠三角"先进制造业基地和现代服务业基地"的功能定位分不开。产业集群是一个特定区域内存在的复杂的开放系统，是由产业经济系统、社会系统和自然生态系统构成的相互作用的有机整体，区域直接影响当地的生产要素、需求条件及相关产业的形成和发展，区域的政策环境和相关配套等对于产业集群的形成发展以及竞争力的提升都至关重要。

2. 人才吸引与产业聚集

人才资源的集聚与产业集群的形成发展相辅相成，互相影响。产业集聚必然带来人口的空间集中，这在为产业聚集提供充足劳动力的同时，使集聚区的居民和企业均能从中获益。首先，人口集聚为厂商提供了丰富的劳动力资源。其次，产业集聚区域居民因之获得了择业的便利，一方面节省了大量的就业信息搜寻费用，另一方面降低了求职、工作过程中的交通费用及时间成本，同时提高了消费决策的有效性。最后，居民收入提高—消费能力上升—产品畅销—产业发展—吸收更多的劳动力就业—居民收入进一步提高，形成良性循环。

一直以来，良好的就业机会使一线城市成为各类人才争相进入的地区，而随着城市群以及卫星城的大力建设，许多二线城市的竞争力也有了很大提升。未来，一线城市仍将以保持吸引力为自身的发展策略，其人才吸引格局也从面向全国扩大为面向全世界，二线城市将重点提高城市吸引力，其人才吸引格局从面向全省扩大为面向全国。据戴德梁行研究部的不完全统计，截至 2018 年 5 月，全国已有近 60 个城市出台了人才引进政策，这些政策包括直接落户、租房或购房补贴、生活补助、创业补贴等。例如，2018 年初，南京、青岛、天津等城市纷纷打出"人才引进"的政策牌。2018 年 1 月 7 日，南京市政府《关于进一步加强人才安居工作的实施意见》（宁政发〔2018〕1 号）提出，高层次人才在南京购买首套住房不再受户籍限制，且公积金最多可贷款 120 万元，高校毕业生租房补贴年限可延长至 5 年；2018 年 1 月，广州市政府办公厅印发了《广州市推动非户籍人口在城市落户的实施方案》（穗府办函〔2017〕322 号），表示将进一步拓宽落户通道，户籍人口将进一步增长。值得注意的是，方案将加大引进人才落户力度，增加各区的引进人才落户指标。除了放宽落户条件外，该方案还从财政投入、教育、社保、住房保障等方面完善非户籍人口落户。

需要特别指出的是，雄安新区作为具有全国创新意义的新区，其建设离不开高素质人才的支撑。为此，近年来雄安新区实行了开放便捷的人才引进制度，在技术移民和外籍人才入境、停居留、永久居留等方面制定更加便利的措施，建立人才特区。推进人口管理创新，实施积分落户和居住证制度，建立以居住证为载体的公共服务提供机制。这些保障制度均是发展人才战略的重要手段，对于其他城市也具有标杆作用。

对于房地产投资来说，人才的流入对于繁荣二三线城市的房地产市场，必然会产生一定的作用。许多二三线城市制定政策，以吸引外来人才落户，吸引刚需购房者来买房置业，这样有利于化解库存压力。一些城市，如西安、武汉、郑州等，出于战略发展人才储备的需要，对引进人才实施了奖励和补贴政策，进一步提高了当地房地产市场的成交量。

要真正留住人才，就必须解决他们的住房问题，这是显而易见的。随着"抢人大战"所带来的人口数量增多和利好政策影响，房地产市场确实呈现出升温迹象。

1.4 如何建立房地产的长效机制

建立和健全符合我国国情、适应市场规律的房地产市场调控长效机制，既是促进房地产市场平稳发展、保障全体人民住有所居的重要措施，也是新时代推进供给侧改革、促进经济结构转型的主要内容。

党的十九大报告提出，要"坚持房子是用来住的、不是用来炒的定位，加快建立多主体供给、多渠道保障、租购并举的住房制度，让全体人民住有所居"。显然，这个理念将成为未来我国住房政策的核心指导思想。

1.4.1 建立长效机制的迫切性

当前，房地产领域的高房价与高库存已严重危害国民经济的健康发展和社会和谐，迫切需要构建房地产发展的长效机制，实现房地产与国民经济及社会的协调发展。

（1）高房价阻碍了我国经济增长的动力结构转型

新常态下，经济结构转型要求经济增长动力应转向以内需为主导的增长模式，消费对经济增长的贡献程度应得到逐步提升。然而，数据研究显示房价的波动已不利于经济增长，也明显阻碍了经济结构的转型。方正证券数据显示，11个热点城市2015年的房价构成中，土地出让金与政府税费总和比例为56.8%，房企收益占比约为32.1%，而建安成本仅为11.1%。这表明房价中56.8%的资金流向了地方政府，即居民住房消费资金中大部分转化为政府收入。众所周知，财富由社会家庭部门流向政府部门，并没有创造价值。政府部门平均投资倾向高，而家庭社会部门平均消费倾向高，财富在两部门的重新配置，必将显著抑制消费并导致投资旺盛，有悖于我国经济增长方式转型的社会发展目标。由此可见，构建房地产长效机制，促进房地产健康平稳发展是解决我国经济增长动力结构转型等深层次矛盾的内在要求。

（2）高房价与高库存严重影响了我国实体经济的健康发展

本章第一节也提到，房地产关联度大，是国民经济的支柱产业。正因为房地产业在国民经济中的贡献度大，高库存则会导致房地产业及相关产业萧条，对地区经济产生反向拉动的作用，如辽宁、山西等省份，经济增长严重受房地产业拖累。而高房价则会扭曲实体经济的发展：一是导致越来越多的民间资金和银行贷款进入房地产领域。央行公布的数据显示，2016年，新增贷款额的资金规模约12.73万亿元，其中房地产贷款和个人住房抵押贷款占比高达82.4%，这表明许多实体企业转向投资房地产业，甚至因追逐房地产领域的高利润而抛弃其主营产业。二是在高利润的刺激下，大量资金、资源流向与房地产相关的行业，如钢材、水泥、建筑材料等重工业，导致"去产能"政策失效。三是高房价对居民消费产生巨大的挤出效应，提高城市准入和社会创新创业门槛，导致"逆城镇化"现象的出现。四是提高了实体产业成本，削弱了城市实体经济发展基础；更为重要的是，房地产泡沫可能会威胁国民经济安全。

(3) 高房价影响住房民生乃至社会和谐

自 2005 年房地产宏观调控以来,我国房价收入比一直维持在高位水平,尤其是近两年,房价收入比严重偏离。根据中房智库对房价收入比的测算,2017 年上半年一线城市房价收入比达到 11%～36%,深圳市则高达 36.33%,商品住房价格远远偏离了家庭人均可支配收入水平,高房价使中低收入家庭和大批新就业人口的住房问题尤为突出,成为社会不稳定的潜在隐患。一方面,房价快速增长是贫富差距激化的孵化器。对低收入阶层而言,因房价高涨而使住房改善更加困难;而对投资投机者而言,通过投资和投机而获得房产价格上涨的溢价,获得更多流动性财富收入,社会贫富分化加剧,影响了社会的和谐与稳定。另一方面,高房价助长了整个社会投机暴富的心态,甚至引发社会群体冲突行为。

1.4.2 建立长效机制的目标

要构建房地产市场的长效机制,第一步就是要明确机制的目标。目标决定了长效机制的内容,目标是否明确、是否聚焦,将直接关系到长效机制的成败。长效机制的目标应当是动态的,在不同的经济发展阶段和宏观经济金融形势下,目标会有所差异。要明确当前长效机制的目标,有必要理清以下三点:

(1) 房地产市场长效机制的目标不等同于我国住房政策的目标

我国住房政策的目标是实现全体人民住有所居。要实现这个目标,需要依靠市场和社会保障两大体系的协同配合。房地产市场的长效机制要有助于这一目标的实现,但是不能将两者的目标等同起来。我们不可能、也不需要单纯地依靠长效机制来实现全体人民住有所居的目标。因此,在设定长效机制目标时,要有清晰的边界,要防止长效机制承担过多期望而不堪重负。

(2) 房地产市场长效机制的目标不能只着眼于房地产市场

长效机制必将对房地产市场产生重大的影响,这种影响具有根本性、长远性的特征,最终可能给房地产市场带来一次深层次的变革。但是,构建长效机制不能仅仅是一项行业性、部门性的改革,不能只着眼于房地产市场,它应该作为一项具有全局性、战略性的重大改革来加以推进。发挥房地产市场在促进经济社会发展、维护国家金融安全中的积极作用,应成为长效机制目标体系中最重要的内容。

(3) 构建房地产长效机制的目标与现有调控政策是不同的

目前的房地产市场调控主要依靠限购、限贷、限售等行政手段来实现。毋庸置疑,这些措施在短期内发挥了积极作用。构建长效机制,并非是在现有的调控体系之外另建一套全新的制度。现有调控体系中有益的内容应成为长效机制的重要内容。但是,长效机制与现有的调控体系之间存在以下三点区别:一是长效机制将更着力于通过市场机制来发挥政策作用;二是通过立法等手段,长效机制将更具有基础性地位;三是长效机制将从相机抉择走向稳定规则,通过明确的规则来引导和稳定市场的预期。总之,此次中央将构建房地产市场长效机制纳入了供给侧结构性改革的总体框架,这就决定了长效机制的目标将更具有全局性、战略性;构建长效机制与其他改革之间将具有更强的关联性。在当前宏观经济形势下,构建房地产市场长效机制的主要目标是建立起一套能够自动稳定房地产市场价格的制度,从而为房地产市场泡沫及相关金融风险的化解、实体经济的振兴以及人民居住条件的改善创造有利的条件。

1.4.3 长效机制构建的政策建议

2016年中央经济工作会议提出,"要综合运用金融、土地、财税、投资、立法等手段,加快研究建立符合国情、适应市场规律的基础性制度和长效机制,既抑制房地产泡沫,又防止出现大起大落。"事实上,房地产长效机制的构建也确实并非一朝一夕,并且需要跨市场、多部门政策的协同配合,通过调整供需关系、消除交易成本、引导市场预期等方式来实现预期的目标。本节则重点从发展租赁市场、完善住房公积金制度、土地供应、税收政策和公共产品供给均等化五个角度对长效机制的建设提供一些政策建议。

1)大力发展租赁市场。住房需求过度集中于购买环节,缺乏租赁市场的有效分流,是房价屡屡突破政府调控目标的重要因素。作为万亿级的消费领域,住房租赁市场潜力巨大,培育住房租赁企业将成为关键。一是给予社会租赁企业更多优惠政策。在租赁市场利润率普遍偏低的情况下,应支持集中式或分散式租赁企业充分利用社会房源发展壮大。例如,探索住房租金收益权质押融资方式,在长期贷款上给予低利率支持,实行租赁企业增值税优惠政策等;仅当利润空间大时,企业才有动力整合纠纷重重的个人出租市场,吸引开发及社会资本进入,为租赁市场的真正规范奠定基础。二是激励社会租赁企业经营和管理政府持有的公租房房源。这样既可以解决政府持有房源存在的弊端,增加保障人群房源选择的多样性,也可以为租赁企业注入政府信用,在很大程度上可破解租赁市场业主与住户对租赁企业的信任问题。三是支持企业建立租赁与服务一体化的互联网信息平台。通过信息平台及时了解租户各类需求,并提供一系列的优质服务,获取更多收益,是租赁企业壮大的核心要件;促进企业信息平台与行业信息监管平台对接,也是租赁市场规范的重要组成部分。

2)以住房公积金制度改革为契机,推动住房保障市场与住房市场的协调互动。在建立长效机制时必须尽早谋划保障人群资产建设的通道。显然,公积金制度将是不二之选。首先,通过补贴激励等方式,扩大城市新市民的公积金覆盖范围,促进公积金与保障对象深度融合。其次,支持保障人群利用公积金,以共有产权方式逐步购买政府持有房源。再次,支持中低收入人群解决住房问题,重点是促进公积金制度向政策性住房银行转型。目前,全国各地公积金中心已积累了可观资金,拥有优质的贷款资产,颇具政策性金融机构的雏形,改革应顺势而为。

3)统筹城乡及各类城市土地供应规模,加大力度推进集体建设用地上市流转。房价分化的另一重要原因是城市土地供应与人口流动规律相反,房价越高的城市土地供应规模越小;反之供应规模越大。这意味着我国的土地制度亟待改进和完善。在城市土地供应中,"人地挂钩"政策应重点采用"地随人走"模式。当前,"人地挂钩"政策采用行政调节模式——"城市化率增长指标"仅应用于民生急需和基础建设用地等方面,而其他建设用地的调整应推行和坚持"地随人走"的市场模式。与此同时,以国家中心城市的卫星城市群为重点,加快推进集体经营性建设用地上市流转改革。这样可使土地一级市场实现集体建设用地与国有土地"同权同价";有利于切断地方政府征地、卖地的短期行为,促进地方政府回归公共服务供给的本职职能。

4)税收政策也是房地产长效机制的重要组成部分,通过发挥着短期内调控市场供需关系、中长期优化市场供给结构的地产税收政策来实现长效机制的目标。

① 降低房地产行业的总体税负。房地产行业的整体税负高于其他行业,根据《中国税务年鉴》的数据,2015 年我国房地产业每百元增加值的税负是 39.9 元,是主要行业中最高的,比各行业平均税负高出约 20 元。房地产行业还面临着各类行政收费,而这些税费负担大部分以房价的形式转嫁给了购房者。降低房地产行业的整体税负应当是税收政策的重要内容。

② 简并、优化房地产税费结构。目前涉及房地产的税收种类有十余种,相关的行政收费繁杂且透明度不足,存在多税同源、多费同源的问题,不利于政策作用的充分发挥。应当合理地归并各类税费,争取在除所得税外的开发、流转、保有等环节中各保留一个税种,形成简单、明晰的房地产税费体系。同时,建议调整城市住宅使用配套费的费率与使用范围,适当地提高费率,专项或统筹用于医疗、教育、养老等公共设施的后续运营及维护。

③ 调整不同环节的税负设置。目前,我国房地产业税收的一个重要特征是不同环节的税负设置不合理,开发、流转环节税负较重,而保有环节税负较轻。应当在整体税负下降的前提下,降低开发、流转环节的税负,同时适当提升保有环节的税负。建议开征住房空置税,并设置随住房空置时间累增的税率,以此将空置的存量住房逼入市场,从而有效地提高住房供给。相较于涉及面较广的房产税,征收空置税是一个更好的选择。

④ 实施差异化、精准化的税率设置。在需求侧,对自住、投资、投机型的购房者适用差别化的税率,对自住者适当地减免税费,对投资者适用正常的税率,对投机者适用惩罚性的高税率;在供给侧,对开发租赁住房、限价房的行为适用较低的税率,对开发高档住宅的行为适用较高的税率;在租赁市场,适度地降低或取消租金收入的所得税,鼓励更多企业个人进入租赁市场;在金融市场,要解决房地产信托投资基金(REITs)的税收问题,鼓励 REITs 市场的发展,以助推住房租赁市场的壮大。

5) 加速推进国家中心城市圈与城市群公共产品供给均等化。近些年,中青年人群都选择流入热点城市,导致高房价和高库存并行的局面。这要求我们高度重视人口迁移规律,及时调整大中小城市均衡发展战略。一方面,优先发展国家中心城市群的交通系统,以城际铁路、高速公路为载体,重点布局北京等国家中心城市,以及人口净流入的部分区域中心城市 1~1.5 小时卫星城市群,引导和疏导产业及人口流入卫星城市。另一方面,促进以高等教育为代表的公共资源布局于卫星城市群。当前中青年人口的选择性流动,除收入外,考虑更多的是公共服务水平,尤其是子女教育。因此,卫星城市群增加以高校为代表的公共品投入,有利于人口结构与区域经济的优化,有利于缓解中心城市公共资源过大的压力。

第2章 房地产项目策划

2.1 策划概述

2.1.1 策划的概念

策划最早出现在南朝宋时期的《后汉书·隗嚣传》"是以功名终申，策画复得"中，"策画"即"策划"，意思是计划、打算。"策"最主要的意思是指计谋、谋略，"划"指设计、筹划、谋划。

在策划学中，由于学者们的知识背景及研究重点的差异，对于策划概念内涵和外延的界定无法一致，归纳起来有如下的代表性观点：

1. 事前设计说

事前设计说认为策划是策划者为实现特定的目标在行动之前对所要实施的行动的设计。策划是在事前决定做什么，而计划是经设计后的妥善的行动路线（William H. Newman，权宁赞）。

2. 管理行为说

管理行为说认为策划与管理是密不可分的整体，策划是管理的内容之一，是一种有效的管理方法。策划与管理属于一体，策划与管理分离时，就无效率可言。计划应付诸实施，若无法实施，计划就仅是一种意图而并非行动（Harold D. Smith）。

3. 选择决定说

选择决定说认为策划是一种决定，是在多个计划方案中找出最佳，是在选择中做出决定。策划是管理者从各种方案中选择目标、政策、程序及事业计划的机能。因此策划也就是左右将来行动路线的计划，是思维的过程，是决定行动路线的意识，是以目标、事实以及用缜密思考所做出判断为基础的决定（Harold Koontz 和 Cyril O. Donned）。

4. 思维程序说

思维程序说认为策划是人们的一种思维活动，是人类通过思考而设定目标即达到目标的最基本、最自然的思维活动（Hethert A. Smith）。

日本的策划大师星野匡认为：所有的策划或多或少都有所谓虚构的东西，从虚构出发，然后创造事实，加上正当的理由，而且要正大光明地去做，这就是策划。

5. 其他说法

1）日本高桥宪行认为策划就是为达到目的，组合一些因素而付诸实行的计划，是效率、智慧综合的结晶。

2）美国哈佛企业管理丛书编委会认为：策划是一种程序，在本质上是一种用脑力的理性行为。基本上所有的策划都是关于未来的事物，也就是说，策划是针对未来要发生的事情做当前的策划。换言之，策划是找出事物的因果关系，考虑未来可采取的途径，作为目前策划的依据，亦即策划是预先决定做什么，何时做，如何做，谁来做。

3）美国学者苏珊在《西方策划学沿革》一书中认为：策划就是人们事先的筹谋、计划、设计的社会活动过程，即在综合运用各方面信息的基础上，思维主体（包括个体思维和群体思维）运用自身的知识和能力，遵循一定的程序，利用现代的科学方法手段，为了特定目标的实现而进行系统、全面的思考、运筹，从而制定和选择具有合理性、现实可行性的能够达到最佳成效的实施方案，并根据目标的要求和环境的改变对方案进行调整的一种创造性、思维性的活动过程。

我们认为，从本质上讲，策划即筹划或谋划，是立足于现实、面对未来目标的一项活动。策划是为了实现项目特定的发展目标，在充分获取相关有价值信息的基础上，借助一定的创新性思维及科学思维方法，对项目的未来发展方向进行判断，为项目的决策与执行而构思、设计、制定工作方案的过程。

策划的含义包括以下几个层面：

1）策划是在充分获取相关有价值信息的现实基础上进行的。策划者要充分地获取各种相关信息及现实情况，全面地了解形成客观实际的各种因素，包括有利的与不利的因素，并分析研究收集到的材料，寻找出问题的实质和主要矛盾，再进行策划。

2）策划具有很强的目的性和创造性。策划需围绕既定的目标或方针，将各项工作由无序转化为有序，使人们正确地把握事物变化的趋势及可能带来的结果，从而确定能够实现的工作目标和需要依次解决的问题。

3）策划具有多方案比选的特点，提供最佳的项目市场定位。针对某一目标，可拟定多个策划方案，对这些方案可以进行比较，选择其中最合理、最科学的方案。同时，策划并非是一成不变的，在保持一定稳定性的同时，要根据环境变化，对策划不断地进行调整和变动，以保持策划对现实的最佳适应状态。

4）策划具有前瞻性和预测性。对事物未来发展趋势的科学判断是策划的本质要求，并且策划是人们在一定思考以及调查的基础之上进行的科学的预测，因此具有一定的前瞻性及预测性。

5）策划应借助科学的思维方法，并按照特定程序运作。现代策划为了保证形成高成功率的策划方案，趋向程序化是不可避免的，不过也要借助科学的思维方法，符合科学的工作程序。策划活动一般有以下几个步骤：策划前的调查和环境分析；确定或调整策划目标；策划创意，拟定初步方案；方案评价与筛选；方案的调整与修正。

显然，策划是一种超前的人类特有的思维活动。它是针对未来和未来发展，及其发展结果所做的决策，能有效地指导未来工作的开展，并取得良好的成效。总而言之，策划是实现科学决策的重要保证，也是实现既定工作目标、提高工作效率的重要保证。

2.1.2 策划的原理

1. 平衡原理

平衡原理是指在策划活动中需综合考虑各种因素之间的平衡关系，避免顾此失彼。例如，在策划一个建筑项目时，要考虑外观造型的美观，还要考虑该造型与周围环境的协调，同时要考虑项目本身成本造价与投资者的实力是否匹配。

2. 限定因素原理

限定因素原理是指妨碍目标得以实现的因素，在其他因素不变的条件下，仅仅通过改变这些因素就可以影响组织目标的实现程度。在策划中应善于分清主要问题与次要问题，这样既能节省时间和费用，又能提高工作效率。

3. 心理学原理

策划作为人类智慧的具体体现形式，无论属于哪个范围领域，是施于己或用于人，都是人的一定心理活动的结果，是有规律可循的。

1）情感。情感是人所持有的一种特殊的心理状态，对人的行为有选择性和指向性的作用。人对于那些符合或满足自身需要的客观事物，总是产生一种积极、肯定、喜爱和接近的态度和情感体验，而对那些与自身需求无关或抵触的客观事物则报以消极、否定、厌恶和疏远的情感倾向。

2）感染。感染是一种群众性的模仿，指的是把一群人的情感统一起来，使个体放弃平时自己行为的准则，个人行为主要由自己的情绪发动。在情绪方面，女性更易受感染，所以一些产品的促销活动选择在女性的节日进行效果更佳。行为感染是指以行动方式从一个人向另一个人或许多人传播，如促销活动中的试吃、试用等。

3）错觉。在特殊背景下，人们知觉的恒长性受到破坏就会产生错觉。例如，色彩错觉在广告中应用较普遍，人际关系错觉在公关活动中应用更多。

4. 系统性、整合性原理

策划是一个理性思维过程，是对复杂信息的分析加工，整合可利用的资源，制定可行性方案，最终实现目标的过程。在这个过程中既要注意点、面结合，又要注意事物发展的逻辑关系；既要注意眼前利益，又要考虑长远利益，这样才能保证策划成果的系统性和完整性。

5. 差异化原理

在目前商业市场中，避免同质竞争，创造稀缺产品才能创造较好的效益，差异化是对策划的基本要求。科技进步和不断创新是解决差异化的源泉与动力。策划人要善于应用新的知识和新的科技成果。

6. 创新原理

策划能否带来新的突破是其成败的关键。创新能吸引人们参与其中，使策划力挫群雄，实现其自身的价值。具体要注意以下两个问题：首先，策划背景根基应深厚，从而形成策划的文化沉淀，在这种文化沉淀中培养创新的思维。其次，策划要有创造性的思维，策划创新的关键在于打破固有的思维模式，走向广阔的思维领域，摆脱单一的思维模式，跨入立体的思维空间。

7. 品牌效应原理

品牌最初的作用是区分和识别不同部落之间的财产，如在马背上烫上烙印。品牌的现代意义具有二重性，即品牌的所有者属性和品牌的消费属性。品牌所有者属性的核心是品牌为所有者带来的经济利益，品牌的消费属性的根本在于品牌使消费者规避消费风险并获得心理上的满足。品牌有识别、形象特征、权益保护、增值等功能。通过培养品牌，为商业提高经济效益，这是策划的重要使命。

2.1.3 策划的原则

策划活动是随机性、灵活性很强的创造性工作，从根本上说，策划没有固定的方法，不可能有现成的策划套路和策划模式。但是，根据策划经验及对成功案例的分析，策划有以下的原则可供参考：

1. 创意创新原则

创新是一种思想及在这种思想指导下的实践，也是一种原则以及在这种原则指导下的具体活动。策划的关键是以创意求得创新，创新以创意为前提，通过创意以创造理想的活动效果才是真正的创新。当然，创意也要有实际的效果，否则，停留在思想中的创意只能是创造想象中的空中楼阁。

2. 客观现实原则

策划所追求的是目的性与规律性达到统一，即所设定的目标、所制订的计划和规划必须能够符合客观的发展规律才能获得实现。所以，一个十分重要的原则就是符合客观规律、符合现实。策划一般是针对未来将要发生的事情做当前的决策，它的前提条件是对现实的各种情况和信息足够了解，这样才能对事物未来发展趋势进行科学的判断。

3. 目的主导原则

任何策划都具有目标性，都是为了实现特定的目的。策划是要在整合现有的资源基础上以较少的投入获得较大的收益。因此，为了获得收益，目的主导原则在策划活动中显得十分突出。在市场经济中，任何策划活动都涉及投入与产出的比率问题，效益包括经济、社会、环境等。它是策划的起始点，也是策划追求的目的。

4. 合理限度原则

合理限度原则是基于个人的价值系统而言的。在第二次世界大战期间，德国神学家戴特力切邦赫费尔（Dietrich Bonhoeffer）提到：有时候我们的选择不是介于好和坏之间，而是介于我们选择忍受的内疚感之间。对策划人来说，价值观将决定其选择的合理限度。

5. 随机制宜原则

策划活动离不开有机性和系统性，而健康的机体和系统是随机和灵活的，这种灵活反馈的机制在策划学中称为随机制宜原则，它强调的是策划活动因时、因地、因人而进行。随机制宜就是在策划中处理好机遇与规律的关系，就是既要充分发挥人的主观能动性，又要顺应客观发展规律。

6. 协同创优原则

策划的关键在于整合各种资源，达到更理想的目标。如果要使资源整合产生有效结果，就必须符合协同创优原则。策划活动使各种资源协同作用，创造新的效果，通过协同合作为合作的双方或多方带来优化的效应。

2.1.4 策划的基本程序

策划是一个创作过程。策划人面临的挑战是必须提出新鲜、独特、适当的方案,解决面临的问题。根据对于策划一般要素的概括和综合,可以得出关于策划过程的一般结论,即策划的一般过程至少应包括以下几个基本程序:

1. 研究项目的背景

进行项目研究主要有两个途径,即现场考察和文献研究。在项目策划中,现场考察可以获得最基本的背景认识,其在建筑策划中尤为重要。文献研究包括书籍、期刊及项目所覆盖学科资料的阅读研究,使策划人获得更多相关信息,了解该学科发展最新的技术和研究成果,为项目的深入研究奠定基础。

2. 确定目标

策划是一种目的性很强的活动。任何一个策划案的产生,无不是针对组织的某个问题或是某个特定的目标。目标可以确定策划工作的方向,这里说的目标是指具体化了的、策划所要完成的目标。因此,策划的必要程序就是确定目标。

目标的确定可以从形式、功能、经济和时间几个方面考虑。形式目标即形象、感觉及氛围,是无法量化的,如符号、标识等;功能目标涉及具体事物的实用性,需量化,如规模、数量等;经济目标涉及资金来源、启动费用、运行费用、生命周期费用等;时间目标即进度,标识该活动的效率。

3. 收集和分析信息

要把握以下几个要点:

1)需要多少信息。
2)具有价值的信息是什么。
3)在数据转换成有用的信息过程中涉及哪些工作。

在进行上述要点的判断时,有两个指导原则:①着眼于目标。找到信息与目标的相关性,判断哪些信息可以应用来帮助实现目标,策划程序得以进行的前提是必须有确定的目标指引。②如何利用信息。由于收集到的信息比较复杂,所以必须利用直觉和经验判断需考虑的信息的数量和质量。

在具体工作中收集到的信息往往是数据,经过处理才会变为信息。数据与信息既有联系又有区别。数据包括文字、图形和曲线等,是记录事物性质、形态和数量特征的抽象符号。信息则是报表、账册、图样等,是由数据加工处理后产生的。信息一般反映客观事物的规律,为研究提供依据。但是信息和数据的区别并不是绝对的,同一资料在不同情况下,有时是数据,有时则是信息。数据转化为信息的过程如图 2-1 所示。

图 2-1 数据转化为信息的过程

目前，市场调查是策划人员收集信息的一个重要途径。根据策划目的设计问卷，借助调查问卷收集数据，进行统计，并应用计算机软件将其整理为信息，选择其中有用的部分，为做策划方案提供现实依据。

4. 拟定策划方案

拟定策划方案的过程既需要线性思维也需要整体思维。在前几个阶段已收集了所需背景信息的基础上，这一阶段将拟定初步的策划方案，具体内容有：

1）书面大纲。
2）目标客户确认。
3）产品定位。
4）主要卖点的提炼。
5）推广建议（品牌形象树立、广告创作、营销手段）。

5. 编制策划报告

基于以上工作，编制正式完整的策划报告。策划报告是赖以展开策划内容，获得他人认同，并用以组织实施的"设计图"。

6. 组织实施

正式策划报告形成之后，需要从策划报告中提炼出实施方案，制订具体实施计划，并由项目组织者组织实施该策划。

7. 效果评价与反馈

在策划过程中，应进行有效控制和信息反馈，及时修正偏差，做出调整，使策划按预定轨道取得预期效果。

2.2 房地产项目策划的含义及特征

2.2.1 房地产项目策划的含义

房地产项目策划是策划学基本理论在房地产领域的运用。房地产项目策划是指根据房地产开发项目的具体目标，以市场调研为基础，优选房地产项目在市场中的最佳定位，以独特的概念设计为核心，综合运用各种策划手段，按一定的程序对房地产开发项目进行创新规划，并可根据策划目标和市场环境的改变对方案进行调整，最终以具有可操作性的房地产策划方案作为结果的活动。

对于房地产项目策划的理解有以下几个方面：

1）房地产项目策划是策划学理论在房地产领域的综合运用。
2）房地产项目策划具有明确的目标。
3）房地产项目策划是在客观真实的市场调研和优选最佳的市场定位的基础上进行的。
4）房地产项目策划要遵循特定的程序。
5）房地产项目策划需综合运用各种策划手段以及创新思维。
6）房地产项目策划最终要提供可操作的策划方案。
7）房地产项目策划是可根据条件的改变而调整的动态过程。

2.2.2 房地产项目策划的特征

1. 地域性

房地产项目策划的地域性体现在以下几个方面：一是房地产开发项目所在地的区域经济情况。由于各区域的地理位置、自然环境、市场状况和经济条件不同，进行房地产项目策划需考虑到各种情况。二是房地产开发项目周边的市场情况。房地产项目策划时，要重点掌握市场供需情况、市场发育情况以及市场消费倾向等。三是房地产项目用地的区位情况，如房地产项目所在地的功能区位、地理区位、经济区位等。

2. 系统性

房地产项目策划是一个庞大的系统工程，各个策划子系统有机统一、密切联系，保证了房地产项目策划的系统性。房地产项目开发的过程包括市场调研、投资研究、规划设计、建筑施工、营销推广、物业管理等几个必经的阶段，每个阶段构成策划的子系统，各个子系统又由更小的系统组成，且每个子系统有其独立的功能。

3. 前瞻性

房地产项目策划的理念、创意和手段具有预见性和超前性。房地产项目周期相对较长，一般为 2～5 年，在策划时应具有超前眼光和预见能力。在市场调研阶段，应预见未来市场情况；在投资研究阶段，应预知项目未来的成本、售价和资金流量的走向；在规划设计阶段，应预测户型规划、建筑设计和项目类型等方面的未来发展趋势；在营销推广阶段，应根据当前市场状况，就销售价格、项目包装、广告推广发布等方面超前预测。

4. 市场性

房地产项目策划要符合和适应市场的需求，以市场需求为导向，及时调整策划思路及项目定位。房地产项目与其他产品最大的区别是项目的固定性和不可移动性，这也决定了在房地产项目策划时项目与市场的紧密性，以策划创造市场，开发有特点的创新产品，避免同类竞争过多，才能获得更好的经济效益。

5. 创新性

目前，房地产市场的"同质化"现象严重，而项目策划应当解决该类问题。房地产项目策划的创新性体现在两个方面：一是概念新、主题新，主题和概念是房地产项目开发的指导思想，体现出文化内涵的深度，满足当代人对于住房除了居住功能之外的精神需求，形成产品差异性。二是手段新、方法新，策划的手段和方法虽然具有共性，但运用和整合在不同场合、不同情况下，产生的效果也不尽相同，需要通过不断的策划和实践产生新的方法和手段。

6. 多样性

房地产项目策划从本质上来说，是建立在市场调查研究基础上的一种思维创新活动过程，而思维具有多样性。房地产项目策划的多样性体现在三个方面：一是房地产项目策划是多方案比选的过程，在实际的项目开发过程中，存在多种开发方案可供选择，房地产项目策划应结合开发商经济实力、开发经验及社会人文背景等因素对方案进行优选，选定最合理可操作的方案。二是房地产项目策划方案的"动态稳定性"，方案需根据房地产市场环境的变化不断地进行调整和改进，以保证策划方案与现实情况的最佳适应状态。三是房地产项目策划理念、策划模式及策划手段具有多样性。

7. 可操作性

房地产项目策划一定要具有较强的可操作性。策划思路与方案要密切结合实际，符合市场规律，不能脱离项目自身或市场环境的客观条件，也不能超出开发商的实际能力范围，须落到实处。

8. 程序性

房地产项目策划是一门具有自身规律与逻辑的科学。只有按照房地产项目开发的客观程序及策划活动自身的规律来进行策划，才能保证房地产项目策划的成功。房地产项目策划的程序性也保证了房地产项目策划各项活动的逻辑性与有序性。

程序性要求房地产项目策划应遵循一定的顺序。房地产项目全程策划的环节包括市场调查、市场分析、市场定位、投资分析、规划设计、营销推广、物业管理等，必须遵循一定的先后顺序对于不同策划环节进行策划。比如在制订营销方案之前必须明确市场定位，而市场定位之前必须进行市场调查和市场分析。

2.3 房地产项目策划的作用及地位

2.3.1 房地产项目策划的作用

房地产项目策划在房地产企业中充当着企业决策助手的重要角色，项目开发建设的每一环节都有策划参与其中，通过理念设计及不同的策划手段，提升项目价值、企业品牌，开拓项目市场，创造社会和经济效益。

1. 创造社会效益和经济效益

现如今，房地产项目策划注重创新，是一种创意产业，能为房地产项目带来更高的经济附加值，并为房地产企业创造社会效益和经济效益。

2. 为项目决策指明方向

房地产项目策划是在深入市场，对房地产市场环境进行深度调研并总结后产生的。而项目的前期策划是房地产项目成败的关键，房地产项目决策能帮助企业准确决策，保证项目正常运作，避免偏差。

3. 使房地产开发项目增强竞争力

房地产市场日益激烈的竞争，促使房地产的开发模式与产品理念不断更新，在这种情况下，房地产项目策划能发挥其市场研究、项目构思的特长，增强项目的竞争力，赢得市场主动权。

4. 有效地整合房地产资源

开发房地产项目，需要协调多种资源，如人力资源、物力资源、概念资源、社会资源等。这些资源本身是分散的、凌乱的，没有中心的，但由于房地产项目策划的参与，通过理清各类资源的逻辑关系、分析它们的功能，有助于将它们整合在一起，用资源组合的优势为项目开发服务。

5. 预测未来市场，满足购房者需求等

房地产项目开发最终的目的是要获得好的市场销售，赢得经济效益。房地产项目策划能够根据市场及现实情况为项目决策提供有优势的方向和目标，准确预测未来的市场，并满足购房者的需求，推动房地产项目的开发和运行。

2.3.2 房地产项目策划的地位

房地产项目策划是企业策划的重要组成部分，并且在社会经济的发展中处于越来越重要的地位，主要表现在以下几个方面：

1. 项目的前期策划是房地产开发的前置工作

房地产开发项目的建设完成需要经过市场调研、项目选址、投资分析、规划设计、施工建设、推广营销、物业服务等一系列环节，在这个过程中的任何一个环节出现问题，都会影响项目的开发进程，甚至影响开发结果。

房地产项目策划在项目开发前就已经通过各种策划手段为项目开发提供了指导思想和大纲，属于项目开发的前置工作。同时，房地产项目策划参与到项目的各个环节，并且贯穿于项目开发的全过程，通过各种策划手段寻找合适的房地产产品的市场空间，为项目成功提供有力保障。

2. 房地产项目策划是实现房地产开发价值的工作基础

房地产项目的市场定位、投资方向、设计规划、经营理念、文化内涵和营销导向均是在项目策划阶段完成的，没有统筹全局的项目策划，房地产项目将是盲目开展的，甚至是无法正常开展的。

其中，市场方面的策划为房地产项目准确找到自己的定位；投资方面的策划是开发商进行决策的依据，也确定了项目的利润空间；设计方面的策划使得房地产项目的特性更为突出；经营方面的策划为房地产项目赢得未来更广阔的发展空间；文化方面的策划使房地产项目更具有内涵和深度；营销方面的策划则为房地产项目拓宽市场销售空间。因此，房地产项目策划是实现房地产开发价值的工作基础。

2.4 房地产项目策划的原则

1. 创新原则

房地产项目策划创新原则要求在策划时敢于标新立异、另辟蹊径，追求策划方案的独特性和原创性。在信息化、产品同质化的今天，要使房地产项目引人注目，其开发和策划必须要有亮点，因此创新是房地产策划最重要的原则之一。房地产项目策划的创新原则主要体现在房地产项目的主题、概念、理念、产品、营销策略等方面的创新。这一原则贯穿策划的各个环节，包括市场调研、规划设计、产品营销等，在竞争激烈的市场上体现出项目的独特性。

2. 客观原则

房地产项目策划的客观原则是指在房地产项目策划运作的过程中，项目的客观实际的重要性应高于策划者的主观意志，策划方案要讲求实事求是，符合现实。房地产项目策划方案的成功一定是源于某些客观性和必然性，而成功的关键在于准确的市场定位，因此客观、科学的市场分析和调查是项目准确定位的基础。遵循客观原则，要重视客观市场的调研、分析与预测，以提高策划方案的准确性和预见性，还要注意策划概念、理念、主题应符合实际并适度超前。

3. 定位原则

定位原则是指房地产项目要根据自身特点，确定项目开发的方向和目标。由于人力、物力、财力资源有限，使房地产项目必须精确定位、集中资源才能有竞争力。房地产项目开发的定位原则从高到低有经营定位、总体定位、手段定位三个层次，上一层次的定位决定下一层次的定位。经营定位包括项目的战略、品牌等，总体定位包括项目的主题定位、市场定位、目标客户等，手段定位则是指项目策划的手段。

4. 可行原则

房地产项目策划的可行原则要求策划方案必须达到切实可行的目标和效果，且具有经济性和易操作性。策划方案是否可行，重点在于是否具备可操作条件；策划方案在经济方面是否可行，在于尽可能以最小的成本获得最大的效益；策划方案是否有效，即方案实施后达到的效果如何。

5. 全局原则

全局原则又称为整体原则，要求在房地产项目策划全程注重项目运作的整体性，保证全局利益和长期利益。从项目的整体性出发，应部分服从整体、局部服从全局，并协调好局部利益与全局利益的关系；从项目的长期性出发，则应该协调好眼前效益和长远效益的关系。

6. 整合原则

整合原则是房地产项目策划中一个较独特的原则，要求策划人将社会资源、客户资源、人力资源等各类不同资源集中、分类、整理、组合以及提升，形成针对项目目标的有效资源，为项目更好地开展服务。在实行该原则时，需将各种客观资源紧密围绕项目的策划目标展开，挖掘并发现隐性资源，且把握各种资源的整合技巧。

7. 人文原则

人文精神在社会学中是指人类所公认的精神文明的综合，包括人道主义、自由平等、民主法治等。房地产项目策划的人文原则是指在策划中需要把握人文精神，遵循以人为本的原则以及策划需强调文化内涵。以人为本的原则要求房地产项目策划在项目的定位、功能、布局、环境、设施等方面要以满足人的需求、实现人的价值、体现人文关怀等为出发点。强调文化内涵是要求将文化的因素渗透到房地产项目中，体现出不同地区的文化习俗、价值观念以及行为准则等，并与中华优秀传统文化相结合。

8. 应变原则

应变原则要求房地产项目策划在动态的市场环境中，依据房地产市场的发展变化及变化的方向与轨迹及时调整策划方案与目标。首先，思想上要有动态意识和应变观念；其次，及时掌握政策以预测市场未来走向；最后，需要对市场环境与政策现状全面掌握。遵循应变原则是完善房地产项目策划方案的重要保证。

2.5 房地产项目策划的内容及程序

2.5.1 房地产项目策划的内容

房地产项目策划按照其发展进程阶段，主要包含以下内容：

1. 项目用地的获取与选址

一般来说，项目的策划都是从项目用地的获取和选址开始的。开发商及策划人员需要根据房地产市场环境的情况，仔细研究并确定具有开发价值的地块，通过市场分析和拟选项目的财务评价工作进行决策。该阶段需提出项目投资建议，编制项目初步投资估算。

开发商及策划人员在选择开发用地时，主要研究城市规划、地块的开发价值、如何获取土地权，并需要深入了解当地房地产市场情况以及当地的政策法规。

在确定投资决策及项目开发用地后，通过招标、拍卖、竞投或者挂牌的方式获取土地使用权。

2. 房地产项目市场调查

在获得土地使用权后，开发商需要根据政府规划部门对于项目用地详细的规划控制指标，对项目用地科学决策，更准确地对产品定位，这就必须通过市场调查了解消费者心理行为，寻找目标客户。在这一阶段，开发商与策划人员研究的是通过何种方法和手段获得这些相关信息。

3. 消费者心理行为分析

一般情况下，开发商与策划人委托专业调查机构，实施问卷调查后，对其结果进行分析研究，并对于消费者的心理行为模式进行探讨。

4. 房地产项目市场定位

通过市场调查、对项目用地自然和社会条件的分析，确定项目的市场定位，即房地产项目主要卖给谁，有无竞争对手，以及目标客户的消费习惯等。同时，还有项目的产品定位，即开发什么样的产品，制订具体的产品定位方案和定位策略。最后，还应进行房地产项目的概念设计，突出项目的主题。

5. 房地产项目规划设计

房地产项目规划设计一般由开发商委托设计单位完成。设计单位依据开发商以及策划人员市场调查的结果和决策好的项目市场定位来进行规划设计。工作内容包括项目整体规划方案设计、建筑风格设计、住宅设计、公共建筑规划设计以及景观设计。

6. 房地产项目营销策划

在房地产项目开发前期，开发商需要权衡自行销售和委托销售的利弊，对项目进行营销策划。营销策划的主要工作内容包括价格策略、营销准备工作、制订计划并对全过程进行动态控制管理、确定广告策略等。由于近来社会分工更为细致，委托代理销售方式将会日益为开发商所接受。

7. 房地产项目物业管理的前期介入

在项目全生命周期中，物业管理阶段是项目进入运营期后持续时间最长、价值量最大的时期。目前，房地产物业管理有物业管理、物业设施管理、物业资产管理和房地产组合投资管理四个层次，居住物业主要是前两个层次的管理，而收益性物业和雇佣物业还需进行后两个层次的管理工作。

虽然物业管理属于项目运营期的工作，但在策划中，应本着以人为本的思想为未来消费者的需求做好提前策划。完善物业管理措施，是项目销售的有力保证。

2.5.2 房地产项目策划的基本思路

房地产项目策划的基本思路如图 2-2 所示。

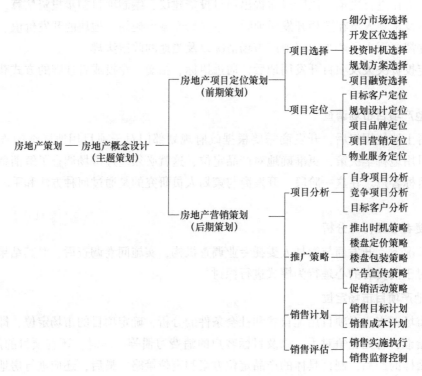

图 2-2　房地产项目策划的基本思路

2.5.3 房地产项目策划的组织与工作流程

房地产项目策划组织主要有两种形式：开发商内部组建或外聘专业房地产项目策划机构。随着房地产业内社会化的分工越来越细致，形成了开发商与专业化房地产策划机构合作的组织形式，可充分发挥专业策划机构经验丰富、熟悉市场、精于策划的优势。

无论哪种组织形式，房地产项目策划一般都要通过如图 2-3 所示的工作流程，才能形成较为成熟深入的项目策划方案。

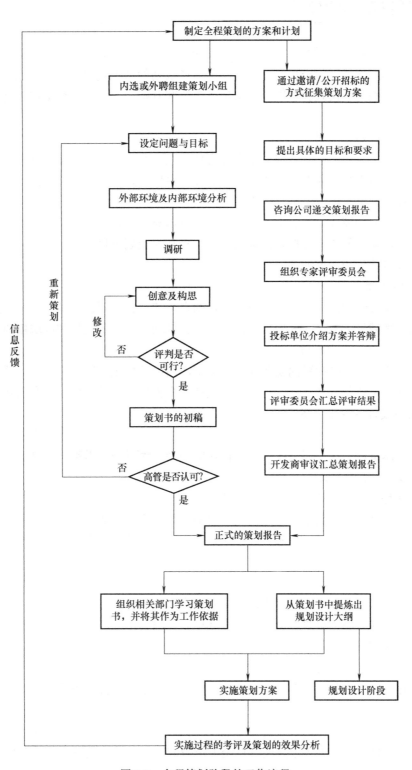

图 2-3　全程策划阶段的工作流程

2.6 房地产项目策划的模式

房地产策划是按一定的模式进行的。在房地产策划发展过程中，经过策划人的总结实践，策划模式逐渐形成，一定程度上体现了房地产策划的基本规律。根据房地产项目的具体情况灵活运用这些策划模式，可以创造出项目典范和营销经典，提高房地产策划的科学性和规范性。

1. 房地产战略策划模式

房地产战略策划模式是从宏观的角度对房地产企业和项目进行总体规划和设计的一种模式。房地产战略策划模式为企业和项目的发展设定总体思路，从全局需求出发，有效地整合各种专业操作，使其在统一的平台上实现总体目标。

房地产战略策划模式是王志纲先生及其工作室倡导、并在房地产策划实践中证明可行的策划模式，经过多年的研究和探索，逐渐形成了独特的策划风格。

房地产战略策划的内容如下：

（1）大势把握——出思路

在把握宏观大势的前提下，根据每个企业的自身特点，找到适合其发展的思路。大势把握包括全国与区域经济大势、区域市场需求大势、区域行业竞争大势和区域板块文化底蕴。

（2）理念创新——出定位

在确定思路后，选择摆脱同质化竞争，确定产品可差异化发展的突破点，总结提取企业以及产品发展的主要基调和重点。理念创新包括概念创新、预见创新和整合创新。

（3）策略设计——出方案

针对企业特点设计一套具有科学性、独创性、前瞻性以及可操作性的策划方案。策略设计包括项目总体定位、项目理念设计、项目功能规划、项目经营思路、项目运作模式、项目经营思路以及项目推广策略。

（4）资源整合——出平台

整合企业内外资源，包括各种专业化公司的力量，争取创造一个统一的可操作平台，使各种力量发挥其应有的作用。资源整合包括企业内部资源整合、企业外部资源整合、行业内部资源整合以及行业外部资源整合。

（5）动态顾问——出监理

这一操作过程主要由开发商完成，策划人员作为顾问起到参与建议作用。顾问监理内容包括项目重大事件、项目重要节点、项目进度控制、项目市场引爆和项目品牌提升。

2. 房地产全程策划模式

房地产全程策划模式由冯佳先生倡导并付诸实践而逐渐形成。由于全程策划的策划理念和内涵实用且丰富，因此深受众多房地产开发企业及策划咨询公司的推崇，并且创造了不少经典项目，在全国流行。

房地产全程策划，简单地说就是对房地产项目进行全过程策划，即对项目前期的市场调研到项目后期的物业服务等各个方面进行全方位策划。全程策划的每个环节都以提升项目的价值为重点，强调为投资者提供标本兼治的全过程策划服务，运用各种手段提升项目的价值，使项目在走向市场时有最佳的状态。

全程策划的内容如下：

1）市场研究。对项目当前的经济环境、房地产市场状况、项目所在地同类项目进行调研分析。

2）土地研究。挖掘项目土地的潜在价值，对其优势、劣势、机会和威胁等进行分析研究。

3）项目分析。通过对项目自身条件及市场竞争情况分析，确定项目定位策略，决策目标客户群体及项目形象，确定项目的市场定位、功能定位及形象定位。

4）项目规划。对项目社会及经济指标、市场大环境要求、规划设计、建筑风格及综合配套设施等提出建议性意见。

5）概念设计。做好项目规划概念设计、项目建筑概念设计、项目环境概念设计以及产品艺术概念设计。

6）形象设计。将开发商特有形象与项目形象所整合，在前期大力推广项目形象、概念及品牌形象。

7）营销策略。分析项目环境状况，突显项目价值。把握项目市场营销机会，及时发现障碍点，整合各种外在资源，挖掘项目特色，并以其为卖点对外发布。

8）物业管理。将物业管理概念与项目定位统一，并将特色服务意识传播给员工，构建以服务为圆心的组织架构。

9）品牌培植。抓住企业和项目培养品牌，延伸产品的价值。

3. 房地产品牌策划模式

房地产品牌策划模式是曾宪斌先生在实践中总结出来的一种策划模式。他有意识地引入品牌的概念来策划项目，又将品牌策划的理念推广、运用到全国各地，形成了鲜明并具有特色的品牌策划模式。

品牌不仅代表差异，还代表个性。品牌标志着商品的特点及特殊身份，将商品与其他同类型商品区分开来。房地产项目区别于其他项目的个性就是房地产品牌，独特的目标市场、共同认知的目标客户群、较高的知名度、美誉度和忠诚度是其特点。房地产品牌策划是对房地产品牌的内涵进行挖掘、发现和推广，用品牌赢得人们对于房地产项目的信赖。

品牌策划的内容如下：

1）品牌策划要以建立项目品牌为基础。

2）品牌策划就是创建一流的品质，进行一流的推广。品质是品牌的重点，品牌策划要以创建一流的品质入手，品牌的推广要以一流的战略战术推广一流的附加值，并建立一流的物业管理队伍。

3）品牌策划中的附加值推广应存在侧重点。首先要将和谐环境融入自然，其次是社会化的社区服务，最后是信息化的家居生活。

4. 房地产产品策划模式

近来，各开发商在不同的项目中都贯彻了产品策划的理念，注重项目产品细部的完美性和舒适性，产生了许多著名的成功楼盘。一些对于产品策划有实践经验的专业策划人员也不遗余力地倡导产品策划模式。

房地产产品策划，是对房地产及住宅产品进行谋划与运筹，满足消费者对于房地产产品的特殊要求。产品策划围绕消费者的需求来策划产品，以消费者需求为重点，注重产品的舒适性和艺术性。

产品策划另外的重点是产品定位和产品设计，产品定位层次决定产品设计层次。

产品策划的内容如下：

1）产品调研。产品的前期策划中最重要的是调研，目的是了解市场需求和市场供应状况，为产品定位做好前期准备。

2）产品定位。在产品调研的基础上，确定产品具体定位。包括目标客户定位、产品品质定位、产品地段定位、产品功能定位、产品规模定位、产品形象定位等。

3）产品设计。这项内容是策划的核心，根据目标客户的特性分析量身定做，包括规划设计、建筑设计、环境设计以及户型设计等。

4）产品工艺。采用先进的生产工艺，保证产品质量。

5）产品营销。针对为目标客户量身定做半成品或产品成品，进行产品营销，包括产品的包装、产品的推广等。

6）产品服务。主要是售后服务，目的是将产品的价值提升和延长。

5. 房地产开发商策划模式

房地产开发商策划模式可以说是房地产另类策划模式，也可将其称为"非策划"模式。房地产开发商策划模式之所以产生和存在，主要是因为开发商自身具有较高的房地产开发水平且思维理念较为超前，有丰富的人脉与领先的技术，对于房地产开发的全过程非常熟悉，多年的开发经验使其本身就是高水平的策划人。

房地产开发商策划模式的特点如下：

1）开发商运用丰富经验、超前理念，在技术娴熟的专业人士的配合下，共同创建开发项目。

2）运用自己的特色品牌效应来进行房地产项目策划。

3）重视开发商与物业管理在规划设计方面的作用。

4）开发商应拥有创新精神，能敏锐觉察目标市场的变化，可准确找到项目的目标客户群。

2.7 房地产项目策划的现状、问题及发展趋势

2.7.1 房地产项目策划发展过程

房地产项目策划经过十几年的历程发展至今，已进入较为成熟的阶段。从项目策划技术应用角度来看，房地产项目策划的发展主要经历了以下几个阶段：

1. 单项策划阶段（1993年6月—1997年3月）

此阶段以著名策划家王志纲先生成功策划了顺德碧桂园项目作为起点和标志。在1993年之前，房地产策划仍处于孕育时期，未真正引入策划的理念。在营销专家仇福宪的推广销售下，广州世贸中心大厦的大获成功使人们对于房地产项目策划有了初步的概念。

此阶段房地产项目策划的主要特点是运用各种单项技术手段进行策划，并在某种技术手段上深入拓展，规范操作，取得优良效果。例如，获得广州市首届房地产营销成功案例奖杯的"文昌广场"项目就是单项策划的经典之作。

随着房地产项目策划实践的日益深入,通过房地产项目策划成功的个案不断增多,房地产项目策划理论思想也逐渐建立起来。于是,开发商们开始在企业内部设立策划部,专业策划公司、物业顾问公司等也应运而生。这些变化引起了消费者们的极大兴趣和关注。房地产项目策划后期的发展也不同程度地受到了这些变化的影响。

2. 综合策划阶段(1997年4月—1999年6月)

综合策划阶段以广州锦城花园项目成功销售为标志。此阶段房地产项目策划的主要特点是不同项目根据自身特点,以主题策划为主线,综合运用市场、投资、广告、营销等技术手段,达到理想的销售效果。

随着房地产项目策划的实践,产生了策划思想、策划理论、策划流派等,为房地产项目策划学理论的形成奠定了基础。此阶段中,最具代表性的是王志纲的"概念地产"思想。从"概念地产"思想出发,他还提出房地产项目要进行"概念设计"或"理念设计","概念设计"是项目"成功策划的核心"。

3. 复合策划阶段(1999年7月—2001年9月)

复合策划阶段是以广州奥林匹克花园项目成功销售作为标志的。这一阶段房地产策划的主要特点是将房地产与其他产业复合,将策划技术手段运用到房地产以及其他产业领域。广州奥林匹克花园是房地产业与体育行业成功嫁接的经典之作。

该阶段较为有创见性的思想是王志纲提出的"泛地产"概念,它不局限于以住宅为核心,而是营造人性化的具有主题功能的领域,住宅可以是主体也可以是附属配套设施,如生态农业度假区、高科技园区、观赏性农业旅游区等不同功能区域的主题。"泛地产"的理念以"概念地产"为基础进一步发展,对房地产项目策划产生了巨大影响。

4. 整合策划阶段(2001.9至今)

整合策划阶段的主要特点是整合各类市场资源,运用技术手段使项目更具有科技含量,产品的更新换代也推动了整个房地产行业的发展。如广州"星海湾"的成功推广。这一阶段策划有几个特点:大盘策划,独立项目面积在千亩以上;连锁策划,在全国多个城市连锁策划,以同样的主题为主线和特色,结合当地市场需求,开发个性化项目,如"奥林匹克花园";城市策划,以城市经营理念为基础,以城市定位为方向,由城市经营引出城市策划。房地产项目策划经过多年的实践与发展,策划模式在此阶段基本形成,并逐步走向成熟。

2.7.2 房地产项目策划现状及存在的问题

房地产项目策划经过一系列的发展,呈现出多元化的特点,从初期的注重产品转为更注重市场的需求。项目以及营销机制的创新也引导了消费者对于房地产产品消费观念的转变,满足了个性化消费的需求。

根据策划实践的经验来看,房地产项目策划依然存在很多问题。

1)房地产项目投资决策中,科学的市场分析往往不被重视,更倾向于运用经验和直觉来判断市场的需求,这导致许多建成项目缺少鲜明特色,投资方向也不够明确,无法满足消费者的个性化需求。

2)从规划设计角度来看,一味从众地追求大气、宏伟,使得设计中产生了不少误区,造成了房地产项目功能的大幅度浪费,规划设计时针对性不强且缺少对于市场需求的足够理解,未能体现出以人为本的理念。

3）在营销策划中，炒作仍然是重点，这一现象使人们混淆了炒作与策划的区别。

4）照搬雷同的发达城市住宅设计思想，策划中不能融入当地城市文化内涵，违背了房地产项目策划创新的本质。应本着以人为本的指导思想对房地产项目进行全程策划，根据不同地区不同的人文环境、地理自然特点、消费者心理等，将创新思维运用到投资决策、设计规划、营销策划、物业管理等各个方面。

2.7.3 房地产项目策划未来发展趋势

房地产项目策划应倡导着眼于环境、追求生活空间、生态且文明的策划主题，从空间、环境、文化、效益四个层面综合整合，使人、住宅、自然环境、社会环境形成融洽的共生关系，本质为"生态+文化"。

房地产策划还必须从注重产品品牌的塑造转为注重企业品牌的塑造。这个转变中，开发商面对的是新一轮的市场竞争选择，从追求经济及社会效益转为追求可持续发展及环境效益，牺牲眼前利益，着眼于更长远的发展。

房地产项目策划队伍将不断扩大。从早期单项策划阶段到如今的整合策划阶段，房地产项目策划将变成一个新兴行业，对于房地产项目策划的研究也将从务实操作层面逐渐深入到科学的理论研究，形成具有中国特色的房地产项目策划理论体系。

房地产项目策划方法将由注重概念转为概念与细节并重。在策划理念、设计细节以及营销策划等方面将更深入地体现以人为本，不断超越目前的房地产项目策划方式。

房地产项目策划的手段将呈现多元化的趋势。由于房地产市场的激烈竞争，以及房地产项目的多样性和复杂性，房地产项目策划手段将加快创新，技术含量也将越来越高。

最后，根据国家相关政策的引导，房地产项目策划将重点致力于保障性住房、长租公寓、养老地产，以产业为导向的特色小镇，以舒缓中心城市非主流功能的卫星城等新型房地产投资项目，打破原有以商品住宅为主体的策划模式，对调结构补短板的房地产项目提出新的策划方法，并运用新科学技术、人与自然和谐、循环经济、消费者支付意愿等创新理念，建立符合国家产业政策引导方向、绿色环保、节能减排、建筑工业化、住宅产业化等的市场发展的策略。

第 3 章

房地产项目市场调查

市场需求是企业进行全部生产经营活动的起点,企业应该根据市场需求安排产品的开发、生产和销售。但是市场不是一成不变的,它是复杂的、千变万化的。企业只有正确地把握了市场的需求和发展方向才能够在激烈的竞争中生存壮大。细致的市场调查正是把握市场发展方向的关键。

市场调查是指运用科学的方法,有目的地、系统地收集、记录、整理有关市场供需信息和资料,分析市场情况,了解市场的现状及其发展趋势,为市场预测和投资决策提供客观、正确的资料。市场调查是企业经营活动的重要组成部分。现代社会中,信息的重要性已毋庸置疑,21 世纪是信息爆炸的时代,随着互联网的发展,信息量以及信息的传播速度得到了大幅的提升。如何从海量信息中正确且快速地提取对企业有效的部分并对其进行处理与管理,发现其中的隐藏规律,这些对企业的发展将起到至关重要的作用。

3.1 市场调查的作用、特点及原则

3.1.1 市场调查的作用

市场调查是投资决策的基础,它运用科学的方法,有目的地系统收集、记录、整理有关市场的各种信息和情报资料,分析研究市场环境及其发展趋势,以期对销售起到指导作用。市场调查过程中建立一套系统科学的程序,可以使市场调查工作顺利进行、提高工作效率和调查数据的品质,市场调查的资料必须能够准确反映市场实际的情况,它是建立科学决策的基础。房地产市场投资大,建设周期长,翔实的市场调查资料可以为准确的预测提供依据,从而制订合理的房地产市场规划。总体来说,房地产项目市场调查的作用主要包括以下几个方面:

1. 有助于房地产企业确定正确的投资方向

房地产企业通过市场调查了解的情况或获得的资料,除了可供了解房地产市场目前的状况之外,还可供预测未来的市场变化趋势进而帮助房地产企业确定正确的投资方向。通过市场调查可以了解房地产市场的现状及其未来变动趋势;了解市场的需求、资源供求情况、竞

争对手活动状况,从而确定企业今后的经营方向,于错综复杂的房地产市场状况中寻找企业生存和发展的立足点。

2. 有助于房地产企业适时进行产品更新换代

房地产产品如同其他各类产品一样,也有着特定的市场生命周期。房地产周期的不同阶段为:萧条阶段、逐步恢复阶段、繁荣阶段和过度建设与下行阶段。不同的房地产产品(如住宅、公寓小区、购物中心、写字楼等)有其不同的周期,市场调查可以帮助经营者随时掌握本企业产品处在市场生命周期的哪一阶段,从而做出正确的产品策略:淘汰哪些老产品,继续经营哪些老产品,开发哪些新产品。

3. 有助于项目投资者制订科学的营销和开发计划

信息是一切经营管理决策的前提,也是经营管理的组成部分。任何一家房地产企业都是在对市场情况有充分了解的基础上才能有针对性地制定策略或修订策略。市场调查可以使项目投资者准确把握市场供求状况,据此制订出产品营销计划。然后,根据销售计划,确定出年度、季度,甚至月度开发计划。在此基础上,又可制订出科学的资金、资源计划,提高房地产开发活动的效率。

4. 有助于项目投资者实施正确的价格策略

房地产产品价格取决于市场需求状况,土地价格、建筑成本以及竞争状况等多种因素也对房地产价格产生重大的影响。市场调查可以帮助项目投资者依据消费需求及承受能力,考虑成本及竞争情况,制定合理、可行的市场价格,从而确保销售成功。

5. 有助于房地产企业改善经营管理、提高经济效益

不少房地产企业经营不善的症结就在于对市场的背离与隔膜,以致在瞬息万变的市场竞争条件下束手无策,或盲目经营。重视市场调查,才能按市场需求改善企业经营管理水平,促进经营效益的提高。市场调查是一项复杂而细致的工作,在市场调查过程中建立一套系统科学的程序,是市场调查工作顺利进行、提高工作效率和品质的重要保证。市场调查的步骤应按照调查内容的繁简、精确程度、调查的时间、地点、预算以及调查人员的学识经验等条件具体确定。但不论市场调查的规模大与小、内容多与少,都应该确保调查资料的准确性和时效性,针对调查主题的全面性和针对性,以及调查的创造性。

3.1.2 市场调查的特点

1. 调查目标的明确性

市场调查通常是为企业某一特定的投资决策服务的,如选择目标市场、为产品进行定位、为提高产品的市场占有率等。因此,大部分的市场调查从一开始目标就很明确,即通过收集和分析资料,使企业对产品或市场有清晰的认识和判断,以帮助企业做出正确的投资决策。

但也有一些市场调查在开始的时候目标较为笼统和分散,如房地产新产品的推广、投资机会的选择等,需要企业事先收集一些二手资料,对调查的问题进行界定和分析,以使调查的目标逐渐明确和集中。当然,这些问题的调查也非常重要,它们不同于已有产品的调查,对调查者往往更具挑战性和提出更高的要求,同时这样的调查存在一定的风险。在现实生活中,很多看起来很好的产品或很有前途的项目,在推广或实施过程中半途而废,有的甚至使企业亏损,很大一部分原因是企业没有进行正确有效的市场调查。

明确调查目标实际上也是对市场调查的具体要求，调查目标要切实可行，要尽可能显化，还要有明确的时间要求。

2. 调查方法的科学性

市场调查应该以问题作为导向，即应该用方法适应问题而非用问题适应方法。为解决某一问题，调查者可以采用多种方法收集信息。市场调查的方法有很多，如直接观察、问卷调查、实验法等。企业只有采用科学的方法，才能保证调查数据的真实性和调查结果的正确可靠。

任何一种调查方法都有其局限性，企业同时采用几种方法收集信息或采用几种方法对资料进行分析验证，可以使调查结论更具说服力并提高市场调查的价值。

3. 资料收集的经济性

市场调查同其他经营决策一样，也有投入产出问题，需要比较企业的信息需求与成本。为此，企业要事先确定信息收集的方法与方案，力求在调查中用尽可能少的花费完成预期的目标。企业在做调查经费预算时，还需要考虑以下几个问题：

（1）企业的已有资料

企业的已有资料是指企业过去已进行的市场调查资料，或相关机构公开发表的资料和报告，或企业档案和资料库中现存的资料。

（2）企业需要进行实地调查的信息量

企业需要进行实地调查的信息量应考虑重点收集的信息的价值与企业的经费投入是否匹配。

（3）企业需要委托调查的信息量

企业委托调查还是自行调查，需要进行费用与调查效果的比较，由企业对调查结果的接受和采纳预期来决定。

4. 调查内容的保密性

专业的调查公司经常受许多企业的委托而进行调查，在调查过程中难免会出现数据交叉使用和信息共享的情况，但调查公司绝对不能同时接受竞争企业的委托而做同一专题的调查，更不能未经委托者的同意而将调查内容公开披露。这是市场竞争的法则，也是该行业职业道德的要求。因此，为防止出现调查内容披露的情况，企业一开始就应向调查公司提出保密要求，并在合同中明确规定和约束。

5. 调查报告的不确定性

市场调查由于会受到多种因素的影响，其结果常常具有不确定性，特别是在房地产产品的调查中，消费者的心理状态、价值观念以及消费者偏好的变化等因素，都会影响调查的结果。另外，由于调查工作本身的问题，如调查问卷问题设置不合理、调查样本过少以及调查人员素质不高等，也会影响调查结果的准确性。因此，对于决策者来说，市场调查不是万能的，它只是决策的必要条件而非充分条件，它只能作为决策的参考依据，而不能代替企业决策。

在现实生活中，当市场调查的结果与企业的实际状况出现偏差或未达到企业的期望时，决策者不能全盘否定市场调查，而应根据自己已有的知识和经验对调查结果进行评价和判断，在此基础上做出正确的决策。

3.1.3 市场调查的原则

1. 准确性原则

调查资料必须真实地、准确地反映客观实际。一切的市场调查工作需要从实际情况出发,在正确的理论指导下进行科学的分析与研究。科学的决策建立在准确预测的基础之上,而准确预测又应依据真实的市场调查资料得出。只有在准确的市场调查资料的基础上尊重客观事实,实事求是地进行分析,才能瞄准市场,把握市场,做出正确的决策。调查资料的准确性取决于以下三个方面:

1)市场调查人员的技术水平。调查人员的技术水平决定了他们在调查中技巧的使用水平,对问题的敏锐程度,对整体调查方案的理解程度,以及资料的筛选、整理、分析水平等。

2)市场调查人员的敬业精神。市场调查在大多数情况下是一项很辛苦的工作,并不是简单地翻阅报纸、发发问卷,或者随便找个人谈谈话那样轻松。大多数情况下,市场调查的需求都是在影响决策的诸多因素均不明朗的情形下产生的,因而市场调查人员必须具备科学的态度、敬业的精神才能将市场调查做好。浅尝辄止的工作态度是做不好市场调查的。

3)资料提供者是否持客观态度。被调查对象是否持客观态度,是否说出他们内心真实的想法,会直接影响调查结果的准确性。在现实生活中,人们有时会言行不一致,而市场调查人员往往没有考虑到这一点。有时完全听取消费者的意见可能会有欺骗性,但又不能忽视消费者的意见。解决问题的关键是要很好地理解顾客,要清楚地判断他们所说的话是否是他们心里所想。这样做的方法就是最大限度地利用多种信息渠道,利用多方面的资料信息相互验证,并予以科学判断,以提高调查资料的真实性。市场调查结果需要真实正确地反映情况,避免主观偏见或人为地修改数据结果。

2. 时效性原则

市场调查是在不断变化的市场中对市场现象进行研究的,因此时效性是由市场不断变化的性质决定的。一份好的调查资料应该是最新的,因为只有最新的调查资料才能反映市场的现实状况,并成为企业制定市场经营策略的客观依据。在市场调查工作开始进行之后,要充分利用有限的时间,尽可能在较短的时间里收集更多的所需资料和信息,避免调查工作的拖延;否则不但会增加费用支出,而且会使决策滞后,贻误时机。因此,市场调查应该顺应瞬息万变的市场形势,及时反馈信息,以满足各个方面的需要。

3. 全面性原则

全面性原则是指根据调查目的,全面系统地收集有关市场经济信息资料。这一原则要求市场调查需要以系统要素为指导,处理好整体与局部的关系并全面地考虑问题。市场环境的影响因素很多,既有人的因素,也有经济因素、社会因素、政治因素等,甚至有时国际大气候对市场环境也有较大影响。由于各个因素的变动是互为因果的,如果单纯就事论事地调查,而不考虑周围环境等因素的影响,就不能把握事物发生、发展和变化的本质,就难以抓住关键因素得出正确的结论。这一点,在房地产市场调查方面体现得尤为突出。房地产开发不可能离开一个城市的社会、经济发展,因此完整全面的市场调查应包括宏观的背景情况,如社会政治经济环境、自然环境、区域因素以及整个市场的物业开发量、吸纳量、需求量、总体价格水平、空置率等内容,还应包括对消费者的调查、对竞争对手与竞争楼盘的调查等内容。

4. 针对性原则

对于特定项目的市场调查，还应遵循针对性原则。例如，在房地产市场调查中，不同物业的目标客户群体是不同的，不同客户群体对房屋的偏好各异，如中等收入家庭购房时更关注价格，而高收入家庭购房时则会更注重环境与景观等。市场调查的目的就是要准确把握不同客户群体的方方面面显著或是细微的差别，最终抓住目标客户群，这也是项目投资成功的关键之一。同时，针对不同的目标客户群，应根据投入产出之间的关系选择合适的调查方法，以最少的调查费用达到最佳的调查效果。

5. 创造性原则

市场调查是一个动态的过程，虽然有科学和程序化的步骤，但任何环节都需要创意的帮助，市场调查的创造性思维应贯穿于整个调查设计和实施过程中。有创意的调查人员总是能十分敏锐地捕捉那些有价值的信息，并深入地挖掘它们。创造性调查的特点之一是根据调查中发现的有价值的信息，提出一个很有创意的假设，然后运用各种调查方法进一步去证明这种假设是否确实存在；创造性调查的特点之二是抛开那些传统的、先入为主的思维方式，采用准确、直接的调查新手段和新方法。

调查的创造性实际上是市场调查最有价值的特性，是调查人员专业知识、调查技术、思维能力的综合体现，当然也是有效市场调查最有力的保障。有创意的调查总是来自调查人员对市场的把握、对政策的理解，以及对调查技法的精通。

3.2 市场调查的内容

房地产项目投资大、周期长，市场调查应在较短的时间内对房地产市场的情况做出准确的分析，使企业对房地产项目在今后一段时间内的收益和风险有清晰的认识。如何才能在较短的时间内完成必要的市场信息的调查和收集一直是对房地产市场调查人员的一种挑战。只有明确了调查的内容才能使工作效率有所提高。

影响房地产市场的因素有很多，市场调查涉及的内容非常广泛，所以凡是能够影响房地产投资决策的因素都应被列入调查的范围内。总体来说，调查的内容主要包括以下四个方面：

1）房地产市场的宏观环境。房地产市场的宏观环境主要指与房地产市场相关的最新的政治、经济、社会、文化发展动态，还包括对房地产市场政策环境、经济环境、人口环境、社会文化环境以及相关技术环境的调查。经过调查及早发现可能存在的机会或威胁，可以为房地产企业的发展规划做好准备。对于同一个国家或同一个地区而言，房地产市场的宏观环境基本是一致的，房地产企业可以从地区年鉴和相关政策文件中了解。

2）房地产市场的需求。房地产市场的需求是指在一定的地理区域、一定的时间和一定的经济环境下，某种类型的顾客愿意购买某种类型的房地产商品的数量。房地产市场是一个比较特殊的市场，它的区域性很强。即使在宏观环境相同的情况下，不同区域的房地产市场也会有很大的差别。所以在进行房地产市场需求的调查时就要对项目所在区域的城市规划、景观、交通、人员构成、就业中心、商圈等区位条件进行分析，对项目地块所具有的区位价值进行判断。

3）房地产市场的竞争状况。了解本企业和竞争对手的情况对采用适当的竞争策略，避免企业的投资失误都有着重要的意义。房地产市场竞争对手调查的内容主要包括：竞争对手的数量、市场占有率、房屋销售量及促销方式等。竞争商品的调查内容主要包括新增或建设中的房屋品质、性能、价格和用途等。

4）房地产市场的营销状况。企业经营是一个连续的发展过程。调查现有房地产市场的营销状况可以分析企业的优势和劣势，发现机会和威胁，淘汰不正确的营销策略和方法，采用合适的销售方案，为房地产企业的进一步发展做好准备。房地产市场营销状况调查的主要内容包括房屋产品、价格、销售渠道、促销方案等。

影响房地产投资决策的因素有很多，对于不同的房地产开发项目，各个因素的影响大小也不一样。一般来说，房地产市场调查有以下几个部分。

3.2.1 房地产宏观环境调查

对于房地产这种资金密集型的行业来说，宏观环境的影响非常重要。这里的房地产宏观环境主要包括影响房地产行业的政治环境、经济环境和社会文化环境等。

1. 政治环境

政治环境主要包括政府思想观念、办事效率、政策法规等。一个国家、地区和城市的政治环境将直接影响房地产企业正常的生产经营活动的开展。针对房地产项目的政治环境，主要调查内容包括：

1）国家、省、城市有关房地产开发经营的方针政策，如房地产改革政策、开发区政策、房地产价格政策、房地产税收政策、房地产金融政策、土地制度和土地政策、人口政策和产业发展政策、税收政策等。

2）有关房地产开发经营的法律规定，如《房地产开发经营管理条例》《中华人民共和国房地产管理法》《中华人民共和国土地管理法》等。

3）有关国民经济社会发展计划、发展规划、土地利用总体规划、城市建设规划和区域规划、城市发展战略等。

在上述主要内容中，金融政策是影响整个房地产市场景气的最重要因素。因此，房地产企业应多关心政府的金融政策。代表金融政策的主要指标有：中长期贷款利率、货币供给量以及汇率。金融政策指标与预售市场景气的关系分析如下：中长期贷款利率趋稳时，第二年的预售市场即反映稳定水平。汇率年增长率是预售市场景气的同步、反向指标。汇率当年年增长率大于5%时，预售市场销售率呈反向变化。货币供给量是预售市场景气的同步、同向指标。这些金融、经济指标资料除随时注意报道外，应注重长期循环即各指标与销售率之间的关系。但在我国大部分地区，由于市场经济尚未得到充分的发展，房地产市场对金融政策的反应尚不及发达国家那么灵敏。

国家和当地的房地产政策和法规主要包括国家法律中与房地产行业相关的规定条文，也包括房地产行业协会的一些规定。在不同的地区，当地经济发展的状况不同，政府对房地产企业的政策也不一样，这些都必须在调查时了解清楚。比如，地区政府为了保证城市的总体规划，不准建设过高的楼盘或是过低的楼盘，这些情况在房地产项目调查时必须弄清楚，否则在后期修改时会给房地产企业带来很多不必要的损失。

2. 经济环境

经济环境是企业经营活动的外部社会经济条件，包括消费者的收入水平、消费者支出模式和消费结构、消费者储蓄和信贷、经济发展水平、经济体制地区和行业发展状况、城市化程度等多种因素。针对房地产项目的经济环境，主要调查内容包括以下内容：

1) 国家、地区和城市的经济特性，包括经济发展规模、趋势、速度和效益。
2) 项目所在地区的经济结构、人口及其就业状况、就学条件、基础设施情况、地区内的重点开发区域、同类竞争物业的供给情况。
3) 一般利率水平、获取贷款的可能性以及预期的通货膨胀率。
4) 国民经济产业结构和主导产业。
5) 居民收入水平、消费结构和消费水平。
6) 项目所在地区的对外开放程度和开发地点相关因素的调查。
7) 与特定房地产开发类型和开发地点相关因素的调查。
8) 财政收支。不同的物业类型所需的经济环境内容有很大的不同，需结合具体项目展开有针对性的调查。

房地产项目相关的地区经济发展情况和人口分布都可以在地区的年鉴中找到。在收集资料的时候，调查人员必须对其中的信息按照项目的需要进行分类收集，去除干扰信息和不必要的多余信息。有的统计年鉴中有专门的房地产价格指数信息，它反映了该地各类房地产价格的变动程度和趋势，房地产调查人员可根据具体情况选择使用。

3. 社会文化环境

社会文化往往对整个社会有深刻影响，尽管文化有相对稳定性，但其不是固定不变的，特别是生活习惯，审美观念往往随着社会生产力的发展而发生一定程度的变化。社会文化环境一般包括居民受教育程度、文化水平、职业构成、民族分布、宗教信仰、风俗习惯、审美观念等。

3.2.2 房地产微观环境的调查

房地产微观环境调查主要包括对消费者和竞争对手情况的调查。

1. 消费者情况调查

房地产项目要销售得好，就必须了解客户的情况，找到合适的消费群体，针对他们的消费行为和消费心理进行营销策划。房地产市场需求的调查内容中最重要的就是消费者调查，即主要明确项目是针对整个市场还是其中的细分市场，是针对何种收入阶层、何种工作性质的消费者。同时，消费者对自己的需要和欲望的叙述与实际行为可能不同。他们往往会由于一些原因在最后一刻改变主意，有时也可能连他们自己也没有意识到一些潜在的欲望和需要。这些都需要研究人员来加以调查、分析和引导。

一般而言，我们需要调查消费者的以下特征：

1) 消费者人口统计特征。消费者人口统计特征主要指年龄分布、居民收入、职业划分、受教育程度和家庭规模。这些特征一般都可以在地区的统计年鉴中查到。

① 消费者年龄的不同意味着对房地产需求的不同。不同年龄段的消费者的经济实力和消费负担存在者很大的差别。例如，单身的年轻居民一般住在家里，几乎没有经济负担，消费主要以娱乐为主；新婚无子女的年轻人的一般经济条件较好，购买力较强，有一定的购房

需求；有小孩的家庭一般流动资金较少，购房时对房屋的结构和地理位置有较高的要求。

② 居民收入是一个非常重要的消费者统计特征。收入水平的划分直接导致了购房者在选择房地产及其附带设施和服务上的差异。对于低收入消费者来说，户型、得房率、交通及房屋的价格是最重要的几项指标；但对于高收入消费者来说，他们比较看重住宅所代表的社会地位，包括物业管理和周边环境。

③ 职业的划分影响着人们的价值观和消费行为。一般收入家庭对住房装饰细节、经久耐用比较重视，而白领阶层比较倾向于简洁明快而富有一定艺术气氛的住宅。另外，不同的职业对住房的结构要求也不同，如教师、研究人员往往需独立的书房。

④ 受教育程度不同的消费者在价值观和对问题的处理方式方面都不一样。对于同一套房屋，受教育程度不同的客户可能会有不同的看法，特别是在私密性、空间利用率等问题上。因此，在房地产市场调查中需要对此进行详细的调查。

⑤ 家庭规模的大小与住宅房地产开发的关系非常密切。过大的户型不适合三口之家，而小户型又住不了三代同堂的世家。因此，在特定的价格区间内，房地产开发商往往要考虑住宅面积与住宅套型之间的关系。

另外，房地产消费者的性别、民族等统计特征也会影响消费者对房地产的需求，但这些因素对房地产营销不是普遍影响的因素，只是在特定的地区和特定的环境下才会产生影响。这些人口统计性的特征一般在年鉴或行业统计资料上都有体现。

2）房地产消费者的消费行为特征。房地产消费者的消费行为特征调查主要包括消费者购买动机以及购买行为特征的调查。

① 消费者购买动机。购买动机是指为了满足一定需要而引起人们购买行为的欲望或意念。在现实生活中，每个消费者的购买行为都是由其购买动机引发的，而动机又是由人的需要产生的。因此，在调查过程中，需要重点调查消费者的购买意向、影响消费者购买动机的因素以及消费者购买动机的类型划分。

② 消费者的购买行为特征。消费者购买行为特征主要是描述实施某种购买行为的主体、时间、地点、原因和方式。在房地产市场调查中，我们需要设计合理的调查方案对上述的消费者的特征进行仔细的调查，同时针对自己项目的需要，重点调查其中的几个特征。一般来说，消费者的购买力水平的主要衡量指标是家庭的年收入；另外，消费者的购买倾向也会对住房消费产生很重要的影响，它主要包括对物业类别、品牌、户型、面积的偏好，对房屋地点的位置偏好以及对预期价格、物业管理、环境景观等方面的要求。

对房地产消费者的调查是一个动态的调查过程。如果未确定明确的目标消费者群体，可通过收集二手资料对房地产市场消费者做粗略的了解；确定了目标消费者之后，主要通过问卷调查的形式就想要了解的问题对目标进行访问。目标消费者的确定可参照同类物业的已成交客户进行划分。必要的时候甚至还可以针对核心购买者进行再一次的调查，直至得到较为准确可靠的结论。

2. 楼盘竞争调查

房地产市场调查另一个重点就是对竞争对手楼盘情况的调查。市场竞争对于房地产企业制定市场营销策略有着重要的影响。因此，企业在制定各种重要的市场营销决策之前，必须认真调查和研究竞争对手可能做出的种种反应，并时刻注意竞争者的各种动向。一般来说，房地产竞争楼盘可分为两种情况，一是与项目处在同一区域的，另一个是处于不同区域但定位相似的楼盘。对竞争对手的调查主要是对营销策略组合的调查与分析，包括产品、价格、广告、销售推广和物业管理等方面的调查。

1）产品区位和产品特性直接影响着房地产产品的价格，这是房地产商品特有的属性。产品区位与特性对发挥房地产商品的效能，提高其使用价值和经济效益具有重要作用。

竞争对手区位一般包括以下几点：

① 地理位置。地理位置是指调查人员需要调查竞争楼盘的具体坐落方位以及与本企业项目楼盘的相对距离。

② 交通条件。交通条件是指地块附近的交通工具和交通方式，包括公交、地铁、公路、铁路、飞机等。

③ 发展规划。发展规划是指当地政府对城市土地、空间布局、城市性质的综合部署和调整。在调查中，还特别需要注意竞争楼盘在未来 1~2 年中的变化，这对分析本项目建成后的效益会有帮助。

④ 周边环境。周边环境是指开发地块周围的生活配套情况，包括人口数量与素质、地区治安、卫生、绿化等。

竞争对手产品特征主要包括以下几点：

① 建筑参数。主要包括所调查项目的总建筑面积、占地面积以及容积率等。这些主要是由当地规划管理部门确定的，是决定产品形态的基本参数。

② 面积户型。一个楼盘的面积和户型对不同的消费群体有着不同的影响，它包括各种户型的使用面积、得房率、建筑面积、面积配比、户型配比等。

③ 装修标准。这点对于写字楼、卖场或精装修的户型是一项非常重要的指标。它不仅包括户型内部居室、厅的装修，还包括对公用部位的处理，如大堂、电梯厅、楼梯以及房屋的外立面。

④ 配套设施。它分为两个部分：一部分是满足日常生活的最基本设施，如水电气、保安、车库、便利店、卫生所和学校等；另一部分是为住户专门设计的额外设施，如小区会所等相关的娱乐和运动设施。

⑤ 绿化率。现在人们越来越重视房屋绿地，它已成为判断房屋评估值的一条重要标准。

⑥ 交房时间。这是消费者关心的重要因素之一。

除此之外，房地产产品的区位以及特征还包括社区繁荣程度、购物条件、文化氛围、居民素质、安全保障程度、卫生、空气和水源质量及景观等方面。

2）对竞争对手产品的价格调查。价格无疑是房地产消费者最关心的因素之一。只有在价格可以承受的条件下，消费者才会比较其他的重要因素。价格是房地产营销中最基本、最便于调控的，也是在实际调查中最难取得真实信息的。一般可以从单价、总价和付款方式来描述一个楼盘的价格情况。

单价是楼盘各种因素的综合反映，可以用来判断不同楼盘的真正价值。房地产单价又包括几个方面：一是起价，它是楼盘房屋的最低价格；第二是平均价，它是总销售金额与总销售面积的比值，可以作为参考；第三称为主力单价，是指占总销售面积比例最高的房屋所标定的单价，它是判断楼盘整体地位的主要参数。

总价是一套房屋的销售价格，它反映了产品对目标客户群的选择。通过对竞争楼盘总价的调查可以掌握竞争对手的市场定位和目标。

付款方式是房屋总价在时间上的一种分配,也是一种隐蔽的价格调整和促销手段。它可以用来缓解购房人的付款压力,扩大目标客户群的范围,提高销售率。付款方式主要包括一次性付款,按照工程进度的建筑期付款,按照双方约定时间付款和利用商业银行贷款或公积金贷款的付款。

3) 对竞争对手销售情况的调查主要包括对销售过程以及最后的销售结果的调查。销售过程调查的主要内容包括售楼部、广告媒体、广告投入和诉求点。售楼部的调查内容包括进行楼盘促销主要场所的地点选择、装修设计和形象展示等方面,它是整个楼盘销售策略的体现。广告媒体选择是指一个楼盘选择的主要报刊和户外媒体,它是楼盘信息的主要载体。在实际工作中,选择的媒体应与产品的特性吻合。从报纸广告的刊登次数和篇幅,户外媒体的块数和大小可以判断出一个楼盘的广告强度,它体现了该楼盘所处的营销阶段,也可以从中看出开发商针对的目标客户群体。广告的诉求点,也就是物业的卖点反映了开发商想向购房人传达的信息,是产品竞争优势的展示,也是目标客户群体所关心的问题。

4) 销售结果是判断一个楼盘好坏的最终指标。销售结果也是最难获得准确信息的,主要包括销售率、销售顺序和客户群分析。销售率是一个最基本的指标,它反映了一个楼盘被市场的接纳程度。销售顺序是指不同房屋的成交先后顺序,可以按照总价的顺序,也可按户型的顺序或是面积的顺序来排列。可以从中分析出不同价位、不同面积、不同户型的房地产单元被市场接纳的原因,它反映了市场需求结构和细节。通过竞争楼盘的客户群职业、年龄、家庭结构、收入的统计,可以反映出购房人的信息,从中分析购买动机,找出本楼盘影响客户购买行为的因素以及各因素影响力的大小,从而有针对性地进行楼盘销售计划的安排。

5) 竞争楼盘的开发商情况以及设计单位、建设队伍和物业管理的情况。它们分别负责项目的投资建设、建筑设计、工程施工和物业服务四个方面,只有这几个公司保持优势且有效合作才能够保证楼盘的销售成功,其中开发商的实力是最关键的。通过对竞争对手楼盘的调查,可以分析竞争对手产品规划的特点、价格策略、广告策略和销售的组织、实施情况。以此为基础可制定出本公司项目的销售策略和相应的对策。

3.3 市场调查的类型和方法

3.3.1 市场调查的类型

根据房地产市场调查的深入程度,可将市场调查划分为探索性调查、描述性调查、因果性调查和预测性调查。

1. 探索性调查

探索性调查是房地产企业在对房地产情况很模糊或对所要调查的问题不知从何处着手时所采取的方法。探索性调查主要是发现问题和提出问题,以便确定调查重点,例如可以以此调查出开发的办公楼宇滞销是由于产品定位失误造成的,还是由于广告宣传力度不够以致目标消费者不足造成的,或是由于竞争对手采取新的营销策略造成的。由于影响房地产销售情况的因素很多,房地产企业可能一时难以分辨。这时房地产企业可以采取探索性调查的方法,先从消费者或中介代理商处收集和掌握一些信息,然后进行分析,发现问题。但是,探索性调查只是收集一些有关资料,以确定问题所在,至于问题应如何解决,则有待于进一步调查。

2. 描述性调查

描述性调查是从外部联系上找出相关因素,对提出的问题进行回答,并在此基础上提出一些相关的问题。描述性调查必须占有大量的信息情报,调查前需要有详细的计划和提纲以保证获取的资料正确、可靠。问卷调查多属于这种调查方式。但是,描述性调查只是从外部联系上找出各种相关因素,并不回答因果关系问题。也就是说,描述性调查旨在说明"什么""何时""如何"等问题,并不解释"为何"的问题。与探索性调查比较,描述性调查需要有事先拟订的计划,需要确定收集的资料和收集资料的步骤,需要对某一专门问题得出答案。

3. 因果性调查

因果性调查也称作因果关系调查,是指在描述性调查的基础上进一步研究分析问题的前因后果,找出影响问题的各个因素之间的因果关系,如通过控制广告费用在不同的媒体的支出来观察不同媒体上的广告对房地产销售量的影响。通常对于一个房地产公司经营业务范围来说,销售、成本、利润、市场占有量,皆为因变量,而自变量较为复杂,通常有两种情况:一类是企业自己本身可以加以控制的变量,又称内生变量,如价格、广告支出等;另一类是企业市场环境中不能控制的变量,也称外生变量,如政府的法律、法规、政策的调整,竞争者的广告支出与价格让利等。因果关系研究的目的在于了解以上这些自变量对某一因变量(例如对成本)的关系。

4. 预测性调查

预测性调查是通过收集、分析、研究现有的各种市场资料,运用数学方法,估计未来一定时期内房地产市场对某种类型物业的需求量及其变化趋势。由于市场情况复杂多变,不易准确发现问题和提出问题。因此,在确定研究目的的阶段,可进行一些情况分析。例如,前面所述的房地产公司发现近期的广告没有做好,造成消费者的视线转移。为此便可做若干假设,例如:"消费者认为该公司房屋设计方案较差,不如其他房地产公司的设计方案""售房的广告太一般""消费者认为该房屋的四周环境不够理想"等。拟定假设的主要目是限制研究或调查的范围,以便使用今后收集到的资料来检验所做的假设是否成立。另外,预测性调查可以帮助企业制订有效的营销计划,规避市场风险以及可能带来的损失。

上述四种调查是互相联系、逐步深入的。探索性调查主要是发现问题和提出问题;描述性调查主要是说明问题;因果性调查主要是分析问题的原因;预测性调查主要是估计问题发展的趋势。

3.3.2 市场调查的方法

房地产市场调查有许多种方法,调查人员可根据具体情况选择不同的方法。同时房地产市场调查可按两种不同的标准进行分类。第一类按调查对象来划分,有全面普查、重点调查、随机抽样、非随机抽样等;第二类是按调查方法来划分,有访问法、观察法、定性研究法、试验法等。房地产市场调查方法如图3-1所示。

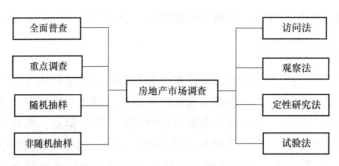

图 3-1 房地产市场调查方法

1. 按调查对象划分

（1）全面普查

全面普查是指对调查对象总体所包含的全部个体都进行调查。对市场进行全面普查，可能获得非常全面的数据，能正确反映客观实际，效果明显。如果把一个城市中居民的人口、年龄、家庭结构、职业、收入分布情况系统调查了解后，对房地产开发将是十分有利的。由于全面普查工作量很大，要耗费大量人力、物力、财力，调查周期较长，一般只在较小范围内采用。当然，有些资料可以借用国家权威机关普查结果，例如可以借用全国人口普查所得到的有关数据资料等。

（2）重点调查

重点调查是指以总体中有代表性的单位或消费者作为调查对象，进而推断出一般结论的调查。采用这种调查方式，由于被调查的对象数目不多，企业可以以较少的人力、物力、财力，在很短时期内完成。例如，要调查高档住宅需求情况，可选择一些购买大户作为调查对象，往往这些大户的住宅需求量占整个高档商品住宅需求量的绝大多数，从而推断出整个市场对高档住宅的需求量。当然，由于所选对象并非全部，调查结果难免有一定误差，市场调查人员应引起高度重视，特别是当外部环境产生较大变化时，所选择的重点调查对象可能就不具备代表性了。

（3）随机抽样

随机抽样调查是指在总体中随机任意抽取个体作为样本进行调查，根据样本推断出一定概率下总体情况的调查。随机抽样在市场中有重要地位，在实际工作中的应用很广泛。随机抽样最主要的特征是从总体中任意抽取样本，每一样本有相等的机会，即事件发生的概率是相等的，这样可以根据样本空间的调查结果来推断总体的情况。它又可以分为三种：一是简单随机抽样，即整体中所有个体都有相等的机会被选作样本；二是分层随机抽样，即对总体按某种特征（如年龄、性别、职业等）分层，然后从各组中随机抽取一定数量的样本；三是分群随机抽样，即将总体按一定特征分成若干群体，随机抽样是将部分作为样本。分群抽样与分层抽样是有区别的：分群抽样时将样本总体划分为若干不同群体，这样群体间的性质相同，然后将每个群体进行随机抽样，这样每个群体内部存在性质不同的样本；而分层抽样是将样本总体划分为几大类，这几大类间是有差别的，每一类则是由性质相同的样本构成的。

（4）非随机抽样

非随机抽样是指抽样时不遵循随机原则，而是按照研究人员的主观经验或其他条件来抽

取样本的一种抽样方法。非随机抽样分为以下三种具体方法:

1) 就便抽样。就便抽样也称为随意抽样调查法,即市场调查人员根据最方便的时间和地点任意选择样本,如在街头任意找一些行人询问其对某房地产产品的看法和印象。

2) 判断抽样。判断抽样即市场调查人员根据自己以往的经验来判断由哪些个体来作为样本的一种方法。当样本不多,样本间的差异又较为明显时,采用此方法能起到一定的效果。

3) 配额抽样。配额抽样即市场调查人员通过一些控制特征将样本空间进行分类,然后由调查人员从各组中任意抽取一定数量的样本。

2. 按照调查方法划分

(1) 访问法

访问法是通过直接询问被调查者的方式了解市场情况和客户需求的一种方法。采用访问法进行调查时,通常要将需要了解的信息做成问题列表的形式,按照表格的顺序和要求询问被调查者,所以通常又被称为调查表法。根据调查人员与被调查者的接触方式,访问法又可以分为人员访问、电话访问、邮寄访问和网络访问四大类型。

1) 人员访问。人员访问是指房地产调查人员直接与被调查者面对面交谈用以收集资料的一种调查方法,又称面谈调查。这种方法有两种调查方式:一种是入户面谈,调查人员按照抽样方案的要求,到抽中的家庭或单位中按事先选取的方法选取适当的被调查者,再依照事先拟定好的问卷或调查提纲顺序,对被调查者进行面对面的直接访问;另一种是拦截式面谈调查,是指调查人员根据调查方案,在指定的地点如商场、展览会等,按照指定的调查程序在路人中选取访问对象,进行较为简短的调查。另外也可以在事先选定的场所如教室或展厅内,根据一定的程序和要求组织被选中的调查者集中进行问卷测试调查。

人员访问由于采用与客户面对面交谈的方式进行调查,就需要调查者具有一定的技巧,使被调查者能够较为真实地表达他对调查问题的看法。这就需要房地产市场调查人员在进行人员访问之前统一培训,研究客户心理,妥善处理调查时出现的各种情况。

人员访问方法有很多优点:它非常灵活,交谈时的主题和时间安排都可以根据具体的客户情况进行改变。调查人员可以采取灵活委婉的方式,层层深入地了解被调查者的信息,同时被调查者对问题存在疑问或不清楚的时候可以随时向调查人员咨询,有利于资料的顺利收集。人员访问法一般拒答率较低,面对面地访问往往会对被访问者产生一定的压力,使他们较为认真地回答问题。同时,面对面的调查气氛比较轻松,适于进行深度调查,并且随意联想,有可能会收集到额外的信息。

当然人员访问也会有一定的缺点。首先,人员访问需要调查人员准备大量的访问材料,而且往往需要对调查人员进行事前培训,另外还需要很多交通费和其他费用,成本高。其次,它对调查者的素质有要求,调查人员的访问技巧和应变能力是影响调查质量的两个重要因素。再者,由于人员调查往往是一对一地进行,因此需要大量的时间,调查周期长。另外,人员调查匿名性差,对于一些比较敏感或者涉及隐私的问题,面对面调查不易获得较为翔实的信息。最后,人员调查管理比较困难,调查者的主观因素容易影响调查结果。有的素质低的调查人员为了减少调查时间,随意破坏样本的随机性或者其他的质量要求,对调查的结果造成坏的影响。

2) 电话访问。电话访问是通过电话中介与选定的被调查用户交谈以获得市场信息的一种方法，它是一种间接的方法。电话访问前，需要对调查人员进行培训，使其可在不长的时间（15min左右）内完成调查。调查人员需要根据被调查者的情况进行安排，如果对象是上班族则应把调查时间安排在晚上或者休息日，如果是老年人则可以把调查时间安排在白天。调查人员还需要在电话调查前设计好问卷调查表，由于受到通话时间和记忆规律的限制，大多采用的是非选择法向被调查者询问。这样可以保证调查的顺利进行。

电话调查覆盖面广，只要有电话的地区就可以使用。它取得信息快，节省调查的时间和经费，调查人员坐在办公室里面就可以完成。被调查人员没有心理压力，可以畅所欲言。但电话调查也有很多缺陷，由于电话访谈的时间限制，谈话不能深入进行。有时因为无法出示调查说明、照片、图表等背景资料，也没有过多时间逐一在电话中解释，被调查者可能因不了解调查的确切意图而无法回答或错误回答。因此，电话访谈只适合于某些信息目的较为明确简单并且急需得到结果的房地产市场调查，如房地产公司调查购房者对房屋的满意度、居民购买房价格信息等。

3）邮寄访问。邮寄访问是房地产市场调查中一个比较特殊的收集资料的方法。它是将调查者事先准备好的调查问卷邮寄给被调查者，再由被调查者根据要求填写好后寄回的一种调查方法。它的特点是调查范围广、成本低。它在能够通邮的地区都可以实施。它给予被调查者充分的考虑时间，避免受到时间限制和调查人员的倾向影响。它可以减少调查人员的数量，不需要对调查人员进行专门的培训。

邮寄调查法的缺点是问卷回收率一般偏低。由于调查的问卷和回执都要通过邮寄，信息反馈时间长，影响资料的时效性。它无法确定被调查者的性格特征，也无法评价其回答的可靠程度，如被调查者可能误解问题意思、填写问卷的可能不是调查者本人等。另外，它要求被调查者有一定的文字理解能力和表达能力，对文化程度较低者不宜使用。

房地产市场调查人员如果需要用邮寄访问的方法时，需要采用一些附加的措施提高问卷调查的回收率和时效性。可以采用电话跟踪提示或抽奖等方式，使被调查者在短时间内给予回答。同时需要注意很多细节问题，如附上回信的信封和邮票等。

4）网络访问。网络访问是一种随着网络兴起而出现的一种新型的访问形式。它有很多种形式，调查人员可以发邮件给被调查者或将问题答卷放在网上供被调查者填写。它有很多优点：第一，访问速度快，省去了印刷的时间。第二，它费用低，这是网络提供的好处之一。第三，它的匿名性很好，对于一些敏感性的话题，被调查者可以不暴露自己的身份，给出自己的想法。第四，由于现在网络技术和计算机技术的飞速发展，网络问卷可以制作得非常精致，而且可以根据不同的情况随时调整问题的顺序和数量。

当然，一些家庭还对网络存在着不信任的心态。同时，网络信息的真实性和准确性也不能够保证。因此，虽然它是未来市场调查的主要手段，但目前房地产调查人员对其结果还只能用于参考。

(2) 观察法

观察法是指调查者凭借自己的眼睛或摄像、录音等器材，在调查现场进行实地考察，记录正在发生的市场行为或状况，以获取各种原始资料的一种非介入式调查方法。这种方法是调整人员不与被调查者正面接触，而是在旁边观察。这样的做法对被调查者行为影响较小，被调查者可以表现得自然，因此调查效果也较为理想。观察法有以下四种形式。

1）直接观察法。直接观察法就是调查人员去现场直接察看市场情况的调查方法。例如，派调查人员去房地产展销会或去各个楼盘的售楼部，观察顾客对房地产产品的偏好；可以在白天观察该小区中楼宇的空调安装数量或者在晚上观察该小区的亮灯数量等。

2）亲身经历法。亲身经历法就是调查人员亲自参与某项活动来收集有关资料的调查方法。如调查人员要了解某代理商服务态度的好坏和服务水平的高低，可以扮作顾客到该代理商处去咨询等。通过亲身经历法收集的资料通常是真实的。

3）痕迹观察法。痕迹观察法就是调查人员不是直接观察被调查对象的行为，而是观察被调查对象留下的一些实际痕迹的方法。例如，想了解一个商场的销售情况，调查人员不需要在每个柜台上调查具体的销售情况，只需观察从商场门口出来的客户手中是否有商场提供的纸袋或塑料袋即可。

4）行为记录法。有些情况下，为了降低调查者的记录负担，可以在被调查者允许的情况下通过录音机、摄像机、照相机及其他一些设备记录客户的行为。如在电视节目收视率的调查中，调查公司经过用户同意在居民家庭的电视机里安装上电子记录器，这些记录器同计算机系统相连，每隔一段时间扫描一次，每个家庭收看电视的情况就会被记录下来，再对这些资料加以汇总分析，就可以确定出哪个时间段、哪个节目最受欢迎，可以确定广告播出的黄金时间与频道。在房地产市场调查中，也可以征求许可后采用这种方法，用录音机和摄像机将客户询问的问题和参观楼盘时的行为记录下来，分析客户购房的心态，有针对性地进行楼盘营销的策划。在使用这种方法时，应尽量保证资料的可信度。

由于观察法是一种非介入式的资料收集方式，可以避免语言交谈中的障碍、暗示以及情感等因素的干扰，因此相对而言通过观察法收集到的资料更加真实、具体、客观，可靠性更强；另外，观察法也比较灵活。然而，观察法也有它的缺点，由于它不与客户进行交流，无法深入探究客户的态度和动机，只能获得表面性的资料；调查人员需要进行培训，需要具备较高的业务水平和敏锐的观察力；同时，观察法还需要一些观察器具和较长的观察时间，因而花费较大。所以，观察法最好是和其他的调查方法一起使用。

（3）定性研究法

定性研究法是对研究对象进行科学抽象和理论分析的方法，这种方法一般选定较小的样本对象进行深度、非正规性的访谈，发掘问题的内涵，为随后的正规调查做准备。目前，国内常用的定性研究方法有焦点小组座谈会、深度访谈法、投影技法等。

1）焦点小组座谈会。焦点小组座谈会就是以会议的形式，就某个或几个特定的主题进行集体讨论并集思广益的一种资料收集方法。一般由主持人引导对某个主题进行深入的讨论。它在国外已经得到广泛的应用，目前在国内也逐渐开始采用这种调查方法。在使用焦点小组座谈会方式进行调查时，应注意以下几点：

① 必须确定好主题。主题一般由项目调查的要求而定，不要太窄或太宽泛。实际调查时，可以把一个较大的主题分解为若干个问题，根据与会者的情况制定讨论主题大纲，便于会议控制。

② 参会者要经过挑选。不能太多也不要过少，成员太多不容易控制局面，而且个体发表看法的时间和机会也相对少，可能调查的结果只是其中部分活跃分子的意见，不具有广泛性；如果参加人员太少，可供利用的信息、经验、才能也越少，不便于问题的深入讨论和多方位发掘。另外，在选择小组成员时应尽量使同小组成员为同一层次或社会背景的，尽量不要把不同生活方式和不同知识水平的人放在同一组，这样难以形成共同讨论的气氛。

③ 小组的座谈次数不能太少，根据项目调查要求，尽量多地组织会谈，同时保证参会人员不同，使每次会议都有新的发现、新的见地，有利于问题讨论的深入和意见的交融。

④ 要对会议加以控制，鼓励参加者畅所欲言，但要防止偏离主题，讨论中要使主题平滑过渡，也要避免出现从众心态。

⑤ 要对每次会议的结果进行评价，供下一次会议采用。

焦点小组座谈法的特点在于它所访问的不是独立的被调查者，而是同时访问若干个被调查者，通过与若干个被调查者的集体座谈来了解市场信息。因此，小组座谈会是主持人与多个被调查者相互影响、相互作用的过程，要想取得预期效果，还需要主持人做好各种准备工作，熟练掌握主持技巧，同时要求有驾驭会议的能力。

2）深度访谈法。在市场调查中，常需要对某个专题进行全面深入的了解，同时希望通过访问、交谈发现一些重要情况，要达到此目的，仅靠表面观察和一般的访谈是不够的，这就需要采用深度访谈法。深度访谈法是一种无结构的、直接的、一对一的访问，在访问过程中，由掌握高级访谈技巧的调查员与调查对象进行深入的访谈，揭示被访者对某一问题的潜在动机、态度和情感等。此方法最适于做探索性调查。深度访谈包括自由式访谈和半控制性访谈两类，前者对交谈内容没有控制，而后者则需要对每个问题的时间和内容加以控制。

自由式访谈一般适用于平级关系或工作时间弹性较大（机动时间较多）的被调查对象。自由式访谈的目的在于从更深层次上发掘主题的内涵，捕捉深度信息，被调查者可以自由地发表意见和回答问题，不受讨论时间的限制，也没有讨论提纲的约束。

半控制性访谈一般适用于工作很忙的被调查对象，比如经理、专家等。调查者需要对每一个讨论问题的时间加以控制。由于半控制性调查的特殊性，它一般用来了解基本市场信息、经济法规和竞争行为等。这需要调查人员有较高的访问技巧和良好的沟通能力。

3）投影技法。焦点小组座谈法和深层访谈法都是直接访问的方法，即在过程中调查人员明显地向被调查者表明调查目的，但这些方法在某些场合却不太适用，比如对那些动机和原因的直接提问、对较敏感问题的提问等。此时，研究者主要采取在很大程度上不依赖于研究对象自我意识和情景的新方法。其中，最有效的方法之一就是投影技法，又称为投射法。它用一种无结构的、直接的询问方式，可以激励被访者将他们所关心话题的潜在动机、态度和情感表达出来。例如，若想了解调查对象对某个新推出楼盘的看法时，可以这样问他："这是个新推出的楼盘，如果您的朋友有意购房，你认为他会对这个楼盘感兴趣吗？"研究者可以从被访者如何把自己投影到这个第三者身上，来揭示被访者的真实想法，因为有时一些深层次的真实原因只靠信息收集和直接访问是不能发现的。

通过上述三种基本的定性调查方法的介绍，我们可以看出定性研究方法样本小，且结果较为依赖调查者和被调查者的主观感受。在实际调查中，定性调查方法需要与定量的调查方法结合使用。定量研究通过图表、数学模型和统计方法，将资料量化处理，定性研究很少使用模型，主要依靠人们的经验和判断能力进行分析处理。相对而言，定量研究更加理性、客观，但定量研究不能脱离定性研究独立存在，没有定性研究的定量研究是一堆毫无意义的数字符号，所以在具体的项目调查中，需要根据实际情况合理地进行定量调查和定性调查，有针对性地加以选择和综合。

（4）试验法

试验法是研究因果关系的一种重要方法。它是将调查范围缩小到比较小的规模上，进行试验后得出结果，然后再推断出样本总体可能的结果。它是一种特别的调查与观察活动，调查者可以控制试验环境，使其得到理想的调查结果。

试验包括三个基本部分：试验对象称为"试验体"，实际上引入的变化称为"处理"，"处理"发生在试验对象上的效果称为"结果"。例如，某商家想要研究音乐能否提高客户购物时的购买欲望。商家可以选择不同的音乐进行试验。在这个试验中，被选择的客户称为"试验体"，引入的音乐称为"处理"，商场在音乐条件下销售量的变化称为"结果"。又如，在调查房地产广告效果时，可选定一些消费者作为调查对象，即"试验体"，对他们进行广告宣传，广告宣传对消费者产生影响，即"处理"，然后根据消费者对广告的接受程度来看楼盘销售量的变化即"结果"，从而研究房地产广告投放量变化和广告用词、语气对楼盘销售的影响，并将它与未投放广告的区域进行比较，指导广告营销。当然，由于市场情况受多种因素的影响，在试验期间消费者的偏好、竞争者的策略都可能有所改变，从而影响试验的结果。即使如此，试验法在研究因果关系时仍能提供询问法和观察法无法得到的材料，它具有独特的使用价值和应用范围。特别值得一提的是，试销是种重要的试验方法，这包括一项新产品或服务在推向扩大的市场之前，先在局部水平推广或测试。在投入大笔资金之前，局部水平的推广将有助于清除可能出现的问题。

需要注意的是，每一项试验完成后都要检测其有效性，这里包括检测试验内部有效性和外部有效性。内部有效性主要是从试验内部考察试验结果是否完全是由自变量的变化引起，有没有外部因素的影响；外部有效性则主要是从现实的角度考察试验结果是否有效，也就是看试验结果能否应用于实际中。客观地说，内部有效性和外部有效性很难达到绝对一致，这需要权衡二者之间的关系，同时检测其有效程度，从而决定是否值得推广。

3.3.3 问卷设计

调查问卷又称调查表，是调查者根据一定的调查目的和要求，按照一定的理论假设设计出来的，它由一系列问题、调查项目、备选答案组成，是调查者收集资料的一种工具。调查问卷是房地产市场调查的重要方法。通过问卷调查，可以使开发商了解市场需求及其消费者的特征（性别、年龄、职业、文化程度等）。但在实际调查中，由于被调查者的个性不同，文化程度、理解能力、道德标准、生活习惯、职业、家庭背景等都有较大区别，加上调查者的专业知识和技能水平不同，使得问卷调查变得非常困难，而问卷设计又是整个问卷调查中的关键环节，对问卷调查质量有重大影响，从而影响整个房地产项目。所以，问卷设计是否科学将直接影响市场调查的成功与否。

1. 问卷设计的基本原则

在实际工作中，许多调查问卷存在着一些可避免的缺陷或弊病。例如，题量过多，引起被调查者的不耐烦或反感；概念模糊，引起被调查者的误解；问卷中开放性问题过多，不利于数据录入与分析等。

一份完整的问卷一定要明确此次市场调查的目的，每个问题设置要突出重点、围绕主题，避免出现模棱两可的情况，如果调查主题过大，也可将其分解成若干个子题目，使得每个子题都详略得当。

问卷设计既要有科学性又要有艺术性。若要使问卷设计比较容易地让被调查者接受，那就要求每个问题的内容、形式、位置、顺序都必须仔细斟酌。设计出一份高质量的问卷非重要，但难度也非常大。问卷设计的最终目的是使被调查者能自愿参与调查，认真填好调查问卷。

虽然问卷类型、问卷内容差异很大，不同设计者也有不同的设计风格，不可能存在一种适用于各类调查内容和调查方法的特定的问卷模式，但是仍有一些共同的基本原则可循。

（1）一致性原则

问卷内容应与调查所希望了解的内容（即调查目的）一致。在许多调查中，调查发起者提出调查目的后，并不能清楚完整地提出具体的调查内容要求，此时设计人员应当与数据使用者积极沟通，相互协调，设法挖掘出调查发起者的潜在需求。必要时可以通过预调查探索本次调查可能涉及的问题；通过对预调查结果的分析，找出要达到的调查目的，以及问卷还应包括哪些方面的具体内容，最终设计出合适的问卷内容与形式，进而获得与调查主题相关的有效信息。

（2）完整性原则

在设计问卷时，问卷内容应能涵盖达到调查目的所需了解的所有内容。这里的完整性不仅包括问题的完整，还包括具体问题中所给的答案选项的完整，即不应出现被调查者找不到合适选项的情况。

（3）准确性原则

作为搜集数据的工具，问卷应保证数据的准确性。作为调查的工具，问卷的措辞、顺序、结构和版式等方面应当保证问卷中的问题可以准确反映所需信息，被调查者能够准确理解问题，并能够给出正确的回答；作为记录工具和编码工具，问卷应能提供规范的记录方式和编码方式，保证被调查者或调查员记录的答案准确清晰，设计的编码能准确代表原资料的信息，以满足录入、编码和分析环节的要求。

（4）可行性原则

问卷的设计应保证被调查者比较容易地接受并如实回答问卷，这是得到有效数据的必要条件之一。由于问卷调查对于被调查者而言往往是一种额外的负担，他们既可以采取合作的态度配合，也可拒绝或胡乱回答。因此，请求合作就成为问卷设计中一个十分重要的问题。在问卷说明中语气应温和，提问要有一定的趣味性，问卷设计应适合被调查群体的身份、水平，最终使调查者能自愿参与，认真填写问卷。问卷的设计还要保证编码和分析的可行性，被调查者提供的回答应是可量化的，因此在问题和选项设置时应考虑可量化的程度，同时应合理选择开放性问题的数量，使得数据便于录入和分析等。

（5）效率原则

效率原则就是在保证获得同样信息的条件下，选择最简捷的询问方式，使问卷的长度、题量和难度最小，节省调查成本。一方面，在一定成本下，要使问卷尽量获取全面、准确、有效的信息，但并不等于要一味追求容量大、信息多。与本次调查目的无关的问题不要询问，否则不仅造成人力、物力、财力的浪费，还可能引起被调查者的反感与厌恶，拒访率增高，数据质量下降，问卷效率反而降低。另一方面，追求高效率并不简单等于低成本，一味节约成本可能会以数据准确性和可靠性降低为代价，反而造成低效率。在问题陈述时力求简明易懂，多用通俗的词汇，另外要避免问题重复，防止被调查者出现反感情绪。

（6）模块化原则

为使问卷结构分明，便于维护与更新，可以考虑使用模块化的设计方法，即将问卷划分为若干个功能块，每个功能块由若干道题构成。功能块内部具有较强的联系，功能块之间具有相对的独立性。

应该指出的是，上述六项原则有时相互矛盾，难以同时满足，并且由于调查费用等客观因素的限制，问卷设计不可能做到尽善尽美，在实践中如何权衡贯彻各项原则，还需要凭经验加以判断。

2. 调查问卷的构成

问卷一般由开头、正文和结尾三个部分组成。其中正文是最重要的部分。

（1）问卷的开头

问卷的开头一般是调查者向被调查者写的一封简短信，主要包括问候语、填表说明和问卷编号。问候语应亲切、诚恳、有礼貌，并说明调查目的、调查者身份、保密原则以及奖励措施，以消除被调查者的疑虑，激发他们的参与意识。填表说明主要用于规范和帮助受访者对问卷的回答，可以集中放在问卷前面，也可以分散到有关问题之前。问卷编号主要用于识别问卷、访问员、被访者地址等，可用于检查访问员的工作，防止舞弊行为，便于校对检查、更正错误等。问卷的开头可采取两种方式：一是比较简洁、开门见山的方式；二是在问卷说明中进行一定的宣传，以引起被调查者对问卷的重视。一般情况下，问卷的开头前有一个问卷标题，它是概括说明调查的研究主题，使被调查者对所要回答的问题有一定的了解。

（2）问卷的正文

问卷的主题内容是研究者所要了解的基本内容，也是调查问卷中最重要的部分。它的主要表现形式是提问，这部分内容的设计质量直接影响整个调查的水平。问卷的正文一般包括资料收集、被调查者的基本情况两个部分。

① 资料收集部分是问卷的主体，也是使用问卷的目的所在。其内容主要包括调查所要了解的问题和备选答案。显然，这部分内容是问卷设计的重点。

② 调查者的基本情况也是问卷正文的重要内容之一。被调查者往往对这部分问题比较敏感，但这些问题与研究目的密切相关，必不可少，如个人的年龄、性别、文化程度、职业、职务、收入等，家庭的类型、人口数、经济情况等，单位的性质、规模、行业、所在地等。通过对这些项目的调查，便于对调查资料进行统计、分组和分析。在实际调查中，列入哪些项目、列入多少项目应根据调查目的、调查要求而定，并非越多越好。

在大规模调查中，由于调查资料的统计汇总工作非常复杂繁重，需要借助编码和计算机技术进行简化处理。统计时，应确定每一个调查项目的编号，为相应的编码做准备，同时，每份问卷还要有编号即问卷编号。此编号除了顺序号之外，还应包括与该样本单位有关的抽样信息。

（3）问卷的结尾

问卷的结尾一般放在问卷的最后，可以设置开放式问题，征询被调查者的意见、感受，或是记录调查情况，也可以是感谢语以及其他补充说明。

例如：您觉得这份问卷设计得如何？ □很好 □好 □一般 □不好

请给出您这样认为的理由：＿＿＿＿＿＿＿＿＿＿＿＿＿＿＿＿＿＿＿＿＿＿＿＿＿。

3. 问题设计

在进行问卷设计时，需要决定使用何种类型的问题。我们确定问题类型的出发点主要是基于研究要求，尽量使设计的每一个问题传达更多的有用信息。问题的难易程度也是一个值得考虑的因素，调查者必须分析他要面对的被调查者群体的层次水平，太难或无聊的问题往往令人扫兴。一般来说，问卷问题主要有开放式问题、封闭式问题等。

（1）开放式问题

开放式问题也称自由回答问题，只提问题或要求，不给出具体选项，要求被调查者根据自身实际情况自由作答。此种提问方式答案不唯一，不易统计和分析，实际调查问卷中用得并不多。开放式问题的设计方法概括起来有以下几类：

1）自由回答法。它要求被调查者根据问题要求用文字形式自由表述。

例如：您认为这个楼盘有什么吸引您的地方？

2）词语联想法。这种方式是给被调查者一个有很多含义的词或词表，让被调查者看到词后马上说出或者写出最先联想到的词。在下面一个例子中，给被调查者一张两列表，其中一列为楼盘名称（刺激词），另一列为反映词，要求被调查者在很短的时间内给相应的楼盘配上最合适的反映词（见表3-1）。

表3-1 楼盘反映词对照表

房地产楼盘名称	反 映 词	
××楼盘	外观好□	内部布局合理□
	环境好□	价格高□
	交通便利□	有品位□

3）文章完成法。它是由调查者向被调查者提供有头或有尾的文章，由被调查者按照自己的意愿来完成，使之成篇，从而借以分析被调查者的隐秘动机。

例如：一个朋友前一段时间看了几套新房，选中了两套。一个套型设计很好，小区环境也不错，但价格较高；另一套小区环境较差，套型面积小，但上班近。朋友有些犹豫，不知道该选择哪个，向您咨询，您对他说_____。

4）过滤法。又称"漏斗法"，是指最初提出的问题较为广泛，离主题较远，再根据调查者回答的情况逐渐缩小提问范围，最后有目的地引向要调查的某个专题性问题。

例如：请问您近年内打算购房吗？ □是 □否

如果是，您打算购买住宅的建筑面积为：_____ m^2。

5）角色扮演法。这种方法不让被调查者直接说出自己对某种产品的态度和动机，而是通过观察别人对这种产品的动机和态度来间接暴露自己的真实动机和态度。

例如：您认为购买××楼盘业主的特点有哪些？

开放式问题的优点在于被调查者不受限制，便于深入了解被调查者的意见和态度。被调查者的回答可以给调查者提供大量信息，有助于设计营销主题和促销活动。

（2）封闭式问题

封闭式问题是指事先已设计出了问题的各种可能的答案，被调查对象只要或只能从中选择一个或几个现成答案的提问方式。这种提问方式便于统计，但回答的伸缩性较小。

4. 答案设计

在设计答案时，可以根据具体情况采用不同的设计形式。

（1）二项选择法

二项选择法也称真伪法或二分法，是指提出的问题仅有两种答案可以选择。如"是"

或"否","有"或"无"等。这两种答案是对立、排斥的，被访者的回答非此即彼，不能有更多的选择。

二项选择法的优点是：易于理解和可迅速得到明确的答案，适合短时间的调查如电话调查等，便于统计处理，分析也比较容易。但回答没有进一步阐明理由的机会，获得的信息量较小，难以反映被访者意见在程度上的差别，了解的情况不够深入，容易产生误差。这种方法适用于互相排斥的两项择一式问题及询问较为简单的事实性问题。

例如：您打算最近买房吗？□是　□否

（2）多项选择法

多项选择法是指对所提出的问题事先预备好两个以上的答案，被访者可任选其中的一项或几项。

例如：您认为住宅的最重要条件是什么？

①质量；②宽敞；③舒适；④方便；⑤安静；⑥美观；⑦气派；⑧其他

由于所设答案不一定能表达出被调查者所有的看法，所以在问题的最后通常可设"其他"项目，以便使被调查者表达自己的看法。

多项选择法的优点是比二项选择法的强制选择有所缓和，答案有一定的范围，也比较便于统计处理。但采用这种方法时，设计者要考虑以下两种情况：一是要考虑全部可能出现的结果，以及答案可能出现的重复和遗漏。二是要注意选择答案的排列顺序。有些被访者常常喜欢选择第一个答案，从而使调查结果发生偏差。此外，答案较多会使被访者无从选择，或产生厌烦。一般这种多项选择答案应控制在8个以内，当样本量有限时，多项选择易使结果分散，缺乏说服力。

（3）顺位法

顺位法是列出若干项目，由被访者按重要性决定先后顺序的方法。顺位法主要有两种：一种是对全部答案排序，另一种是只对其中的某些答案排序。究竟采用何种方法，应由调查者来决定。具体排列顺序应由回答者根据自己喜欢的事物和认识事物的程度等进行。

例如：请对下面列出的五类房地产广告排序：

①电视广告；②报纸广告；③广播广告；④路牌广告；⑤杂志广告

按您接触的频率，由高至低排序。

按您的印象，由浅至深排序。

按您信任的程度，由大到小排序。

顺位法便于被调查者对其意见、动机、感觉等进行衡量和比较，也便于对调查结果加以统计。但调查项目不宜过多，过多则容易分散，很难顺位，同时所询问的排列顺序也可能对被调查者产生某种暗示作用。这种方法适用于对要求答案有先后顺序的问题。

（4）回忆法

回忆法是指通过回忆，了解被调查者对不同商品的质量、品牌等方面印象的强弱的方法。例如：请您举出最近一个月在电视广告中出现过哪些楼盘的广告。

调查时可根据被调查者所回忆品牌的先后和快慢以及各种品牌被回忆出的频率进行分析研究。

（5）比较法

比较法是把若干可比较的事物整理成两两对比的形式，要求被调查者进行比较并做出肯定回答的方法。

例如：就房子本身而言，您认为下列每对因素中的哪一点比较重要？"（每对只选一个）
①外观设计　室内设计
②朝向　通风
③景观　采光
④工程质量　配套设施

比较法适用于对质量和效用等问题做出评价。应用比较法要考虑被调查者是否对所要回答的问题中的商品品牌等项目相当熟悉，否则将会导致空项发生。

3.4 市场调查报告的编制

在资料收集完后，房地产市场调查工作的重点应转向资料的整理分析，并编写成调查报告，也就是市场调查的最后一个阶段的工作：分析与总结。

3.4.1 资料整理

资料整理的目的是把零碎的、杂乱的、分散的资料加以筛选，去粗取精，去伪存真，以保证资料的系统性、完整性和可靠性。其过程包括编辑、检查和修正搜集到的资料；编码，给每个问题的答案配上数字或符号，为列表和统计分析做准备；列表，把相似的数据放到一起，具有初步分析资料的作用。

1. 编辑

编辑是对资料进行筛选，去除统计资料中的无用部分，可以在现场进行，称为实地编辑，也可以在办公室进行，称为办公室编辑。

（1）实地编辑

实地编辑是初步编辑，其任务是发现资料中非常明显的遗漏和错误，及时调整调查程序，帮助消除误解和有关特殊问题。实地编辑需要保证资料的完整性，没有遗漏的项目；保证资料的清晰性，调查人员需要仔细查看记录，如果发现无法辨认的字迹应及时澄清；保证资料内容的一致性，不要出现前后矛盾的情况；保证答案的明确性，特别是针对开放式的问题，不要出现模棱两可的词语；保证资料单位的统一性，便于后续的统计分析工作。实地编辑的工作重点是复查和追访，一旦发现有错误就需要及时纠正。

（2）办公室编辑

办公室编辑在实地编辑之后，其主要任务是更加完整、确切地审查和校正回收的资料。这一工作需要由那些对项目调查目的和过程都十分明确，而且具有敏锐洞察力的人员来进行。办公室编辑的工作重点是对查出问题的处理。在调查统计上来的资料中主要存在三大类问题：不完全回答、明显的错误和由于被访者缺乏兴趣而做的搪塞回答。

对于不完整的答卷，如果是大面积的无回答，或相当多的问题无回答应作为废卷；对于个别问题无回答可作为有效问卷，对于空白可在后续工作采取补救措施；对于相当多的问卷同一个问题（群）无回答，仍可作为有效答卷，虽然它对统计工作有影响，但它反映出问题可能写得不清楚，或者是由于敏感话题导致人们不愿回答。

对于明显的错误答卷，应进行仔细分析，如果能够发现其中的逻辑关系，并用其纠正前后矛盾的问题，就可作为有效答卷，否则作为"不详值"处理。

对于无兴趣的答卷，如果是整个问卷的情况，应作为废卷处理；如果只是出现在某个问题（群）上，应把这部分的答卷作为一个独立的样本进行对待。

在审查收集的次级资料时，应弄清楚作者的身份和背景，注意编写时间。在审核统计资料时，要注意它们的指标口径和资料的分组，尽可能地减少使用次级资料时可能遇到的麻烦。

2. 编码

编码是指对一个问题的不同回答进行分组和确定数字代码的过程。大多数问卷中的大部分问题都是封闭式的，应事先做好编码。但对于开放式的问题，它只能在资料收集好之后，根据被调查者回答的内容确定类别的指定编号。这部分工作首先是列出所有答案，将有意义的答案列成频数分布表，确定可接受的分组数，根据分组数将有意义的答案重新挑选归并，然后为所确定的分组选择正式的描述词汇，根据分组结果制定编码规则，最后对全部回收问卷的开放式问题进行编码。

3. 列表

把调查资料按照一定的目的，用表格的形式展现出来，就是资料列表。它的基本功能就是计算变量值的出现次数。如果只计算一个变量就是单项列表，如果需要同时计算两个或多个变量的不同数值联合出现的次数，就称为交叉列表。

3.4.2 资料分析与解释

在房地产市场调查的所有活动中，对研究者的技能要求最高的环节是资料的分析与解释。分析是以某种有意义的形式或次序把收集到的资料重新展现出来。解释是在资料分析的基础上，找出信息之间或手中信息与其他已知信息的联系。在资料解释时，尽管无固定模式可循，但有两个方面是要注意的：一是要理解归纳和演绎的推理方法，二是要保证形成结论的客观性。

归纳推理的方法是指首先产生一系列个别的前提，然后把这些前提与其他前提结合在一起，以形成结论。这些个别的前提可以从观察、试验、调查中获得。比如，调查中发现100个打算购房客户中有72个客户咨询物业管理公司的情况，则表明大部分客户关心小区物业。演绎过程是一系列的推理过程，通过逻辑推理得出最后的结论。在演绎过程中，前提的正确性决定了结论的正确性。例如，房贷利率上升后，贷款购房的压力增大，炒房者的利润空间有所降低，预期收益下降将导致部分炒房者提前抛出手中的房屋，导致房价滞胀。

研究者进行调查时，保持客观态度去收集资料是非常重要的，特别是在对资料进行分析和解释时，更要以客观的眼光来看待资料中的信息。由于研究者控制着要解释的资料，他们可能会把那些跟他们预计结果相悖的资料放在一边，而只研究他们感兴趣的。保持客观的态度在实际工作中是比较难以掌握的，这就需要调查人员不断地培训和提高业务素质。

3.4.3 调查报告的撰写

撰写和提交调查报告是房地产市场调查工作的最后一环。调查报告反映了调查工作的最终成果。要十分重视调查报告的撰写，并按时提交调查报告。研究人员在完成前面的市场调查工作以后，必须写出准确无误、优质的调查报告，使决策者能够清楚地了解市场情况，做出正确的决策。一份优质的调查报告能对整个市场研究起到画龙点睛的作用。研究报告的撰写要针对读者,技术性的报告可以针对有一定专业基础,又对项目有关的技术有兴趣的人;一般性报告可以给企业里的非技术人员或某些高层经理们阅读。一般来说,调查报告必须完整、准确、清楚和简明。

一份完整的报告应当为读者提供他们能懂的所有信息,报告中细节的数量应与使用者的数量相适应。要保证调查中所有信息的可信性和有效性,坚持实事求是原则。调查报告要如实反映市场情况和问题,对报告中引用的事例和数据资料,要反复核实,必须确凿、可靠。用词准确,逻辑正确,避免使用带有主观感情的语言。对于特定的读者,调查报告的内容必须紧扣调查主题,突出重点。结构要条理清楚,语言要准确精练,务必把问题写得透彻,结论明确,切忌模棱两可。要善于发现问题,敢于提出建议,以供决策参考,结论和建议可归纳为要点。另外,调查报告应完整、装订整齐、印刷清楚、精致美观。

在得出结论以后,市场调查部门必须提出若干建议方案,写出书面报告,提供给决策者。在撰写调查报告时,要指出所采用的调查方法、调查的目的、调查的对象、处理调查资料的方法、通过调查得出的结论,并以此提出一些合理建议。

3.4.4 市场预测

市场调查和市场预测都是企业经营活动的重要组成部分。市场调查和市场预测共同为投资决策提供可靠的依据,两者前后衔接、相互依存,市场调查是市场预测的基础和依据,市场预测是市场调查的延伸和发展。

房地产市场预测是指在市场调查的基础上,利用取得的信息资料,运用科学分析方法对房地产市场未来发展趋势做出估计和推断的过程。科学的预测一般有以下几种途径:一是因果分析,通过研究事物形成的原因来预测未来发展变化的必然结果。二是类比分析,把正在发展中的事物同历史上的"先导事件"类比,通过这种类比分析来预测事物的未来发展。三是统计分析,它通过一系列的数学方法,对过去和现在的数据资料进行分析,去伪存真,揭示出历史数据背后的必然规律性,给出事物未来的发展趋势。

房地产市场预测的作用非常重大。由于房地产商品的特殊性,需要大量的资金和较长的建设期。准确的市场预测不仅可以保证投资有良好回报,也可以使企业迅速占领市场,取得竞争中有利的地位。不准确甚至错误的房地产市场预测很可能导致企业的投资失败。

当然,房地产市场的预测基础是详细而真实的市场调查数据,没有它,预测的结果就是无本之源,没有可信度。所以,房地产企业若想要成功,就必须建立起一套完善的房地产市场调查体系。

传统房地产市场预测一般包括直观预测技术、时间序列预测技术、相关分析预测技术。近年出现了一些新的预测方法,如系统动态学方法和房地产指数预测方法。

1. 直观预测技术

直观预测技术也称专家预测法,是目前较为常见的方法之一。它由对房地产行业情况十分熟悉的有关专家直观判断进行预测。这种方法简单易行,特别是在历史数据资料不足的情况下更适合使用。常用的直观预测技术方法有专家会议法、德尔菲法、综合判断法、类比法等。

专家会议法是请一批专家或熟悉房地产行业情况的人开会讨论,事先提供必要的历史资料和房地产环境情况，明确预测的目标，使会议人员有足够的准备时间。开会时各自提出意见，相互交流，使意见逐步集中。

德尔菲法（Delphi Method）的主要过程是主持预测的机构先选定与预测问题有关的领域，以及有关方面的专家 10~30 人，与他们建立适当的联系，如信件往来。将他们的意见经过综合、整理、归纳，并匿名反馈给各位专家，再次征求意见。这种方式经过多次反复、循环使专家们的意见逐渐趋向一致，由主持预测的机构进行统计分析并提出最后的预测意见。

综合判断法是德尔菲法的一种改进形式，它是给每个专家的意见加上权重，然后分别求出每个专家预测结果的平均值。例如，第 i 位专家估计的某地区房地产需求量最高值为 MAX_i，最低值为 MIN_i，最可能值为 P_i，假设平均值 A_i 的计算方法为：$A_i = (MAX_i + 2P_i + MIN_i)/4$。得出每个专家预测的平均值后，再根据每个专家的情况分别给出各个的权重系数 W_i，则最终的期望值 E 可由下式计算：

$$E = (X_1W_1 + X_2W_2 + \cdots + X_nW_n)/(W_1 + W_2 + \cdots + W_n) \tag{3-1}$$

类比法是一种普遍应用的方法。它是将预测事件称为类比物，将类比物称为类比模型，然后将类比物与类比模型进行逐项比较，如果发现两事物间的基本特征相似并具有相同的性质，就可以用类比模型来预测类比物。比如，A 地区的 GDP、人均收入、人口数量的发展与 B 地区前两年的情况相似，则可以用 B 地区目前的房地产需求量估算 A 地区在今后一段时间内的房地产需求量。

2. 时间序列预测技术

时间序列预测技术是分析统计数据依时间变化的规律，用以预测未来，它包括趋势外推法、平滑预测法。

（1）趋势外推法

这种方法假定未来的发展趋势和过去的发展趋势一致。常用的预测模型有线性方程、二次曲线方程、指数方程、幂函数方程。它们都是预测量与时间的函数，它们的方程如下：

线性方程：$Y_t = aT + b$；二次曲线方程：$Y_t = aT^2 + bT + c$；指数方程：$Y_t = ba^T$；幂函数方程：$Y_t = bT^a$。其中，T 为时间序列值，a、b、c 为待估参数。方程中的系数可以通过最小二乘法解出。

在房地产发展初期，各项指标通常是爆炸性的增长，可以用指数和二次曲线方程进行预测，在房地产发展一段时间后，进入平稳发展期的时候可以用线性函数或者幂函数的方法进行预测。

（2）平滑预测法

平滑预测法的特点是首先对统计数据进行平滑处理，滤掉其中由于偶然因素引起的波动，然后找出其发展规律。平滑预测法中常用的是移动平均法，它分为一次移动平均和二次移动平均。

3. 相关分析预测技术

相关分析预测技术也称因果预测法，它是根据各种经济变量之间的相互关系，利用历史数据建立起的回归方程进行预测的一种方法。一般较为常用的是多元线性回归方程，其方程表达式为

$$Y = a_n x_n + a_{n-1} x_{n-1} + \cdots + a_1 x_1 + a_0 \tag{3-2}$$

其中，Y是因变量（预测对象），x_i是自变量（影响因素），a_i为待估参数。比如，房地产的需求量与地区的经济发展情况有关，与居民收入有关，与人均居住面积等因素有关，则可将经济发展情况、居民收入、人均居住面积分别量化，设为自变量x_i，通过算法可以求出各自的系数a_i，这样就可以确定三个因素与房地产需求量之间的关系，预测出在一定的经济发展情况下、一定居民收入和居住面积情况下的房地产需求量。对于多元线性方程，系数计算较为复杂，一般采用统计软件完成。

在进行回归预测分析时需要注意模型的检验。因为在设立模型之初，只是根据人的主观感觉判断几个与预测值相关的因素，这种判断不可能做到精确，也无法判断出哪个因素影响大，哪个因素影响小。通过检验可以略去一些相关性不强的因素，简化回归预测模型。回归预测模型中的变量不要太多，一般 3~5 个即可，因为自变量多，误差增大，会影响预测的精度。

4. 系统动态学方法

系统动态学是用定量和实验的方法来研究社会经济行为中信息反馈的特征，并用仿真的方法来研究政策的作用和系统行为中延迟作用对系统动态行为的影响。系统动态学可以运用反馈结构的概念模型，借助于计算机，研究在一定时间范围内，由于政策变化导致系统各状态变迁的特征；找出系统中政策的作用点，测试系统对政策的敏感性；研究改善系统结构的可能性和时机；试图通过改变政策和系统结构，消除现实系统中存在的问题，并引导社会经济系统朝着期望的目标运行。

房地产系统是一个社会经济系统，房屋的供给量、需求量、存量、退役量之间存在着信息的反馈和延迟作用，而社会经济系统中某一个量的变化会导致房地产发展系统状态的变迁。因此，运用系统动态学模型来研究住宅发展问题是可行的。

与其他研究方法相比较，系统动态学弥补了传统定量研究方法的局限性，能够方便地仿真模拟复杂的大系统，特别是可以将社会经济一些不易量化的方面纳入系统结构中加以分析和检验。它是一种结构依存型模型，对数据要求不高，可以在历史数据残缺不全的情况下，对系统进行分析的研究。另外，它能对系统内外因素的相互关系予以明确和体现；它能对系统内各种反馈回路，无论是直观的还是隐含的，均予以明示。所以，它能使决策者清晰地知道哪些是系统的控制参数和敏感参数并且能对系统进行动态仿真实验，不同的参数输入，能考察系统不同的状态和变化趋势。

5. 房地产指数

房地产指数方法是根据指数体系的原理，由属于超前、同步、滞后性质的指数指标（注意：这里仅指性质，而不是理论上真正起超前、同步、滞后作用的指标）组成，根据合成指数的计算方法，在计算分类指数的基础上，得到的一个加权平均综合指数，再根据各个时点的数据与基期数据（以基期为100）进行对比，得出各个时点数据的综合指数。综合指数值 100 为景气线，100 以上为景气空间，100 以下为不景气空间。

（1）国房景气指数

为了综合反映全国房地产业发展景气状况，从 2019 年起，国家统计局开始公布"国房景气指数"。"国房景气指数"的编制方法是根据经济周期波动理论和景气指数原理，采用合成指数的计算方法，从房地产业发展必须同时具备的土地、资金和市场需要三个基本条件出发，选择房地产开发投资、资金来源、土地转让收入、土地开发面积、新开工面积、竣工面积、空置面积、商品房销售价格 8 个具有代表性的统计指标进行分类指数测算，再以 1995 年 3 月为基期对比计算出的综合指数体系。

"国房景气指数"的计算分为 8 个步骤：①确定指标体系；②建立原始指标数据库；③消除量纲的影响；④确定权数；⑤确定基准对比时期；⑥消除季节、价格因素的影响；⑦建立分类指数和"国房景气指数"计算数学模型；⑧出具"国房景气指数"计算结果的分析报告。分析报告可综合反映全国房地产业运行的景气状况，政府可以据此制定房地产改革和发展的各项政策，出台调节房地产业健康发展的有效措施，投资者可以接受信息的正确导向，权衡投资的得失利弊，支配自己的投资行为，这样就对房地产业的健康发展起到了信息导向作用。

"国房景气指数"是反映房地产市场景气变化趋势和程度的综合指数，其数据资料来源于国家统计局房地产统计机构进行的全面调查，而且数据资料可以每月更新，保证"国房景气指数"按月发布。同时，"国房景气指数"是由政府统计部门编制的，是代表国家行使统计监督职能的政府行为。因此，具有及时性、综合性和权威性等特点。"国房景气指数"是对房地产业发展变化趋势和变化程度的量化反映，用百分制表示，其中，通过对景气所处空间、景气值波动幅度、趋势的评估发布，可为国家宏观调控提供决策依据，也为社会提供统计信息，引导我国房地产业健康、有序发展。

（2）房地产销售价格指数

下面介绍由国家统计局编制的新建住宅销售价格指数和二手房销售价格指数的计算方法。各城市新建住宅基本分类月环比价格指数的计算步骤与方法是：第一，计算某一新建住宅项目 90m² 及以下、90～144m²、144m² 以上三个基本分类的环比指数；第二，采用加权平均的方法计算全市三个基本分类的环比指数，即分别利用本月销售面积和金额作为权数计算价格指数，然后将两个价格指数进行简单平均计算；第三，计算保障性住房环比价格指数，计算方法与商品住宅基本分类计算方法一致。

1）新建住宅销售价格指数的计算方法。

① 计算各项目各基本分类（90m² 及以下、90～144m²、144m² 以上商品住宅和保障性住房）本月及上月平均价格。

本月及上月平均价格计算公式为

$$p_t^{i,j} = \frac{Y_t^{i,j}}{Q_t^{i,j}} 和 p_{t-1}^{i,j} = \frac{Y_{t-1}^{i,j}}{Q_{t-1}^{i,j}} \tag{3-3}$$

式中　$Y_t^{i,j}$，$Y_{t-1}^{i,j}$——第 i 个项目第 j 基本分类 t 期（本月）、$t-1$ 期（上月）销售金额；

$Q_t^{i,j}$，$Q_{t-1}^{i,j}$——第 i 个项目第 j 基本分类 t 期（本月）、$t-1$ 期（上月）销售面积。

② 计算各项目各基本分类（含保障性住房）月环比价格指数。

A. 连续性销售项目和新开项目环比价格指数的计算。连续性销售项目是指该项目本月和上月对应分类都有成交记录；新开项目是指该项目本月第一次进入市场销售（本方案中连续四个月没有成交记录的在售项目也视为新开项目）。

对于新开项目，需要对上月该项目各分类平均价格进行评估，具体评估方法如下：如果新开项目附近区域存在可比在售项目，则按照该可比项目对应分类成交价格评估新开项目上月价格；如果没有可比在售项目，则根据区域、地段、价格同质可比原则，选取与该项目位置属同一级别区域的相似项目，按照其对应分类成交价格评估新开项目上月价格；如果上述项目都不存在，则根据该项目附近区域内本月二手住宅交易价格变动幅度或有关价格数据变动幅度进行评估。

连续性销售项目和新开项目基本分类环比指数计算公式为

$$H_{i,j} = \frac{p_t^{i,j}}{p_{t-1}^{i,j}} \tag{3-4}$$

式中 $p_t^{i,j}$, $p_{t-1}^{i,j}$——第 i 个项目第 j 基本分类 t 期（本月）、$t-1$ 期（上月）平均价格。

B. 间断性销售项目环比价格指数的计算。间断性销售项目是指由于市场供求变化等原因导致该项目当月有交易，对应分类上月没有交易，而在上月之前的两个月内曾经有交易的项目。

对于该类项目，依据项目上月之前两个月内与本月最近的各分类成交数据计算各分类平均价格，再利用下列计算公式计算基本分类环比价格指数

$$H_{i,j} = \sqrt[n]{\frac{p_t^{i,j}}{p_{t-1}^{i,j}}} \tag{3-5}$$

式中 $p_t^{i,j}$——第 i 个项目第 j 基本分类 t 期（本月）平均价格；

$p_0^{i,j}$——距离本月最近的对应基本分类平均价格；

n——距离本月的月数。

③ 计算全市基本分类（含保障性住房）月环比价格指数。计算公式为

$$R_{t,t-1}^j = \frac{\sum_{i=1}^n H_{i,j} \omega_t^{i,j}}{\sum_{i=1}^n \omega_t^{i,j}} \tag{3-6}$$

式中 $H_{i,j}$——第 i 个项目第 j 基本分类环比价格指数；

$\omega_t^{i,j}$——第 i 个项目第 j 基本分类 t 期（本月）销售面积（金额）；

n——该基本分类中包含项目的个数。

将分别利用销售面积和金额加权计算得到的两个指数再进行简单平均计算。

2）二手住宅销售价格指数的计算方法。各城市基本分类月环比价格指数计算方法如下：

① 计算各基本分类中选中的二手住宅的环比指数。计算公式为

$$H_{i,j} = \frac{p_t^{i,j}}{p_{t-1}^{i,j}} \tag{3-7}$$

式中 $p_t^{i,j}$, $p_{t-1}^{i,j}$——第 i 个样本住宅第 j 基本分类 t 期（本月）、$t-1$ 期（上月）平均价格。

② 计算全市基本分类环比价格指数。采用双加权计算全市各基本分类的环比指数，即分别利用本月销售面积和金额作为权数计算价格指数，然后将两个价格指数简单平均计算。计算公式为

$$R_{t,t-1}^j = \frac{\sum_{i=1}^n H_{i,j} \omega_t^{i,j}}{\sum_{i=1}^n \omega_t^{i,j}} \tag{3-8}$$

式中 $H_{i,j}$——第 i 个样本住宅第 j 基本分类环比价格指数；

$\omega_t^{i,j}$——第 i 个样本住宅所代表的住宅类型第 j 基本分类 t 期（本月）销售面积（金额）；

n——该基本分类中包含样本住宅的个数。

各城市二手住宅销售价格指数的计算方法同各城市新建住宅价格指数。

3.5 开发商与市场调查机构的合作

由于房地产开发活动涉及许多专业与业务，开发商不可能事必躬亲，因此开发商应比较成本和效益，选择自己调查或委托调查，若选择委托调查，就有必要探讨一下市场调查机构的相关问题。

3.5.1 调查机构的类型

调查机构是指受委托部门或企业委托，专门从事市场调查的单位。这种机构主要有以下几种类型：

1. 各级政府部门组织的调查机构

各级政府部门组织的调查机构即各级政府统计部门以及所属城市的社会经济调查队、企业调查队、人口调查队等调查队伍。

2. 新闻单位、大学和研究机关的调查机构

这些机构都开展独立的市场调查活动，定期或不定期地公布一些市场信息。

3. 专业性市场调查机构

专业性市场调查机构具体有以下三种类型：

（1）综合性市场调查公司

这类公司专门搜集各种市场信息，当有关单位和企业需要时，只需交纳一定费用，就可随时取得所需资料。同时，它们也承接各种调查委托，具有涉及面广、综合性强的特点。

（2）咨询公司

这类公司一般是由资深的专家、学者和有丰富实践经验的人员组成，为企业和单位进行诊断，充当顾问。这类公司在为委托方进行咨询时，也要进行市场调查，对企业的咨询目标进行可行性分析。当然，它们也可接受企业或单位的委托，代理或参与调查设计和具体调查工作。

（3）广告公司的调查部门

广告公司为了制作出打动人心的广告，取得良好的广告效果，就要对市场环境和消费者进行访查。广告公司大都设立调查部门，经常大量地承接广告制作和市场调查业务。

4. 企业内部的调查机构

许多大型的跨国公司根据生产经营的需要，大都设立有调查机构，市场调查已成为这类企业固定性、经常性的工作。

开发商借助外部的专业市场调查机构进行市场调查，可获得两点好处：一是这些机构具有高效的市场调查所必需的各种条件，如完善的资料、深厚的学术理论基础、有效的调查实务经验和精密的调查工具等，借助这些机构，能提高调查结果的准确性；二是由这些机构进行调查，容易得到比较客观和有助于决策的建议。

3.5.2 委托调查应明确的问题

开发商在委托市场调查机构完成调查任务时,应明确以下问题:

1)希望调查机构提供何种调查活动。市场调查机构的活动范围日趋广泛,包括确定市场特征、衡量市场潜力、市场份额分析、企业趋势分析、竞争产品研究、价格调查、短期预测等多种内容。

2)希望提供综合性服务还是某种专门或特定性服务。

3)是长期合作还是短期合作。

4)是否希望它们提供某种额外的服务。

5)在调查时间上有何要求,以及提交报告的最后期限。

6)调查预算为多少。

7)资料是归企业独家享用还是与调查机构共享。

3.5.3 选择调查机构

开发商在选择市场调查机构时,应了解和掌握调查机构的以下情况:

1)目前有哪些市场调查机构,如何与它们联系。

2)调查机构的信誉。其是指调查机构在同业界的声誉和知名度,严守职业道德及公正原则的情况,限期完成工作的能力等。

3)调查机构的业务能力。其是指调查机构内人员具有实务能力的高低,能否提供有价值的资讯,他们是否具备创新观念、系统观念、营销观念和观念沟通能力。

4)调查机构的经验。包括调查机构创建的时间长短,主要工作人员服务年限,已完成的市场调查项目的性质及工作范围等。

5)市场调查机构拥有的硬件和软件条件。硬件包括信息搜集、整理和传递工具的现代化程度;软件包括调查人员的素质及配备情况。

6)调查机构收费的合理性。包括调查机构的收费标准和从事本项调查的费用预算等。

3.5.4 监督调查机构

对于委托调查的企业和组织而言,一旦委托调查机构进行市场调查,应给予调查机构信任和授权,并提供充分的协助,使调查能顺利进行。

实践中,开发商虽然希望市场机构帮助进行市场调查,但往往对它们不放心,害怕它们编造数据,提供不真实的结果蒙骗开发商。其实,解决这一问题并不难:一是抽查调查问卷,鉴别数据真伪,因为调查问卷中一般设计有被访问者的家庭地址与联系电话;二是调查人不妨同时委托两家机构调查,通过对比鉴别数据真伪。这样做虽然开发商多花了一倍的钱,但保证调查结果真实可靠,从而使房地产项目策划建立在科学基础之上。事实上,市场调查费用在整个房地产开发中的占比是很小的。

第 4 章

消费者心理行为分析

4.1 消费者心理分析

美国人本主义心理学家马斯洛（Maslow）认为，人的行为是由动机驱使的，而动机又是在需要的基础上产生的。因此，对住房市场消费者的心理行为分析主要从消费者的需要和动机两方面出发。

4.1.1 需要

1. 需要的层次理论

需要是个体心理或生理上的一种不平衡状态，它是个体自身或外部生活条件的要求在头脑中的反映。根据需要对个体的重要性程度，马斯洛把需要分为五个层级（见图4-1），从弱到强依次为生理需要、安全需要、归属与爱的需要、尊重需要和自我实现需要。生理需要是指对衣食住行等用以维持个体生存的物质需要；安全需要表现为追求稳定有序、免除焦虑恐惧、获得医疗和保险等；归属与爱的需要表现为人们要求与其他人建立感情和联系，如交朋友、追求爱情、得到所在团队的认可等；尊重需要包括自尊和受到他人尊重；自我实现需要则是指人们力求发展并施展自己的能力或潜能。马斯洛指出只有低级的需要得到了基本满足之后，才会产生并追求高一级的需要，越是低级的需要对个体的重要性越强，获得满足的力量也越大。

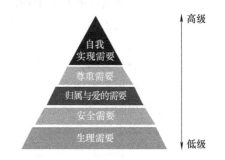

图4-1 马斯洛需要层次理论的五个层级

2. 需要的特征

需要具有对象性与周期性、多样复杂性、发展可变性、伸缩性及可诱导性五个基本特征。

（1）需要的对象性与周期性

需要的对象性是指人们的需要总是指向某一特定的、具体的对象，否则需要就无从谈起。需要的周期性是指需要的满足并不是永久性的，而是周而复始出现的，但每一次的需要都不是上一次的简单重复，而是在对象、满足方式、强度等方面有所变化。

（2）需要的多样复杂性

由于个人的、自然的、社会的原因，对同一类的和同一方面的需要，不同个体可以赋予全然不同的内容，采取大相径庭的满足方式，而同一个体在不同的时期会产生不同的需要，即便是同一个体的同一需要，在不同场合其具体表现也不尽相同，这就是需要的多样复杂性。

（3）需要的发展可变性

根据马斯洛的需要层次理论，低级需要得到一定程度的满足之后，就会产生新的高一级的需要。也就是说，需要是不断变化的。社会在不断进步，人们的生活水平在不断提高，人们的消费需要也在不断变化。

（4）需要的伸缩性及可诱导性

在现实生活中，由于消费者的各种需要受内、外多重因素的影响和制约，在需要的多寡、强弱、满足水平和方式等方面具有一定的弹性，因而需要也是可以引导、培养、调节和控制的。

4.1.2 动机

动机是指以一定方式引起并维持人的行为的内部唤醒状态，主要表现为追求某种目标的主观愿望或意向，是人们为追求某种预期目的的自觉意识。动机是由需要产生的，当需要达到一定的强度，并且存在着满足需要的对象时，需要才能够转化为动机。在住房消费行为中通常将在需要基础上产生的动机分为理性的消费动机和带有感情色彩的消费动机。由于房地产产品价值量较高，消费者的行为相对于其他商品消费是非常理智的，即使伴随带有感情色彩的动机，也是在理性的购房动机的主导和支配下。常见的理性的消费动机主要包括自住动机和投资动机。

1. 自住动机

除了需要满足居住的基本生理需要和安全需要外，住房也逐渐成为建立感情联系、追逐情感和归属需要的工具。户口、教育资源等的公共福利附加也是消费者自住动机的来源。

2. 投资动机

投资动机分为两种，一种是以出售为目的，持有这种动机的购房者并不在乎住房的舒适度、质量等，更加关注住房的升值潜力以及再出售的可能性；另一种是以出租为目的，购房者更加关注住房的区位，交通是否便捷，是否能吸引大量的潜在客户。投资动机来源于高级的需要，消费者通过投资房地产实现资产的保值增值，获得尊重或自我实现层面的需要。

带有感情色彩的消费动机包括求美动机、求新动机、效仿或炫耀动机、权利动机等。

4.2 社会文化、家庭生命周期对消费者的影响

4.2.1 社会文化的影响

1. 社会文化的含义与特点

从广义上讲，文化是人类社会实践的历史发展过程中物质财富和精神财富的总和；狭义

上讲，文化是一种社会意识形态和行为方式。它以社会物质生产的发展为基础，是一定社会政治经济的反映，又反过来对社会政治和经济产生巨大影响，制约人们的行为和观念。

2. 社会文化影响消费心理的途径

不同的文化对消费心理的影响是通过消费观念、消费习惯等实现的。

1）社会文化对消费观念的影响。不同文化背景下的人消费观念有很大的不同，一个典型的例子就是中国人的买房偏好。除了客观的社会经济因素外，中国人自古以来安土重迁的思想使得国人在同样能满足居住需要的租房方式面前，更加倾向于选择能赋予安全感、归属感的购房方式。房子价值量较大，是一种财富的象征。有了房子才能结婚的思想也在一定程度上受这种根深蒂固的"有房才是家"的社会文化的影响。

2）社会文化对消费习惯的影响。有一个小故事能非常形象地说明东西方消费习惯的不同。让一个美国的老太太和一个中国的老太太各自说出自己一生最高兴的事情。美国老太太说她生前终于把年轻时分期付款购房的最后一笔贷款还清了；中国老太太说她生前刚刚用自己一生的积蓄买了一套自己的房子。从这个小故事可以看出中国人更加崇尚节俭，更喜欢有计划地储蓄和消费，而西方人则会通过借贷实现提前消费。当然，随着社会发展和房价的不断攀升，贷款买房的行为也越来越普遍，但中国人不喜欢大量负债的传统和保守的特色仍然存在并持续影响着我们的消费习惯。

4.2.2 家庭生命周期的影响

家庭生命周期是一个家庭形成、发展直至消亡的过程，反映家庭从形成到解体呈循环运动的变化规律。其最初由美国人类学家格里克于1947年提出。在市场营销学中，家庭生命周期特指消费者作为家庭成员所经历家庭各个阶段形态的变化，用以分析和揭示消费者在不同阶段消费的形式、内容和特征等，从而作为市场细分的变量。一般可以分为初婚期、生育期、满巢期、空巢期和鳏寡期五个阶段。

1. 初婚期

初婚期是指新婚但尚无子女的阶段，初婚期的年轻人经济负担相对较轻，对赚钱信心十足，有勇气借贷购房。汇丰银行曾发布过一项有关年轻人住房拥有率的调查报告，数据显示，中国年轻人的住房拥有率达到70%，远高于40%的全球平均住房拥有率水平。同时，暂时无住房的年轻人有着极高的购房积极性，超过91%计划在未来五年内买房。"421"的家庭结构给年轻人买房提供了经济支持，再加上刚需的助力，住房拥有者向年轻化发展。

2. 生育期和满巢期

生育期和满巢期的家庭重心开始转移到孩子身上，家庭支出的大部分都用于养育子女，生活负担有所增加，不过夫妻双方工作趋于稳定，家庭消费能力仍会逐年提高。由于工作的因素，多数家庭会选择让父母照看孩子，三代同堂的现象也会出现；加上我国逐渐放开二胎政策，对住房的改善型需求愈加明显；另外，为了孩子以后的教育问题，具备完备幼儿园、中小学配套的学区房成为家庭争相抢购的热点。

3. 空巢期和鳏寡期

截至2018年底，我国60岁及以上老年人口达2.49亿人，占总人口的17.9%，65岁及以上人口达1.66亿人，占总人口的11.9%，大大高于国际老龄化标准10%和7%，且老龄化程度有进一步加快的趋势。再加上"421"的家庭结构成为我国家庭的主流结构，空巢老人逐渐增多，传统的依靠子女养老的方式难以为继。同时，随着经济、社会发展，老年人逐渐成为富有人群，对同时具备养老医疗服务和居住功能的养老地产需求逐渐增加。

4.3 政策环境对消费者的影响

在市场经济下住房天然具有两种商品属性——居住属性和投资属性。作为商品，住房的使用价值在于"供人居住"，这是住房的最基本属性。在商品经济社会，由于社会分工和生产力的发展，通过市场交易满足需求成为常态。因而，购买住房或租赁住房成为实现居住需求的主要方式。同时，住房具有寿命长、使用范围广、价值稳定、地址固定、唯一性和稀缺性等特点，在金融上具有杠杆放大性，具有投资品属性。另外，对住房的生理需要是人类的基本需要，公民的居住权是一种基本权利，因此除了商品属性外，住房还兼具准公共物品的社会属性。

过去，我国在住房市场化改革的推进中，住房的商品属性一直占据着主流地位，房地产业的兴起和发展也在拉动经济增长、推动城市建设、改善居住条件、增加地方财政收入等方面发挥了重要的作用。然而，回顾近年来我国房地产业的发展，房价大幅上升。房价上涨的原因除了市场供求决定因素之外，也不乏投机者的推波助澜作用。住房市场具有许多天然的市场局限性，如住房供给弹性小和周期长、住房具有很强的异质性、供需双方之间有严重的信息不对称等，导致住房市场上的投机炒作存在天然土壤。我国城市土地供给的计划性强，滞后于住房市场的变化，容易给住房投机炒作带来空间。

市场经济体制下，价格信号是资源配置的关键，对资源要素的流向起到"导航"作用。完善的市场条件下，价格变化所释放的信息就能够通过市场的调节实现资源的优化配置。然而大量的投机炒房使得房价不断攀升，导致信息的扭曲和失真，使得资源过多集中在房地产行业。广发银行联合西南财经大学发表的《2018 中国城市家庭财富健康报告》显示，我国城市家庭的户均总资产规模 161.7 万元，户均可投资资产规模 55.7 万元。在我国家庭总资产配置中，房产占比高达 77.7%，远高于美国的 34.6%；而金融资产在家庭总资产中占比仅为 11.8%，在美国这一比例为 42.6%（见表4-1）。较高的房产比例吸收了家庭过多的流动性，挤压了家庭的金融资产配置。另外，当房地产成为企业和家庭的重要金融资产之后，房地产往往作为抵押品推动信用扩张，使得房地产市场脱离实体经济过度发展，并容易导致虚拟经济过度繁荣。

表4-1 中美两国家庭资产配置对比表

国　　家	房　　产	金融资产	工　商　业	其他资产
中国（2017 年）	77.7%	11.8%	5.6%	4.9%
美国（2016 年）	34.6%	42.6%	19.6%	3.3%

有人认为，房价是市场调节的结果，政府不应干预。但是不同于普通商品，住房是群众安身立命之所，关系千家万户切身利益，关系经济社会发展全局，关系社会和谐稳定。在这样的领域，若没有政府的调节，市场有时会产生一系列问题。如中低收入阶层购房压力加大带来的民生问题、房地产泡沫可能引发的金融风险和经济风险问题、社会资源浪费问题、社会矛盾加剧问题等。这些问题和矛盾仅仅依靠市场显然是无法有效解决的，必须在遵循市场

规律的同时加强政府的宏观调控，尽快建立起房地产市场健康持续发展的长效机制。

4.3.1 坚持"房子是用来住的"认识

党的十九大期间，我国对住房属性的定位从党的十八大期间的居住、投资属性转变为与发达国家类似的住房和准公共物品属性，并提出"房子是用来住的，不是用来炒的"的定位，加快建立多主体供给、多渠道保障、租购并举的住房制度，让全体人民住有所居。这一理念不仅为我国房地产市场平稳健康发展指明了方向，还为住房制度的建设提供了基本思路，确定了住房市场发展的最终目标。

1. 如何理解"房住不炒"的定位

"房子是用来住的，不是用来炒的"并不是否定住房的投资属性，而是投资住房必须以有利于住房居住功能发挥为前提。住房天然具有保值增值的投资属性，投机炒作与投资具有本质的区别。投机炒作行为违背了商品的内在价值规律，房地产投机者通过大量囤房空置、传播虚假信息等行为，制造市场需求旺盛、供不应求的信号，进而影响短期内的住房交易价格，使住房的价格远远背离内在使用价值，从而牟取暴利。"房住不炒"旨在使住房回归居住的基本属性，表明了对住房投机炒作坚决反对的坚定态度，但并不限制以居住功能正常发挥为前提的获取租金收益以及因使用价值上升带来交易价格上涨等获取合理回报的行为。

2. "多主体供给、多渠道保障、租购并举"构建新住房制度

我国是发展中国家，多数消费者对住房的需求处于较低级的生理需要和安全需要阶段。截至2018年底，我国城市化水平为59.58%，如果以发达国家的80%城市化率作为参照，那么我国的城市化水平还要提高20.42%，未来仍有大量的住房刚性需要。因此，新住房制度主要从供给主体结构上来解决问题，满足市场上住房的不同需求，具体有如下三点：

1）突出强调多主体供给，不仅要有市场配置作为主体组成部分，补上政府保障的短板，还要在市场配置和政府保障之外扶持培育新供给主体，探索增加独立于政府和市场之外、具有非盈利特征的社会组织机构作为住房新供给主体的可能性。

2）针对住房保障，十九大报告提出"多渠道保障"，表明在推进住房保障建设过程中，不仅需要各级政府承担主体责任，通过财政和公共资源来提供托底性质的住房保障，还要充分动员和科学有效合理利用社会资源、民间力量来提供各种形式、各种性质的保障住房。

3）实现"租购并举"，大力发展住房租赁市场，改善住房市场在租购结构上的失衡，其根本目的是从调节住房供应结构入手，通过化解供给侧结构性矛盾，实现住房市场有序健康发展。

4.3.2 国家宏观调控政策分析

为了确保住房"居住"的基本属性，实现全体人民住有所居的宏伟目标，国家在"房住不炒"的定位下采取了一系列具体措施，合理引导消费需求，抑制投机炒作行为。

1. "租购同权"政策

房屋出售以后，购买者便拥有了该房屋的合法产权。根据《物权法》第三十九条规定，所有权人对自己的不动产或者动产，依法享有占有、使用、收益和处分的权利。这意味着房主可以对自己的房屋进行出租、出售、改造、抵押、赠与、继承等，同时房主可以享受由房屋产权所带来的一系列基本公共服务，如子女在九年义务教育期间享受划片入学，享受社区提供的医疗卫生服务、社会保险服务和住房保障服务等。相较于购房者来说，租房者权利的法律界定则比较模糊，《合同法》第二百一十二条规定，租赁合同是出租人将租赁物交付承租人使用、收益，承租人支付租金的合同。这说明租房者在合同期内依法拥有对住房的使用权和收益权，但不具备占有和处分的权利，也无法享受依附在房屋产权之上的社会福利和基本公共服务，最典型的如子女接受义务教育的权利、基本医疗卫生服务等，甚至一些城市会优先录用本地户口的工作人员。

"租购同权"并不是指租房者获得和所有权一样的占有和处分的权利，而是指租房者与买房者享受同等的公共服务权利。《关于在人口净流入的大中城市加快发展住房租赁市场的通知》（建房〔2017〕153号）规定："推进部门间信息共享，承租人可按照国家有关规定凭登记备案的住房租赁合同等有关证明材料申领居住证，享受相关公共服务。"虽然文件中对公共服务的范围没有明确规定，但是《国务院关于印发"十三五"推进基本公共服务均等化规划的通知》（国发〔2017〕9号）中提到我国城镇居民基本公共服务包括："公共教育、劳动就业创业、社会保险、医疗卫生、社会服务、住房保障、公共文化体育、残疾人服务等八个领域的81个项目。"从几个目前已经发布"租购同权"政府文件（见表4-2）的城市中关于承租人权益的相关规定也可以看出"租购同权"主要在义务教育、医疗卫生、社会保障、稳定居住等方面实现同权。显然，"租购同权"是发展住房租赁市场的重要一步，对解决新市民住房问题、加快推进新型城镇化具有重要的意义。

表4-2 广州、成都、合肥等城市关于承租人权益的相关规定

城市	文件	承租人权益
广州	《广州市加快发展住房租赁市场工作方案》	符合条件的承租人子女享有就近入学等公共服务权益；保障承租人健康安全居住；保护承租人的稳定居住权
成都	《成都市开展住房租赁试点工作的实施方案》	符合申领居住证条件的居民凭房屋租赁合同备案凭证可申请办理居住证，居住证持有人按规定享受公积金、义务教育、医疗卫生等基本公共服务
合肥	《关于加快推进合肥市住房租赁试点工作的通知》	保障接受义务教育权利；享受基本公共卫生服务；享受基本公共养老服务；参加社会保险和享受就业、创业服务；提供住房公积金支持；降低户籍准入门槛；推进公共租赁住房货币化；保障民主政治权利；申请临时救助等

2. "集体用地直接入市"政策

长期以来，国有土地和集体土地在权能、市场地位等方面都存在差异，与国有土地可以直接入市交易不同、集体土地需要先通过政府征收，土地性质转变为国有土地后才能入市交易。然而，随着经济建设进入高速发展时期，法规政策的规定与市场收益的激励作用产生了矛盾，尤其在人口密集的大城市周边，集体建设用地的潜在市场价值急剧增加。另外，土地供应来源的单一性客观上造成了土地供需结构失衡，这也是目前房价上涨的动因之一。随着城镇化、工业化的持续推进，大量农村人口涌入城市及周边地区，却仍然保留旧有房屋，许多远离城市的村庄普遍存在"空心化"现象，造成土地资源的浪费。

2017年8月，国土资源部会同住房城乡建设部印发《利用集体建设用地建设租赁住房试点方案》（国土资发〔2017〕100号），确定第一批在北京、上海、沈阳、南京、杭州、

合肥、厦门、郑州、武汉、广州、佛山、肇庆、成都 13 个城市开展利用集体建设用地建设租赁住房试点，村镇集体经济组织可以自行开发运营，也可以通过联营、入股等方式建设运营集体租赁住房。2018 年 12 月，北京市大兴区瀛海镇公告，3 宗集体用地将建设共有产权住房，销售均价 29000 元/平方米。

2018 年 12 月 23 日，《土地管理法修正案（草案）》提请全国人大常委会审议。此次草案删除了现行《土地管理法》关于从事非农业建设使用土地的，必须使用国有土地或者征收为国有的原集体土地的规定，并提出"县级土地利用总体规划、乡（镇）土地利用总体规划确定为工业、商业等经营性用途，并经依法登记的集体建设用地，土地所有权人可以通过出让、出租等方式交由单位或者个人使用。"这意味着符合规定的集体经营性建设用地可以不用经过征收为国家所有，直接进入土地市场，也就是所谓的集体土地入市。

集体建设用地包括宅基地、公益性公共设施用地和集体经营性用地。我国土地权属分类如图 4-2 所示。根据该草案规定，目前只开放了集体经营性建设用地的入市，宅基地和公益性建设用地依然受到严格管控，且集体经营性建设用地的规划和用途属性必须为工业、商业等经营性用途。不过，近期集体土地用于住宅用地政策有了突破性的进展。

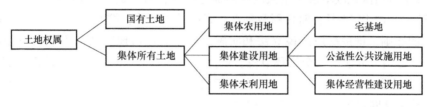

图 4-2　我国土地权属分类

3. 房地产税对消费者心理影响

提到房地产税，很多人会将其与房产税的概念混淆。两个税种虽然只有一字之差，但意义却差别巨大。从 1986 年 9 月国务院正式发布《中华人民共和国房产税暂行条例》起，房产产权所有人负责缴纳的房产税就一直在我国征收，其以房产为征税对象，以房屋的计税余值或租金收入为计税依据，同时规定个人所有非营业用的房产免征房产税。然而为了抑制房价的过快上涨，2011 年我国在上海、重庆两个直辖市开展了房产税征收的试点工作，对居民自住房屋也开始征收房产税，房产税试点暂行规定见表 4-3。

表 4-3　上海、重庆房产税试点暂行规定

城　市	重　庆	上　海
征收对象	对于独栋别墅，不管存量房还是增量房，均要征税；对于房价达到当地均价两倍以上的高档公寓也将征税；此外，对于在重庆无户口、无工作、无投资的人员在重庆所购房产，购买两套以上住房的从第二套开始要征收房产税	上海市居民家庭在本市新购且属于该居民家庭第二套及以上的住房（包括新购的二手存量住房和新建商品住房）和非上海市居民家庭在本市新购的住房
税率	新购高档住房价格超过均价两倍，按 0.5% 税率征收。全部独栋商品房收房产税。购房价格超均价 3 倍以下收 0.5%，3～4 倍收 1%，4 倍以上收 1.2%	适用税率暂定为 0.6%。应税住房每平方米市场交易价格低于本市上年度新建商品住房平均销售价格 2 倍（含 2 倍）的，税率暂减为 0.4%

(续)

城市	重庆	上海
计税依据	房产交易价，待条件成熟时以评估值作计税依据	按应税住房的评估价值计算，并按规定周期进行重估，试点初期暂时按照交易价格的70%计算
税收减免	对存量独栋商品住宅给予抵扣180m²，新购独栋商品住宅和高档住房给予抵扣100m²，且以户为单位进行核算	对上海居民新购住房给予人均60m²的免税面积

房地产税则不同，其内涵更丰富，范围更广。理论上，房地产税被认为是一个完整的税收体系，其征收对象包括"房产"和"地产"，且涵盖房地产的"交易"和"持有"等环节。国外房地产税存在的形式各有差异，例如日本的房地产税由固定资产税、城市规划税、事业税、不动产购置税、特别土地所有税以及地价税六个税种组成，其中固定资产税针对保有环节征收，其征税对象为土地、房屋和折旧资产；美国、韩国等国家的房地产税则不是独立的税种，一般包括在财产税中，以居民不动产为课税对象进行征税。在我国，2013年《中共中央关于全面深化改革若干重大问题的决定》中，首次提出"加快房地产税立法并适时推进改革"。2017年12月，时任财政部部长肖捷曾撰文称，按照"立法先行、充分授权、分步推进"的原则，推进房地产税立法和实施。对工商业房地产和个人住房按照评估值征收房地产税，适当降低建设、交易环节税费负担，逐步建立完善的现代房地产税制度。2019年"两会"期间进一步强调要稳步推进房地产税立法，并表示房地产税法由全国人大常委会预算工作委员会同财政部组织起草，相关部门正在完善法律草案、重要问题的论证等方面的工作，待条件成熟时提请全国人大常委会初次审议。简言之，从中央层面而言，房地产税制度改革早已提上议事日程，但因多方面原因，我国在经历了多年的物业税模拟试点和上海、重庆房产税改革试点后，仍然面临着巨大的争议和阻力。

4.3.3 政策环境对消费者的影响

1. 引导住房消费者需求合理改变

长期以来，中国人对购买住房的偏好程度一直很高，除了社会文化对消费观念造成的影响外，还包括以下两种原因：首先，租房人的权益难以获得有效保障，导致租房带给居民的效用降低。对于大城市，租赁市场供求关系通常较为紧张，并且存在信息不对称问题，从而导致承租人租房成本较高。另外，住房租赁期限短，甚至房主会在到期之前随意违约驱赶租户，以及房主或中介机构随意上调租金、无理由克扣押金等问题时有发生，而承租人被侵权后难以以较低的成本诉权成功，最终导致权益受损，而购买住房就不会有这些问题发生。其次，购买住房常与公共福利、户口捆绑在一起，导致购房效用大大增加。在一、二线城市中，获得优质教育资源通常是消费者购房的主要目的。按照目前的规则，子女按照户口所在地就近入学，户口又与房子捆绑在一起，引起了部分消费者对天价"学区房"的刚性需求。

租购同权政策即从改变住房消费者偏好的角度出发，在一定程度上将消费者对住房的需求通过租赁来满足。首先，租购同权中的"同权"让承租人享有了原先只有购买住房才能获得的基本权利。如此一来，使得对高房价望而却步的中低收入水平消费群体也可以在大城市中通过租赁住房享有基本的公共权益和服务。其次，租购同权提高了对承租人权益的保障。租户与房主签订的租赁合同要进行备案，同时因为与教育等福利资源挂钩，合同期限也会随之延长，从而保证了租户的权益，降低了短期内换房的风险。通过以上两个方面的共同作用，消费者对租房的偏好将逐渐增加，从而减少对购买住房的需求，尤其是刚性需求。

2. 避免住房消费者非理性需求的产生

购房需求的产生可能来源于真实的住房需求，也可能是受到个人心理的影响产生的非理性需求。在当前的市场中，消费者存在从众心理，不能合理分析住房的实际需求，为了缓和非理性的认知失调及避免对未来的不确定性担忧，盲目提前锁定避免风险的方法，刺激出非理性的住房需求。若消费者预期未来的房价会持续上涨，此时不购买就会在未来支付更高的成本，一部分住房需求就会提前得以释放，整个市场中的个体都受到这一预期的强化，恐慌性需求就会相互感染。当人们长期处于一种对己不利的环境，并且以个人能力无法改变时，就会产生强烈的悲观情绪，不会去积极寻求解决途径，仅寄希望于将自己的损失降到最小，并且认为每个人都是自私的，仅仅维护自身的利益。这样的博弈心理导致消费者的住房需求在短期内膨胀，并且越是得不到满足，越是相信自己需求的正确性。

当消费者产生住房需求以后，就开始收集相关的信息，进而决定何时、何地购买住房。在房地产市场供不应求的状况下，消费者会在有能力的条件下第一时间购买住房，所以决策的主要判断依据来源于房价。此时，消费者对市场信息的感知能力就变得至关重要，由于消费者已经经历了长期的房价上涨，在潜意识里已产生了一种惯性思维，会对有关房价上升的信息特别敏感，在进行信息收集分析时出现非理性的选择接受心理，在一定程度上更愿意接受房价上升的信息。由此造成的结果是，消费者无意或有意地排除掉房价受到控制或可能下跌的信息，导致信息收集失误。

集体土地直接入市建设共有产权房等的试点能够有效增加市场保障性住房的供应量，加上租购同权对租赁者权益的保障，使住房消费者不必局限于购买商品住宅。国家"房住不炒"的定位及"多渠道保障"的购房制度也为弱势人群提供了有力的心理保障，减少了由于恐慌性心理导致的非理性需求。

3. 打击住房消费者的投机性需求

在国家坚持"房住不炒"的定位下，除了限购、限贷等强制性限制投机行为的政策外，租购同权、集体土地直接入市以及征收房地产税收等更倾向于从引导投机者降低对房价上涨的预期，减少炒房的收益方面打击住房市场的投机性需求。

（1）增加土地供给，降低房价上涨预期

土地是房产建造的基础，土地价格直接影响了房价。我国城市土地由国家所有自2002年国土资源部签发《招标拍卖挂牌出让国有土地使用权规定》后，住宅土地使用权在一级市场的流转采用"招拍挂"形式进行公开交易，这种交易形式无意间促进了全国范围内地价的上升。而且很长时间以来，房地产业都是我国经济的支柱产业，土地财政在很大程度上是各级政府资金的重要来源，地方政府希望通过土地市场的价格调控获得更多的财政收入，间接导致了土地价格的上涨。另外，随着我国城镇化进程的不断加快以及人民生活水平的提高，对城市住房的需求越来越旺盛。1998年房改后我国城镇化率快速提升，据联合国统计数据显示，1998年我国城镇化率仅为33.87%，到2018年已达59.15%，年均增加1.26%。"人多地少"的不均衡状态也是房价上涨的原因之一。

根据测算，目前中国约有2.7亿亩农村集体建设用地，是城镇建设用地的2.5倍，其中集体经营性建设用地约占10%。虽然集体建设用地入市后不能用于建设商品住宅，但是有助于扩大租赁用地来源，进而形成更好的租赁市场发展条件，也将使得投机者降低对房价上涨的预期。此类土地直接出让的规定也使得征地的成本和环节减少，有利于降低土地的基准价格。另外，未来房地产税将替代土地财政成为政府财政收入的主要来源，可间接影响房价上涨预期。

（2）租购同权，减少住房附加价值

对于一、二线城市等公共资源（教育、交通、医疗等）优质的热点地区，投机行为对居住性需求造成了严重的挤出。如前文所述，租购同权剥离了房产上附着的公共福利，使房产恢复其本来的居住属性，而房产与入学等基本权利的捆绑，使炒房者有投机的机会。预期市场上总会存在刚需，一旦这部分刚需没有了，投机者对房价的预期也会保持谨慎，从而抑制了投机风气。另外，租购同权的政策会降低学区房的价格，打击投机分子。

（3）房地产税改革，减少炒房收益

虽然房地产税开征的政策和时间都不甚明朗，但是可以确定的是房地产税开征后，房地产保有环节的成本将上升。房地产税的计税依据不同于现行的房产税和城镇土地使用税，现行房产税的计税依据是按照房产原值扣除一定比例计算，城镇土地使用税的计税依据是按照土地使用面积计算。现行房产税和城镇土地使用税的计税依据导致的问题是税收和房地产价格出现严重背离，尤其体现在房地产市场过热的城市，政府通过税收对房地产市场进行调控的能力下降。因此，房地产税的改革方向将是按照评估值征收。因此，可以预见的是房地产税改革将增加投机者持有多套住房的成本，减少投机性需求。当投机者预期投机收益不能覆盖持有成本时，就可能会在短时间内抛售住房，拉低住房价格。

第5章 养老地产项目策划

随着计划生育政策的实施和人民生活、医疗卫生水平的提高，我国人口出生率、死亡率和自然增长率大幅下降，老年人口数量和老年系数快速上升，老年人收入增加、观念更新，人口老龄化成为人口发展的趋势。老年人口数量增加扩大了老年市场规模，老年系数提高改变了需求结构，老年人收入增加提高了购买力水平，老年人观念更新增强了他们的购买欲望，这些成为养老地产发展的基础。养老地产是在我国人口老龄化、家庭结构小型化和"空巢化"、家庭消费水平提高、消费观念改变等多重因素的影响下催生的一种新型的房地产开发经营业态。发展养老地产的实质是借助产业形式，利用市场机制配置资源，满足老年人日益增长的物质和精神需求。

5.1 养老产业政策发展历程

改革开放以来，在党中央、国务院的领导下，我国老龄事业有了较快发展。

1982年3月，经国务院批准，"中国老龄问题全国委员会"成立。然而，我国老龄工作自1982年国务院批准成立中国老龄问题全国委员会到20世纪90年代初的10多年间，一直没有远期规划，老龄工作的开展处于走一步看一步的状况。随着老龄工作的逐渐深入和人们对人口老龄化问题认识的不断深化，老龄事业发展与老年事业缺乏法规、政策、规划指导的矛盾日益突出地摆在了全国老龄工作者面前。

1994年12月，国家计委、民政部等部门联合制定了《中国老龄工作七年发展纲要（1994—2000年）》。这是我国老龄事业发展进程中第一个全面规划老龄工作和老龄事业发展的重要指导性文件。它的起草发布，标志着我国老龄工作和老龄事业开始步入有计划的发展轨道，对于推动老龄工作和老龄事业的发展起到了重要作用。

1995年2月19日，时任国务院总理的李鹏批准"中国老龄问题全国委员会"更名为"中国老龄协会"，为国务院副部级事业单位，由民政部代管。

1999年10月，党中央、国务院决定成立全国老龄工作委员会。

2000年8月，党中央、国务院下发了《关于加强老龄工作的决定》（中发〔2000〕13号），有力地推动了我国老龄事业的发展。老年人的经济供养与医疗保障得到改善，老年福利、文化、教育、体育事业有了较快发展，老年人合法权益受到重视，敬老、养老、助老的社会氛围逐步形成，老年人生活质量明显提高，老龄组织健康发展，各级老龄工作委员会及其办事机构正在健全和加强。但是，我国老龄事业总体上仍滞后于人口老龄化的要求和社会经济的发展。社会保障制度不够完善，老年设施、产品与服务短缺，老年精神文化生活不够丰富，侵犯老年人合法权益的现象时有发生，适应社会主义市场经济体制的老龄事业发展机制尚待建立和完善。

2001年7月，国务院印发《中国老龄事业发展"十五"计划纲要（2001—2005年）》（国发〔2001〕26号），加快老龄事业发展步伐，重点解决老龄事业发展中的突出问题，落实"老有所养、老有所医、老有所教、老有所学、老有所为、老有所乐"，把老龄事业推向全面发展的新阶段。

2005年8月，经中央编委批准，全国老龄工作委员会办公室与中国老龄协会实行合署办公。在国内以全国老龄工作委员会办公室的名义开展工作；在国际上主要以中国老龄协会的名义开展老龄事务的国际交流与合作（中央编办发〔2005〕18号）。

2006年2月，国务院同意并转发全国老龄委办公室和发展改革委等部门《关于加快发展养老服务业的意见》（国办发〔2006〕6号），意见要求各地区、各部门要充分认识发展养老服务业的重要意义，采取有效措施，推动养老服务业加快发展。

2010年5月，国务院印发《关于鼓励和引导民间投资健康发展的若干意见》（国发〔2010〕13号），鼓励民间资本参与发展社会福利事业。通过用地保障、信贷支持和政府采购等多种形式，鼓励民间资本投资建设专业化的服务设施，兴办养（托）老服务和残疾人康复、托养服务等各类社会福利机构。

2011年9月，国务院印发《中国老龄事业发展"十二五"规划》（国发〔2011〕28号），意见要求以科学发展为主题，以改革创新为动力，建立健全老龄战略规划体系、社会养老保障体系、老年健康支持体系、老龄服务体系、老年宜居环境体系和老年群众工作体系，服务经济社会改革发展大局，努力实现老有所养、老有所医、老有所教、老有所学、老有所为、老有所乐的工作目标，让广大老年人共享改革发展成果。

2012年7月，为贯彻落实《国务院关于鼓励和引导民间投资健康发展的若干意见》（国发〔2010〕13号）精神，民政部结合当前养老服务发展实际，制定并印发《民政部关于鼓励和引导民间资本进入养老服务领域的实施意见》（民发〔2012〕129号）。

2013年2月，商务部和民政部共同印发《关于香港、澳门服务提供者在内地举办营利性养老机构和残疾人服务有关事项的通知》，允许港澳服务提供者以合资、合作或外资形式在内地设立营利性养老机构。

2013年4月，为了规范和加强中央专项彩票公益金支持农村幸福院项目管理工作，根据《彩票管理条例》《彩票管理条例实施细则》和《彩票公益金管理办法》（财综〔2012〕15号）的有关规定，财政部、民政部制定并印发了《中央专项彩票公益金支持农村幸福院项目管理办法》（财综〔2013〕56号）。

2013年6月，民政部会议通过并公布《养老机构设立许可办法》（民政部令第48号）和《养老机构管理办法》（民政部令第49号），以规范养老市场和养老机构的管理。

2013年9月，国务院印发《关于加快发展养老服务业的若干意见》（国发〔2013〕35号），意见要求各省、自治区、直辖市人民政府，国务院各部委、各直属机构完善市场机制,充分发挥市场在资源配置中的基础性作用,逐步使社会力量成为发展养老服务业的主体,营造平等参与、公平竞争的市场环境,大力发展养老服务业,提供方便可及、价格合理的各类养老服务和产品,满足养老服务多样化、多层次需求。随后,国务院印发《国务院关于促进健康服务业发展的若干意见》(国发〔2013〕40号),旨在推进医疗机构与养老机构等加强合作,在养老服务中充分融入健康理念,加强医疗卫生服务支撑,建立健全医疗机构与养老机构之间的业务协作机制,鼓励开通养老机构与医疗机构的预约就诊绿色通道;要求各地统筹医疗服务与养老服务资源,合理布局养老机构与老年病医院、老年护理院、康复疗养机构等,形成规模适宜、功能互补、安全便捷的健康养老服务网络。

2014年5月,民政部、国土资源部、财政部和住房城乡建设部印发《关于推进城镇养老服务设施建设工作的通知》,要求各级民政、财政、国土资源、住房城乡建设等部门要加强组织领导,密切沟通合作,定期开展督促检查,加快推进城镇养老服务设施建设。

2014年8月,国务院印发《关于加快发展现代保险服务业的若干意见》(国发〔2014〕29号),要求创新养老保险产品服务,为不同群体提供个性化、差异化的养老保障,推动个人储蓄性养老保险发展,开展住房反向抵押养老保险试点,发展独生子女家庭保障计划,探索对失独老人保障的新模式,发展养老机构综合责任保险,支持符合条件的保险机构投资养老服务产业,促进保险服务业与养老服务业融合发展。

2014年9月,国家发展改革委、民政部、财政部、国土资源部、住房城乡建设部、国家卫生计生委、人民银行、税务总局、体育总局和银监会印发《关于加快推进健康与养老服务工程建设的通知》(发改投资〔2014〕2091号),旨在加快推进健康服务体系、养老服务体系和体育健身设施建设。

2014年11月,商务部印发《关于推动养老服务产业发展的指导意见》(商服贸函〔2014〕899号),旨在充分发挥社会力量的主体作用,扩大养老服务产业规模,推动养老服务产业化发展,意见要求在健全家政服务体系建设的基础上,加快推动居家养老、社区养老和集中养老的发展,探索以市场化方式发展养老服务产业的新途径、新模式。接着,国务院印发《关于创新重点领域投融资机制 鼓励社会投资的指导意见》(国发〔2014〕60号),鼓励养老产业发展,落实建设运营税费优惠政策。随后,商务部、民政部印发《关于外商投资设立营利性养老机构有关事项的公告》(2014年第81号),明确了我国政府鼓励外国投资者投资营利性养老机构的态度,并且细化了外国投资者设立营利性养老机构的条件、程序、权利及限制等方面的内容,为外国投资者投资营利性养老机构提供了指引。

2015年2月,民政部、国家发展改革委、教育部、财政部、人力资源社会保障部、国土资源部、住房城乡建设部、国家卫生计生委、银监会和保监会印发《关于鼓励民间资本参与养老服务业发展的实施意见》(民发〔2015〕33号),旨在充分发挥市场在资源配置中的决定性作用和更好地发挥政府作用,逐步使社会力量成为发展养老服务业的主体。

2015年3月,国土资源部和住房城乡建设部印发《关于优化2015年住房及用地供应结构促进房地产市场平稳健康发展的通知》(国土资发〔2015〕37号),鼓励增加养老产业用地。随后,国家发展改革委办公厅印发《战略性新兴产业专项债券发行指引》,明确指出要加大债券融资方式对健康与养老服务等七大类重大投资工程,以及养老健康消费等六大领域消费工程的支持力度。

2015年4月,为贯彻《国务院关于加快发展养老服务业的若干意见》(国发〔2013〕

35号）精神，加大对养老服务业的有效信贷投入，引导和鼓励社会投入，国家发展改革委办公厅印发《养老产业专项债券发行指引》（发改办财金〔2015〕817号）。随后，为了促进社会养老服务健康可持续发展，破解长期以来制约发展的融资难问题，根据《国务院关于加快发展养老服务业的若干意见》等文件精神，民政部和国家开发银行本着"优势互补，促进发展"的原则，决定进一步合作加大对社会养老服务体系建设的支持，提出《关于开发性金融支持社会养老服务体系建设的实施意见》。为进一步加快发展养老服务业，国家发展改革委办公厅、民政部办公厅和全国老龄办综合部印发《关于进一步做好养老服务业发展有关工作的通知》（发改办社会〔2015〕992号）。

2015年11月，为贯彻落实《国务院关于加快发展养老服务业的若干意见》（国发〔2013〕35号）和《国务院关于促进健康服务业发展的若干意见》（国发〔2013〕40号）等文件要求，国务院办公厅转发卫生计生委等部门《关于推进医疗卫生与养老服务相结合的指导意见》（国办发〔2015〕84号），以进一步推进医疗卫生与养老服务相结合。随后，国务院办公厅印发《关于加快发展生活性服务业 促进消费结构升级的指导意见》（国办发〔2015〕85号），意见要求推进医疗机构与养老机构加强合作，发展社区健康养老，以满足日益增长的养老服务需求为重点，完善服务设施，加强服务规范，提升养老服务体系建设水平。另外，国务院印发《关于积极发挥新消费引领作用加快培育形成新供给新动力的指导意见》（国发〔2015〕66号），引领养老服务消费升级。

2016年3月，为积极应对人口老龄化，中国人民银行、民政部、银监会、证监会和保监会印发《关于金融支持养老服务业加快发展的指导意见》（银发〔2016〕65号），要求积极应对人口老龄化，大力推动金融组织、产品和服务创新，改进完善养老领域金融服务，加大对养老服务业发展的金融支持力度，促进社会养老服务体系建设。

2016年4月，民政部和卫生计生委印发《关于做好医养结合服务机构许可工作的通知》（民发〔2016〕52号），旨在推进医养结合进一步发展。

2016年10月，民政部、国家发展改革委等部委联合印发《关于支持整合改造闲置社会资源发展养老服务的通知》（民发〔2016〕179号），支持利用闲置资源发展养老服务，要求通过整合改造闲置社会资源，有效增加供给总量，推动养老服务业发展提质升级，满足社会日益增长的养老服务需求。

2016年11月，国务院办公厅印发《关于进一步扩大旅游文化体育健康养老教育培训等领域消费的意见》（国办发〔2016〕85号），要求全面提升养老消费，抓紧落实全面放开养老服务市场、提升养老服务质量的政策性文件，支持整合改造闲置社会资源发展养老服务机构，探索建立适合国情的长期护理保险制度政策框架。

2016年12月，国务院办公厅印发《关于全面放开养老服务市场提升养老服务质量的若干意见》（国办发〔2016〕91号），以促进养老服务业更好更快发展。同月，中共中央、国务院印发《关于深入推进农业供给侧结构性改革加快培育农业农村发展新动能的若干意见》（中发〔2017〕1号），意见要求发展富有乡村特色的民宿和养生养老基地，完善城乡居民养老保险筹资和保障机制，重点支持乡村休闲旅游养老等产业和农村三产融合发展。

2017年1月，民政部、国家发展改革委等部门印发《关于加快推进养老服务业放管服改革的通知》（民发〔2017〕25号），通知要求尽快破除养老服务业发展瓶颈，激发市场活力和民间资本潜力，促进社会力量逐步成为发展养老服务业的主体，推进养老服务业简政放权、放管结合、优化服务改革。

2017年2月，工业和信息化部、民政部和国家卫生计生委印发《智慧健康养老产业发展行动计划（2017—2020年）》，以加快智慧健康养老产业发展，培育新产业、新业态、新模式，促进信息消费增长，推动信息技术产业转型升级。随后，国务院印发《"十三五"国家老龄事业发展和养老体系建设规划的通知》（国发〔2017〕13号），积极开展应对人口老龄化行动，推动老龄事业全面协调可持续发展，健全养老体系。

2017年3月，国务院办公厅印发《关于进一步激发社会领域投资活力的意见》（国办发〔2017〕21号），进一步推动养老产业的发展。

2017年6月，国务院办公厅印发《关于制定和实施老年人照顾服务项目的意见》（国办发〔2017〕52号），落实党中央、国务院关于老年人照顾服务工作的决策部署，从我国国情出发，立足老年人法定权益保障和服务需求，整合服务资源，拓展服务内容，创新服务方式，提升服务质量。随后，国务院办公厅印发《关于加快发展商业养老保险的若干意见》（国办发〔2017〕59号），意见要求以完善养老风险保障机制、提升养老资金运用效率、优化养老金融服务体系为方向，依托商业保险机构专业优势和市场机制作用，扩大商业养老保险产品供给，拓宽服务领域，提升保障能力，充分发挥商业养老保险在健全养老保障体系、推动养老服务业发展、促进经济提质增效升级等方面的生力军作用。

2017年8月，财政部、民政部和人力资源社会保障部共同印发《关于运用政府和社会资本合作模式支持养老服务业发展的实施意见》（财金〔2017〕86号），鼓励运用政府和社会资本合作（PPP）模式推进养老服务业供给侧结构性改革，加快养老服务业培育与发展，形成多层次、多渠道、多样化的养老服务市场，推动老龄事业发展。随后，民政部和国家标准委印发《养老服务标准体系建设指南》（民发〔2017〕145号），以加快建立全国统一的养老院服务质量标准和评价体系。

2017年11月，国家卫生计生委办公厅印发《关于"十三五"健康老龄化规划重点任务分工的通知》（国卫办家庭函〔2017〕1082号），细化老龄事业各项任务及分工，推动养老产业进一步发展。

2017年12月，民政部、全国老龄办等9部门印发《关于加强农村留守老年人关爱服务工作的意见》（民发〔2017〕193号），要求进一步加强农村留守老年人关爱服务工作，加快建立健全农村留守老年人关爱服务体系。

2018年1月，国务院办公厅印发《关于改革完善全科医生培养与使用激励机制的意见》（国办发〔2018〕3号），要求加强对全科医生的中医药和康复医学知识与技能培训，将中医药作为其继续教育的重要内容，鼓励提供中医诊疗、养生保健康复、健康养老等服务。

2018年3月，根据第十三届全国人民代表大会第一次会议批准的国务院机构改革方案，将全国老龄工作委员会办公室的职责整合，组建中华人民共和国国家卫生健康委员会，保留全国老龄工作委员会，日常工作由国家卫生健康委员会承担。

2018年5月，国务院印发《关于建立企业职工基本养老保险基金中央调剂制度的通知》（国发〔2018〕18号），要求加快统一养老保险政策、明确各级政府责任、理顺基金管理体制、健全激励约束机制，不断加大调剂力度，尽快实现养老保险全国统筹。

2018年6月，全国老龄工作委员会印发《〈"十三五"国家老龄事业发展和养老体系建设规划〉评估指标体系》，以推动我国老龄事业进一步发展和养老体系进一步完善。

2018年7月，国务院常务会议决定取消养老机构设立许可等17项行政许可事项。这是国务院深化养老服务业"放管服"改革、优化营商环境的重大决策部署，是进一步激发养老服务业创新活力的重要举措，旨在更大限度激发市场活力、调动人的积极性和社会创造力，聚焦市场主体和人民群众的痛点难点，突出重点，把该放的权利放给市场主体，营造公平竞争的市场环境，激发创业创新活力。

2018年9月，中共中央、国务院印发《关于完善促进消费体制机制进一步激发居民消费潜力的若干意见》，刺激养老产业消费增长。同月，住房城乡建设部办公厅发布《关于行业标准〈养老设施智能化系统技术标准〉公开征求意见的通知》，就《养老设施智能化系统技术标准（征求意见稿）》向社会公开征求意见。随后，中共中央、国务院印发《乡村振兴战略规划（2018—2022年）》，要求进一步完善城乡居民基本养老保险制度，加快建立城乡居民基本养老保险待遇确定和基础养老金标准正常调整机制，提升农村养老服务能力，推动农村养老产业进一步发展。接着，国务院办公厅印发《关于调整全国老龄工作委员会组成人员的通知》（国办发〔2018〕96号），决定根据机构设置、人员变动情况和工作需要，对全国老龄工作委员会组成人员进行调整。

2018年10月，民政部、国家发展改革委和国务院扶贫办印发《深度贫困地区特困人员供养服务设施（敬老院）建设改造行动计划》，要求加强行动计划与养老体系建设规划，改善深度贫困地区供养服务设施条件，提高集中供养服务能力，更好满足照料服务需求。

2019年2月，中共中央办公厅、国务院办公厅印发了《关于促进小农户和现代农业发展有机衔接的意见》（中办发〔2019〕8号），支持小农户利用自然资源、文化遗产、闲置农房等发展养生养老等项目，拓展增收渠道。

2019年3月，国务院办公厅印发《关于推进养老服务发展的意见》（国办发〔2019〕5号），针对养老服务市场活力尚未充分激发，发展不平衡不充分、有效供给不足、服务质量不高等问题，意见要求破除发展障碍，健全市场机制，持续完善居家为基础、社区为依托、机构为补充、医养相结合的养老服务体系。

2019年4月，中共中央、国务院印发《关于建立健全城乡融合发展体制机制和政策体系的意见》，意见要求完善统一的城乡居民基本养老保险制度；构建多层次农村养老保障体系，创新多元化照料服务模式；健全健康养老等新业态培育机制。

2019年7月，国务院办公厅发布《关于同意建立养老服务部际联席会议制度的函》（国办函〔2019〕74号），进一步加强对养老服务工作的领导，强化统筹协调，形成工作合力，建立养老服务部际联席会议制度。

5.2 人口老龄化分析

经济的快速发展和计划生育政策的深入实施，使中国深受"老年人口激增"的影响。根据国家统计局数据显示，截至2017年底，我国65周岁及以上老年人口15831万人，占总人口的11.39%；截至2018年底，我国65周岁及以上老年人口16658万人，占总人口的11.94%，人口老龄化加速。人口老龄化问题不仅是中国面临的问题，更是世界性问题，人口老龄化问题不再是以前所谓的简单的老年人口数量增长问题，它影响到国家发展的各个方面，包括社会的发展、经济的发展、产业的发展以及国家政策的实施和制度的改革等。如果能够通过政策和制度提高青少年人口数量，更好地控制老年人口数量，并充分利用老年人资源，发展老年人产业，不仅可以削弱人口老龄化对社会的不利因素，还可以提高国家的综合实力和竞争力。

5.2.1 基本概念界定

1. 人口老龄化

人口老龄化一词是由英语"Aging of Population"翻译而来的，自1982年联合国在维也纳召开"老龄问题世界大会"，我国才开始从联合国文件中引用该词。在相关研究文献中，"老龄化"有两种含义：一种是人类个体的老龄化，是指伴随时间的推进，个人年龄从童年、少年、青年、中年到老年的增长变化，这种变化过程是单向且不可逆转的，所以，由人类的生物属性决定了其结果必然是人的死亡；另一种是人口群体的老龄化，即在特定区域范围内人口的群体性老化，是老年人在总人口中的比重不断上升或群体平均寿命延长的过程，这一动态过程不会导致人类的灭亡，而是人类发展进步所出现的必然规律。按照联合国人口委员会人口学词典的说法，人口老龄化即老年人在人口中的比例增大。本书中所说的人口老龄化就是指后一种含义。

人口老龄化是近代社会人口更替、发展的必经之路，是动态的变化，它描述的是老年人口在总人口中的比例不断上升的过程。国际社会将60岁及以上人口占总人口的比例达10%或65岁及以上人口占总人口的比例达到7%作为一个国家或者地区进入老龄化社会的标准。人口老龄化一方面指的是老年人相对增加的现象；另一方面指的是整个社会呈现的老年状态。1956年，联合国《人口老龄化及其社会经济影响》一书将65岁作为老年起点；1982年，老龄问题世界大会将老年年龄的标准定为60岁。目前，国际通用的标准有两个，分别是60岁和65岁。本书老年人相关统计数据和预测数据的引用多样，意在阐明人口老龄化现状及发展趋势，故不对老年人界限做具体划分，国际通用的两种标准均可。

2. 抚养比

人口抚养比，又称总抚养比，是指总人口中非劳动年龄人口数和劳动年龄人口数之比，通常用百分比表示，表明每100名劳动年龄人口所要负担非劳动年龄人口的数量。劳动年龄人口是指15～64岁人口，非劳动年龄人口则是0～14岁少年儿童和65岁及以上老年人口，因此总人口抚养比的计算公式为

$$总人口抚养比 = \frac{0～14岁人口数 + 65岁及以上人口数}{15～64岁劳动年龄人口数} \times 100\% \tag{5-1}$$

从宏观的角度来看，人口抚养比反映了人口作为生产者和消费者之间的相互关系。人口抚养比还可以按照少儿和老年人分为少儿抚养比和老年抚养比。其中，老年抚养比又称为老龄人口抚养系数或老年系数，指的是非劳动年龄人口中老年部分占劳动年龄人口数的比例，用来表示每100名劳动年龄人口要负担多少名老年人的抚养任务。少儿抚养比及老年抚养比的计算公式如下：

$$少儿抚养比 = \frac{0～14岁人口数}{15～64岁劳动年龄人口数} \times 100\% \tag{5-2}$$

$$老年抚养比 = \frac{65岁及以上人口数}{15～64岁劳动年龄人口数} \times 100\% \tag{5-3}$$

5.2.2 我国人口老龄化现状

按照前文所述标准,我国已于1999年进入老龄社会,是较早进入老龄社会的发展中国家之一。受到人口转变的一般因素影响以及计划生育的特殊因素影响,我国人口老龄化进程加快。根据国家统计局数据显示,截至2018年底,中国65周岁及以上老年人口1.6658亿人,占总人口的11.94%[注]。

2018年7月,国家卫生健康委员会党组成员、全国老龄办常务副主任王建军在中央和国家机关离退休干部人口老龄化国情教育大讲堂做报告时表示,预计到2025年,我国60岁及以上老年人口数将达到3亿人,占总人口的五分之一;到2033年将突破4亿人,占总人口的1/4左右;而到2050年前后将达到4.87亿人,约占总人口的1/3,老年人口数量和占总人口比例双双达到峰值(见图5-1)。由此可见,我国已经进入人口老龄化快速发展阶段,2080年前的老年人口数量是既定的,改变生育政策只会改变未来我国人口老龄化水平,不会改变2080年前老年人口绝对量。因此,人口老龄化将贯穿我国21世纪始终,人口众多、结构老龄化,将是我国面临的人口国情。

图5-1 2008~2053年60岁以上老年人总数及占全国总人口比重

快速的"老龄化"将不可避免地给经济运行和财政带来沉重的负担。国家统计局统计数据显示,截至2018年底,全国总人口13.9538亿人,0~14岁人口2.3523亿人,15~64岁人口9.9357亿人,65岁及以上人口1.6658亿人,总抚养比40.4%,其中老年抚养比16.8%。数据直接显示了我国老龄化的速度和程度,也说明老龄化改变着人口的年龄结构。而与抚养儿童相比,抚养老年人因所需资源不同,负担更重。各国研究结果都得到相类似的结论:抚养一个老人的平均费用,相当于抚养2~3个儿童的费用。我国的人口抚养比的变化,预示着中国"人口红利期"即将关闭。更为严重的是,与欧美国家相比,中国的人口老龄化与社会经济发展水平不相适应,呈现出了明显的"未富先老"现象。因此,老年人的服务和照料压力将越来越大。

⊖ 数据来源:国家统计局网站。

5.2.3 我国人口老龄化特点

1. 人口老龄化进程加快

据美国人口普查局的统计结果，65 岁以上老年人的比例从 7% 上升到 14% 所经历的时间，法国用了 115 年，美国为 66 年，日本为 33 年，而我国大约为 25 年。20 世纪 70 年代起，我国为控制人口增长而采取了计划生育政策，导致我国到 2030 年将出现比世界各国老龄化更为严重的情况。人口老龄化是导致养老保险基金收支平衡困难、缺口加大的主要因素。同时，我国在尚未进入富裕社会的条件下就步入了老龄化社会，将要面临更为突出的挑战。

我国人口的老龄化呈现以下特点：

1) 老年人口基数大。65 岁及以上老年人口已达 1.6658 亿人，世界上 65 岁以上人口超过 1 亿人的只有中国，占世界老年人口总量的 23.69%。

2) 老年人口增长速度快。据统计，大概到 2045 年，我国 60 岁以上老年人口将占到 30%。从 2005 年的 11% 到 30%，我国用了不到半个世纪的时间，而许多国家用了 100 年的时间，我国的老龄化进程大大快于其他国家。

3) 高龄化趋势明显。根据北京协和医学院和中国老年保健协会（CAWA）最近发布的一份报告，从 2025 年到 2050 年，我国 80 岁及以上的人口数量可能会迅速增长。截至 2017 年底，我国 80 岁及以上人口已达 2600 万人，占全国总人口的 1.8%。报告援引联合国题为《世界人口展望》2017 年修订版报告称，到 2025 年，这一比例可能会上升到 2%，到 2050 年，该比例将暴增至 8%。

4) 地区老龄化程度差异较大。上海的人口年龄结构早在 1979 年就进入了老年型，而青海、宁夏等西部省区到 2010 年左右才进入老年型社会，相差约 30 年。

5) 历史欠账较多。我们国家经历了由计划经济向市场经济的转变，在计划经济体制下，当时是没有养老积累的，这个包袱留到了现在，这是其他国家所没有的。

6) 人口老龄化与社会经济发展水平不适应。欧美一些发达国家在进入老年型社会时，人均国内生产总值一般在 5000~10000 美元，而我国步入老龄社会时尚不足 1000 美元，是典型的"未富先老"国家。

2. 城镇人口流动进程加快，城镇人口结构复杂化

在社会经济发展的过程中，农村劳动力向非农业的转化，客观上已成为城镇养老不容忽视的问题。据有关资料，目前以各种形式进城务工和谋生的农业人口将近 3 亿人，而且以内地省份流向东部沿海省份为主。随着城市化率的不断提高，以城镇居民职工为主要覆盖对象的养老保障体系必须认真考虑城市人口变化的新特点，不能忽视农民工的问题，不能忽视人口流动范围扩大、流动性加大带来的养老问题。

3. 经济体制市场化，经济运行结构渐趋一元

全国统一的市场经济环境逐步形成，人、财、物在全国范围内依照市场经济的调节机制进行流动，在计划经济时代形成的城乡二元经济结构体制，其作用和影响尽管不会很快完全消失，但逐渐由健全的市场经济运行体制所取代是必然的发展趋势，像户口制度、收入差别等城乡之间、不同地域之间存在的发展障碍，将随着市场经济的不断发展，随着法制化水平的不断提高而逐步消除，我国必须认真考虑这些变化给养老保险制度带来的影响。

5.2.4 我国人口老龄化的发展趋势

近些年,为更好地应对我国人口老龄化产生的社会影响,许多学者和研究机构都在做人口预测,其结果基本上差异不大。21 世纪是我国人口老龄化程度最高的世纪。虽然 30 多年前人们未能察觉我国人口老龄化正悄悄到来,但是到 20 世纪 90 年代以后,我国人口老龄化的步伐明显加快,并在步入 21 世纪后人口老龄化特征凸显。

为了促使我国在制定 21 世纪发展战略及老龄化对策时,能更客观地认识这不以人的意志为转移的发展趋势,有必要对我国老龄化进程加快的发展趋势进行阐述。我国人口年龄结构的变化状况可分为如下几个阶段:

1. 第一阶段:成年型向老年型转变阶段(1970—2000 年)

回顾新中国成立到 20 世纪 70 年代初,伴随我国总人口数的增多,人口的年龄结构在总体上朝年轻化发展。导致这一时期人口迅速增长的主要原因是人口的出生率处于高增长状态,可是死亡率却呈现波动式递减趋势。到 20 世纪 70 年代初,为控制人口数量,我国积极倡导并全面实施了计划生育政策,从而开始了人口增长模式转变的历程,即从 1970 年到 2000 年,我国的人口年龄结构完成了从年轻型到成年型的转变,进而逐渐转为老年型国家。

2. 第二阶段:典型的老年型人口阶段(2000—2020 年)

在这 20 年期间,我国人口增长的幅度不大,但人口年龄结构的变化速度较快,2000 年我国 60 岁及以上的老年人口比例是 10.3%,到 2020 年该指标将上升到 16.3%。同时,有资料反映,在 2000—2010 年、2010—2020 年,我国人口老龄化系数的增加幅度分别达 2.16 个和 4.57 个百分点。显然,这时期我国人口老龄化的速度很快。此外,还呈现出低龄老年人口比例下降,高龄老年人口比例逐步上升的趋势。显然,这些数据都反映此段时期我国彻底完成了人口年龄结构从成年型向老年型的转化,并最终形成老龄化程度较高的典型老年人口型社会。从某种层面上而言,人口年龄结构的这种变化势必会对我国社会经济的持续发展造成很大冲击。所以,如何应对老龄化问题引起了人们更多的关注。

3. 第三阶段:高度老龄化阶段(2020—2050 年)

在未来这 30 年间,我国老年人口的总数还将处于持续增长的状态,2020—2030 年,将是我国 60 岁及以上人口老龄化系数增长最快的时期。到 2050 年,同一指标的老年人口将达到 4.87 亿人,占总人口比例将达到约 1/3,其中 65 岁及以上老年人口的总数将增到 3.2 亿人。此外,我们注意到高龄老年人的比例也在迅速上升,2040—2050 年是 80 岁以上老龄人口数量增长最快的时期,预计在此阶段 80 岁以上的高龄老人将超过 1 亿人。这些都表明在 2020—2050 年这一时期,我国的人口老龄化和高龄化程度将达到高峰期。当然,我国老年人口出现这样的增长趋势是有特定背景的,主要是由于出生在新中国成立后人口高峰期的人,在这一阶段开始陆续步入了老年期。有资料反映,我国上海、北京、天津等大城市由于相对提前进入了老龄化,所以现在都已步入世界"高龄长寿"的城市之列,这不得不引发人们对城市老龄化带来的养老问题的迫切关注。

5.2.5 我国人口老龄化面临的挑战

1. 传统养老方式面临的挑战

与老龄化相伴而生的系列问题使得我国传统的家庭养老模式遭遇困难。

1）生育率下降直接导致家庭的供养资源减少，子女养老的人均负担增长数倍。夫妻两人供养双方 4 位老人，抚养 1 个后代的 "421" 模式将成为中国今后几十年的主流家庭模式。据人口专家预测，未来 10 年，包括独生子女与独生子女、独生子女与非独生子女组成的独生父母家庭在我国至少会达到上千万个。据一项京沪城市居民调查显示，35% 的家庭要赡养 4 位老人，49% 的家庭要赡养 2~3 位老人。

2）死亡率下降，人均寿命延长。1999 年中国人口的平均寿命为 71 岁，2017 年这一数据已经上升到 76.7 岁。随着人均寿命的延长，赡养老人的时间也逐步延长；同时，随着高龄老人不断增多，家庭里有可能会出现两代老人，青年人赡养老人的数量开始增多。另外，在家庭中子女的年龄也相应增长的情况下，将导致低龄老人供养高龄老人的局面产生。

3）21 世纪将是老年人独居的时代。1990 年，我国老年人口中，有 70% 的人与子女同住。如今，在许多城市老年人口中空巢家庭数量增长了 40%~50%，如北京市东城区安德里社区空巢化比例达到 55% 以上，有的甚至达到 70%~80%，代际分离的现实问题增加了家庭养老的困难。

4）现代化生产节奏不断加快，劳动强度增加。由于时间、精力所限，成年子女越来越感到照料老人的担子沉重。尤其是对于卧床不起老人，他们的子女更难以承担长期照料老人的责任。单独依靠家庭来解决旷日持久的老人照料问题是不可能的。

5）统计表明，无子女和独生子女家庭中的老人是特困老人的多发群体。尤其是老年妇女，无退休金，长期依靠丈夫，丧偶后失去经济来源，没有依靠，更加容易陷入贫困。

人口老龄化进程的加快及高龄老人的日益增多，急需突破原有的家庭养老方式，建立多种适合中国国情的养老模式，以弥补家庭养老功能的不足。目前我国社会养老服务体系仍不够完善，与社会养老需求仍有较大差距。

2. 基本养老保险背负着体制转轨的沉重负担

我们过去长期执行的是由企业单位承担养老责任的现收现付的制度，长期积累下来的历史养老责任必须由现行的养老保险体制承担解决。企业体制改革后，这负担将更加明显。现行的养老制度面临着以下几个方面问题：

1）承担国有企业改革改制中的部分人员分流压力。解决富余人员的出路是国有企业在改革转轨过程中的一大难点，尤其对于大龄人员、病弱困难群体更加困难，提前退休成为解决人员分流难、就业难的途径之一，养老保险事实上成为国有企业改革成本的重要承担者之一。

2）供养比例关系趋于恶化。企业在职职工参加基本养老保险的人员与退休领取养老金的人员增长速度不同，参保的在职人员增加的速度慢，退休领取养老金的人员增加的速度快，近几年来供养比例呈现逐步下降的趋势。

3）企业用人单位缴费负担较重。从全国企业的实际负担情况看，缴费负担较高，加上医疗保险、工伤、生育、失业等险种，以及住房公积金等，缴费的总比例接近 50%。

4）基金收支平衡的压力大。按照统筹与个人账户相结合的制度设计，个人账户部分的养老基金应当以积累的形式实现。然而，现行收入的养老保险基金在承担繁重的改革成本的同时，还要承担历史形成和积累下来的养老积欠，这个积欠也就是平常说的隐形债务，当期收入的养老保险费基本上只能用来维持当期的支付，在财政转移支付力度不足的情况下，仅仅依靠当期收入的养老保险基金，至少在可预见的短期内难以填平历史积累下来的积欠。由于上述的实际情况，没有能够实现制度设计时要做到的部分积累的目标，变成了事实上的完全现收现付体制，原先制度设计设定的个人账户部分变成空账运行。

上述现象的存在，对养老保险基金收支平衡能力的担忧势必会加剧，实际运行的结果日益远离统筹与个人账户相结合的制度设计目标。

3. 基本养老保险的覆盖面偏窄，扩大覆盖面的难度大，与形势的发展不协调

目前的基本养老保险主要覆盖的人群是国有企业及其职工、各类其他企业职工、城镇个体工商户、城镇灵活就业人员。直到现在，国家机关和各类事业单位的养老保险制度改革还未正式启动，从整个城镇从业人口看，纳入基本养老保险的人口实际上只占一半左右。

4. 推进建立多层次的养老保险体系进展慢

2003年底，劳动和社会保障部发布了《企业年金暂行办法》（劳动和社会保障部令第20号）；2017年底，人力资源社会保障部和财政部发布了《企业年金办法》（人社部令第36号），政策制度上已经有了比较完整的体系。但是各地推进的进展并不大，目前已经建立年金制度的多是一些大型国有企业，中小企业较少建立，而私营企业和其他类型的企业基本没有建立。

5.2.6 如何看待我国的人口老龄化

学界对人口老龄化所带来的影响的研究越来越具体，学者们都认识到老龄化问题是一个关系到社会发展的全局性问题。如张昌彩指出，伴随人口老龄化进程的加速，发达国家的老年人口开始迅猛增多，高龄老年人在社会及家庭方面的问题日渐凸显，部分"福利国家"的社会保障甚至出现了危机。此外，由于老年人口迅速增长，社会抚养比例也随之逐步上升。人口老龄化对社会的经济发展和代际关系的影响日益明显，养老问题已成为重要的社会问题。

看待人口老龄化所带来的影响不可一概地绝对化或悲观化，更紧要的是应依据国情积极采取应对策略，最大化地发挥其积极的社会影响。这其中就有学者提到要从制度层面建立和完善社会保障体系，如李丹、王巍认为，社会保障制度是在政府的管理之下，按照一定的法律和规定，通过国民收入的再分配，以社会保障基金为依托，为保障人民生活而提供物质帮助和服务的社会安全制度。同时，有些学者也强调要积极发展养老服务产业，进而促进经济的增长和社会的发展。如陈建馨提出，加强政策引导，对老年人生活服务市场采取低税或免税等优惠政策，鼓励机关事业单位、有条件的企业、个人、社会团体、慈善团体乃至中外合资机构共同兴办老年产业。

此外，还有学者提出应对人口老龄化要注重养老模式的多元化，结合老人的需求状况采取不同的养老方式，或是延伸家庭养老的传统，或是推崇目前已成为国际潮流的社区居家养老。这些措施分别从制度保障及养老模式等层面进行了积极的研究。

人口老龄化带来的直接问题就是养老问题。我国目前正处在人口老龄化越来越快的阶段，选择什么样的养老模式进行养老成为一个重要的研究课题。与发达国家不同，我国的农村社会处在经济发展水平较低和经济结构转型的过程中，这就决定了我国农村居民的养老保障必须有其特殊的安排。2006年2月23日全国老龄办发布的《中国人口老龄化发展趋势预测研究报告》指出，与发达国家人口老龄化水平城镇高于农村的发展历程不同，我国农村老龄化水平超过城镇，农村老龄化问题的压力更为突出。中国老年人口60%分布在农村，

"未富先老"问题在农村凸显。加之近年来农村劳动力外流等的影响,农村出现空巢家庭并呈逐渐增多之势。2011年第六次全国人口普查结果显示,60岁及以上人口为177648705人,占总人口的13.26%,其中65岁及以上人口为118831709人,占总人口的8.89%。同2000年第五次全国人口普查相比,60岁及以上人口的比例上升2.93个百分点,65岁及以上人口的比例上升1.91个百分点。

十几年来,关于我国社会保障问题的研究取得了重大进展,但由于受多种因素的影响,目前中国老年人社会保障体制的建设重点和投入重心主要在城市,农村社会保障始终处于国家社会保障体系的边缘。在城市,社会、家庭和个人相结合的养老保障制度正逐步完善,社区建设和各种社会化服务也在逐步开展,这在很大程度上解决了城市空巢家庭老人的经济供给、生活照料和精神慰藉问题。而在广大的农村地区,从收入上看,城乡居民收入差距较大,两者的保障能力相差较大;从制度安排上看,由于经济基础薄弱,社会化养老保障机制和服务还很不完善或缺失。绝大多数农民的养老方式仍是实行以土地保障为基础的非制度化的家庭养老。随着城镇化进程的加快,农村空巢老人的养老问题将成为显性问题,农村空巢老人面临的养老保障问题将更为严重,迫切需要寻求一种合理的制度安排。

5.3 养老地产需求分析

5.3.1 养老模式的转变

社会转型的同时是人们思想观念、生活方式以及价值观念的转变,在社会转型之前,我国传统的养老方式是家庭养老,但随着社会的转变,传统的养老模式受到冲击。当下,我们需要清楚地认识我国转型期养老模式的现状及特点。

家庭养老一直是中国人首选的养老模式。但计划生育政策的实行使家庭人员结构由传统金字塔形变为倒金字塔形,子女数量由多变少,家庭趋向小型化和核心化,不论是家庭收入还是小家庭夫妇能够用于赡养老人的时间,都难以满足老年人的需求,传统的家庭养老模式受到冲击。同时,随着经济和社会发展水平的提高,政府在养老领域的公共投入不断增加;随着现代市场经济对社会的冲击,养老开始成为资本逐利的新领域,为我国养老模式的变迁提供了现实条件。在经济和社会发展到一定程度的情况下,养老观念开始随着经济发展与社会进步而产生变化,"养儿防老"的传统观念开始弱化,人们的思想更加开放,老年人的消费能力逐渐提高,完全依靠家庭养老的社会基础不再完整地存在,专业化、社会化、产业化成为我国当前和未来养老的发展方向。各种类型的养老地产项目应运而生。

因此,养老地产正是在中国人口老龄化、家庭结构小型化和"空巢化"、家庭消费水平提高、消费观念改变等多重因素的影响下催生的一种新型的房地产开发经营业态。近几年,国内的一些大型房地产开发企业、全国性保险机构、大型实业集团、私募产业基金和投资运营服务护理机构纷纷进入养老地产开发领域,在北京、上海等大型城市最先开发了一批养老地产项目。

5.3.2 养老地产概念概述

目前,在老年人住宅的研究定义上,学界并没有统一界定,一般有老年住宅、养老住宅、养老地产等称谓。养老地产是养老产业的重要载体，同养老产业一样是我国新兴产业，至今各界没有达成一致的养老地产概念共识与明确的界定。养老地产兴起于首先进入老龄化社会的发达国家，并以与其他形式地产开发相结合的形式出现。

养老地产最初起源于国外"老年住宅"的称谓。美国的老年住宅主要包括独立式老年住宅、集合式老年住宅及护理型老年住宅，具体细化包括了独立式老年住宅、老年公寓（自住类、陪护类、特护类）、养老院、护理院、老年社区等。日本养老住房有家庭养老、机构养老、"两代居"三种模式，其老年住宅主要分为养老院、"两代居"住宅。欧洲的老年住宅属于福利主导型，包括收容所、老年公寓、护理院及养老医院等。

我国的《老年人建筑设计规范》定义老年住宅是为老年人长期提供经济供养、生活照料、精神慰藉等基本功能的居住场所。我国老年住宅，在早期大部分是由政府兴建的具有福利事业性质的老年人养老场所。在我国改革开放过程中，养老事业随着社会经济的发展也趋于社会化，大量民间机构兴建的老年人养老设施也相应兴起，其主要的形态包括老年公寓及养老院。养老院具体包含福利院、敬老院，根据兴建主体不同分为公立、私立两种。公立养老院具备福利性质，主要由政府或以政府为主的合作性质的组织建设，入住服务费用低廉；私立养老院是以盈利为目的私人建设项目。

老年住宅的发展演进经历了以下三个阶段：

1）无障碍老龄住宅的发展阶段：这类住宅充分考虑了老年人视力、体力下降等情况并进行有针对性的设计，通过在住宅区内进行少量配置的形式满足老年人需求，其特点是造价较高，难以普及。

2）混合的演变式住宅发展阶段：在每栋住宅楼内配置养老住宅并设专门的养老服务设施。

3）针对老龄化社会环境而形成的通用型住宅：在住宅建造之初便考虑人一生中各个阶段的需求，通过住宅设计和追加投资的方式来实现住宅随年龄的增长而具有相应的适应性。

随着我国城镇化的发展，房地产市场的竞争日趋激烈，系统、规模化的聚集性质的老年住宅项目成为一种趋势。诸多开发商开始关注老年住宅的开发建设，从系统论的角度看，是房地产业与养老产业结合的系统，是继商业地产、旅游地产等产生的新概念地产。在房地产企业不断寻求市场突破点的情况下，养老地产成为新的关注点之一。

本章节基于我国老龄化背景与养老产业的整体定义及产业延伸，在研究过程中采用"养老地产"的名称。

从产业的角度来看，养老地产是传统房地产业与养老产业的融合互动，突出的表现是功能组合与产品形态的整合方面，属于广义的地产业范畴。养老地产的内涵是将房地产开发与营造老年消费者生活方式结合，并与其他产业进行整合，形成了养老产业链的价值链整合。这种开发方式的优点是便于提供平台以有效整合各方资源，创造可能以提升地产的居住、商业价值。

从属性的角度来看，养老地产存在社会福利性与商品性的双重属性，是"养老"和"地产"的融合。按照盈利市场类型而言，养老地产一般分为企业营利型、政府收益型和政府福利型。其中，企业营利型养老地产是指由企业开发或运营各类养老地产项目，拥有基本的老年社区的配套设施。

5.3.3 发展养老地产的现时条件

1. 老年人口呈快速增长趋势，提供潜力巨大的老年消费市场

出生在 20 世纪 50 年代高峰期的人口即将进入老年，我国人口老龄化进度将进入一个高速增长期。预计到 2025 年，我国 60 岁及以上老年人口数将达到 3 亿人，占总人口的 1/5；到 2033 年将突破 4 亿人，占总人口的 1/4 左右；而到 2050 年前后将达到 4.87 亿人，约占总人口的 1/3，我国将进入高度老龄化社会。在未来的半个世纪里，我国的老年人口将呈现出快速增长的趋势。大量老年人口在未来几十年内不断增长的发展趋势，决定了老年消费群体足以支撑起一个庞大的老年产业市场。

2. 城市老年人口已经有了一定的消费能力

目前，根据我国老龄科学研究中心的一项研究数据显示，我国老年人群拥有极其庞大的购买力总额。随着经济发展，老年人的收入呈现越来越明显的增长趋势：仅仅计算老年退休人员的退休金一项，便将由 2010 年的 8383 亿元增加到 2020 年的 28145 亿元，2030 年更是将增加到 73219 亿元。

3. 高标准的老年社区对一定比例的中高收入老年群体有吸引力

我国社会经过 40 年的改革开放，人民的经济状况已经大大提高，形成大量的中产阶级和富裕的群体。全球管理咨询公司麦肯锡的研究报告称，早在 2008 年，我国的富裕家庭数量达到 160 万个，未来五至七年内将每年增加 15.9%，据统计，我国大陆地区拥有 600 万元资产的"富裕家庭"数量已增长至 387 万个。而在美国、日本，许多富裕家庭的平均年增长率只有 2.1% 和 1.7%。我国将很快成为拥有富裕家庭数量第四大的国家，仅次于美国、日本和英国。目前，我国的富裕人群主要集中在长江三角洲、珠江三角洲、环渤海等经济发达地区，其中 30% 生活在北京、上海、广州和深圳 4 个城市，住在最富有的 7 个城市的富裕的消费者占全国总量的 50%。这些群体在考虑养老安排时，一个特点是拥有开放的观念，更容易接受环境优美、设施完备、服务高端的养老地产项目。针对这部分人群的高端养老地产项目将产生巨大的财富空间。

4. 一些年长的消费者的消费态度已经从被动转为主动

部分 55 岁以上的新老年人，他们拥有不同于一般老年人的消费观念：在美容、服装、食物营养、健身和娱乐、旅游和其他领域，有着较强的消费偏好；保险意识、精神文化消费者意识也较强。这部分新老年人是推动未来老年市场发展的中坚力量。

5. 独居意识的兴起

中国传统养老概念是"养儿防老"，有相当数量的四代同堂的家庭就是当老人不能照顾自己的时候，身边有儿孙陪伴，从而不会孤独终老。虽然父母与子女分开居住的情况也有，但是它不被公众舆论认可，传统观念里的子女尽"孝道"，除了通常的问候和照顾，更多的是父母年老的时候能住在他们的身边，生病时能提供及时、周到的护理。但随着生育状态和人口结构的变化以及西方的生活方式的影响，越来越多的子女选择了离开父母独立生活，同时许多老年人更愿意与同辈携手互助，其中的原因有很多：相同的生活经历、相似的爱好，也有可能是因为性格的原因，或为了尽量避免产生冲突而选择独立生活等。

6. 金融危机使房地产企业寻求出口

金融危机使商业房地产遭受了一次严重的挫折。同时人们对住房价格下降的预期越来激烈，传统的房地产行业正面临着严峻的挑战。企业需要突破这一困境，寻找新的投资机会。因为计划生育政策的实施导致我国形成了一批"421"家庭，对传统的家庭养老功能形成的冲击。新型的养老理念成为房地产产业转型的新领域。社会化养老已经成为一个不可避免的趋势，巨大的市场需求已经成为房地产投资的新突破口。

7. 诱人的前景，巨大的需求空间

相关数据表明，预计到2050年，老年人口将达到4.87亿人，约占总人口的1/3。但在现阶段，养老地产和养老服务产业的发展仍相对滞后。根据民政部《2018年民政事业发展统计公报》，截至2018年底，全国各类养老机构和设施16.8万个，养老床位合计达到727.1万张，比上年增长3.3%，每千名老年人仅拥有养老床位29.1张。近年来，我国机构养老服务发展较快，但家庭养老仍是广大老年人的首选。该报告还指出，我国老年人对家庭养老的需求率高达82.05%，这显示供需双方有一定的偏差。目前，我国老年市场供应不足，特别是在养老住宅的供应，我国才刚刚开始，其长期的经济和社会效益不能被忽略。

5.3.4 发展养老地产的意义

老有所养是人类基本要求之一，也是社会最基本的责任之一。在新常态下，发展养老地产既有利于解决人口老龄化带来的社会养老压力，又有利于解决当前我国经济发展中的结构调整、提质增效问题，具有巨大的社会价值和经济价值，是一项利国、利民的重要举措。人口老龄化给养老服务业提供了一个产业发展的机遇。由于养老服务业同时具有公共性、福利性和营利性的特点，养老服务的产业化必将成为经济发展的新动力。金融业作为经济发展和社会进步的重要推动力，给予养老服务产业化的资金支持重要而且必要。

1. 有利于缓解老龄化压力，减轻政府养老负担

从国际社会通行的经验和我国过去的实践可以看出，政府从办到管，一手包揽养老事业是花费高、效率低、有限的养老资源不能优化配置的老路子。近年来，我国养老财政压力日益严峻，让更多的社会力量参与发展养老地产，将有效缓解政府养老压力。一方面，市场竞争的规则必将对养老地产产生强大的激励作用，并促使企业改善经营管理，注重经济效益，促进养老地产良性发展；另一方面，养老地产的社会化和产业化性质，有利于鼓励更多社会主体参与养老事业。这两个方面的良性互动，不仅有利于满足差异化的养老需求，而且有利于建立多层次的社会保障体系，减少政府对养老的财政投入，减轻政府养老负担。

2. 有利于填补市场空白，提高老年人生活质量

我国高龄化、空巢化、少子化以及由此形成的"421"家庭模式已大量出现。长期以来，由于我国经济基础比较薄弱，不管是在思想认识上还是老年服务的供给上，都主要集中在经济赡养方面。随着人口老龄化形势日趋严重，人们对老年人的需求问题给予了极大的关注，并提出了"老有所养、老有所医、老有所为、老有所学、老有所乐"的养老思想。与此同时，老年人自身的养老观念也发生了很大的变化，追求幸福、追求生命质量是当今老年人的共同目标。养老地产的社会化、产业化发展，将为老年人提供丰富而优质的医疗健康、精神产品等产品和服务，有利于满足老年人的各种消费需求，提高老年人的生活质量。

3. 有利于带动相关产业发展，促进产业结构调整

养老地产并不是一个传统意义上的独立产业，而是依托第一、第二和第三产业派生出来的、特殊的综合性新兴产业，具有"一业兴，百业旺"的特点。养老地产的发展不仅能够带动老年用品、餐饮、医疗、房地产等相关产业的发展，而且对上下游产业如建筑、水泥、家具、家电、电力、供水等50多个行业具有显著的经济带动效应。在这之中，大多数行业属于第三产业的范畴。因此，养老地产的发展既是顺应我国经济结构调整的客观要求，又是我国保增长、促发展的重要着力点。养老地产的不断发展，有利于延伸产业链，促进产业结构的优化整合和升级，进而推动经济结构调整和提质增效。

4. 有利于增加就业岗位，缓解就业压力

保民生的根本是确保群众广泛就业。要解决就业问题，就需要创造就业岗位。养老地产涉及家政服务、医疗保健服务、文化娱乐服务等领域，这些行业大多属于第三产业，其单位GDP创造的就业岗位比制造业等产业单位GDP创造的就业岗位多30%。国际养老社区经验表明，养老社区居住人口需要配备各类管理、服务、辅助等各个方面的工作人员，且其中大部分劳动力并非高端劳动力。当前，我国经济发展步入新常态，经济增速的放缓，也将对就业产生一定的负面影响。而促进养老地产的不断发展，我国老年市场规模就将会超过万亿元人民币，创造上百万、上千万的就业岗位，有利于缓解我国就业与再就业压力，尤其是中低端劳动力的就业难问题。

5.3.5 发展养老地产存在的问题

近几年，国内的一些大型房地产开发企业、全国性保险机构、大型实业集团、私募产业基金和投资运营服务护理机构纷纷进入养老地产开发领域。然而，与美国、日本等较早进入老龄社会的发达国家相比，我国养老地产发展尚处于起步阶段，行业内缺乏比较成熟的开发经验，在项目开发过程中存在诸多问题。例如，产业规模比较小、产业链整合度低，产品设计标准不统一，养老设施配套功能过于单一，养老专业服务能力水平较低，不能满足老年客户群的消费需求，导致项目在开发过程中存在较大的运作风险，项目的现金流和投资回报存在不确定性，不仅项目投资者的利益无法实现预期目标，而且作为产品的消费客群，也没有实现所期望的产品功能需求。

1. 养老产业自身的问题

养老产业本身具有资金需求量大、投资回收期长的特点，资金流在很长时间里都呈现负值。而养老地产目前发展不成熟，针对养老地产没有明确的政策利好，同时其运营及盈利模式不明确，对自身的定位不准，推出来的产品和服务不能满足老年人的真正需求，不能创造收益，所以许多房地产企业发展养老地产举步维艰。更多的是由于养老产业投资金额大，回报周期长，风险比较大，国内的养老住宅市场运营模式大体上仍是延续买地、建房、卖房，只是借助养老地产的概念，增添一些常规的医疗服务，与普通住宅开发销售区别不大。

2. 政策落实不到位，制度不健全

养老产业的政策制度不健全，缺少落实到实处的法律法规。虽然目前政府大力倡导养老产业的发展，各种政策也不断出台，但是这些政策法规大多是原则性和纲领性的，对需要落实的土地、补贴、财税政策没有落到实处，企业在开发养老地产时有较大的风险。例如，在对床位的补贴上，公办养老院的补贴比民办的多，补贴标准也不明确。另外，在养老服务业涉及的很多行业领域还没有法律法规规定，在老年人亟须的服务领域还存在与当前法律法规不适应的地方。例如，在居家养老和社区养老服务方面，上门开展诊疗服务与现行法律法规存在矛盾。此外，在各专项重点支撑领域，如金融行业、房地产行业等的法律支撑较为单薄,有的尚属空白。总体而言,开发养老产业的市场政策仍不理想。

3. 金融市场不健全

养老地产作为金融密集型行业,具有资金需求量大、资产负债率高、投资回收期长、风险比较集中等特点。足够的资金是养老地产项目正常运转的最根本的保障,但是目前大部分地产企业对金融管理认识不足,工程预算不到位,对金融市场管理缺乏动态监管,不能及时了解项目在开发建设中资金的流出情况,所以在融资时导致筹集的资金不足,项目不能按正常工期完成。

4. 对银行贷款依赖程度大,融资困难

养老地产属于地产行业,传统的银行贷款依然是其资金来源的重要支柱。根据数据显示,现有养老地产至少60%的资金来自银行贷款。银行贷款的融资渠道相比其他融资渠道简单,而且风险较小,一般情况下也不涉及税务的问题。但是银行只给"四证"齐全的项目发放贷款,这种模式也存在一定的局限性。目前,这种单一的融资渠道不容易被打破,过度依赖银行贷款会加剧银行承担风险的责任。而养老产业由于其前期投入大、回报周期长、平均利润率不高,银行贷款限期对于养老地产而言往往显得太短,想要得到更长期限的贷款又十分困难,特别是在调控房地产市场的政策不断出台,信贷量紧缩的背景下,银行贷款门槛越来越高,养老地产获得银行融资的难度更大。除银行贷款外,上市融资对企业要求过高,民间融资风险较大,而对于养老地产业具有较好发展前景的基金和保险金来说,其在我国投融资经验尚浅。综上分析,养老地产企业融资难度较大。资金的短缺是导致养老行业整体起步晚、规模小的主要原因,突破融资难这一瓶颈需要政府切实"给力"。

5. 供需严重不匹配,供给和需求缺乏有效对接

一方面,市场有效需求不足。随着相关政策的强大引导,社会资本开始关注并进入养老服务市场,但是现阶段老年人的需求结构十分复杂。老年群体传统的养老服务消费观念、有限的市场购买能力、不强的消费意愿,加之缺乏有效的宣传和引导,使得老年人的养老服务消费还基本以刚需为主,这种供给与需求的不协调,无疑抑制了老年人的有效需求。另一方面,实际需求缺乏有效供给。在居家和社区养老服务方面,服务内容单一、服务水平较低,导致有需求的无供应,有供应的无需求;在机构养老服务方面,呈现两头大、中间小的"哑铃形"供给,真正符合大多数老年人的中档养老机构所占份额较低。供需不匹配,抑制了养老服务体系的持续发展。多层次发展、专业化服务的社会养老服务供给格局长路漫漫。

6. 医养结合方面的问题

医养结合作为社会养老模式的创新,对于完善社会养老服务体系意义重大,但其发展中也存在较多问题:

1) 医养结合缺乏顶层设计,相关法律法规不完善。比如在现有政策规定下,医院没有资格设立养老床位,医养结合游走于合法与非法的边缘。同时,在获得医保报销、抵御风险方面也受限制。如对居家老人开展上门医疗服务,尚未得到医保的有效支持。

2) 养老机构中缺少专业的医疗、护理人员,培养医务工作者成本巨大。

3) 在公立医院推行"医养结合",举步维艰。由于本身医疗资源的紧张,无法安排更多的医护人员、医疗设备及管理人员进入专门的养老科室;由于医疗项目和养老项目的界定不清,可能导致医保违规乱象的发生。

5.4 养老模式分析

5.4.1 嵌入式养老模式

1. 嵌入性理论概述

"嵌入"一词的含义是指不同值的两个系统相互影响,通过系统内的因素相互作用、相互适应使得新的系统趋于稳定的过程,后来嵌入性理论逐渐发展成一个新经济社会学的核心理论,在经济和社会活动领域有广泛的应用性。"社会嵌入"来源于《新经济社会学》,认为经济活动无法脱离社会交往和社会关系单独运行。最早提出"嵌入"概念的人是经济学家卡尔·波兰尼(1954),他在《大转型:我们时代的政治经济起源》中首次提出嵌入性概念并将其用于经济研究中。他指出,人类的所有的经济活动同所处的制度环境、社会关系密不可分,并指出经济活动以互惠、再分配和交换三种不同的模式嵌入在特定的社会关系和社会结构之中。而后,美国学者格兰诺维特(1985)丰富并发展了嵌入理论,提出社会嵌入理论应寻求"社会化"的平衡。格兰诺维特认为,经济学家认为经济活动脱离社会关系,过分强调了个人与社会的隔离,将个人"过分原子化",而社会学家过分强调个人对社会价值的服从,将个人"过度社会化"。其实每个人既不是完全的"社会人",也不是完全的"经济人",而是嵌入到社会关系中的理性人。虽然每个人都会追求个人利益最大化,但是人际关系的维持会给自身带来更大的利益。所以,每个人都会遵守人际交往规范,维持良好的社会关系。想要在复杂动态的社会关系网中达成既定的目标,就需要在个体和社会结构之间进行适度融合互补。格兰诺维特认为,社会关系是在信任、声誉、文化基础上的社会持续性关系,嵌入的主体是个人或企业的经济行为,嵌入的客体是社会关系,嵌入方式是信任、文化、声誉等作用机制。格兰诺维特还界定了两种类型的嵌入:关系性嵌入和结构性嵌入。关系性嵌入是交易双方通过直接粘连和联系互动建立信任,优质信息共享,来达到共同解决问题的一种嵌入行为;结构性嵌入是参与者结合自身在网络结构中的位置和拥有的差异性稀缺资源,将外部环境要素导入机构组织内部,并进行有效合理的整合,成为机构内部重要因素的一种功能性嵌入行为。

美国学者亚历山德罗·波兹之后进一步丰富了嵌入理论,他认为社会嵌入关系分为嵌入的主体"嵌入者"和嵌入的客体"被嵌入者",嵌入者可以是理性,可以是一种结构,也可以是人;被嵌入者主要是社会结构的多体系。随着社会嵌入理论研究的不断深入,社会嵌入理论有了相当大的弹性,适用范围也不断扩大,广泛用于各个研究之中。

一个人的一生就是一个不断社会化的过程,老年人也不例外。老年人的一生面临着多种角色的转换,从子女到父母,从生产者到消费者,身份转换呈现衰退的趋势,心理落差容易诱发心理问题。老年人还要面对诸如身体健康变差、亲友离世、子女不孝等多种问题。为了缓解这些问题带来的伤害,需要老年人能够持续的社会化,适应自身新角色,将自身嵌入在社会团体之中。社会嵌入理论在养老领域的应用主要就是在养老地产模式的选择之中。居家养老和社区养老模式确保了原居安养的环境,但是忽视了养老条件,过度社会化;机构养老设置养老组团,完全将老年人与社会割裂,造成社会化不足。为了确保老年人适度社会化,需要将两者综合考量,采用养老服务与原居安养相结合的嵌入式养老地产模式。这里的嵌入者就是指养老相关产业和服务的嵌入，被嵌入者就是社区居家养老的环境，结合现实社会环境，将养老服务或者产业嵌入养老地产，是实现老年人适度社会化的一种新模式，确保老年人在充分适应新角色的基础上享受养老服务。

2. 嵌入式养老地产的概念

嵌入式养老地产模式属于新型养老地产运营模式，整合了居家养老、社区养老和机构养老的优势，因此可以从基本概念来进行界定。章晓懿认为，所谓居家养老模式就是在第一居所进行养老，但是社区缺少养老硬件设施和服务配套，忽视了养老服务，老年人过度社会化。于潇提出机构养老是养老地产的一个分类，是我国步入老龄化社会后的新的产物，政府和有能力的开发商通过规划一片专门供老年人生活的区域建造适老化住宅，并提供相应的医疗服务、养老服务和娱乐服务，这种养老地产模式尤其适用于生活难以自理的老年人。随着生活水平进一步提高，老年人综合素质的提升，对养老的需求日益增大，机构养老凸显弊端，老年人亲情需要得不到满足。另外，养老机构让老人有了第二居所，但是间接阻断了老年人与社会的联系，没有实现社会化，家庭情感需求得不到满足。

嵌入式养老地产模式是基于社会嵌入理论提出的，个体行动者是嵌入于具体的、当前的社会关系网络中。该模式通过将养老相关产业与养老服务业嵌入养老社区，在爱与归属感的满足上具有很大优势，社区维持着老年人的社会交往关系，实现了原居安养的意愿，满足了爱与归属感的需求，也解决了老年人基本的生理需求和安全需求，鼓励老年人发挥自身优势，充分自我实现。老年人实现老有所养的前提是适度社会化，老年人社会化的实质是将老年人放进特定的社会文化环境中，学习社会行为方式，积极适应社会，创造新文化。所以，嵌入式养老地产模式整合了居家社区养老和机构养老的优势，是居家养老和机构养老结合的新生产物和模式。在居家养老的基础上，嵌入养老服务，嵌入受体是全龄化社区。以社区为载体，将养老资源、养老功能和养老产业以及多元的运作方式嵌入社区；以社区为依托，充分嵌入社区，盘活社区各种养老资源，通过竞争机制在养老社区内嵌入养老相关产业，整合周边养老服务资源，为老年人就近养老提供专业化、个性化、便利化的养老服务。

目前，嵌入式养老地产模式在国内的实践主要有两种方案：一种是通过对普通社区进行适老化改造（存量改造），将部分居民楼改造成为适老化住宅，与社区周边公共服务资源结合将养老服务嵌入普通社区，充分利用社区和周边养老资源。另外一种是开发嵌入式养老地产（增量发展），即规划全龄化社区，将养老、医疗、教育等产业嵌入全龄化社区。两种模式都实现了老年人原居安养的意愿。但是嵌入式养老地产模式作为一种新的模式，影响力小于居家养老和机构养老，目前在国内也鲜有地区开展实践，只在上海、浙江、北京等经济发达城市开展小规模实践，所以目前在具体模式构建上缺少可以借鉴的经验。

3. 嵌入式养老地产模式优势分析

（1）嵌入社区，就地老化

在满足老年人就地老化、原居安养方面，嵌入式养老地产模式体现了自己独有的优势。无论是对成熟社区的改造还是新建全龄社区，嵌入式养老地产模式利用社区空间建设养老设施，将养老服务及产业嵌入在社区内部，将社区养老和居家养老的优势发挥到最大，并充分结合了机构养老的专业化服务优势。从另一个层面来说，老龄化是每个人生命中必经的过程，不应该将养老与全社会的发展孤立，原居安养贯穿老年人逐步老化的整个历程，让其在熟悉的环境和人际网络中逐渐老化，满足老年人爱与归属感的需求。

（2）实现资源有效整合

将资源整合的广度拓宽。对存量社区的适老化改造，可以将社区闲置资源进行重新规划利用，避免资源浪费，降低投入成本；同时整合周边的公共服务设施，作为嵌入式养老地产模式的资源，最大化利用政府公共资源，降低项目运营的成本，从而切实降低养老费用。在养老地产增量方面，通过新建全龄社区进行养老产业嵌入，多层次的居住人群拓宽了资源的广度，嵌入式养老地产模式充分结合了社区养老和居家养老的优势，整合了政府、社会、家庭和市场四个方面的力量，在确保老年人和未来老龄化人群实现就地养老的情况下，是一种积极调动社会资源，有效发挥养老资源作用的模式。用社区间接带动养老产业的发展，发挥社区养老的直接作用，缓解养老地产扎堆建设的现象，实现社会资产的最大化使用。目前，我国养老服务业提供养老服务的方式主要有两种：一种是政府主导的非营利性机构的公共养老服务；另一种是养老地产运营商自主提供的养老服务。嵌入式养老地产模式一方面整合社区周边资源，另一方面在社区内嵌入养老资源，是吸纳社会力量参与到养老产业中的最好途径。

（3）提升养老地产运营效率

嵌入式养老地产模式使得养老地产的运营更为科学和高效。嵌入式养老地产模式运营方式目前有两种：一种是养老地产开发商出资，政府给予补贴，开发商自主选择养老服务商，社区则进行协调管理，并鼓励社会组织积极参与。在这种方式下，社区的养老服务由专门的服务机构提供，企业在员工管理方面有很大的自主性，通过规范管理流程和绩效奖励，可以大大提高员工工作的积极性。在市场化的条件下，市场化的运作将会带来工作效率的显著提升，避免运行随意松散。另一种方式是由政府和开发商共同负责运营，政府提供资金来源，社区负责嵌入养老服务资源、医疗资源以及人力资源。在这种方式中，社区并不是决策主体，而主要是负责嵌入式养老地产模式的运营，园区的规划需要与政府共同讨论后决策，可以避免企业为了追求利益最大化而对养老定位产生偏差。这两种方式虽然在运营主体和决策主体上有区别，但是因地制宜，提高了地产模式的运营效率，凸显嵌入式养老模式的优势。

（4）具有情感优势

与普通的养老地产和机构养老相比，嵌入式养老地产模式具有情感优势，满足老年人对家庭的依恋，实现老年人与子女只隔"一碗汤的距离"的养老意愿，更能满足老年人的心理需求。根据马斯洛需求层次理论，人的需求从低到高分为五个层次，分别是生理需求、安全需求、爱和归属感、尊重需求和自我实现，嵌入式养老模式不仅可以满足老年人的低级需求，还可以实现其高级需求。

1）满足生理需求。嵌入式养老社区对建筑进行适老化设计，为社区养老创造了硬性条件；市场化的养老服务根据年龄和生理的差异制定差异化服务，从基本的日常看护到24小时不间断照顾，满足最基本的生理需求。

2）实现爱与归属感。对存量的适老化改造和养老服务的引入，老年人无须远离子女单独养老，实现"同居不同住"；在增量的建设层面，在增量上规划组建全龄化社区的优势在于可以满足老人、子女和孙辈多元化的居住需求，实现了子女和父母就近养老的愿望，实现了亲情需要。

3）实现社交和安全的需要。嵌入式养老维持老年人原有的社交群体，没有打破早已形成的社交网络；同时，在社区交往中，还可以促进空巢老人与外界的联系，多结交朋友，排解内心的孤独，降低心理疾病发生的概率。

4. 嵌入式养老地产模式发展建议

随着老龄化进程的加快，未来建造养老地产将成为应对养老难题的主要方式，所以应该将重点聚焦在增量的扩张上。从各个方面综合来看，全龄化社区的发展规划更符合我国老年群体的养老需求，这种嵌入式养老地产模式更能体现亲情需要，全龄化社区的实质就是在住宅开发时就把入住者的各种需求考虑进去，通过"不露声色"的设计满足不同人的需求，这是嵌入式养老地产模式未来发展的主要策略。一方面通过适老化设计和引入养老产业使得老年人在跨入老龄阶段后仍然可以继续原有的生活方式，最大化的保持原有的生活环境和情感环境，消除老年人从社会分离出来而产生的担忧和焦虑心理；另一方面通过嵌入年轻人所需的活力产业吸引年轻人群的入住。整个居住环境依据不同的居住人群进行规划，动态地适应人们的心理和生理变化，实现子女和父母同住，满足孝文化。下文将主要从项目的选址要素、开发模式、规划设计策略和嵌入产业配套四个方面进行详细的论述。

（1）选址要素

建设全龄化社区主要是以"孝文化"为出发点，所以在选址层面既要考虑项目区位是否适合老年人养老，又要考虑是否方便青年人的生活。在项目选址方面，全龄化社区应该综合考虑环境区位、交通、基础设施以及统筹资源等因素。选择有一定配套设施和交通条件的地区，为老年人创造不脱离社会大环境、能够延续生活习惯的活力社区。

1）环境因素：人到了晚年，身体机能大不如前，对于环境的敏感性提高，雾霾、沙尘、汽车尾气等不利环境影响都可能诱发疾病。良好的环境对于老年人调整心理健康和缓解慢性病都有着一定的积极作用。所以，在经过调查研究之后，考虑到老年人特殊的生活习惯，全龄化社区应尽量选择在环境宜人，位于城市边缘的近郊区，有助于老年人身心健康的发展。

2）交通因素：全龄化社区居住年龄层跨度大、人数多，结合老年人的生活习惯和青年人的工作生活需要，选址倾向于在城市近郊，交通较为便利的地段，例如紧邻轨道交通或者城市快速路，但是也应该避开交通量巨大的道路交叉口。这主要对老人和其子女的需求进行综合考量。对于老年人来说，交通便利可方便其出行和购物，但是老年人行动比较慢，应避开主干道，从而保证其出行安全。对于子女来说，工作地点一般都是位于市中心，选择交通相对便利的地方可以方便出行，节省其上下班时间。

3）配套因素：全龄社区是综合性住宅社区，所以配套还是以住宅为主。从老年人的需求角度出发，应进行养老硬件设施和养老服务配套；从子女角度出发，社区周边建议规划综合商业体，方便出行购物。总之，尽量使社区功能完善，满足老年人和子女的生活需求。

（2）开发模式

在开发模式上，建议采用PPP模式（政府和社会资本合作），即基于提供产品和服务出发点，政府和开发商达成特许的协议，形成"利益共享、风险共担、全程合作"的伙伴合作关系，其优势在于各个合作方达到比单独行动预期更有利的结果。之所以选择PPP模式，主要基于以下考虑：

1）基于养老事业发展：我国对解决养老问题进行过很多探索，但是都没有很好地解决我国养老难题。居家养老、社区养老功能不足，公立养老机构专业水平参差不齐，养老地产选择人数过少。经过论证，嵌入式养老模式较其他模式有着无可比拟的优势，所以政府应该给予支持。全龄社区的适老化设计实现了未来养老的居住需求，养老产业的引入保证了养老服务的有序开展，居住人群多样性实现了"父母在，不远游"的孝道道德要求。况且，住宅社区建设是政府推进城市化进程的一项任务，属于政府管理范围之内，所以全龄化社区属于政府发展养老福利事业的一部分内容，应当参与其中并提供支持。

2）基于开发风险：全龄化社区是解决养老难题的新思路，虽然经过论证其具有优势和发展的可能，但是开发面临着资金、土地、融资等难题，PPP模式政府和开发商进行合作，可以共担风险，政府可以减少财政支出，企业的开发风险也大大降低。

3）基于政府投入：养老是一个社会化问题，由于居家养老缺乏养老条件所以需要政府增设养老院，应对养老难题。全龄社区对所有建筑进行适老化设计，社区引入养老服务，从长远眼光看，未来社区强化了社区养老的功能，居家养老变成了可能，居家养老功能满足养老需求，则不需要投入大量的货币资金建设养老院，大大节省了政府公共事业的投入，节约了城市开发空间。

(3) 规划设计策略

全龄社区是以养老为主要导向，主要为了老年人特别是空巢、失能、失独老人可以在第一居所养老。其既可以满足不同年龄段的物业配置，又具备居家养老服务标准体系配套。但是全龄社区的建设不仅限于微观层面，还会牵扯土地、养老政策导向和空间区域规划等宏观要素，所以在对全龄社区的规划设计上，应该从土地一级开发前期统筹考虑适老建设的需求，不应简单地谈后期配套。

1）综合考量社区规划。项目建设前期对项目选址居住用地和各类服务设施用地进行有机重组，在考虑老年人出行距离的基础上对功能地块的规模进行适度把控，使其满足全龄社区的建设需求。将老年人的活动空间与公共养老设施和其住宅尽量集中布置，形成老年集中活跃区，以满足老年人的文化精神需求；在社区其他功能区建设开放式服务街区，吸引年轻人活动；同时规划综合活动区域，让更多老年人参与到年轻人的活动中，营造活力氛围，通过社交自我实现，增加心灵归属感。

2）适当缩小用地规模和尺度。目前，新开发的社区为了营造良好的居住环境，道路的间距增大，绿化面积增多，不适合老年人的出行活动。老年人的出行主要是步行和公交，如果社区路面过宽，建筑物之间距离过远，会增加老年人的出行负担。随着时间的延续，一个社区的老龄化水平是不断上升的，所以在规划时应该适当地缩小社区规模。

3）住宅适老化设计。居家养老功能不足反映出的首要问题就是居家条件达不到适老化。例如，高层住宅没有电梯，居家设计不符合老年人的生理特征。全龄社区提倡对社区内所有的住宅进行适老化设计，一方面，可以满足现阶段老年人的养老需求；另一方面，全龄化社区中实际上还是中青年比较多，这部分人在未来会步入老年阶段，适老化设计可以帮助他们更好地进行身份的转换。

(4) 嵌入产业配套

从嵌入式养老地产模式的必要性中可知，全龄社区可以更好地应对未来严峻的养老趋势，是因为其在物质和精神方面满足了老年人的综合需求，尤其是亲情需要。全龄社区囊括了各个年龄层，所以在嵌入产业配套的时候需要多方考虑，通过在社区中嵌入多种产业，形成综合产业链，进一步促进养老事业的发展。本部分主要从嵌入医疗资源、嵌入教育产业、嵌入体育休闲产业和嵌入文娱产业四个方面进行论述。

1) 嵌入医疗资源。老年客户群是疾病多发群体，养老地产是否具有医疗配套是老人和子女选择养老地产首先考虑的因素。全龄社区的出发点是解决养老问题，所以首先要考虑老年人的医疗健康问题，应嵌入医疗产业，形成公立医院带动社区诊所、康体养护中心，形成"医联体"，均等分配医疗资源；建立移动健康管理平台，进行家人健康管理。其次考虑到老年人的养老问题，通过嵌入养老服务业，积极应对老年人的养老需求，将养老和医疗结合起来，真正实现医养结合。

2) 嵌入教育产业。在社区内嵌入教育资源，现在大部分小区都自己设有幼儿园、学校，另外一部分社区有学区，保障了孩子的教育。政府应该在全龄社区周围或者内部引入教育产业，确保孩子受教育的权利。教育资源的引入也可以满足老年人"老有所成"的需要，通过教育产业的引入，打造老年大学，丰富晚年生活。

3) 嵌入体育休闲产业。在国家提倡全民运动的时代背景下，社区应配建基础的运动设施，规划运动场地。社区可以根据项目区位，结合当地自然景观状况，规划运动场地和项目。例如，水资源丰富的地区可以规划游泳馆；空气清新、较为空旷的区域可打造户外跑道；室内设置健身会所，规划老年人活动场所来实现全民健身；部分大型全龄高端社区还可以同步定制高端休闲场地，打造高尔夫练习场；利用周边地域的自然资源发展休闲产业，为住户提供休闲场所，为企业和政府增收。

4) 嵌入文娱产业。调查不同年龄段人的娱乐偏好，引入文化产业，如影院、剧院、社区图书馆等。大型全龄社区可规划商业街，打造慢生活街区，让居住者回归本真的生活。

引入医疗产业、教育产业、体育休闲产业和文娱产业可以基本满足各个年龄段的需求。产业之间相互配合形成产业链，形成"住宅产业"的社区服务模式，可为社区提供更全面的服务，实现"老有所养，少有所为，幼有所学"，使社区更好地发展。

5.4.2 "医养结合"养老模式

1. "医养结合"养老模式的概念

关于"医养结合"养老模式的概念界定主要有以下说法：《国务院关于加快发展养老服务业的若干意见》中指出"医养结合"是一种有病治病、无病疗养，医疗和养老有机结合的新型养老模式，强调通过医疗和养老资源的有机整合，为老年人提供持续性的照顾服务；孙雯芹认为，"医养结合"养老模式要求重新审视养老服务内容之间的关系，要将老年人的基本医疗需求放在首位，将医护与养老相结合，讲求医疗机构和养老机构之间的功能整合；袁晓航提出"医养结合"重视老年人的医疗和照护服务，并将医疗放在首要位置，要求医疗具有一级医院以上专业水平，并从个人、机构、体系三个层面，入住对象、服务内容、运营主体、准入条件、管理方式和政策支持六个方面进行阐述。

综上所述，"医养结合"养老模式是一种以整合医疗和养老服务功能为主要方式，以专业的持续的医疗、护理、保健服务为特色的新型养老模式。"医养结合"养老模式是对传统养老模式的创新，需要从以下六个方面进行阐述，即服务对象、服务提供的主体、服务内容、服务人员、实现路径以及养老服务机构的准入标准。

(1) 服务对象

"医养结合"养老模式的服务对象从以下三个方面进行分析。①对于传统家庭养老或社区居家养老，面向生活基本能够自理的老年人；②对于机构养老，主要面向生活半自理或者完全不能自理的老年人，包括慢性病老人、大病恢复期间的老人、易复发病老人、残疾或者各方面机能障碍的老人，以及绝症晚期老人等；③对于一些高收入老年人，比较注重晚年生活质量，为他们提供优质的健康保健服务。

（2）服务提供的主体

"医养结合"养老模式注重各个方面的有机协作，各尽其职，共同为提高老年人生活质量服务。首先，政府要发挥其主导作用，协调各个主体之间的关系，形成一种凝聚力。其次，非营利性或者营利性的医疗机构和养老机构要加强合作，资源共享、优势互补，为满足老年群体的医疗保健需求尽职尽责。

（3）服务内容

"医养结合"养老模式服务内容广泛，包括以下三个方面：①基本的生活护理服务；②医疗救治、健康咨询、健康检查、大病康复以及临终关怀等医疗保健服务；③精神慰藉、心理安慰、老年文化娱乐等精神文化服务。

（4）服务人员

"医养结合"养老模式侧重于满足老年人的医疗服务需求。因此，对服务人员也有严格的要求。首先，与家庭建立契约关系的医生必须是具有执业医师资格的全科医生，并且熟悉老年病的诊断和治疗。其次，养老机构必须根据需要增加具有职业医师资格的医生和专业护士。再次，医疗机构为了满足入住老年人的需求，也要增加相应的护理人员。

（5）实现路径

"医养结合"养老模式的实现需要政府充分发挥主导作用和统筹协调作用，主要包括以下几个方面：①基层社区卫生服务中心或乡镇卫生院集中以治疗老年病为主的全科医生，与家庭建立长期契约关系，定期为老年人提供上门诊疗服务。②一个或多个养老机构与距离相近的医疗机构建立长期合作关系，实现资源共享、优势互补、开展预约就诊和双向转诊等服务。③由单一的养老机构或医疗机构提供医疗和养老服务，一方面，通过有条件的养老机构内设医疗中心，为入住机构的老年人提供方便有效的医疗服务；另一方面，实力雄厚的大型医疗机构利用自身优势，设立以病后康复和保健为特色的养老机构，实现资源共享。④二级以上的医疗机构设立老年科，针对老年人常见疾病开展专业的诊断和治疗服务，并对基层医疗和养老机构提供技术支持。

（6）养老服务机构的准入标准

医疗服务是一项需要高精技术的服务，是关乎人们生命安全的服务。因此，卫生行政部门必须根据自身的职责，建立相关的法规，形成专业的规范制度，完善服务标准、设施标准、人员标准和管理规范；建立严格的行业准入制度，养老机构内设的医疗中心至少要达到一级医院的标准；建立严格的监督制度和评估制度，在此基础上，鼓励全社会对服务进行监督。

2. "医养结合"养老模式优势分析

下面通过对政治、经济、社会和技术等因素的分析，确定这些因素对"医养结合"养老模式的影响，继而对发展"医养结合"养老模式的优势进行分析。

（1）政治因素

国务院《关于加快发展养老服务业的若干意见》中提出了几点要求。①推动医养融合发展,促进医疗卫生资源进入养老机构、社区和居民家庭。具体如下:卫生管理部门要支持有条件的养老机构内设医疗机构;有条件的二级以上综合医院设老年病科,支持养老服务的发展,探索医疗机构与养老机构合作的新模式。②发展社区健康养老服务,实现老年人健康档案全覆盖,社区医院通过与家庭建立医疗契约开展上门诊视、健康检查、健康咨询等服务。③健全医疗保险机制,对于符合条件的养老机构内设的医疗机构可申请纳入定点范围,为入住老年人提供优惠;完善医保报销制度,解决老年人异地就医结算问题;此外,鼓励老年人参加健康保险、意外伤害保险、长期护理保险等人身保险产品,鼓励和引导商业保险公司开展相关业务。由此可见,国家的养老政策开始注重医疗机构与养老机构融合发展的新型养老服务模式。在接下来的几年里,国家将会鼓励"医养结合"养老模式的发展,并为"医养结合"服务模式的发展铺桥架路,对"医养结合"养老服务模式加大财政支持力度、政策支持和进行相关专业人才的培养。

(2)经济因素

随着人们生活水平和生活质量的不断提高,生命质量也越来越被人们重视,特别是小儿肥胖、糖尿病、高血压、高血脂、冠心病、痛风、胰腺炎、脂肪肝、酒精肝等"富贵病"的快速增多,使健康成为人们生活中的热门话题。因此,当越来越多的人认识到保健对提高生活质量和延年益寿的作用时,健康产业的前途不可限量。

我国的健康产业是一个高速发展的产业,其规模和总容量都在不断扩大。随着人们对健康的向往,世界各国功能食品的市场规模和总容量均以10%的速度递增,美国、日本、加拿大等国和我国相继立法规范功能食品的市场,以推动这一产业的迅速发展。健康产业被国际经济学界认为是"无限广阔的兆亿产业",是继微波炉、录像机、计算机和互联网以来的"财富第五波"。

(3)社会因素

我国医疗机构和养老机构之间的相互独立和自成系统使老年人在健康状况和生活自理能力面临困境时不能得到及时有效的治疗,不得不经常往返于家庭、医院和养老机构之间,既耽误治疗又给家属增加了费用负担。在人口老龄化形势严峻、家庭养老功能弱化、机构养老难以满足老年人就医需求、大型医院床位紧张等背景下,建立面向慢性病老人、易复发病老人、大病恢复期老人、残障老人以及绝症晚期老人的服务内容多元化、筹资方式多元化、服务人员专业化、服务机构标准统一化的"医养结合"养老模式,将在一定程度上缓解老龄化压力,大大提高老年人的生活质量。

中国孝文化源远流长,在中国历史上发挥了举足轻重的作用。中国人把"孝"视为人立身之本、家庭和睦之本、国家安康之本,也是人类延续之本。"孝"是千百年来中国社会维系家庭关系的道德准则,是中华民族的传统美德,"孝"作为一种文化体系、一种社会意识形态,是随着社会的发展变迁而发展的。在当代,孝文化作为一种最基本的亲情关系,应该发挥它应有的当代价值,有助于社会主义现代化建设。孝敬父母、孝敬老人是民生文化的核心内容,这些在很大程度上有助于促进"医养结合"养老模式的发展。

(4)技术因素

"医养结合"养老模式旨在使医疗服务和养老服务相互融合、协调发展。通过在有条件的养老机构增设医疗服务项目、在医疗机构设置老年科或者提供家庭医生上门服务等,以及养老机构和医疗机构建立长期合作关系等方式解决老年人的医疗问题。一方面能够增强养老机构的服务能力，扩展其服务范围，从而提高养老机构的入住率，增加收入；另一方面，能够扩宽医疗机构的服务范围，增加医疗机构的业务量，从而增加医疗收入。这可在很大程度上提高老年人的生活水平和生命质量。

随着"医养结合"养老模式的不断推行和发展，老年人的生活水平和生命质量将会有很大的提高，进而使全区的养老服务水平有一定的提高。此外，有利于促进医疗机构的结构调整和合理布局，有效改善医疗机构布局不合理、医疗资源分配不均衡等现状，使各级医疗机构协调发展，进而使医疗服务和养老服务和谐发展。

3. "医养结合"养老模式发展建议

（1）养老服务管理机制

1）发挥政府的主导作用，加快体制机制创新。卫生行政管理部门要制定有利于"医养结合"养老模式发展的相关规范制度。一方面，建立严格的家庭医生资格准入制度，制定合理的家庭医生服务规范和服务流程，促进家庭医生上门服务模式顺利有序推进。另一方面，建立严格的"医养结合"养老机构及其医护人员的资格准入制度，并制定相关的服务规范和服务流程。除此之外，要制定完善有效的针对家庭医生服务和"医养结合"养老服务的监督管理机制，建立科学合理的评估体系，综合运用上级管理部门评估、机构内部评估、服务人员自我评估以及第三方机构评估等评估方法，促进"医养结合"养老模式的有序发展。

2）积极转变观念，助推"医养结合"养老模式。政府要深刻认识医疗服务对于老年人生活的重要性。对于那些生活无法自理或者半自理的老年人，选择"医养结合"养老机构养老无疑是不错的选择。政府要积极支持和鼓励符合医疗机构设置标准和条件的养老机构经严格审查批准后内设医疗机构，鼓励社会资本创办的大型养老机构走高端优质养护医疗一体化的发展道路，鼓励有条件的社会资本创办的医疗机构向以医疗康复为重心的机构转化，鼓励不符合自设医疗机构标准和条件的养老机构与附近的医疗机构合作，建立医疗机构和养老机构之间的预约就诊绿色通道和双向转诊通道。

（2）养老资金筹集机制

1）政府加大财政支持力度。养老服务业是关乎民生的重大问题。"医养结合"养老模式是在我国面临人口老龄化难题的背景下，提出的一项有利于切实解决长期以来的老年人医疗问题，提高老年人的生活质量，有效缓解我国人口老龄化压力的新型养老模式。作为以为人民服务为宗旨和核心的人民政府，不仅要制定相关政策和规范制度，确保"医养结合"养老模式的运行，更要加大财政投入，从经济上支持"医养结合"养老模式的发展。

2）鼓励全社会参与，拓宽融资渠道。养老服务关系每一个家庭、每一个社会成员。因此，"医养结合"养老模式的推行和发展不能仅仅依靠政府财政投入，而要动员全社会的有生力量加入到养老服务事业中来，积极建立多元化、多渠道的筹资机制，鼓励社会资本建立"医养结合"养老服务机构，为老年人提供优质、多样的养老服务，与政府办养老机构一起形成低、中、高端一体的多层次的"医养结合"养老服务网络。一方面，有利于满足老年人多样化的养老需求，提高老年人的生活质量，使他们"老有所养，老有所医"；另一方面，健康产业是近年来备受关注的朝阳产业，被称为"财富第五波"。养老产业是健康产业的重要组成部分，发展针对高收入老年人群的养护医疗一体的"医养结合"养老机构，能够带动养老相关产业的发展，使新型的"医养结合"养老模式在不断满足老年人养老和健康需求的同时，促进养老产业的发展并使其成为新的经济增长极。

（3）养老服务人员培养机制

1）建立有序的人才培训机制。现代医学的飞速发展以及人口疾病谱的不断变化，促使我们要对在岗人才进行专业培训，以不断提高医护人员的知识水平。一方面，养老机构和医疗机构要按期组织人才接受专业化的知识培训，拓宽知识面，提升医疗服务水平；另一方面，大型综合性医疗机构要加强对基层社区卫生服务中心、乡镇卫生院以及基层"医养结合"养老机构的扶持和帮助，定期组织专家队伍下基层进行技术指导或为他们提供专业的培训课程。

2）创新订单培养，打造专业人才队伍。"医养结合"养老模式的运行需要一大批具有相关执业资格的医护人员的有力支撑。为老年人提供优质养老服务的医护人员，必须掌握老年人常见疾病的诊断方法和治疗措施。在政府的引导下，养老机构和医疗机构应与医学院校建立长期人才培养和输送合作关系，运用"订单培养"方式，医药高等院校设立老年相关专业，为养老机构输送专业的具有职业医师或护士资格的人才，为医疗机构输送全科医生人才和高质量的专业人才，形成科学合理有效的人才培养和输送机制。这种机制一方面有利于养老机构和医疗机构组建专业的养老服务人才队伍，提高自身的服务质量和服务水平；另一方面有利于从一定程度上解决高校毕业生就业问题。

（4）养老服务保障机制

1）建立养护人员的工资制度和晋升机制，引入竞争机制，建立有利于调动家庭医生和"医养结合"养老机构医护人员积极性的绩效工资机制，建立与之适应的有效的绩效考核制度，加入能够体现家庭医生服务和"医养结合"养老服务特色的考核指标，使家庭医生和"医养结合"养老机构医护人员的绩效考核与其所在的医疗机构或养老机构以及养老服务的专项补贴挂钩，从而提高养老服务质量。此外，建立家庭医生和"医养结合"养老机构医护人员的晋升机制，充分调动他们的积极性，满足其尊重和自我实现等的需求，不断促进"医养结合"养老服务的发展。

2）健全养老医疗保险机制。健全的养老医疗保险制度是保障"医养结合"养老模式运行的重要组成部分。一方面，对于"医养结合"养老服务和家庭医生服务，将符合新型农村合作医疗保险和城镇职工（居民）基本医疗保险定点条件的纳入医疗保险范围，并对参保老年人给予相应的优惠和政策倾斜；另一方面，注重完善相应的医疗保险报销制度，给老年人异地养老提供方便，并鼓励老年人积极参加意外伤害保险、长期护理保险和健康保险等相关保险产品。

3）加强"医养结合"养老服务的信息化建设。"医养结合"养老模式的运行必须依托于能够保证养老服务相关信息及时有效沟通和传输的信息系统。社区卫生服务中心和乡镇卫生院建立面向家庭医生上门服务的信息化网络平台，并与上级卫生行政管理部门建立专用通道；"医养结合"养老机构建立面向医养结合养老服务的信息化网络平台，并与上级行政机构建立绿色专用通道。在家庭医生服务和"医养结合"养老服务网络平台之间建立专用通道，实现养老资源和医疗资源共享。这样一方面有利于医疗机构和养老机构及时全面了解管辖范围内的老年人的健康状况，从而提出应对措施；另一方面有利于上级行政机构对养老服务状况进行统筹管理。

5.4.3 社区养老模式

1. 社区照顾理论

社区照顾是20世纪50年代以后出现的一种专业社区工作实践理论和工作模式，它最早起源于英国。当时，英国政府承受着高经济支出，已无力继续负担日益增长的福利需求，社区照顾理论应运而生。社区照顾理论主张福利服务提供者的适度市场化，鼓励非政府角色的介入和私有化服务的发展，试图鼓励更多私有化服务的发展，从而减轻政府财政负担。由于社区照顾理论符合市场经济的发展，因而被世界各国广泛借鉴，我国的社区养老政策也是社区照顾模式的本土化实践创新。

社区照顾是指社区中的各方面成员——亲人、朋友、邻居、志愿者和社区工作人员组成的非正式网络，与各种正式的社会服务机构——医院、养老院及各种康复中心等相配合，在社区内对需要照顾的人提供服务的过程。理想的社区照顾同时注重"社区内照顾"和"由社区来照顾"。

"社区内照顾"是指为了避免过去大型照顾机构相对冷漠、机械化的专业照顾带来的负面效应，改为由政府及非政府资助在社区里建立小型的、专业的服务机构，提供以社区为基础的技术和设施，使所提供的服务更贴近人们的正常生活，如建立社区活动中心、老人之家、日间照顾中心等，为需要帮助的老年人和其他社区内弱势群体提供照顾、治疗和教育等方面的服务。

"由社区来照顾"是指由家人、朋友、邻居和社区志愿人员等组成的非正式网络所提供的照顾。它是整个社区照顾网络不可或缺的重要部分，尤其在心理抚慰方面可发挥无法替代的作用，甚至能够代替机构照顾的许多功能。

总体来说，社区照顾理论起因于福利国家危机的反省，希望透过正式网络与非正式网络的协同配合达到缓解福利国家财政负担以及增加社区民众互助理念的目标。结合我国养老事业的基本国情，引入社会照顾资源可以为老年人社区养老服务的发展提供必要的支持。

2. 社区养老的概念

"社区"这一概念最早出自德国社会。它的提出伴随着传统社会向工业化社会转型。"社区"是与"社会"相对应的概念，是指一种在传统地区的狭小社会中人们交往面窄但交往程度相当密切的共同生活形态。在工业化社会以后，各国的社会生活都发生了很大的变化，传统的社区概念已经不能准确地反映变化后的社会形态。一方面，相对于传统的社区概念，现代社区将超地域的社会共同体也包括在内；另一方面，社区与正式的组织体系和政府社会管理体系密切相关。在我国的政府文献中，社区主要是指城市中街道以下的居民组织体系。

社区一般包括三个特征：第一是一定范围内的地域；第二是人类居住行为；第三也是最重要的特征即社会生活共同体。社会生活共同体是指具有某一共同特征，从事共同活动，并在其中发生密切的交往关系和产生共同意识的人所构成的群体。社区作为社会管理的基层组织，在城市建设和居民民主实践中发挥自我管理、自我服务以及自我教育的功能。

社区养老模式主要是家庭养老和机构养老相结合，并且以家庭养老为主的养老方式，在政府的资助和指引下整合各种社会资源，为居家老人提供社区上门服务和托老所养老的模式。它由以下两个方面组成：老人的精神生活方面主要由家庭承担，物质生活方面将由政府、社会和家庭共同承担。社区养老服务既区别于传统意义上的家庭养老，又不完全等同机构养老，而是以社区为依托，仍让老人生活在自己熟悉的社区内，以家庭为核心，为老年人提供生活照料和护理、医疗咨询和就诊及康复治疗和精神慰藉以排除老人心理上的孤独感，提供社区老人日托服务，针对行动不便、在生活上不能自理的老人提供上门照料服务等形式。

3. 社区养老模式存在的问题

（1）社区养老服务和管理缺少统一的法律规范

我国虽然在社区养老方面相继出台《老年人权益保障法》《全国城市社区建设示范活动的指导纲要》和《民政部关于在全国推进城市社区建设的意见》等，但是由于制度和政策等因素，我国在社区养老服务政策法规的建立和发展的方面仍然存在以下问题：

1）缺少与之配套的措施，可操作性不强。目前，我国在社区养老服务方面的制度还停留在顶层设计的基本框架上，社区养老服务种类繁杂，在众多法律法规及政策文件中，很多只有政策规定，不具有法律意义上的强制性。在实际操作中，有些相关法律条文规定比较笼统，可操作性不强。比如社区的养老机构提供的养老服务应该是什么标准，以及如何为不同需要的老人提供服务并且由谁负责提供等一系列问题，无相应的实施细则进行界定，导致在实际服务中无法落实相关规定，也没有约束、监督机制。

2）缺少政策之间以及部门之间的相互协调。我们必须走中国特色的社区养老服务之路，不能直接照搬照抄西方国家的养老模式，而必须走具有中国特色的社区养老服务道路，与我国经济和社会发展相协调。目前，我国的社区在养老服务方面的政策和法规只是被动适应，与整体社会发展缺乏协调和联动。另外，社区养老服务机构的建立、运营是一个系统的工程。在宏观方面，需要由民政、就业、财政、卫生、社会保险等相关部门进行功能整合，把政府的养老服务政策落到实处。在微观方面，需要同时调动社区自治组织和社会服务机构的积极性，形成综合性的服务决策，促使各政府部门打破自身行政地位与部门利益的局限性，形成互助互利的合作关系。但是我国关于这些部门的职责以及如何相互协作，目前还没有相关法律规定，这导致工作中出现互相推诿的现象，造成资源不能有效地整合进而形成资源浪费或不能有效地管理、利用。

3）发展落后于老龄化实际进程。中国的社区养老服务政策存在覆盖面不全及政策相对陈旧的问题，必须进一步完善。我国在养老服务政策落实情况方面，有时出现政策落实不到位甚至不落实的现象。在社区养老服务中缺乏统一的评估标准，以及如何运用这些评估结果也没有具体规定，导致无法保证服务的质量。

（2）社区养老服务基础设施不齐全

随着生活条件的改善和老年人口在数量持续增多，老人对服务的需求类型呈现多样化趋势，服务需求质量也在不断提高。但由于目前重视程度不够，以及对民资投建养老服务机构的扶持力度较弱，致使资金投建养老设施的积极性不高，社区养老基础设施还存在很多不足的方面。

1）健康服务设施建设方面的不足。当子女外出工作后，留守老人因缺少照顾，面临着诸多困境，如老人受伤、生病时不能及时就医，不能得到细心的照料。另外，社区内很多高龄老人对健康服务设施具有较大需求，健康服务质量决定着高龄老人的生活质量。但现在我国很多社区的健康服务设施仍旧不足，比如因活动场地有限，没有可以锻炼身体的场所，影响老年人的身体健康；部分社区的医疗卫生设施单一简陋，缺少专业的医疗和护理人员，无法有效满足老年人对医疗护理的需求。

2）生活设施的不完善。随着"421"家庭的不断增多，独生子女大多都忙于工作或者学习，并没有很多精力来照顾家中老人，但很多社区缺乏可以照顾老人的托老所，即使有托老所的社区基本也没有得到真正利用；缺乏固定的老年室内活动场所，一些社区的老年人常年在露天环境中聊天、下棋，既不方便也不利于健康；还有一些社区中老人表示社区活动场所条件太差，不如在自己家里舒适。

3）精神文化需求方面的不足。在一些老旧社区，文化配套设施受到经济条件或场地等制约，无法建设满足老人需求的休闲娱乐设施，娱乐项目仅限于棋牌类；存在没有配套健身器材、社区图书馆图书种类单一和数量不足等问题；缺乏专职文化工作人员和文化辅导员的对场所进行管理，也没有对社区老人文体活动进行指导，社区文化人才匮乏且水平较低。

(3) 社区养老服务的资金支持不足

资金的多少直接影响社区养老服务质量，社区养老服务的资金来源包括财政上的拨款和财政补助、社会各界的捐助以及市场化动作。在社区养老资金筹集方面，至今为止筹资来源单一、渠道不畅及政府补偿机制不完善，也没有相关政策加以明确。具体表现为政府财政支持力度不够，或者在财政分摊上不均衡，资金足够的社区资金较多，资金不足的社区资金很少，也反映出资金管理和分配不当。自主性筹集社区养老资金因缺少政府财政税收支持而受阻，在社区养老服务所需资金筹集过程中是否得到政府税收减免，是政府态度通过财政政策的表达。因此，在加大财政支持的同时，需要引入市场竞争机制，拓宽资金来源渠道，从根本上为老年人社区养老提供经济支持。

(4) 社区养老服务专业水平过低

社区中工作人员的综合素质决定了社区养老服务质量的高低。一般具有较高综合素质的养老服务工作者，有较高的服务能力。我国社区养老服务工作者的文化层次在总体上来说还偏低，学历层次主要集中在初中和高中部分，专科及以上学历的人数较少，不能够指导养老服务工作及直接从事养老服务，无法满足我国现阶段日益复杂和多元化的养老服务需求。在社区养老服务志愿者中，有退休干部也有退休教师，他们具有较高的学历层次和较丰富的工作经验，并且热衷于社区养老服务事业，但他们在社区养老服务中只能够起到帮扶作用。

(5) 社区养老服务的供给缺少社会支持和参与

我国公众组织在社区养老服务方面由于发育不健全，一直以来参与程度较低。西方国家的民间组织是社区养老服务的主要服务供给者，我国因为民间组织的数量不多，一个民间组织需要承担三千多人的养老服务。社区志愿服务者少而且不能够经常参加活动，有很多年轻的志愿者平时要忙于工作或学业，无法经常参与志愿活动，缺少稳定、持久的志愿服务。目前可以经常参加志愿活动的多为居住在本社区中的老人，且志愿活动目前都有重形式、轻实质的倾向。志愿者中有的只参与部分特定社会公益组织；有的在服务中表现具有随意性，未根据社区老人的实际需要进行服务，志愿活动与养老服务需求存在一定偏差。社区居民未能与社区及时进行沟通和交流，而且社区因人力和财力的限制，平时有各项繁杂琐碎的任务，其工作人员只能将相对较少的精力放在社区养老服务上。

4. 社区养老模式发展建议

(1) 健全社区养老服务相关法律法规

我国目前还没有一部单独的养老法，有关养老的问题散见于《老年权益保护法》《婚姻法》《继承法》和《民法通则》等之中。需要推动社区养老服务方面的立法进程，从而通过制度建设，使老年人的各种权利得到法律的切实保障，为有关老年政策创制提供法律依据，提高老年人维权意识。近年来，涉及老年人的法律纠纷逐年增多，老年人在产生法律纠纷的过程中出现咨询难、无力支付律师服务费等问题。目前老年人遇到的法律纠纷主要集中在房产、赡养、遗产等方面，老人的合法权益时常受到侵犯，提高法律援助以及法律咨询服务显得尤为重要。

(2) 广泛进行宣传教育，形成浓厚的尊老氛围

尊老、敬老是中华民族的传统美德，要通过多种宣传工具，应用各种群众喜闻乐见的形式，做好尊老、敬老的广泛宣传，通过宣传教育使人们认识到尊老、敬老、养老是每个公民应尽的责任。通过社会舆论，从道德和观念上规范人们的尊老、敬老、养老行为，改变儿女有能力不赡养和重物质轻精神的片面的养老观念。对不赡养老人、虐待、遗弃老人的行为，运用法律手段予以打击，使老人保持心情舒畅和精神愉快。

(3) 实现多渠道资金筹集，实现投资主体多元化

首先，社区养老服务问题能否有效解决受物质基础影响，是否获得经济上的支持，决定着社区养老服务的质量。一方面，政府在社区养老服务建设方面，需要提供必要的经济基础；另一方面，需要利用公共资源充分调动社会公众的力量，避免单一化的筹资模式。政府可以利用财政补贴和通过税收刺激为社区养老服务事业提供物质保障，发挥政府的带头作用。其次，通过鼓励社会团体和企事业单位捐资或提供无偿服务，为社区养老服务争取更多社会资助，化解社区养老服务资金问题。最后，通过谁受益谁买单的方式，由社区老人或者其家人通过购买服务的方式进行个人出资，体现了社区养老服务的市场行为，从而确保社区养老服务资金来源合法化，让社区养老服务能够持续运作。在经济有效保障的基础上，老人才会减少超负载的重体力活，提高营养和医疗保健方面的需求，增强自我独立能力。可见，经济状况好坏，将直接影响到养老服务的质量。可以看到，人口老龄化不仅带来了社会问题，更重要的是带来了经济发展的契机。目前，市场上缺少专业化的服务机构和医护服务人员，而这些服务机构的发展能够带来更多新的工作机会，缓解就业压力。逐步发展产业化路子，在给予必要的财政资助时，政府应从多方面创造条件支持老龄产业发展，包括给予政策扶持，鼓励社会资金和服务的引入。

(4) 完善社区养老服务设施建设

农村的养老服务机构是未来更多老年人养老的首选，应当对社区福利机构进行资源整合、优化布局，完善配套功能。要建立以基本医疗服务和护理相结合的制度，尤其要加强农村社区卫生设施建设和人员配备，方便农村老年人就医。全面提升养老设施的档次和水平，营造和谐、舒适的环境。

1) 规范公办养老服务机构的建设和管理。各级政府应加大对公办养老服务机构的财政投入力度，加强内部管理和分配制度改革，探索公办养老服务机构新途径，为减轻政府压力，可以让老人到民办机构养老。

2) 提高民办养老服务机构运营补贴。借鉴国外经验并探索建设适合我国发展的民办养老服务机构，对民办养老服务机构的具体奖励资金要落到实处。通过公建民营、政府购买服务等方式，促进民办养老服务机构向着创新、协调、绿色、开放、共享的要求健康发展。对符合建设标准并且已取得营运资质的民办服务机构，由各省财政给予补贴。

3）积极扶持养老服务网点建设。按照拓展服务功能、提高服务质量的要求，完善现有社区养老服务网点设施建设。通过购买公益服务岗位，引导和鼓励家政服务企业和其他社会中介组织等社会化组织服务社区养老服务事业上，努力建设一批具有一定规模和服务质量的示范性社区老年服务中心，以高标准提供生活照料、医疗康复等服务功能。

（5）延迟退休

延迟退休是指在结合国外一些国家正在讨论或已经决定要提高退休年龄的政策的基础上，综合我国人口的结构变化、就业的情况而逐步提高退休年龄的制度。因为我国目前使用的退休制度还是在20世纪50年代制定的，那时人口平均寿命普遍低于现在，已完全落后于当前经济和社会的发展水平。目前的法定退休年龄与持续延长的人均寿命形成矛盾，不但增加了财政压力，更造成了人力资源的浪费。因此，可以通过延长法定退休年龄的方式为养老基金持续发展做出贡献，以适应社会和经济发展需要。

一方面，延长退休年龄，可以缓解养老保险金的供需平衡性问题，减轻养老金的支付压力，提高个人经济能力，减少对家庭的依赖，同时还能减少社区养老服务设施的供给和资金投入，使社区有更多余地倾向于提高养老服务的质量上。另一方面，在广泛听取社会意见、凝聚共识的基础上，通过逐步提高退休年龄，坚持每年延迟几个月小步慢提，经过相当长一段时间逐步达到目标年龄。同时，给予一定的自主选择权和激励机制，采用不同标准的形式，让更多的人自愿选择延迟退休。这样的方式更有利于社会稳定和社区养老服务的有序推进。

（6）建立稳定的专职社区养老服务队伍

应加强对社区养老服务从业人员的建设和管理，为规范社区工作者队伍，可通过岗前培训提高工作者的职业技能水平，强化职业道德适时推出社区养老服务职业资格论证，在平时也应对从事社区养老服务人员进行专业培训，设立技术等级，按职业技术资格安排相应的服务。资格认证制度有利于形成更加专业化和职业化的社区养老服务。应该专门设立一个独立的社区养老服务工种，这样有利于提升社区工作者职业声望，促使投身社区养老服务的社区工作者在工作时能更加负责和敬业。应大力吸收具有专业知识的志愿者投身到公益事业中，鼓励他们充分利用空闲时间，积极参加社区养老志愿活动中来。通过极力弘扬中华民族的传统美德，在社会上既能形成尊老爱老的潮流，还能为更好地实现"老有所养"添砖加瓦。除此以外，提高参加社区养老服务工作者的社会地位，留住专业人才，使其能够干一行、爱一行、专一行，在社区养老服务上贡献自己的光与热。

5.4.4 持续照护养老模式

1. 持续照护型养老社区的概念

持续照护型社区英文全名为 Continuing Care Retirement Community，即为具备长期持续照护功能的综合型养老社区，下文均简称为 CCRC。CCRC 基于老年人群伴随年龄增长而不断丧失自理能力的情况，将社区居民以照护等级分级，从而搭配不同级别的照护服务。这种全面持续型的医疗保障，可以实现自理、介助、介护三个阶段的全程照护，配合社区内置的医疗资源或是同其他医院的联系，满足老年人群的医疗需求，使老人不出社区即可获得全面的养老服务，避免了由于身体状况变化被迫远离自身熟悉的生活环境所带来的负面影响。根据相关学术调查显示，CCRC 内入住者的余寿较同龄人群增多 8~10 岁，为原先的 1.5 倍，同时可以节省相关医疗支出30%以上。对于医疗资源相对匮乏的我国养老体系而言，可以享有一站式的全面护理和医疗服务的CCRC具有相当大的吸引力。

美国老年住宅协会（AAHA）赋予CCRC一个明确的定义，即一个机构对于随年龄增长而有不同需求的老年人群持续全面地提供完整的居住、生活服务和医疗健康护理。

从性质上来说，我国CCRC始终努力将自身定位为"养老社区"，而非"养老机构"。CCRC社区是离家养老型的服务模式，老人通常不能通过购买产权来获取CCRC中某个单元的使用权，而是通过入会制度和租赁制度结合获得CCRC社区的使用权。这导致CCRC在人们的印象中与养老院等传统养老机构存在共性。在传统模式下将父母送入养老机构，在以孝道为先的我国文化背景中存在很大争议，因此社区的运营方始终争取着重"社区型养老服务"概念，淡化机构特色，将社区打造为生命后半历程的新家。

CCRC提供的核心服务是通过提供社区内专业的组织管理，以及医养结合下与不同级别的护理组团和社区医疗资源所在的区位优势，提供核心的持续照护能力，进而使老年人无须因身体健康影响而变动居住地，其本质理念是原居养老的延伸。社区内的一站式业态也存在"居家养老——自理老人服务""社区养老——介助老人服务""机构养老——介助老人服务"等潜在的对应关系，因此不可简单地将CCRC与我国现行的养老机构中的某个类型对应，其本质是复杂业态的综合体现。

2. 持续照护模式的市场需求

在持续照护养老服务机构的运营过程中，大部分的在住居民都是独立生活老人，这种比例分布可以降低机构在运营前期的风险和成本，并且这部分老年人的社会活动能力更强，可以提高机构内部的活力。但是就中国的养老服务现状而言，居家养老和社会养老仍然是主要的方式，机构养老服务的定位是补充居家养老和社区养老的不足，重点针对需要照护服务的人群，以及无法单纯依靠前两种方式养老的老年人。

老年人和其家人在选择养老服务机构时主要的考虑因素有：医护条件、生活环境、收费水平、照护水平、周边居民等。对于国内持续照护养老服务机构来说，对以下老年人有较大的吸引力：

（1）有养老服务的需要

65~74岁的低龄老人处于初老化阶段，部分老年人还依然在工作岗位上奋斗，因此这部分老年人很少立刻选择进入养老服务机构。随着年龄的增长，健康状况有所下降，老年人的活动能力逐渐减弱，部分日常生活需要寻求协助，伴随着较高的养老风险。因此，75岁及以上的高龄老人无论是否已经需要生活协助，都是入住持续照护养老服务机构的重要潜在对象。养老服务机构的开发过程也证明了目前国内养老服务业的刚需人群是75岁及以上的老年人。

除了照护因正常衰老而引起机能情况衰退的老年人，成熟的持续照护养老服务机构还针对某些需要特别照护的老年人群体。在美国、日本等发达国家和地区，入住养老服务机构的老年人有一半以上是认知功能障碍老人。认知功能障碍最有可能由于高龄而引发，其他关键因素包括心脑血管疾病、遗传和生活方式等。一般认知功能障碍的症状出现在50岁以后，80岁及以上的老年人患病率会大幅提升。我国目前的整体患病率比十年前增加了85%。

失能老人和认知功能障碍老人难以通过简单的家庭或者社区协助的方式进行养老，照护这些老人是长期辛苦的工作，需要照护者付出大量的时间和精力；而这类老年人的晚年生活质量完全取决于他们的直接照护者，因此更需要入住值得信赖的专业养老服务机构。

老年人不仅在上述极端情况需要养老服务，一般老年人在日常生活中或多或少地需要照料和护理。基于持续照护的理念，机构内提供的不仅是当下的照护服务，而且是在未来可以预见的老年人所需要的养老需求都能被满足。

（2）有足够的支付能力

持续照护养老服务机构的收费也比其他单一型的养老服务机构要高，因此针对的是有一定经济基础和支付能力的老年人。据统计，北京、上海、广州等经济比较发达的城市中有超过6%以上的老年人具有中高收入及消费水平。这部分老年人的家庭结构和社会关系受到社会与经济发展的影响最大，对晚年生活的质量要求更高，同时他们的财富积累也使他们在选择养老方式上自由度更高。

除了有经济基础外，还要有服务付费的消费意识，尊重养老服务的价值。国内的第三产业发展水平一般，制约了养老服务的发展。虽然老年人一般会面临大笔的药物费用、护工费、设备费等开销，但传统居家养老由于是家人照护，一般并不需要额外的服务花销，因此会认为机构收取的服务费用过高。持续照护养老服务机构最终是通过养老服务产生增值的，这部分服务费用需要逐渐得到人们的认可。

（3）有机构养老的主观意愿

受传统"孝"文化的影响，主流的养老理念依然是居家养老。但是国内现有的住宅内适老化程度不高，因此当真正产生照护需要时，会存在许多不便。当老年人发生疾病等情况时，要被动进入护理院等养老服务机构度过一大段时间，此时老年人没有自主选择的能力。持续照护理念更提倡老年人在身体状况良好时主动选择入住心仪的养老服务机构。

影响人们养老意愿的原因有很多，其中驱使人们选择持续照护养老服务机构的一个重要因素是老年人慢性病，慢性病患者占当前国内老人总人口数的65%以上。慢性病指的是发病隐匿的、长期的、不能自愈的、难以痊愈的一大类型疾病，这类疾病对老年人的影响尤为严重。这类老年人生活能够自理，并且能够自主地参与社会活动，但是需要接受专业的健康管理，详细的饮食、用药等健康监控。持续照护养老服务机构采取医养结合的模式，老年人的身体健康情况被密切关注，可以减小老年人的耐药性，真正提高老年人晚年的生活质量。

结合以上几点，形成当前国内持续照护养老服务机构设施的主要客户定位：有真正养老服务需求的、有支付能力的，愿意接受机构持续照护的老年人。当人们真正意识到自己现在或者未来需要寻求养老服务时，是促使老年人决定的一个重要节点。随后老年人就要主动选择自己可以支付并且愿意支付的养老方式，选取的养老方式有可能随着老年人的健康情况变化而发生变化。当然，持续照护养老服务机构就避免了这种变化。

3. 持续照护模式的发展建议

（1）渐进式引入持续照护

国内当前所处阶段并不适宜大规模地建设完整的持续照护养老服务机构设施，各种养老服务机构正处在市场竞争共同成长的阶段。因此，可以在传统的养老服务机构中渐进式地引入持续照护的理念，例如大部分国内早期发展的持续照护养老服务机构都是"X+养老"模式，因此称为泛CCRC机构。泛CCRC机构借鉴了持续照护的模式，但是基于国内现状，选择更有利的渐进式的开发策略，主要有以下建议：

1）满足社会需求。当前机构养老并不是最主要的社会养老需求，居家养老的服务功能缺失主要通过社区养老来补充，持续照护养老服务机构可以提供部分社区养老服务，因此可以和社区养老设施一同植入社区，形成"社区+养老"的模式。

这种植入型的机构设施一般位于自然形成的老年社区中。这些社区内原有居民的平均年龄增长，年轻居民往外流失，逐渐形成以老年人为主的居住状态。同时，这些社区中缺乏相应的养老服务设施，有较高的养老服务需求。在社区中植入的持续照护养老服务机构设施，与普通社区养老的日间照料中心不同，是一个可以提供老年人居住空间的多功能的综合型养老服务机构。

这种类型的机构设施规模一般较小，并且和周边住宅小区共享部分配套设施。除了为机构设施内居住的老年人提供养老服务外，还可以解决周边社区老年人的养老问题：一是提供社区养老设施；二是通过工作人员服务输出为老年人提供上门养老服务，可以作为社区养老的重要补充。

2）缩短资金周期。持续照护养老服务机构的前期投入成本大，盈利主要依靠日常运营收入，但是这种投资方式回款速度慢、周期长，因此资金是影响持续照护项目的一大制约因素。为了缩短项目的资金周期，在前期销售部分产权实现回款，再通过反哺养老服务的形式实现养老服务机构的持续运营。

这种类型的养老服务机构设施一般为全健康、全龄段的老年人提供居住空间和养老服务，但是为了降低负债成本，会在前期通过各种方式回笼资金。一般是销售部分老年住宅的房屋产权，或者机构设施与大型普通住区合并开发，这些项目的重要特征是都有保留自行持有并持续运营的部分，用前期的销售利润反哺自持的养老服务机构设施。

常见的反哺型产品一种是近年来地产公司打造的"住宅+养老"模式，即用普通住宅反哺养老服务机构设施；另一种模式是前期转让一部分老年居住设施的房屋产权，这部分客户的支付优势很明显，溢价能力强，甚至可以通过预售的形式提前快速回收资金。

3）提供稀缺服务。持续照护养老服务机构的运营重点是服务，但是养老服务的发展比较缓慢，将养老服务与其他发展成熟的服务相结合，可以借助其他服务的优势，以老年人群为服务重点，实现机构的持续运营。养老服务机构一般可以结合旅游、养生等服务开发，这些服务可以保证自持物业的运营收入，还可以与其他机构养老产品产生差异，形成独特的机构亮点。例如，度假型的养老服务机构容易形成全国布局的连锁式经营，为老年人提供旅游定制等个性化服务。

这种类型机构的主要运营业务一般会有两种或以上，例如"度假+养老""养生+养老"等。一方面，其有比一般机构养老更丰富的老年人定制服务，容易吸引活跃老人入住，增强机构活力；另一方面，这些业态自身可以聚集大量人气，自行培育养老服务机构的潜在客户。

4）逐渐扩大经营。持续照护养老服务机构对资本投入、机构管理、护理水平等方面都提出较高要求，各方面资源的整合是一个复杂的过程，因此可以采取逐步扩大经营的方式。

一是先开放机构设施内的居住区域让老年人们入住，再逐渐完善配套设施。部分养老服务机构的增值服务型的功能配套（如宴会厅等）设施的投入较大，不是主要影响老年人们入住的因素，因此可以选择在随后加以提升改造。

二是先针对部分老年人，再逐渐扩大至全健康阶段照护。大部分被动形成持续照护的养老服务机构前期只接受健康独立生活老人入住，此时老年人的年龄偏低，身体状况好，经营稳定。随着居民的平均年龄上升、健康状况下降，再逐步配套护理院、专业医疗机构等，持续为介助老人、介护老人提供养老服务。主动建造的持续照护养老服务机构一般先为老年人提供生活协助和医疗护理服务，随后加入独立生活区。这种主动的建设方式重点先为刚需人群提供养老服务，并且可以避免早期入住的健康老人在身体健康下降时不得不搬离机构设施。

（2）从泛 CCRC 到专业 CCRC

持续照护养老服务机构是较高级别的现代服务业，目前并不具备大量完整持续照护机构开发建设的基础，而泛 CCRC 机构是寻找某些更底层的社会需要或者通过某些社会的紧缺资源来发展持续照护体系。事实上，泛 CCRC 机构的存在正是弥补了目前不适宜建造专业持续照护机构的缺陷，如社会基础不足、开发周期长、投入成本大、服务业发展水平低等。这类机构有其适应国情的先进性，但是也有一定的局限性，不易形成稳定成熟的模式。

目前的泛 CCRC 机构在经营过程中，也会有自我提升的过程，有可能发展成专业的 CCRC 机构：植入型的机构养老设施可以转型成为独立的机构养老设施或者社区养老设施；反哺型的机构养老设施自持部分仍然可以按照持续照护养老服务体系运营，直至资金流回正，实现日常运营盈利；度假养生型、扩大经营型的机构养老设施可以在未来的经营中完善和提升成完整的持续照护养老服务机构。

在进入持续照护养老服务机构的高速发展期之前，随着支撑体系逐渐完善、社会认可度提高、保险公司提供新的资金来源等现状的改变，逐渐会有新的按照 CCRC 建造的专业的持续照护养老服务机构设施出现。和泛 CCRC 机构不同，专门建造的持续照护养老服务机构设施的开发运营理念是以为老年人提供持续照护的养老服务为主，核心的盈利模式是依靠日常运营收入，每个机构根据自身的特点也可为老年人提供个性化的增值服务。持续照护养老服务机构高速发展期间，新建的机构以专业的持续照护机构为主。

5.5 适老化住宅标准化设计

5.5.1 适老化住宅市场需求现状

随着我国步入老龄社会，老年人对待晚年生活的观念和态度在老龄化的发展中逐步发生变化。中国传统的家庭观念向来主张三代同堂，很少有父母和成年子女分开居住。但是随着我国进入老龄社会，传统观念也在慢慢改变，拥有较高学历、收入的老年人，开始建立自信、自立、自理的生活模式。

根据戴德梁行的调查问卷显示，中高收入的老人愿意和子女同住的比例不高。同时，在北京、上海、广州等一线城市，大部分受访的中高收入老年人对当前市场上的老年住宅不满意，对所提供的环境和服务也无法满足需求。因此，调查结果显示，老年市场需要提供更加高端的住宅产品、更加舒适的环境、以及个性化和更高端的养老服务。

结合我国国情和老年市场需求，本章节顺应社会需要，在考虑我国老龄社会特点的基础上制定出加快推进适老化住宅的建设思路，从开发建设和运营模式等多方面提出可行性强的意见和建议，促进适老化住宅建设能真正落到实处，切实有效解决社会老龄化问题。

5.5.2 适老化住宅存在的问题

虽然我国适老化住宅项目的前景在最近几年才得到业界的广泛关注,但是我国适老化住宅项目的开发已经有十来年的历史。从这十几年的发展历程来看,我国适老化住宅项目的开发建设与运营管理主要存在以下问题:

1. 缺乏整体发展环境

适老化住宅市场受到宏观和微观环境的影响,包括法规制度、历史观念、经济利益等方面,导致其缺乏整体的发展空间及环境。

2. 开发定位不清晰

有些开发商缺乏清晰的定位,对适老化住宅项目的复杂性认识不够,进军养老地产纯粹是为了获得土地以及税收上的优惠。其实,适老化住宅项目要求将产品与社会福利相结合,决定了此类项目将比普通住宅更复杂;另外,很多普通的房地产项目是通过一次性销售来获取利润的,物业服务仅占很少的部分。但适老化住宅项目的盈利模式却需要销售(出租)和物业服务(养老服务)两方面并行,导致了许多适老化住宅项目建设的复杂性。

3. 选址方面的问题

选址问题是适老化住宅建设的关键问题。在各种因素影响下,我国适老化住宅的开发建设大多选择在远郊区或者风景区,虽然环境相对良好,但是周边没有成规模的居住区和较为完善的配套设施。此外,这种社区封闭独立,使老人与社会、城市隔离,产生一种"日暮途穷"的感觉,一定程度上影响了老年人的身体健康。

4. 缺乏合理的规划、设计

目前,适老化住宅的建设还没有列入各个城市的总体规划,缺乏以老年人需求出发的合理建设规划。有的适老化住宅虽然物质条件和环境都很好,但交通不便、地点偏远;有的活动空间少、建筑密度较高等,这些都给老年人的社会活动和生活造成不便。此外,还存在空间场所缺少交往性和适老化细节,无障碍设计考虑得不周全、智能化报警等适老化设计不到位,特色开发设计不足,没有从老年人的需要出发,设计时没有针对性,设计手法单一,没有适老化住宅项目的特色等问题。

5. 缺少配套设施

因为市中心地价昂贵,所以一些开发商在选址时,会选择郊外地区。但是周围缺乏基础设施,生活不方便,尤其缺少医院,虽然许多服务机构冠以老年住宅的名义,但是对老人生活需求并不了解,加上缺乏专业的管理、服务人员,其提供的服务缺少连续性和针对性。

6. 对适老化住宅开发建设模式感到无从入手

当前政府鼓励社会力量参与到适老化住宅社区的开发建设中,很多企业都想开发适老化住宅社区,但在过程中往往遇到许多困难。开发商对于如何获得土地,采取何种开发模式仍在探索,在拿到土地后也不知道如何定位。开发商拿到的适老化住宅项目建设用地大部分集中在郊区,地块规模通常都很大,有的甚至多达几千亩。开发商面对这样一大片的土地该从何入手,往往没有头绪。

7. 运营管理市场化低

目前,国内适老化项目的运营管理处于初级阶段,存在诸多问题,并且影响着适老化项目的持续经营能力。相对于发达国家的多种养老方式,我国老年住宅的市场化情况没有形成系统的可操作的运营机制。服务管理体系、内容、制度不健全，服务供给与老人的需求存在矛盾，老年住宅的床位数跟不上老年人口的增加速度；服务单一，仅仅为老人提供生活上的照料，缺乏精神文化生活建设，服务缺少统一的标准，没有科学的管理体系，存在着不稳定性和随意性；服务人员及能力有待提高；缺少专业护理人才，没有机构对其进行管理和针对老年服务的培训。

8. 政策扶持力度不够

当前国家有关养老方面的政策尚不明确。如何与政府部门合作，土地政策有没有优惠，土地性质是什么，税费方面有什么优惠，银行的按揭贷款有什么优惠政策，是否需要保险业务介入等一系列问题都需要政府明确及扶持。

5.5.3 适老化住宅的设计理念

适老化住宅是人们终极的居住梦想，是老年人理想的栖居空间。它的营造围绕人们丰富而多样化的理想生活全面展开，作为一个基于地缘和精神双重维度构成的人居"共同体"，它是自由、自治、平等、博爱、和谐的"大同之境"，是兼具现代文明与自然风情的美好社区，是适宜于居住生活、安放心灵的美丽家园，是老年人为之追求的生命体。适老化住宅设计应创造安全、方便、舒适、温暖、有益的生活环境，激励老年人自主、自立、自强、愉快、健康地度过晚年。

住宅开发建设需追求人与自然、人与人、人与自我的和谐。同样，适老化住宅也要追求人与环境（自然环境与社会环境）、人与人、人与自我三方面的和谐，以人的物质与精神双重需求为尺度。由此具有三个维度的意象：

1) 人与环境的和谐：人是环境的保护者、共生者，住宅因人而获得生命和生长。

2) 人与人的和谐：构建熟人社会，破解现代文明下的人与人之间的冷漠和对抗。

3) 人与自我的和谐：对美好生活的向往，是人类永恒的追求。适老化住宅区追求处处可见生动、和谐的生活场景，处处洋溢着温润、动人的生活氛围。居住在此的人们各得其乐、各得其所。

同时，在适老化住宅的设计之初就应考虑居住者步入老年之后的居住需求，在住宅规划、建筑、室内设计时把住宅的适老化改造方案融入设计之中，满足购买者一生的居住需求。

5.5.4 适老化住宅社区设计要点分析

1. 适老化住宅社区的规划要点

适老化住宅社区的规划设计，要围绕设定老年人的"生活场景"开展。正确的场所空间营造顺序首先是生活（Life），其次是空间（Space），最后是场所（Place）。要使适老化住宅社区绽放令人难忘的生活场景，应该同时考虑以下四个方面：符合美学的空间设计、功能业态的合理分布、场所定位的可识别性以及高水平的运营管理，即要注意处理好空间、场所、生活的关系，把握好整体与局部的协调。具体来讲，要精心设计公共空间、商业、教育、医疗、就业等资源之间的空间布局关系，重点关注商业区与教育、医疗之间的协调；尽量提供多样性住宅，以满足不同人群混合居住的需要；充分考虑不同需求，创造人性化的空间和文明的居住环境，合理、巧妙地规划步行系统、自行车系统以及公交系统等，适老化住宅社区的交通系统应与老人运动环境相结合；注重环境保护，充分尊重、保护、利用自然资源；注重历史文化的保护和传承。

(1) 适老化住宅社区营造

要选择最有灵气与思想的设计者规划适老化住宅社区。规划必须注意与周边环境融合，结合当地文脉，充分吸收我国传统美学精华，发挥对适老化住宅社区意境的想象力，注重对整体氛围的营造，打造其独特韵味，力求浑然天成，如诗如画。

在规划设计上，适老化住宅社区应具备多元丰富的功能，宜人的建筑和空间尺度，应注重空间的独特性和可识别性以及步行环境的舒适性。

1) 围合空间的营造。营造出安定、明亮、优雅、温暖、祥和，充满生命的活力氛围。在生理和社会结构中与老龄化的需求不谋而合，它能提供非正式的交流；"能直接目测到街道"（可防卫空间），能给人安全感。围合空间在共享环境中提供了一种身份鉴定，还能更有效地为老人提供关怀等。

2) 开放和半开放式的社区结构的营造。营造出安定、明亮、优雅、祥和，充满生命的活力园区氛围。

(2) 适老化住宅社区服务设施营造

从设计适老化住宅社区生活场景和服务内容入手，规划升级版的园区服务设施，充分利用小镇中心、邻里中心、商业街区、广场、物业用房、社区用房等服务场所。按照"小镇－邻里－组团"分级布局，考虑合理的服务半径，功能配置相互协调，力求展现一幅温馨的生活画卷。适老化住宅社区主要是向老年人提供各类服务，适宜的服务半径和全面的配套服务设施是其两个关键因素。

配置高品级的健康医疗设施，即配置健康促进馆、医院、健康服务中心、养生保健机构等高品级的健康医疗系统，针对业主的不同身体状况提供健康管理、医疗诊治服务。

提供优质、丰富的生活服务设施，为使得老年人生活更加便捷、舒适，须结合商业配套，规划好园区食堂、住宿餐饮、日常服务及零售、金融、邮电等场所空间。将适老性设计普及至适老化住宅区，成为覆盖更广泛人群的园区标准配备。

根据国外护理院、老年公寓等的经验数据，当适老化住宅社区达到250人时，与其配套的养老设施能够得到合理利用。

(3) 邻里交往空间营造

对于适老化住宅社区的规划来说，邻里交往空间的塑造意义重大。

1) 把握邻里交往空间的整体规划。为有利于增加老年人交往、互动的机会，缓解邻里隔离与封闭现象，让居住区充满生机，在规划中整体考虑标识性建筑、综合性服务的邻里中心、能让人们停留和活动的中心广场、亲切且具有连续性的步行系统等。在营造顺序中优先考虑能迅速聚集人气、拉动社区邻里交往氛围的关键节点空间，如邻里中心、广场、商业街区等服务配套。

2) 重视邻里交往细部空间。除了关注的"街巷""胡同"等传统空间外，也要细致揣摩宅前、宅间、出入口等其他空间的规划。

3) 建造合适的老年人主要的活动圈。有研究认为，以家庭为出发原点，老年人主要的活动半径是5min出行距离，大约在180~220m。老年人步行10min，约行走450m，是极限距离，而150m则是比较合适的步行距离。同时，在设计老年人的步行空间时宜结合老年人的步行特征,要做到:实现无障碍设计,完善步行系统;步行路径简明畅通;步行距离不应过长,考虑间隔一定距离(约 30m)设置老人休息座椅。

2. 适老化住宅社区设计方法

可持续设计理念的兴起及逐渐减少的公共资源促使城市空间的日益集中和紧凑,由此也给适老化住宅社区的发展提供了一定的支持。适老化住宅社区存在于各种类型的城市环境中,从城市中心到郊区再到新市镇都会涉及。因此,适老化住宅社区的规划策略会涉及社区本身以及社区与城市关系的各个方面,其中包括新社区(建筑集群或园区的形态)、郊区更新与新市镇的开发等,适老化住宅社区的开发并非单一的城市形态。

当前设计方法(郊区邻里社区和服务设施)的缺点:宽街道,大前院;分割了住家和人行道,降低了亲近感;大型社区和单一用地功能增加了步行的困难度;缺少社交活动导致了与邻居的隔阂。

设计需要在考虑提供社区归属感、安全感的同时,保持老年人具有活力的生活方式。结合当前设计方法和设计考虑要素,提出新的以社区为中心的设计方法:更宽的人行道,缩窄的车行道,创造步行友好的邻里社区;小后院和前门廊增加亲近感;混合用地功能和可步行的小镇中心、可达性高的娱乐休闲区、便利的服务设施增加社区的归属感;口袋公园增加与自然的接触。

5.5.5 细部功能设计

老年人身体机能下降,大多数属于轻度障碍。所以应考虑老年人轻度障碍以及考虑身体机能下降,进行无障碍设计。便于护理的空间尺度是老年人居住建筑的功能空间尺寸与面积标准制定的重要原则。基于此原则,套型内功能空间尺寸与面积应符合依靠拐杖可独立行走,需要护理时可使用轮椅的尺度。

老年人居住建筑公共空间的尺度必须考虑使用者的多样性,应以使用轮椅的尺度为标准。套型内各功能空间在有限的面积中,如果以使用轮椅为尺度,会有很多限制或增加不必要的经济负担,所以可以考虑需要时进行打通隔断等后期改造,满足轮椅回转的空间定位。

适当提高层高和扩大居室的面积,适当加大开窗面积,保证充足的采光、通风和日照,并充分利用阳台、屋顶花园、回廊等,把绿化和阳光引入室内,让室内空间得到延续。

例如,美国 Oak Hammock 社区在细部功能设计方面做得很到位。该社区属于持续照护养老社区,位于佛罗里达州中北部盖恩斯维尔,占地面积 74322m^2,规划 372 户。由于在该社区居住的老人年龄很高,大部分老人身体活动较为迟缓不便,活动范围大部分在室内,故室内设计中体现平和宁静的气氛,色调温和淡雅;因老人多在室内活动,故设计中有较多室内休息交流空间,并将交通空间趣味化;公共空间很宽敞,注重室内的防滑、隔声、无障碍设计等细节处理。

因老人身体不便,在室内的时间较长,因此公共区域的交通空间较注重采光设计,同时被充分利用进行趣味化设计或功能设置。Oak Hammock 社区的大部分走道设计有作品展示空间,无展示空间的走道基本都有大面的采光窗;无台阶的出入口做无高差处理,主入口设自动感应门。

公共空间的卫生间均有无障碍设计:马桶侧面和后面墙上安装横向扶手,侧向扶手上部设置紧急报警按钮;洗手盆下部架空设计,以便轮椅推入;龙头把手为长柄形,而不设球形,以方便打开;卫生间、阳台的出入口均为无高差设计;阳台门采用铝合金压条来实现挡水;卫生间淋浴房内外地面通过圆弧衔接,既能实现挡水要求,又能直接将轮椅推进;淋浴房内放置活动坐凳,灵活运用;并且设有横竖两个方向的抓杆。

5.6 消费者支付能力研究与发展建议

5.6.1 消费者支付能力相关研究

通过对现有研究的梳理可以发现,大部分学者对老年人社会养老服务需求影响因素的关注点更多地聚焦在一些经济、文化、社会条件等客观与环境因素方面,在很大程度上忽略了老年人的主观意愿方面的影响。尤其是伴随着我国社会养老服务的市场化改革,社会力量的不断进入以及养老服务市场的形成,老年人需求与社会养老服务供给之间存在一种消费意愿与购买选择的问题,即消费者购买决策的问题。消费者购买决策是消费者在产生需求后,经过信息收集、综合考量后实施购买行为,并进行购后评价的过程。老年人选择社会养老服务方式也是从其对于养老服务的需求出发,经过对不同社会养老服务方式的信息采集、对比分析后选择最佳的养老服务方式。在消费者的决策过程中,主体决策的影响因素主要分为内部影响因素和外部影响因素。具体来说,内部影响因素包括购买者客观条件、主观心理、知觉、态度、动机、消费者资源等,外部影响因素包括文化、家庭、舆论、社会环境等。

消费者购买决策过程包括认知需要、收集信息、评价方案、购买决策和购后评价五个步骤,可分为需求认知、方案对比并决策及效用评价三阶段,分别对应老人对养老服务的需求认知、养老服务方式对比选择和对不同养老服务的评价三个阶段。在消费者对比购买方案的过程中,其愿为满足需求的支付意愿是实施购买决策的重要约束条件。

徐隽倬、韩振燕等人利用中国老年社会追踪调查数据,从老年人对社会养老服务的支付意愿水平出发,将影响因素分为老人客观基本情况、主观意愿和要求以及经济条件和保障状况三方面,用相关性检验对所选变量进行初轮筛选,并且采用二元logistic回归分析三类因素对于不同支付意愿水平老人养老服务选择的影响,得出了以下结论:

(1) 老人在选择养老服务方式时受多方面因素的影响

在客观基本情况中,年龄越小、文化程度越高的城市女性越倾向于机构养老服务;身体状况不好以及家人不同意去机构的老人更愿意选择居家养老服务;在主观意愿和要求中,认同"养儿防老"、需要上门护理、上门看病、康复治疗服务以及不愿意购买上门做家务、老年饭桌、日托所服务的老人,更愿意选择居家养老服务;在经济条件和保障状况中,当前依然从事有收入工作、享受离退休待遇以及享受城镇职工养老保险的老人通常选择居家养老服务。

(2) 不同支付意愿水平的老人选择养老服务时的影响因素存在差异

对于养老支付意愿水平较低的受访者,高龄男性更愿意在家养老,而患有慢性疾病、家人同意去机构养老、会购买日托所服务、当前有工作收入且享受农村社会养老金的老人更愿意在机构养老。对于养老支付意愿水平较高的受访者,高龄男性、身体情况在变差、需要上门护理服务且认同"养儿防老"的老人倾向于居家养老服务,家人同意去机构养老的受访者则更愿意选择机构养老服务。

5.6.2 针对消费者支付能力的发展建议

1. 正确认知养老服务需求

消费者在购买决策过程中默认自己的选择是自身形象的外化，因而始终面临亲友、社会的无形压力，因追求决策的正确性而格外谨慎，具体体现在不论支付意愿水平的高低，家人与受访者自身的养老理念，均对养老服务选择有显著影响，自身认同"养儿防老"与家人不同意去机构养老的老人多选择居家养老服务。一方面，当前我国部分老人受传统思想的影响，认为"养儿"就要"防老"，如果选择了机构养老服务会让他人觉得是儿女不孝；另一方面，部分老人对社会养老服务，特别是机构养老服务了解不够，致使部分老人在客观有需求的情况下也不愿选择社会养老服务。基于此，应进一步普及社会养老服务理念，提高人们对社会养老服务的需求的认知。

2. 为不同支付能力和意愿水平的老人提供多样化的社会养老服务

消费者行为决策过程的核心决策是预算与控制，因而养老服务的花费也是老人选择服务方式的主要影响因素。有研究发现，当前有工作收入与享受离退休待遇的老人更愿意选择机构养老服务；有一部分选择居家养老服务的老人是因为经济能力不够，迫于无奈选择在家中养老。因此，应关注支付意愿较低的老年群体的实际支付能力，提高对支付能力较弱老人的重视程度，为其提供适当额度的补贴，使其有能力享受所需的社会养老服务。

3. 提升社会养老服务的质量

已有研究发现，产品的口碑、品牌价值、企业的信用等级及完善的客户评价机制对于消费者购买决策有显著的正向影响，因此提升社会养老服务的质量是养老服务提供方的工作重心。目前，对上门护理、上门看病和康复治疗服务有需求且享受过这些服务的老人满意度不高。因此，在鼓励社会力量提供养老服务的同时，应对其服务质量进行量化管理，可借鉴网购中"买家评价"的做法，为养老服务的提供方与需求方建立信息共享平台，一方面可以让提供养老服务的工作人员提前知晓老人的个性化要求，另一方面也可以为老人购后评价提供渠道。

5.7 国内外养老地产案例分析

5.7.1 国外养老地产经验借鉴

1. 美国太阳城养老社区

（1）基本情况

该社区位于亚利桑那州，凤凰城西北，拥有1200亩高尔夫球场。其居民必须是55岁以上的老人，18岁以下的陪同人士一年居住不能超过30天。

（2）住宅产品

以独栋和双拼为主，还包括生活救助中心、生活照料中心、复合公寓住宅等。

（3）产品优势

①住宅全是平房或别墅，不用爬楼；②房价便宜，周边没有学校，税负减免；③城区除了拥有几所大的专门为老人服务的综合医院外，心脏中心、眼科中心以及数百个医疗诊所

遍布。

(4) 社区特色

7个娱乐中心，8个高尔夫球场，3个乡村俱乐部，1间美术馆，1个交响乐演奏厅。北边和西边都有公园，可供水上娱乐及露营、徒步旅行等；西北边是城镇废墟；东北边是亚利桑那州原始人博物馆。

2. 日本高科技养老院——诚信香里园

(1) 基本情况

该养老院位于关西大阪府寝屋川市，是由松下电器公司投资修建的一家现代养老院。各项设施均得到了高科技的武装。

(2) 养老设施

①老人活动中心中陈列着老人们自己创作的字画和工艺品，其中还举办新年及各种节日联欢会，有歌舞伎和相扑手助兴；②计算机室，通过互联网和外界联络，居民可以在网上"冲冲浪"，或进行扑克游戏。

(3) 高科技设施

失禁感应器，离床感应器，自动感应式马桶，动作探知感应设施，呼救绳圈，宠物机器人，远程医疗诊断和电动入浴设施等。

(4) 案例借鉴

①选址环境幽雅；②利用高科技武装养老院，方便老人。项目中有以下一些细部功能设计：

1) 轮椅对应洗手台。洗漱下方拥有足够的空间，避免膝盖和脚碰撞；化妆柜/盆的高度设定在约65cm；台盆及水龙头设计则需要水龙头开关距离水池外边缘约30cm；水流出水口距离水池外边缘约30cm（出水向外倾斜）；水龙头出水高度在10cm以上。轮椅对应洗手台如图5-2所示。

2) 智能马桶及卫生间扶手。智能马桶起源于美国，最早用于医疗和老年保健，最初设置有温水洗净功能。现在智能马桶包含了清水冲洗、自动烘干、垫圈加热、抗菌除臭等功能。

老人的如厕时间较长，久坐会使得腿脚无力，马桶旁边的扶手不仅仅给老人心理上的安全感，更使得在站立时省很多力。扶手的位置应设定在离马桶15~30cm的墙壁上。智能马桶及卫生间扶手如图5-3所示。

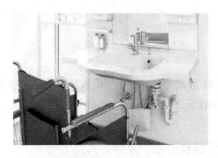

图5-2 轮椅对应洗手台

图5-3 智能马桶及卫生间扶手

3) 开关和插座位置。一般家庭里开关的高度是120cm，这对于老龄人来说是过高的。可以将高度稍微降低到90~100cm，如图5-4所示。

4）足下灯。足下灯可以避免老人起夜时由于走廊或客厅黑暗而发生危险，同时不会影响睡眠和造成资源浪费，如图5-5所示。

5）无障碍地面

摒弃高低差或门槛石，选择只有上吊轨的平移门。若无法避免台阶设计问题，则可以采取过渡段解决，如图5-6所示。

图5-4　开关高度

图5-5　足下灯

图5-6　无障碍地面

3. 荷兰弗莱德利克斯堡老年公寓

（1）基本情况

该公寓较好地处理了独立居住与交流方便的矛盾，将建筑的城市意味、社区功能和生态目标相结合。

（2）公寓特点

①分成两部分，较大的一栋楼紧邻高速公路，较矮的两栋楼挨着一条辅路，与一片别墅隔街相望；②外观上体现出安逸、宁静和回归自然；③整个公寓包括22个相互连接的独立单元，主楼顶层为公共活动区，主楼底层为服务台和大堂。

（3）案例借鉴

①建筑元素的集合处理，让老年公寓不显孤独；②建造理念充分体现人文关怀，为老年人提供基本的养老设施和硬件配套，同时提出适合老人养老的健康环境和为老年人配套的软性服务。

4. 法国老人村和"颐养天年"小镇

法国老人更加青睐养老院，法国政府专门设计了代替敬老院的村庄。

（1）养尊处优的老人村

老人村生活设施完备，娱乐活动丰富，村内邮局、图书馆、健身中心、游泳池等一应俱全；各类文化、娱乐活动丰富多样。村里老人平均84岁，活动由年轻人负责策划，共200名工作人员，平均28岁。另外，老人的生活与地方社区结合紧密。

（2）法国"颐养天年"小镇

法国政府根据与对象公众（老人以及家庭环境）的协调性、计划的独特性、与国家机构计划的协调性（如高温计划）等标准较高的评选条件，公布了"颐养天年"小镇排名。"老在法国"协会根据其制定的标准遴选出法国适宜养老的城镇，如Grenoble、Guingamp、Bourgoin-Jallieu。此外，该协会还会给协助老人且措施完备的城镇排名颁奖。

5. 案例经验借鉴

通过对上述国外养老地产典型案例的分析，我们得到以下三个方面的启示：

1）考虑老人多方位需求。老年人的需求包含经济保障需求、健康保障需求、情感保障需求、服务保障需求等。我国养老地产不能一味地"重硬件，轻服务"，应当借鉴其他国家的先进经验，给予老人健康幸福的养老社区。

2）健全相关体系。国外在养老方面有很多法律条例明文规定，居家养老和机构养老都有完善的相关法律法规支撑。我国在探索建立长期护理体系的道路上应当借鉴，并不断根据经济发展和社会发展需要对养老相关的政策法规进行改革。

3）深化内部细节设计。在日本，中标的企业在设计养老机构的时候不仅要负责建筑方面的设计，还要兼顾室内设计，包括家居陈设，事无巨细都要考虑在内。我国养老地产在家居内部细节的设计上需要更加用心，力争设计出真正适合老人的产品。

5.7.2 国内养老地产案例分析

1. 销售模式

这类养老地产投资回收期相对较短，但是存在着很强的房地产属性，与普通房地产区别不大，养老功能的核心竞争力一般。

【案例1】绿地21城·孝贤坊

绿地21城项目位于江苏省昆山市花桥镇，占地面积270万m^2，总建筑面积约630万m^2，总投资近300亿元。该项目已建成度假社区、国际社区、尊老社区、青年社区四个主题社区，而孝贤坊就是其中的尊老社区。孝贤坊占地面积4000余亩，建筑面积约占整个社区的1/3，是业内规模最大的老年社区之一。由于社区内的公寓（40~70m^2）和别墅（154~204m^2）的户型面积都不大，普通公寓总价在28万~55万元，因为总价低，适合两口老人养老和一部分人投资。其客户中30~50岁的人群占比很高，约为70%，一是为父母购买，二是为投资和自身以后居住购买。

该社区整体房价比昆山市楼盘的价格高出10%左右，昆山本地人很少购买。由于其地理位置靠近上海，距离上海市中心35km，加上自身居住品质、配套设施、环境等强于其他楼盘，因此通过"度假养老"的概念和一系列便利措施吸引上海客户：一方面，项目在地理位置上靠近上海；另一方面，开发商提供安装上海境内电话，每天52趟班车往返中山公园，购房可以采用上海市的按揭贷款，还款无须跨省手续费等一系列措施，让客户感觉仍在上海，与上海亲人朋友交往方便。此外，自身配套有上海老年大学、同济大学附属同济医院、绿地昆山医院、老年养生馆等。

2. "销售+持有"模式

租售结合的项目通常包括住宅和老年公寓两部分：住宅（包括普通公寓和别墅）用于销售，是回收资金的主力，并对持有型物业形成了支持；老年公寓嵌入普通社区，用于出租，同时对住宅的销售起到促进作用，持有比例约为10%~30%。采用该模式获得成功的典型案例有北京太阳城、曜阳国际等项目。

（1）优势：回款较快，兼得前期销售收益和后期运营收益

这类模式通常为滚动开发，且用于出售的住宅占绝对比重，因此可以较快地收回投资成

本并获得部分利润，并可以支持后续自持部分的开发和建设。用于自持的老年公寓作为整个项目的配套设施，一方面，能够吸引更广泛的潜在客户，促进住宅部分的销售；另一方面，可以在投入运营后获得长期稳定的经营收入。

（2）劣势：自持部分对服务和管理水平要求高

自持部分要获得持续稳定的收益，就要求自持项目能达到较高的入住率。较高的入住率要求项目投入运营后要具备专业的经营能力、较高的服务水平以及协调医疗、休闲等各种社会资源的能力，而传统的住宅开发商往往欠缺这方面的资源和积累。常见的做法是聘用一家专业公司来进行管理，或者借助多家专业机构的资源，如保健、餐饮、医疗等，无论哪种做法都将产生较高的管理成本。

【案例2】北京太阳城

北京太阳城是国内较早的大型养老社区，其主要通过住宅地产开发沉淀养老项目，是早期以养老为概念的地产开发项目。该项目位于昌平区小汤山镇，占地面积623亩，建筑面积约30万 m^2，商业配套设施7万 m^2。整个项目包括住宅式公寓、别墅、老年公寓、老年护理中心、医院、家政服务中心、购物中心、文化会展中心等，可提供包括养老、家政、餐饮、医疗、保健、康复、护理等多项服务。整个项目以销售为主，销售住宅和出租公寓的面积比为5∶1。该项目采取滚动开发的策略：项目初期，以自有资金和其他渠道融资1.869亿元购置土地，再以土地融资作为开发住宅一期的资金，以住宅一期的销售回款2.6亿元支持老年公寓、公建配套的开发；在成熟期，继续滚动开发住宅二、三期，此时老年公寓逐渐发展成熟，以80%的入住率计算年收入约500万元。项目建设完成后总资产约10亿元。该项目销售类售罄，二手房价格高达21000元/m^2，出租类入住率达到90%以上。

3. 持有模式

持有型养老地产项目的产权仍在经营者手里，出售的是使用权。专业化、连锁养老机构通常选择持有模式，这一方面是其战略选择，如乐成恭和苑老年公寓项目；另一方面也常常是受制于土地性质（集体或划拨土地无法出售），如上海亲和源项目。持有型养老地产目前常见盈利模式有三种：押金制、会员制、保单捆绑制。

（1）优势：服务水平和管理有效性高，利于保障持续稳定的回报

对于真正意义上的养老地产项目，地产只是载体，而核心利润点应该在养老物业的长期持有、养老服务的持续提供上。一些养老产业投资者往往倾向于挖掘养老地产后续运营阶段的利润，对养老地产进行长期持有。产权保留在经营者手中可以保障管理的有效性和服务的水平，在项目积累一定口碑和知名度后，经营者能获得持续稳定的回报。而且持有型项目通常在前期以押金、会费、保费等形式收取一笔费用，能够实现部分资金回笼。

（2）劣势：投资回收期长，前期资金压力大

业内估计养老地产的运营收益率在8%~12%，收益率并不是太高，致使投资回报周期会相当长，乐成恭和苑老年公寓项目的入住率仅为30%，收入仅仅维持运营，而上海亲和源项目的入住率仅为50%，收入仅够收回投资成本。因此，持有型养老地产模式的最大问题是回报周期太长，致使投资者资金缺乏，退出困难。

【案例3】 北京乐成恭和苑老年公寓（押金制）

恭和苑养老公寓是乐成老年事业投资有限公司的直营连锁养老品牌，已经在北京市、上海市、广东省、浙江省等经济发达地区投资兴建连锁项目。恭和苑比传统的养老院具有鲜明的优势与特色，它位于中心城区，老人离家近，子女探视方便，并便于及时就医保障；单体项目规模较小，房间不超过300套；安排24小时全天候医护人员值守，并与大型医院直接建立绿色就医通道；推出个性化"健康管家"服务，为每一位居民量身定制全方位的健康管理计划，建立个人健康档案，开展综合评估，对慢性病居民给予生活方式干预，委托医疗专家长期跟踪，开展系统科学的功能康复训练。

北京的恭和苑养老中心是旗舰项目，处于北京CBD区域南侧，项目规模较小，只有两栋楼：北楼是医院，南楼是养老院。养老院采用出租的方式，有159套房，最多能接纳318位老人。入住前期需交付几万元押金，月租金9800元起，护理费每日80~220元不等，入住老人多为八九十岁的失智、失能老人。

【案例4】 上海亲和源（会员制）

上海亲和源项目是我国首家会员制高端养老社区，距离上海市中心12km，建设投入约6亿元，由16栋建筑组成，共设838套居室，可供1600位老人居住，2008年投入运营，年运营成本约0.2亿元。由于土地是协议出让，因此无法出售产权，会员制是其缓解经营压力、回笼资金的一条捷径。入住者须缴纳会员费和年费，会员费用来回收建设成本或一次性盈利；年费和服务费作为长期赢利点。目前除上海外，亲和源项目已扩展至海南省陵水黎族自治县、营口市、黄山市、海宁市、青岛市、北京市、武汉市等地。

【案例5】 泰康之家（保单捆绑制）

2012年6月，泰康人寿旗下的第一家养老社区"泰康之家"在北京市昌平区开工，占地约17万m^2，总建筑面积约30万m^2。该社区于2015年正式入住，是我国保险业第一家大规模国际标准持续关爱社区（CCRC）。泰康之家一期可容纳约800户。区别于普通社区，泰康之家提供了约1.8万m^2的公共服务设施，文化、健身、餐饮、医疗设施一应俱全。社区还规划有约8000m^2、可提供50张床位的小型高端综合医院，提供综合门诊、老年康复调理、日常诊疗、慢性病管理等服务。此外，养老社区外有6家医疗机构，均可在30min内到达。与这一社区绑定的是泰康保险的"幸福有约终身养老计划"。该计划是一款高端养老年金产品，缴费起点为200万元人民币，分为趸缴（一次性付清）和十年期缴两种，消费者可以根据自己的需求，选择在65岁或70岁时开始按月领取年金。

5.7.3 养老地产发展类型展望

以上主要介绍的是已有的房地产开发企业和保险类金融企业投资型养老地产，但是没有医疗及护理服务业专业人才支撑的养老项目远期难以为继。因此，随着老龄市场需求的不断增长和深入，将会出现更加专业化的养老地产。

1. 医院系产业主导型

医疗资源是养老地产需要的核心资源。现在有不少公立医院或者民营医院也在跃跃欲试，试水养老地产。医院的核心竞争力毋庸置疑，医院的级别和专科门类决定了其主打的养老项目的市场吸引力。

但是，医院的产品在设计、环境营造和硬件开发能力上与专业房地产商相比，仍有不少差距。由于这方面的短板，医院与房地产企业合作才是解决问题的出路。因此，很多医院设立健康产业集团，将医院的资源与社区老年公寓项目资源打通，老年公寓内的定点医护窗口成为往医院输送病人的一个渠道，这也成为医院参与打造养老产品的一个动力来源。

2. 轻资产服务企业主导型

轻资产服务企业主导型养老地产服务体系构建的核心有两项，第一是专业的医疗资源，第二是专业的护理资源。部分轻资产的养老管理公司填补了专业护理资源的空白。

公开的数据显示，通常情况下，3位老人需要1位护理员，以此计算，我国至少需要1000万名养老服务人员。而目前全国所有养老机构人员只有22万人，符合资格的仅有2万人。现在来自日本、美国等海外地区的专业养老服务机构如雨后春笋在生长，这将成为未来养老产业的重要力量。

5.7.4 养老地产发展建议

养老市场看上去很美，做起来却很难。从各种研究来看，萌芽状态的养老地产有诸多棘手问题亟待解决，如用地出让权不灵活、产业政策扶持不明确、融资通道不顺畅等。虽然养老地产市场体量巨大、空间广阔，但是如果不能解决上述主要瓶颈问题，养老地产的快速发展将严重受限。就此，本书总结了如下几点发展建议：

1. 加强顶层设计，完善养老地产相关政策

国家和政府要加强顶层设计，完善养老地产相关的法律法规，加快医疗立法，发展电子政务，在政策上明确方向，提供更有力的帮助。

1）养老地产用地招拍挂的方式出让，这使养老地产的土地成本很高。养老地产用地很特殊，国家应在政策上降低养老地产土地使用的要求。

2）在税费方面，要适当减少税收并制定补贴标准，进行不同程度的补贴。

3）在资金方面，应对发展养老地产的企业给予资金支持；在银行贷款方面，应该对申请建设养老地产的企业降低贷款的标准，减少还款利息。

2. 提高养老地产自身发展

养老地产要解决融资困难最重要的就是先解决自身存在的问题。首先养老地产不要只是空喊养老口号，要提高自身的服务意识和水平，在老年人需要的各项服务和设施方面要突出人性化，使老人在日常生活中能感受到家的温暖。寻找合适的运营模式，可以借鉴国外成功案例的经验，但更多的是结合我国自身情况，打造真正符合我国养老业情况的服务产业。

3. 完善养老地产的金融市场

要完善养老地产的金融市场，发展多元化的融资渠道，对金融体制进行改革。参照国际惯例，结合我国现有的养老地产在金融业务上的具体情况，突破重点。

1）根据养老地产在金融市场上的实际承载能力，对融资手段进行创新，积极推进资产证券化的发展，积极鼓励金融产品的创新，降低养老地产融资的成本，提高融资的效率。

2）积极引进国外先进的融资手段，同时发起外汇债券，扩大在国际上的融资渠道，吸引外资对国内项目进行投资，将我国的养老地产发展带入国际领域。

3）不断完善金融体制改革，推动养老地产在金融市场上健康发展，对现有的法律法规进行完善，营造良好的金融环境。

4. 创新养老地产融资模式

打破传统的对银行过度依赖的融资模式，对融资方式进行大胆的创新。

1）发展联合的融资模式。保险公司具有雄厚的资金和稳定的客户来源，它也重视回报的长期性，这点和养老地产有着相似的特征，两者进行合作可以发挥彼此的优势，共同将养老地产做好。

2）企业要对自己建设的养老地产的规模进行定位，例如对中低端需求的养老地产可以发展 PPP 融资模式，对高端需求的养老地产可以发展 REITs 的融资模式。

第6章 保障性住房及共有产权住房项目策划

6.1 保障性住房体制及其相应政策

随着我国经济持续快速增长,城乡居民的衣食问题已基本解决,但对于大中城市居民,特别是中低收入群体,住房问题这一关系到千家万户的民生问题还普遍存在,并且亟须解决。低收入阶层的住房问题一直受到人们的广泛关注。

6.1.1 保障性住房的概念及其种类和特点

1. 保障性住房的概念

保障性住房一般是指政府为中低收入住房困难的家庭提供的限定标准、限定价格或租金的住房,一般由廉租房、经济适用房、公共租赁房、限价商品房等构成,有别于完全由市场形成价格的商品房。

长期以来,对于保障性住房的解释并没有完全统一的定义。在我国各省市的相关政策中,对于保障性住房进行了界定,如在《北京市保障性住房管理办法》中提到,保障性住房是指由政府提供政策支持,面向本市中低收入家庭等群体出售或出租,限定户型面积、租金水平、供应对象的住房。各政策的表述虽然不完全相同,但在保障性住房的价格、保障范围和政府的干涉等方面都有着共同点,本质基本上一致。

在解决中低收入家庭住房困难问题的时候,首当其冲的是政府部门,它们承担最主要的社会责任,统一指导和规划建设保障性住房。因此,保障性住房实际上就是政府统筹规划下针对中低收入住房困难群体实施分层保障过程所供应的住宅,这些住宅限制租金高低、供给对象或出售价格,具有社会保障的性质。

2. 现阶段的保障性住房类型

我国地域辽阔,各地自然资源情况及经济发展状况差异较大,在了解低收入阶层的住房问题的情况下,各地政府进行了多种方式的探索,形成了不同形式的多样化的保障性住房。我国现行的保障性住房基本包括公共租赁住房、经济适用房、两限商品房(限房价限面积)、棚户区改造四种形式。我国现阶段住房体系如图6-1所示。

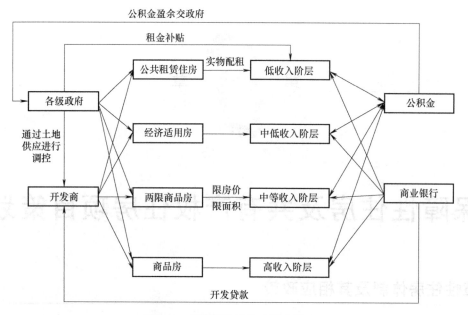

图 6-1 我国现阶段住房供应体系

(1) 公共租赁住房

公共租赁住房简称公租房，是由政府部门为城市低收入住房困难家庭、新就业无房人员和在城镇稳定就业的外来务工人员供应的具有社会保障功能的租赁性住房。公共租赁住房由国家提供政策支持、限定建设标准和租金水平，其产权并不属于个人，而是属于政府或者公共部门，但租金价格低于市场普遍价格，在承租者可负担范围内。

公共租赁住房主要通过实物配租的形式进行保障和补贴，政府投资建设并运营管理的公租房，可以根据承租人的支付能力实行租金减免。对于社会投资建设并运营管理的公共租赁住房，可按照适当低于市场租金的标准收取租金。同时，地方政府或用工单位可按规定对符合条件的低收入保障对象予以适当补贴。

(2) 经济适用房

经济适用房依照国家住房建筑标准进行规划建造，针对的是中低收入住房困难群体，是具有社会保障功能的一般住宅，同时具有经济性、保障性与适用性三种特征。经济适用房的销售价格与政府指导价一致，仅向满足条件的购买者出售，在取得完全产权前只能用于居住，不得出借、出租、闲置、转售。经济适用房的出售价格应与所在地的经济发展水平和所在地中低收入居民的收入相协调，开发商的利润不得超过3%，经济适用房的出售价格仅相当于所在地普通商品房的 50%~70%。经济适用房按国家规定要求其居住者在 5 年内不得出租或出售，住房满 5 年方可进行交易。

(3) 两限商品房

两限商品房是指政府部门为了解决中等收入且居住困难群体的居住问题，限房价、限面积的保障性住房项目。两限商品房经城市人民政府批准，在限制销售价格、限定住宅面积的基础上，以竞地价、竞房价的方式，招标确定住宅项目开发建设单位，由中标单位按照约定标准建设，按照约定价格面向符合条件的居民销售的中低价位、中小套型普通商品住房。两限商品房的售价一般低于商品性住宅，但高于经济适用房。与经济适用房类似的是，两限商品房的供应对象也要遵守以 5 年为限的转售条件，且必须满足申请标准。其供应对象包括棚户区改造工程结束后定向购买的拆迁户以及有一定购买能力但无法负担商品房的中等收入群体。

（4）棚户区改造

棚户区改造工程是我国政府部门推出的一项民生工程，其目的在于解决城镇困难家庭及群体的居住问题，对城镇原有的破旧住宅及危楼进行改造。棚户区家庭是我国保障性住房规划建设面向的主要群体，对于棚户区的改建是保障性住房建设的重要组成部分。棚户区改建完成后应依据供给对象的经济收入分为中小套型商品房、经济适用房以及公租房等。2018 年 10 月 8 日，李克强总理在国务院常务会议上强调，棚改是重大民生工程，也是发展工程，这项工程对改善住房困难群众居住条件、补上发展短板、扩大有效需求等发挥了一举多得的重要作用。

表 6-1 为四种类型保障性住房的比较。

表 6-1　公共租赁住房、经济适用房、两限商品房和棚户区改造的比较

类型	对象	产权	保障方式	限制	运营模式	房屋来源
公共租赁住房	中低水平收入的住房困难群体	所有权归公共机构或政府	实物	户型建筑面积以 40m² 左右的小户型为主，单套建筑面积控制在 60m² 以内；租赁期一般不超过 5 年；不可出售	政府确定租金，并实行动态调整	以商品房配建为主，引导开发商建设公共租赁住房；通过新建、改建、收购、长期租赁等多种方式筹集
经济适用房	中等偏低收入的住房困难家庭	有限产权，达到条件后可取得全部产权	实物	单套面积 60m² 左右；取得产权前只可自住；已购买经济适用房后再购买其他住房，应办理退出或补交土地收益款取得完整产权	以政府指导价出售	以土地划拨和集中建设为主，主要建设在远郊或主城区边缘
两限商品房	中等收入住房困难家庭	有限产权	实物	单套面积 90m² 左右；价格由政府将地售予开发商确定；买房需遵守转让要求并达到规定的准则	限价出售，政府组织监管	在限制房价和面积的基础上，采取竞房价和地价的方法进行招标
棚户区改造	居住在棚户区，住房条件困难家庭	有限产权	实物	棚户区改造区域居民获得棚户区安置房转售限制，类似于经济适用房	政府补贴、个人出资和企业投资相结合	国有垦区棚户区、国有林业棚户区、国有煤矿工矿棚户区、城市棚户区

3. 保障性住房的特点

（1）正外部性

保障性住房的建设不仅具有消费的正外部性，还有生产的正外部性。保障性住房的建设有利于维持社会的安定，加快促进了城镇化的进程，并且提升了我国低收入群体的居住环境与生活质量，解决了住房困难的问题，为其生活提供了保障。保障性住房项目的开展，为低收入群体及周边居民都带来了正外部性影响。

（2）准公共产品

公共产品是指具有消费或使用上的非竞争性和受益上的非排他性的产品。依据公共产品理论，一些人对保障性住房的消费不会影响到他人对于保障性住房的消费，具有非竞争性；部分人对保障性住房的使用也不会影响到其他人对保障性住房的使用，具有非排他性。因此，保障性住房是准公共产品。

（3）价格低廉性

各个类型的保障性住房的价格均明显低于市场平均水平。公租房具有低租金性；经济适用房依据有关国家政策，建设上利润保持不超过3%，微利性、低税费与零地价是其基本属性；两限房价格低于普通商品房，政府设置价格上限。这些主要是由困难家庭的收入及承受范围决定的。

（4）非营利性

保障性住房的建设是一项公益事业，大部分是在政府的帮助引导下进行的。例如，公租房是由政府出资或是企业单位尤其是用工单位和政府合作建设的保障性住房，是为了解决社会金字塔结构中最底端和最困难群体住房问题的，具有非营利性和社会福利性。

（5）政府干预

保障性住房由政府部门推行，由于其非营利性和社会福利性，决定了保障性住房的建设、运营和管理都有政府部门的干预，并且是在政府部门的监督下进行的。例如，两限商品房就是由政府利用行政方式硬性规定，从源头上进行调控，限定了销售对象、房屋价格和建设标准。

6.1.2　保障性住房的发展历程

在计划经济时期，大力发展公有制经济并约束私有制经济的发展是制定政策的主导思想，住房保障领域采取实物分房模式，居民取得的是共有住房的居住权。改革开放后，我国从计划经济逐步过渡到社会主义市场经济，住房保障在这一过程中也随着时代的推进做出了相应的改变。政府只参与解决低收入群体的住房问题，高收入群体的住房问题由市场参与解决。自新中国成立以来，住房政策及实践的历史过程分为以下四个阶段：

1. 实物分配阶段（1949—1978年）

1949年中华人民共和国正式成立，在学习苏联计划经济体制的背景下，由政府主导生产与分配决策，城镇住房建设也由国家主导。农村土地与城镇土地分别归属于集体和国家所有，农村的住房需自筹资金建设在集体所提供的宅基地上，而城镇居民住房由国家提供土地，由政府按计划拨款建设。政府部门与企业事业单位作为主体参与建设与分配，这种实物分配的福利分房本质上是公共租赁住房，租金水平很低。极强的福利性和保障性是该阶段住房制度的特点，但也存在建房资金来源单一、建设速度缓慢、无法保障居住需求等缺点。在这一基础上，国家出台了一系列政策，推进住房建设速度，鼓励职工自筹资金建设住房，但由于生产力发展水平低下，住房供求失衡问题依然很严峻。

2. 住房商品化与实物分配并存阶段（1978—1998 年）

1978 年 12 月，党的十一届三中全会提出了改革开放这一基本国策，建立了社会主义市场经济体制。为了进一步提高城镇居民的居住质量，同时缓解城镇人口增长带来的住房压力，商品化思维被引入住房决策领域，动员社会资源参与住房建设，实现住房商品化。1980 年 4 月，邓小平明确指出，住房改革要走商品化的路子。自此，我国住房商品化改革正式拉开序幕。商品住宅的供给和低收入群体的住房保障是推进住房商品化改革的两大关键问题，解决好土地供应及资金来源，便能解决商品住宅的供给问题。1988 年全国人大通过的宪法修正案中，明确规定土地使用权可依法有偿转让，同时推进商业银行房地产信贷业务及个人住房抵押贷款业务的发展、建立住房公积金制度，通过多种途径拓宽房地产资金来源。在这一阶段，出台了一些住房救济政策。1990 年 9 月 11 日建设部与全国总工会印发了《解决城镇居住特别困难户住房问题的若干意见》；1994 年建设部、国务院房改领导小组、财政部联合发布了《城镇经济适用住房建设管理办法》。在这一时期，住房实物分配的扶持并未停止，国家也开始支持住房商品化。

在深刻总结十几年来住房改革实践的基础上，国务院于 1994 年发布了《国务院关于深化城镇住房制度改革的决定》，提出了要启动国家安居工程项目。1995 年，国务院办公厅下发《关于转发国务院住房制度改革领导小组国家安居工程实施方案的通知》，在政策层面首次提出了住房保障的问题。在这一方案中，建设和投资主要以个人负担为主，综合采取政府和所在单位扶持的政策。这一政策加快了我国城镇住房的商品化和社会化，为城镇住房制度改革提供了政策示范。1997 年底，我国城镇住房建设规模为 7159 万 m^2，解决了 65 万户城镇居民的住房问题，1998 年上半年分两批下达的计划建设规模为 10694 万 m^2，两年合计建设总量已经完成了最初的计划总量。

3. 取消实物分配，新时期住房保障起步探索（1998—2007 年）

1998 年 7 月 3 日，国务院发布《关于进一步深化城镇住房制度改革加快住房建设的通知》，全面开启了我国住房分配货币化，住房分配主要由市场完成，取消了实物分配制度，确定了以经济适用房为主体，以廉租房等为补充的保障性住房模式。1998 年以后，住房实物分配发生了根本性的变化，城镇住房投资持续提高，住房投资占 GNP（国民生产总值）的比例维持在较高水平，住房建设速度和建设量也明显增长。房屋居住面积由 1978 年的 27717 万 m^2 增加到 1998 年的 331217 万 m^2，城市人均住宅建筑面积由 1978 年的 6.7m^2 增加到 1998 年的 18.7m^2。

1998 年至 2003 年，我国住房体制经历了停止住房实物分配和开展住房分配货币化的过程，确立了对不同收入家庭实行不同的住房供应的政策框架，形成了"富人购买商品房，中低收入者购买经济适用住房，最低收入者租住廉租住房"的政策思路。房地产行业于 2003 年起开始迅速发展，成为我国国民经济的支柱产业，成为促进我国经济增长的中坚力量，同时地方政府由对土地的所有转为依赖于土地出让的收入。在这一大环境下，住房价格受到各种因素的影响而不断上涨。房价的上涨刺激了人们在住房方面消费。通过买卖房屋进行投资并获取利润，也在一定程度上造成了房价上涨。这一阶段，政府组织建设经济适用房的动力不足，经济适用房政策在执行过程中也因质量和分配问题而饱受质疑。切实保障中低收入阶层合理的住房需求，对制度进一步优化，是在维持房地产市场健康发展的前提下需要通过政府介入解决的问题。

4. 住房保障加快推进与不断完善（2007年至今）

2007年8月7日，国务院印发了《关于解决城市低收入家庭住房困难的若干意见》（国发〔2007〕24号），"以城市低收入家庭为对象，进一步建立健全城市廉租住房制度，改进和规范经济适用住房制度，加大棚户区、旧住宅区改造力度，力争到'十一五'期末，使低收入家庭住房条件得到明显改善，农民工等其他城市住房困难群体的居住条件得到逐步改善"。由此低收入群体的住房问题得到充分关注，同时对解决低收入群体住房问题的路径进行了更加科学的设计，提出了多元化、组合式的住房保障路径。同年，政府出台了一系列配合执行方案：9月建设部发布《廉租住房保障办法》（建设部令第162号），明确廉租住房保障实行货币补贴和实物配租两种方式；10月财政部发布《廉租住房保障资金管理办法》（财综〔2007〕64号），明确保障性住房资金的八大来源，主要是住房公积金的部分收益、土地出让部分收益、各级政府补助与预算资金及社会捐助资金；《经济适用住房管理办法》（建住房〔2007〕258号）明确经济适用房的适用范围、优惠与支持、准入与退出及监督管理等问题。在制度逐渐完善的情况下，国家也在积极推进住房保障体系的建设，自"十二五"以来，保障性住房建设进入了一个历史新时期，建设总量超过3600万套。

6.1.3 保障性住房的相关政策

1. 城镇经济适用住房相关政策

1991年，国务院发出《关于继续积极稳妥地进行城镇住房制度改革的通知》，突出要"大力发展经济适用的商品房，优先解决无房户和住房困难户的住房问题"。

1994年《国务院关于深化城镇住房制度改革的决定》（国发〔1994〕43号）发布，第一次提出了以中低收入家庭为对象、建设有保障性质的经济适用住房供应体系。1995年开始实施"国家安居工程"项目。

1998年，《国务院关于进一步深化城镇住房制度改革加快住房建设的通知》（国发〔1998〕23号）发布，明确提出要建立和完善以经济适用住房为主体的多层次住房供应体系。提出经济适用房的供应对象为中低收入家庭，并且经济适用住房只租不售。

2002年，国家计委和建设部联合发布了《经济适用住房价格管理办法》，确定了以保本微利为原则的经济适用住房价格标准，租金按照建设、管理成本加上低于3%的利润为准。

2003年，《国务院关于促进房地产市场持续健康发展的通知》（国发〔2003〕18号）发布，把经济适用住房定位为具有保障性质的政策性商品住房，要求控制建设标准、限定供应对象、落实优惠政策、严格项目招投标制度和销售价格管理，强化了经济适用住房制度的保障性质。

2006年《国务院办公厅转发建设部等部门关于调整住房供应结构稳定住房价格意见的通知》（国办发〔2006〕37号）中强调规范发展经济适用住房，完善经济适用住房制度，切实解决建设和销售中存在的问题。该文件适应新形势的需求，明确将经济适用住房定位于低收入家庭，确立了下一步经济适用住房制度的发展方向。

2007年，国务院发布了《关于解决城市低收入家庭住房困难的若干意见》（国发〔2007〕24号），明确了经济适用住房属于政策性住房，购房人拥有有限产权，其供应对象为城市低收入住房困难家庭。明确了退出机制：购买经济适用住房不满5年，不得直接上市交易；5年后购房人向政府部门缴纳土地收益等价款后，可以取得完整产权；已经购买了经济适用住房的家庭又购买其他住房的，原经济适用住房由政府按规定回购。

2007年，建设部等七部门印发了《经济适用住房管理办法》。

2. 城镇廉租住房相关政策

1998年国务院出台《关于进一步深化城镇住房制度改革加快住房建设的通知》（国发〔1998〕23号）第一次提出廉租住房的概念，通知要求对最低收入家庭提供廉租房。该文件的出台标志着廉租房政策在我国的起步，并逐渐发展成为解决低收入城镇居民住房问题的主要政策安排。

1999年4月，建设部颁布《城镇廉租住房管理办法》（建设部令第70号），明确了廉租住房的概念，廉租住房实行货币补贴和实物配租相结合，保障方式较为灵活。

2002年，35个大中型城市只有不到一半的城市出台了廉租房建设实施方案，进展十分缓慢。而到2003年，只有62个地级市政府出台廉租房管理办法。

2003年12月《城镇最低收入家庭廉租住房管理办法》（建设部令第120号）出台，取代建设部70号令。

2005年《国务院办公厅转发建设部等部门关于做好稳定住房价格工作意见的通知》（国办发〔2005〕26号）发布，该文件规定城镇廉租房建设情况要纳入省、市、县三级政府的目标责任制管理，对任务目标进行考核。

2007年10月10日，财政部发布《中央廉租住房保障专项补助资金实施办法》，该文件意味着中央政府已经基本确立了包括资金、土地、财政、金融等配套政策在内的廉租住房政策体系。

2007年11月8日，建设部联合其他各部委颁布《廉租住房保障办法》，随后全国绝大部分城市都出台了廉租房政策。

2008年年末，全国仍有747万户的城市低收入家庭，因此由住房和城乡建设部、国家发改委、财政部三部门联合印发《2009—2011年廉租住房保障规划》，提出从2009年起到2011年，争取用3年时间，基本解决747万户现有城市低收入住房困难家庭的住房问题。进一步健全廉租住房保障制度，即实物配租和租赁补贴相结合方式，并以此为重点加快城市住房保障体系建设，完善相应的土地、财税和信贷等优惠配套政策。

"十二五"期间出台的一系列相应配套政策，涉及廉租住房保障资金的管理、改善农民工居住条件、推进城市和国有工矿棚区改造及廉租住房规划等多个方面。到"十二五"末，全国城镇保障性住房覆盖率将提高到20%以上，基本解决城镇低收入家庭住房困难问题。

根据住房和城乡建设部、财政部、国家发改委员会联合印发的《关于公共租赁住房和廉租住房并轨运行的通知》（建保〔2013〕178号）的规定，从2014年起，各地公共租赁住房和廉租住房并轨运行，并轨后统称为公共租赁住房。

3. 城镇公共租赁住房相关政策

2009年的政府工作报告中提出，"要积极发展公共租赁住房"，这是公共租赁住房一词首次被提出。根据《北京市公共租赁住房管理办法（试行）》定义，公共租赁住房是指政府提供政策支持，限定户型面积、供应对象和租金水平，面向本市中低收入住房困难家庭等群体出租的住房。

2010年6月，住房和城乡建设部等七部门联合制定《关于加快发展公共租赁住房的指导意见》（建保〔2010〕87号），正式引入"公共租赁住房"概念。该意见规定，有条件的地区，可以将新就业职工和有稳定职业并在城市居住一定年限的外来务工人员纳入供应范围。在房屋来源渠道上，该意见明确公租房可以通过新建、改建、收购、长期租赁（市场租赁）进行筹集。对于确需新建的公租房，该意见也给出了原则性意见，即以在普通商品房小区配建为主，也可以适当集中新建。在廉租房和公租房政策过渡问题上，明确"已享受廉租住房实物配租和经济适用住房政策的家庭，不得承租公共租赁住房""符合廉租住房保障条件的家庭承租公共租赁住房的，可以申请廉租住房租赁补贴"。

"十二五"规划纲要提出，我国将重点发展公共租赁住房，着力优化住房供应结构，推动住房保障方式从"以售为主，租售并举"向"以租为主"转变，逐步使公共租赁住房成为保障性住房的主体。

2012年5月28日，由住房和城乡建设部公布了《公共租赁住房管理办法》（住建部令〔2012〕11号），对公共租赁住房的建设标准和租金水平，对保障性住房提出了分配、运营、使用、退出和管理的使用条件，并规定由国务院住房和城乡建设主管部门负责全国公共租赁住房的指导和监督工作。

从2014年起，各地公共租赁住房和廉租住房并轨运行，并轨后统称为公共租赁住房。公共租赁住房和廉租住房"合二为一"，公共租赁住房将根据保障对象的支付能力实行差别化租金，对于廉租住房等低收入家庭采取租金减免或补贴。同时，各地可根据保障对象支付能力的变化，动态调整租金减免或补贴额度，直至按照市场价格收取租金。

2013年12月《关于公共租赁住房和廉租住房并轨运行的通知》出台。但在公共租赁住房的运营、管理等方面仍缺少相应的法律法规及相配套的规章制度，特别是公共租赁住房的退出体制尚未形成一套完善的制度。

6.1.4 各城市保障性住房的建设

1. 北京市公共租赁住房建设

2009年7月31日，北京市公布《北京市公共租赁住房管理办法（试行）》，对公共租赁住房的管理从房源筹集、租金价格、申请条件、政府支持、监督管理等各方面进行了规定。

北京是一座外来人口较多的城市，因此北京市对于公共租赁住房的申请限制放宽，不再限制户籍。北京高校的众多毕业生将可享受配租，并将无固定收入的外来务工人员列入申请公共租赁住房的受惠名单中，只需提供在京工作满1年的证明便可申请公共租赁住房。

北京市现行公共租赁住房政策设定的租期上限为5年，以保证公共租赁住房供给对象为符合条件住户，并及时更新租户信息等。

2. 上海市公共租赁住房建设

上海是我国的经济中心，聚集了来自全国各地寻求发展机会的青年人，由于青年群体无法负担高昂的房价，上海市政府推行符合上海市城市特点的公共租赁住房制度。《本市发展公共租赁住房的实施意见》和《关于进一步加强本市保障性安居工程建设和管理的指导意见》等规定中提到，保障对象为存在阶段性居住困难的本市青年职工、引进人才和来沪务工人员及其他常住人口，采用的是仅面向现有住房保障制度未能覆盖的城市"夹心层"的"补充型"规范模式。上海市为了使公共租赁住房成为缓解住房问题的有效途径，对于申请者的收入不设限制，拉开与廉租住房制度的差距。

与国内其他城市相比，上海市的独特之处是：将城镇户籍中低收入住房困难家庭纳入共有产权住宅的保障范围。而国务院及其部委、其他城市则将此类家庭纳入公租房的保障范围。

考虑到住房过渡性、住户流动性的特点，上海市采用了"缓冲期"机制，这一机制的设计能够提供"夹心层"群体继续租住公租房的权利，设定租期上限为5年，续租期上限2年，使得这一群体能在2年间进行房屋租住过渡，体现公租房作为社会保障性住房的根本特性。在这2年的续租期内，公租房的租金将根据市场价格进行调价，并每一年上涨一次，这是在把握公租房保障性属性的同时，考虑其作为准公共物品有限的非竞争性，及时更新公共租赁住房住户信息，给其他申请人以租住的机会。

3. 重庆市公共租赁住房建设

重庆市是全国首个申请公共租赁住房不限制户籍的城市。2011年2月11日《重庆市公共租赁住房管理实施细则》中对申请人的职业、年龄做出严格规定，规定"凡年满18周岁在主城区有稳定工作和收入来源，具有租金支付能力的住房困难家庭，大中专院校及职校毕业后就业人员以及进城务工、外地来主城区工作的无住房人员，均可在主城区申请公共租赁住房"。另外规定申请公共租赁住房的单身人士月收入应不高于2000元，2人户月收入不超过3000元。

重庆市公共租赁住房考虑不同的家庭类型设定不同的户型面积标准，面向单身或年轻夫妇的一居室面积30m² 左右；面向年轻夫妇或有孩子家庭的两居室为50m² 左右；面向三代同堂家庭的三居室面积在80m² 左右。但从收入限制的规定方面看，面积最小的30m² 的"单身汉套型"仍会对申请人有一定的收入限制。

该细则强调，重庆市公共租赁住房在配租、申请等环节秉承低价、公正、规范的原则，租金不超过同地段、同类型普通商品房租金的60%，还规定公共租赁住房在承租满5年期限后，住户可以建设成本价格进行购买，但严禁购买后的转售赠与等市场行为。

4. 深圳市公共租赁住房建设

深圳市是我国东南沿海地区的经济中心，自改革开放以来，成为我国发展最迅猛的城市之一。深圳的大量就业机会和广阔的发展空间吸引了许多青年人才前来工作，但青年人的住房问题较为突出。深圳市十分重视人才安居和住房保障资源投入，确定了保障性住房以公共租赁住房为主的政策。

《深圳市住房保障发展"十三五"规划》提出，全国要在5年内建设筹集40万套人才住房和保障性住房，总建筑面积2600万 m²，由于土地资源紧缺等多种因素制约，有土地供应保障的仅为21万套，需要依靠多渠道筹集的住房为19万套。因为土地供应不足，给完成"十三五"住房保障规划确定目标增加了很大难度。

深圳市2018年8月发布的《深圳市人民政府关于深化住房制度改革加快建立多主体供给多渠道保障租购并举的住房供应与保障体系的意见》提到，到2035年，将新增建设筹集各类住房大约170万套，其中保障性住房将不少于100万套。该意见对人才住房、安居型商品房和公共租赁住房的申请条件及其退出做了更加严格的规定，规定人才住房价格为市场价的60%左右，面积小于90m²，可租可售；安居型商品房价格为市场价的50%左右，面积小于70m²，面向符合财产收入限额标准的本市户籍居民，可租可售、以售为主；公租房租金为市场价的30%左右，特困及低保、低保边缘家庭最低可降至10%，重点面向符合条件的户籍中低收入居民、先进制造业职工等，面积为30~60m²。其中，申请安居型商品房和公共租赁住房，必须符合收入财产限额标准，并要求建立健全住房保障对象经济状况认定核对机制，健全诚信申报和信息公示制度，严肃查处骗租骗购、转租转售、重复享受住房保障等违法违规行为。将违法违规信息纳入全国信用信息共享平台，让失信人处处受限。

6.2 保障性住房策划要点

6.2.1 增加土地供给

有条件地利用农村集体土地，通过利用集体土地建设保障性住房，可以有效盘活农村闲置建设用地，解决部分城市保障性住房建设用地不足的困境，土地费用也更低，可缓解建设资金不足的困难；强化商品房用地配建保障性住房，将土地出让成本转化为建设一定比例的保障性住房，减少了政府在保障性住房建设上的资金投入，同时提升房地产开发企业建设保障性住房的参与度，这种模式是最集约和高效的土地供应方式之一；鼓励企业以自由土地建设保障性住房，企业自建保障性住房的土地成本只有周边商业地块的10%左右，还能优先解决企业职工住房困难，租金收益归企业所有，为企业增加收益；完善土地供给原则，高效规划、节能规划，将城市中心地块与边缘地块混搭建设，并通过配建实现混居原则，为保障性住房提供更好的生活便利条件。

6.2.2 完善住房信息管理

为避免保障性住房在准入和审核环节出现隐瞒隐性收入、开具虚假证明等问题，需规范资格审核机制，建立各个部门联网信息系统进行核查，将家庭的人数、关系及家庭成员就业单位、岗位、职级、工资等登记入档，并定期复查，实行动态监管。各个管理部门之间互相配合并互相制衡，同时接受群众和社会的监督。对于住房管理公职人员，形成政绩考核机制，防止徇私舞弊。

6.2.3 建立多元化组合融资渠道

首先，完善相关法律制度。国家出台符合我国国情的统一的保障性住房法律法规，地方再结合各区域特点进行完善并形成地方制度。明确保障性住房的建设管理、责任主体、分配交易及保障范围界定，加强政策的连续性和稳定性。

其次，建立完整且多层次的住房金融法规制度，构建完善的金融体系。在政府的委托及授权下构建负责一定区域范围内保障性住房资金统筹及运营管理的保障性住房投融资平台，借助资本市场及产权交易市场保值增值国有资产，提升融资能力及资金良性循环以支持保障性住房建设；完善资本市场，促进融资工具的应用，促进资本二级市场发展，促进住房资产证券化，培育多层次、高竞争度及高效率的市场，积极鼓励政府资金和社会资金相结合的保障性住房股权信托基金和依靠银行贷款、保险资金、社保基金等的低利率、中长期贷款支持保障性住房建设；对保障性住房项目的前期规划、融资建设、运营管理等全过程监管，科学设计风险、利用分配机制提高资产质量和运营水平，不断优化构建完善的金融体系。

最后，应扩展保障性住房项目收益。降低开发成本、增加运营收入，探索项目配建商业性设施带动周边经济发展，以及依据保障性住房不动产的性质探索增值收益。

6.2.4 完善动态管理机制

建立健全相关的法律规定，明确承租人的义务和责任。政府应从立法的角度对保障性住房承租人的保障资格加以明确限定，划出道德"红线"，对违规行为从经济惩治和行政处罚上升到法律层面，必要情况下，强制其退出保障性住房。

按照市场原则鼓励承租者主动退出保障性住房。退出机制应以市场原则为基础，针对不同对象和具体情况，以经济手段鼓励其主动退出。对于经济情况已明显好转的承租家庭，可通过低贷款利率、减免购房税、调整公积金缴存额、优先购买权等措施主动引导承租者购房，并引导其主动退出保障性住房；对于随着收入小幅度增长而不符合保障条件，但家庭经济总收入变动趋势缓慢的家庭，可采取建立保障与就业帮扶联动机制，增加其家庭收入、鼓励就业等措施帮助其退出保障性住房。

6.2.5 保障性住房建设与创新理念有机结合

1. 保障性住房与装配式

使用传统住宅生产方式建设的保障性住房，主要有以下几个方面的问题：①保障性住房作为民生工程，是为了使住房困难群体尽早住上房，因此会规定交房日期，导致施工工期较短；②随着保障性住房建设规模的扩大，引发了部分工程质量问题；③使用普通传统住宅生产方式建设保障性住房，生产成本高，无法完全实现保障性住房的根本目的。

装配式建筑采用预制构件，促使建筑业从传统施工向集约、节约、环保、绿色、科技等现代化方式转变。在国务院的意见中提到，发展新型建造方式，加大政策支持力度，力争用10年左右时间，使装配式建筑占新建建筑的比例达到30%，提供符合市场要求、节能环保、省工省时的新型装配式建筑，是推进建筑产业可持续发展的必然。

保障性住房建设与装配式建筑相结合，二者可以互为补充，共同发展。装配式建筑可以解决保障性住房建设中工期紧、质量差、成本高等问题，同时为保障性住房的推进提供更好的技术支撑；而保障性住房是民生项目，政策扶持力度大、建设规模大、适合采用工业化，能够解决装配式建筑的规模化效益问题。

在装配式建筑以保障性住房建设为切入点的推行发展过程中，需要政府相关部门提供政策支持，出台激励措施和优惠政策，大力推进装配式建筑的应用，提高房屋的工程质量，合理优化工期，降低施工成本，促进我国保障性住房的发展。

2. 保障性住房绿色建筑设计

从《"十二五"绿色建筑和绿色生态城区发展规划》到《建筑节能与绿色建筑发展"十三五"规划》的发布，国家政策导向明确表示将致力于推进建筑节能和绿色建筑发展。《建筑节能与绿色建筑发展"十三五"规划》明确指出，实现绿色建筑快速健康发展不但是推进节能减排和应对气候变化的有效手段，而且是推动社会建设的重要着力点，具有重要的现实意义和深远的战略意义。2019年，住房和城乡建设部发布《绿色建筑评价标准》（GB/T 50378—2019）。

绿色建筑有利于降低能源的消耗，节省土地资源和水资源，减少建筑对环境的污染，对人与自然的和谐相处、提高城市环境质量、推进生态宜居城市建设具有十分重要的意义。在社会保障性住房和绿色建筑均大力发展的背景下，将二者结合设计，根据绿色建筑设计理念及方法进行保障性住房的绿色设计，使保障性住房成为绿色保障性住房，使大量新建保障性住房的节地、节能、节水、节材及室内环境、运营管理等方面都得到提升，有助于保护环境、节约资源，并得到社会的认可。为了保障性住房能够与社会经济发展相适应，并实现其功能性的可持续发展，要对保障性住房进行合理布局规划和有效的施工设计。因此，以绿色建筑要求建设保障性住房，必然成为一种发展趋势。

6.3 共有产权住房体制及其相应政策

近年来，各地房价急速上涨，将中低收入家庭挤出了商品住房市场，甚至部分城市的中等收入家庭也无法负担购买商品住房的高额价款，这些不符合国家保障性住房政策标准的住房困难群体构成了新的"夹心层"，而这些群体对于拥有住房产权的呼声尤为强烈。为保障中低收入群体的居住和资产增值权益，解决经济适用房产权不清和公共租赁住房政府投入资金大量沉淀等问题，使保障性住房制度可持续运转，各地区结合当地实际情况对于保障性住房制度进行了积极探索。

6.3.1 共有产权住房的概念和发展历程

1. 共有产权住房的概念

共有产权住房广义上是指可以由两个或两个以上单位、个人共有的房屋，包括按份共有产权住房和共同共有产权住房。按份共有产权住房的共有人对房屋按照份额享有所有权，并可以转让其享有的产权份额。共同共有产权住房的共有人对共有的房屋共同享有所有权，对于共同共有房屋的处分须经所有共有人同意。共同共有关系基于法律规定或者合同约定，主要类型包括夫妻共有、家庭共有和遗产分割前全体继承人对遗产的共有等。房地产产权的共有关系以房地产登记簿记载为准。

《2014年政府工作报告》中提出"增加中小套型商品房和共有产权住房供应"要求，这里的共有产权住房，有别于"夫妻共有""家庭共有"等共同共有住房产权，实际上是按份共有、混合所有制的住房，即政府、社会机构等与购房人共同享有住房产权。

因此，本书中的共有产权住房是指地方政府将让渡的土地出让收益和税费，转化为投资，为符合标准的保障家庭所建设的低价配售房屋。中低收入住房困难家庭购置这类保障房时，可按个人与政府的出资比例，共同拥有房屋产权和相应权利。地方政府与保障家庭按规定共同申领《房屋共有产权证》并签订合同，约定双方产权份额以及对应的保障房未来上市交易条件和所得价款的分配份额，政府拥有的产权可以授权住房保障机构持有并行使相关权利。保障家庭在约定时间内可向政府"赎回"全部产权，政府的这部分产权，不计利息，不收租金，向保障家庭无偿让渡占用权和使用权。

共有产权住房制度坚持保障性和商品性双重性质的有机统一。共有产权住房产权与所有房屋产权一样，在经济和法律关系上主要表现为房屋所有人对房屋的占有、使用、收益和处分的权利，这些权利根据所有人的意志、目标和利益，可以统一，可以分离，可以有不同的组合形式。政府发展共有产权住房，与廉租住房和公共租赁住房等保障性住房相比，虽然公共财政投入少、福利强度较低,但同样是政府履行住房方面公共服务职责的表现,是政府对支付能力不足的中等收入群体的住房支持。

2. 共有产权住房的发展历程

2007年初,江苏淮安市首创共有产权住房模式,面对一部分拆迁户无经济能力补交安置房与被拆迁住房差价款,通过明确政府和被拆迁人按出资比例决定产权比例,共同拥有同一套按照合理标准建设、限定套型面积和销售价格、具有保障性质的住房,有效地解决了中低收入家庭的住房难题。

2009年,黄石市结合国家相关法律法规及棚户区改造政策,在棚户区拆迁还建项目中创造性地推出了共有产权性质的公共租赁住房。

2010年,上海市推出了共有产权住房,政府对经济适用住房的投入转化为政府产权,与购房人形成共有产权。

2012年1月,上海市降低共有产权住房的准入门槛,月收入达5000元的也可以申请。

2014年3月19日,《国家新型城镇化规划(2014—2020年)》的新闻发布会提出,未来对于一些既不属于保障对象,又确实买不起商品房的"夹心层"群体,要建设供应政策性商品住房,发展共有产权住房。

2014年4月,住房和城乡建设部召集部分城市在北京市召开了一场共有产权住房试点城市座谈会。在会上将北京、上海、深圳、成都、黄石、淮安6个城市明确列为全国共有产权住房试点城市。

《2014年政府工作报告》中,"完善住房保障机制"部分首次提出了"增加中小套型"。

2017年12月14日,共有产权住房被国家语言资源监测与研究中心评为"2017年度中国媒体十大新词语"。

6.3.2 共有产权制度的创新与优势

1. 共有产权制度的创新

根据共有产权制度的内涵及本质,与保障性住房相比,共有产权制度从以下几个方面进行了创新并做出改变:

(1)改变土地供应方式

共有产权住房建设用地由政府划拨转变为通过土地招拍挂(招标、拍卖、挂牌、协议等)方式将建设用地作为经营性用地供应,与开发普通商品房相同,由市场形成土地价格。

(2)改变定价方式

共有产权住房价格的组成内容由不完全转变为完全,与普通商品房一样,将土地出让金、税费等全额计入房屋成本,改变定价方式,形成与普通商品房价格基本接近的价格。

(3)改变房屋建设方式

共有产权住房的建设由政府通过公开招标选择建筑商,与政府选择开发商、开发商选择建筑商的方式相比,简化了中间环节,节省了开支,从成本方面降低了房屋价格。

(4)改变房源供应方式

共有产权住房的房源供应方式与保障性住房一致,更为灵活多样,而非单一集中建设。以房地产市场的总量供求状况为导向,建立政府建房与购房并举,以相对分散建房、购房为主,以集中建房、购房为辅的保障性住房供应方式。

（5）改变交易方式

当共有产权住房的保障家庭经济条件逐渐好转，不再符合受保障标准时，鼓励其尽快上市交易。交易有三种方式：一是房屋产权整体出让，由政府和保障家庭按比例分配售房收入；二是政府出资收购保障家庭产权，收回共有产权住房的占用权和使用权；三是向保障家庭出让政府产权，政府收回资金，将资金再投入其他共有产权住房的建设中。

（6）改变补贴方式

由免土地出让金和税费收缴一半这种单一比例的补贴方式，转变为多种比例的补贴方式。根据中低收入人群具体收入情况，采取从低到高的分级补贴标准，具体补贴比例因时而异、因地制宜。同时，实现由土地税费补贴向货币补贴转变，由暗补向明补转变，提高政策透明度，扩大住房保障面。

2. 共有产权制度的优势

共有产权制度可以实现住房保障资源的累积倍增，促进形成具有中国特色的住房保障体系。政府将用于投资的资金补贴转化为房屋产权，不仅能使资金保值而且还会产生资金增值，随着共有产权住房的发展，政府用于住房保障的财力具有累积倍增的效应，能够不断扩大住房保障规模，最终能够建成以共有产权的经济适用房和公租房为主的住房保障体系，实现"居者有其屋"。

共有产权制度可以实现保障性住房的循环利用，提高社会住房保障资源的利用效率。住房是具有长期有效性的不动产，具有较长的使用寿命，但是中低收入家庭的困难状态是阶段性的，会因为主观努力和社会经济发展而发生转变，也会有新的中低收入家庭产生并符合保障标准，需要享受住房保障优惠，因而中低收入家庭是一个动态的群体。共有产权制度将不动产的长期有效性与中低收入家庭经济状况的动态性有机结合起来，形成了住房保障的动态有效机制及可循环利用机制。

共有产权制度可以扩大住房保障范围，实现住房保障功能的转轨和升级。当代正在奋斗或者新婚的青年人普遍面临购房难题，共有产权制度可以很有效地解决这一难题。在未来十到二十年之间，我国大约有2亿农村人口向城市转移。帮助进城农民解决住房问题是城市政府已经面临或即将面临的一项重大而艰巨的历史责任。推行共有产权制度，发挥政府和中低收入家庭共同的积极性，可以解决"夹心层"及农村转移人口住房问题，实现根本转变。

共有产权制度可以更好地发挥政府的调控能力。当房地产市场供大于求或供求基本平衡，房价比较合理时，政府可以直接向开发商购买住房，作为共有产权住房向中低收入家庭出让部分产权，也可以由受助家庭在市场上购房，政府提供货币补贴，较快地增加住房的有效需求，减少商品房积压，使共有产权住房的推广不会冲击商品房市场，促进房地产市场健康运行，同时降低政府在住房保障方面的行政成本。

共有产权制度可以推动社会进步。在共有产权制度下，共有产权住房和商品房统一规划，可分散建设，也可在商品房建设后购买，有利于实现不同阶层群体互相影响交融，实现社会和谐发展；共有产权制度下政府的优惠不再成为个人财产，个人不拥有完全的产权，社会住房保障资源也不会流失，再加上严格规范的管理，能够防止保障性住房分配领域腐败现象的发生。

6.3.3 各地区共有产权住房模式

1. 上海共有产权住房模式

上海市从 2007 年下半年起，着手制定共有产权保障性住房政策，在各地实践经验的基础上，于 2009 年 6 月发布了《上海市经济适用住房管理试行办法》，明确提出按照"共有产权"的方式完善经济适用住房"有限产权"的运作机制。这一模式的基本思路是保留经济适用住房建设管理特征，依据政府的各种投入（如免收的土地出让金、免收的行政事业性收费、城市基础设施建设管理、其他税费的减免等）和购房人投入所占的不同比例在产权上进行管理。

共有产权住房上海模式的主要特点是：不管是单独选址还是配建，共有产权住房建设用地性质都为行政划拨；购房人产权份额按出资额与周边房价的比例关系确定；政府让渡租金收益；购房者 5 年内不得上市和出租，5 年后上市转让的，保障机构有优先回购权；购房人和保障机构按各自的产权份额分配上市收益。

上海市规定的申请条件是具有上海市常住户口，且户口在提出申请所在地的区（县）达到规定年限；住房面积、人均可支配收入、人均财产均需低于规定限额；在提出申请前的规定年限内，任何成员未发生过住房交易行为。根据政府保障能力、中低收入家庭住房困难状况、房源供应等条件和因素动态调整共有产权住房的准入标准。上海市共有产权住房准入条件见表 6-2。

表 6-2 上海市共有产权住房准入条件

准入标准	2009 年	2010 年	2012 年	2014 年
常住户口	具有上海常住户口 7 年以上，且户籍在申请区 5 年以上	具有上海常住户口 7 年以上，且户籍在申请区 5 年以上	取得常住户口连续满 3 年，且在提出申请所在地的城镇常住户口连续满 2 年	取得常住户口连续满 3 年，且在提出申请所在地的城镇常住户口连续满 2 年
人均住房建筑面积	15m² 以下（含 15m²）	15m² 以下（含 15m²）	15m² 以下（含 15m²）	15m² 以下（含 15m²）
人均财产	7 万元以下	3 人及以上家庭 9 万元以下，2 人及以下家庭 9.9 万元以下	3 人及以上家庭 15 万元以下，2 人及以下家庭 18 万元以下	3 人及以上家庭 18 万元以下，2 人及以下家庭 21.6 万元以下
人均年可支配收入	27600 元以下	3 人及以上家庭 34800 元以下，2 人及以下家庭 38280 元以下	3 人及以上家庭 6 万元以下，2 人及以下家庭 8.2 万元以下	3 人及以上家庭 7.2 万元以下，2 人及以下家庭 8.64 万元以下
其他	在申请经济适用房前 5 年，未发生过房产交易行为	在申请经济适用房前 5 年，未发生过房产交易行为	在申请经济适用房前 5 年，未发生过房产交易行为	在申请经济适用房前 5 年，未发生过房产交易行为

2018 年 9 月，上海市政府发布《〈关于进一步完善本市共有产权保障住房工作的实施意见〉的通知》，提到"在继续做好本市户籍中等或中等偏下收入住房困难家庭基本住房保障的基础上，有序将持有居住证且符合标准的非户籍常住人口，纳入本市住房基本保障范围"，非本市户籍居民在持有《上海市居住证》且积分达到标准分值、在本市无住房、已

婚、在本市连续缴纳社会保险或者个人所得税满5年、符合本市共有产权保障住房收入和财产准入标准的情况下可申请共有产权保障住房。

上海模式与其他城市相比，增加了对人均财产的规定，并且保障面开始扩大至低财富积累的中等甚至中高收入家庭。其政策充分考虑了上海市商品住房价格高、青年人住房刚性需求大但财富积累有限的市场特点。上海共有产权住房供应突出保基本功能，建筑面积不大但功能齐全，每套都配有卧室、起居室、厨房、卫生间、阳台等基本空间。根据家庭规模申请相应住房：单身人士，可申请购买一套一居室；2人或3人家庭，可申请购买一套二居室；4人及以上家庭，可申请购买一套三居室。上海市共有产权住房套型建筑面积标准见表6-3，上海市共有产权住房家庭结构与套型分类、套型模式见表6-4。

表6-3 上海市共有产权住房套型建筑面积标准 （单位：m²）

住宅层数	中心城区内套型建筑面积		中心城区外套型建筑面积		
	A	B	A	B	C
多层	40	50	45	60	70
七至十一层	42	55	47	64	75
十二至十八层	45	58	49	66	77
十八层以上	46	61	52	70	80

表6-4 上海市共有产权住房家庭结构与套型分类、套型模式

套型	可分居住空间	套型模式	家庭结构（人）
A	1	单人卧室兼起居、餐厅	1
	2	双人卧室兼起居 + 餐厅；单人卧室 + 单人卧室兼起居、餐厅；单人卧室 + 单人卧室兼起居、餐厅	2
B	3	双人卧室 + 单人卧室 + 起居兼餐厅；双人卧室 + 单人卧室兼起居 + 餐厅（过道厅）；双人卧室兼起居 + 单人卧室 + 餐厅（过道厅）	3
C	4	双人卧室 + 2×单人卧室 + 起居兼餐厅；双人卧室 + 单人卧室 + 单人卧室兼起居 + 餐厅（过道厅）	4
		2×双人卧室 + 单人卧室 + 起居 + 餐厅（过道厅）；双人卧室 + 单人卧室 + 双人卧室兼起居 + 餐厅（过道厅）	5

共有产权住房的购房人产权份额按照销售基准价格与周边房价的比例关系确定，剩余产权归属政府所有，计算公式为

$$购房人产权份额 = 销售基准价格 \div (周边房价 \times 折扣系数) \quad (6-1)$$

$$政府产权份额 = 100 - 购房人产权份额 \quad (6-2)$$

在共有产权住房的审核管理方面，实施严格的"三级审核、两次公示"的审核程序。上海市于2009年6月成立"居民经济状况调查评估中心"，市政府专门出台了《上海市居民经济状况核对办法》，授权调查评估机构可以运用入户调查、邻里访问、信函索证以及调取政府部门相关信息等方式开展工作，并通过多个部门建立"电子对比专线"查看社保基金、个人纳税、存款账户、股市账户、纳税记录、房产登记、车辆登记、公积金缴纳情况、

工商注册登记、商业保险等对申购人条件进行核查。

上海市推出共有产权保障住房以来，受到了市民的普遍欢迎，截至 2018 年底，共有产权保障住房累计签约购房约 9.2 万户。共有产权住房的上海模式填补了商品房市场中低价位住房供给空缺，满足居民拥有自有住房需求；共有产权住房保本微利的原则定价，减轻了政府的财政压力；对于中低收入人群的保障还有效地疏散了市中心人口压力，带动了周边经济发展。

2. 淮安共有产权住房模式

2007 年初，淮安市在全国率先提出将行政划拨用地的经济适用住房转变为出让用地的共有产权住房，将经济适用住房的各种优惠简化为政府持有的产权比例，以解决保障性住房的"准入"与"退出"问题，形成了一整套具有淮安特色的共有产权住房建设供应、产权划分、运行管理、上市收益分配等政策制度和实践经验。

淮安共有产权住房模式的特点是：土地出让替代土地划拨，政府出资形成政府产权替代政府给予经济适用住房的优惠政策；房屋配售价格与市场结合，低于同期同地段普通商品住房销售价格的 5%~10%；产权比例设计中个人购房出资额等同于传统经济适用房的价格，相当于享受了经济适用住房的保障性，同时个人产权部分又可保值、增值，具有商品性；退出方式不再单一化，可以通过个人购买政府产权形成完全产权退出，也可以通过转让他人或与政府形成租赁关系而退出。淮安市共有产权住房政策见表 6-5。

表 6-5　淮安市共有产权住房政策

时　间	文　件　名　称	共有产权相关内容
2007 年 3 月	《民生帮扶"九大工程"实施意见（淮安市安居工程实施意见）》	提出土地出让性质的共有产权住房模式
2007 年 7 月	《淮安市市区保障性住房建设供应管理办法》	规定经济适用住房均采用出让土地供地，实行政府指导价与市场接轨；共有产权保障性住房按不同的产权比例，由购房人和政府共同拥有房屋产权，供应相应的购房群体
2009 年 7 月	《淮安市市区共有产权拆迁安置住房管理办法》	明确政府和被拆迁人按一定产权比例，共同拥有同一套按照合理标准建设、限定套型面积和销售价格、面向城市房屋被拆迁困难家庭的共用、具有保障性质的住房，并阐述了共有产权拆迁安置住房的申请流程和退出管理
2010 年 11 月	《关于扩大市区住房保障范围的通知》	对共有产权经济适用住房的概念、保障对象、产权比例确定与价格管理、准入与退出管理、优惠和支持政策、建设管理、单位集资合作建房、监督管理等操作细节做出明确规定
2013 年 6 月	《淮安市共有产权经济适用住房制度创新试点实施方案》	对供应与管理的指导思想、工作目标及工作任务分配情况做出详细规定，对共有产权经济适用住房的供应和管理体系做出更明确的部门职责分工和提出保障措施
2014 年 9 月	《淮安市全国共有产权住房试点工作实施方案》	就共有产权住房的保障模式、保障对象、产权划分、上市收益分配、运行管理、发展资金等做出详细规划，同时制定了工作任务分解及申购管理细则
2017 年 5 月	《关于调整 2017 年度市区住房保障标准的通知》	对于共有产权住房的保障对象标准进一步放宽，为更多中低收入家庭提供政策性保障

淮安模式的共有产权住房供应方式有以下几种：

(1) 实物配售

由政府通过集中建设、分散配建、市场收购等方式筹集房源，向符合共有产权住房供应条件的对象定向销售部分产权。在个人出资不低于60%的条件下，由个人自行选择出资份额。实物配售价格低于同期同地段楼盘普通商品房销售价格的5%~10%。

(2) 棚改助购

在棚户区危旧房改造和房屋征收拆迁中，由拆迁人或房屋征收主体向符合条件的棚改和被拆迁家庭提供支持，共同购买安置住房，形成共有产权住房。

(3) 政府货币补贴助购普通商品住房

由政府向符合条件的对象提供货币补贴，供应对象直接到市场上购买定向目录内的普通商品住房，形成共有产权。目前，淮安市不再建设新的共有产权住房，而是积极响应"去库存"，用政府货币补贴购置普通商品房的形式保障中低收入家庭的住房问题。

(4) 政府和企业联合出资助购普通商品住房

由政府、房地产开发企业和其他社会机构向符合条件的对象提供共同购买定向目录内的普通商品房，形成共有产权。

(5) 政府提供的公共租赁住房试行租售并举

承租政府所有的成套公共租赁住房的保障对象，住满两年后，可以以家庭为单位，根据自身条件按照出资不低于60%申请购买承租的公共租赁住房，形成共有产权住房。

淮安模式的具体操作内容见表6-6。

表6-6 淮安模式的具体操作内容

环节	指标	内容
供给	用地性质	出让土地
	土地供应	纳入年度土地供应计划，用地指标单独列出
	建设总量	一般不低于商品住房建设总量的10%
	建设方式	以分散建设为主、集中建设为辅
	供应标准	保障人均住房面积24m^2
定价	房屋价格	实行政府指导价，共有产权住房的单价比周边商品房低5%~10%
	价格构成	价格构成与普通商品房相同
	产权比例	个人出资不低于60%的，由个人自行选择出资份额
	产权比例确定方法	采用多点计算去平均值法，经济适用住房的平均价格占普通商品房的平均价格的比例为个人拥有的产权
分配	申请对象	家庭人均月收入不高于2748元；家庭人均资产不得超过15万元；家庭人均住房建筑面积在16m^2以下，无房家庭优先购买
	申请流程	申请—初审—复核—公示—核准—轮候—选房
退出	退出方式	个人购买政府产权形成完全产权；转让他人或与政府形成租赁关系
	收益分配	按相应产权比例共享收益

淮安模式共有产权住房的成功，有效地实现了政府投入资金的良性循环，并作为经典案例编入中组部的全国干部培训教材。在共有产权提出之前，经济适用住房和公共租赁住房作

为保障性住房的供应主体,是解决中低收入群体住房困难的路径,但淮安模式的共有产权住房开创了保障中低收入家庭居住权的新路径,成为中低收入家庭解决住房困难问题的新选择。其优越性表现在个人出资额等同于相同面积传统经济适用房的价格,在未来可赎回全部产权的基础上,并没有增加开支,且本质上是商品房,具有保值增值的作用。共有产权住房的退出机制也更为简单易行,减少了牟利空间,更多的是为中低收入家庭提供住房保障。

3. 黄石共有产权住房模式

黄石市作为典型的工业矿业城市,在经济发展过程中,旧城拆迁改造、棚户区改造和廉租房建设等住房保障任务艰巨。黄石市于2009年被列为全国唯一的"结合城市棚户区改造建立公共租赁住房"和"开发性金融支持住房保障体系建设"的"双试点"城市。2014年4月1日,黄石与北京、上海、深圳、成都、淮安6个城市被住房和城乡建设部列为全国共有产权住房试点城市。

面临棚改任务重、资金压力大、居民支付能力不足的现状,黄石市结合国家法律法规和棚户区改造政策,创造性地提出了"共有产权、公共租赁"的棚户区改造理念,在棚改拆迁缓建项目中推出共有产权性质的公共租赁住房。将棚改项目中按原住房市场价值折算的产权归原住户所有,而超面积部分纳入公租房管理,产权归市住房保障中心下属的房地产公司,可租可售;在经济条件允许的情况下,居民还可分期购买该部分房屋产权;对于属于住房保障对象的低收入家庭,根据家庭收入高低和现有住房状况分为五档进行分类补贴,保障家庭可获得30%~90%的租金补贴。黄石模式较好地解决了棚户区居民无力承担建房资金的问题,有效地平衡了国家、政府和个人之间的利益,通过共同分担解决了棚户区改造难题。

产权比例方面,各共有权人实行按份共有,依法登记,共有产权的个人比例不得低于70%。政府、企业与个人的产权份额按照各自出资所购房屋面积占房屋面积的比例确定,政府出资额包括按50%土地出让金计算缴纳的土地收益、减免的政府性基金和行政事业性收费及地方配套投入资金等,个人出资包括自筹资金和购房贷款资金。租赁补贴按照申请人居住所在地社区的公共租赁住房市场租金标准计算,城市最低收入家庭按90%发放补贴,城市低收入家庭按80%发放补贴,高层次人才等按40%发放补贴,外来务工人员按30%发放补贴。土地供应方面,由国有企业实施的棚户区改造项目,安置小区建设用地以招标、拍卖、挂牌方式供地,实行政府与企业共担风险、共享收益的新模式。退出机制方面,原则上政府不回购其他共有权人产权份额,鼓励个人买断政府产权。

黄石模式共有产权住房形成了资金放大效益,以灵活的融资、投资形式整"活"资源,促进了公租房和棚户区的建设与运营;同时形成了保障托底效应,坚持公益性基本取向,按照公共租赁住房管理模式,实行市场租金、分类补贴,并让共有产权部分实行先租后售、边租边售的模式,为居民提供了资金筹集缓冲期;形成了城市建设叠加效应,不仅完成了棚户区改造,还实现了共有产权住房的推广。

6.4 共有产权住房定价分析

6.4.1 我国共有产权住房定价方式

1. 初始定价

我国共有产权住房定价方法分为两类:一类是以北京、上海、深圳、淮安为代表的市场导向型定价；另一类是以成都和黄石为代表的成本导向型定价。

（1）市场导向型定价

共有产权住房价格在周边商品房价格的基础上按一定比例下调，无须核算复杂的开发成本，既反映了市场价格，又节约了定价成本，提高了定价的效率。例如，深圳、淮安共有产权住房的房价比周边商品房便宜5%~10%。两者的价格差距较小，牟利空间有限，减少了寻租行为，使得中低收入家庭可以真正享受共有产权住房带来的优惠。这种定价方式的缺点是简单地以周边商品房均价为基础按一定比例下调的优惠幅度，使得购房者在支付能力不足的条件下容易遭受价格风险。尤其当房价整体下降时，供应商难以回收投资建设成本，导致共有产权住房的可持续运营存在隐患。例如，北京某自住型商品房项目申购率达到1∶78，但是弃购率在20%以上。其中，70%的弃购者是由于购房支付能力不足。这说明这种定价方式仍然难以为一些中低收入家庭所承受，政策惠及群体的范围有待合理调整。

（2）成本导向型定价

成本导向型定价是指按照房屋开发成本为基础确定价格。成本主要包括土地价格、土地开发成本、房屋建筑安装成本、配套设施建设成本、开发费用以及3%的利润。虽然这种定价方式更普遍地为购买者所接受和认同，但是开发商的投资利润会受到较大影响，难以吸引社会成本投资建设共有产权住房。成本导向型定价方式受政府土地出让政策的影响较大，土地出让方式和出让时间对价格差异影响较大。北京的共有产权住房初始定价一般比同地段、同品质的普通商品房销售价格低30%~50%；上海地区共有产权住房价格较周边同类商品房低至30%~60%；深圳和淮安地区共有产权住房较周边商品房低5%~10%；黄石和成都则是政府投资建设项目基准价格按成本价或低于成本价格确定，市场主体或社会投资机构开发建设的项目利润率不得超过成本的3%。

2. 增购、回购定价

统计各地的增购、回购等后期价格政策，增购的优惠力度各不相同，上市交易及回购等政策也都有所差异，但总体都遵从"越早回购获得全部产权优惠力度越大""在规定的禁售期之外政府拥有优先回购权""严格限制上市交易"等原则。北京市规定获得共有产权住房5年后才可上市交易，并且需将收益的30%上交政府财政；上海市规定获得共有产权住房5年内可回购全部产权，超过5年将按市场价格处理，并且超过5年的部分收取对应的部分租金；淮安市共有产权回购政策规定5年内可购买政府产权部分，并且不收取租金，5~8年阶段，在原价基础上加付同期银行利息，8年以后购买，按照市场价格评估后计算；深圳市规定10年后方可获得住房完全产权，若转让，10年内由政府按原价回购，10年后以原价折旧后回购；成都市规定5年内可由政府回购，为原价加定期存款相同利息；黄石市则是3年内可按原价购买政府产权部分，3年后既可按新市场价格购买，也可缴纳租金长期租住。

6.4.2 促进共有产权住房健康发展的定价分析

根据上述目前我国现有的共有产权住房定价方式，存在定价机制不完善、未考虑保障对象支付能力等问题。为促进共有产权住房的可持续发展，可从以下几个方面对共有产权的住房机制进行完善：

1. 共有产权住房初始价格应与保障对象支付能力相适应

共有产权住房开发成本主要包括土地征用及拆迁安置补偿费、土地开发费、勘察设计和前期工程费、建筑安装工程费、建设用地基础设施建设费、管理费及贷款利息、政府减免的土地出让金及税费等。共有产权住房初始价格应以项目的总开发成本为基准确定。这样既能保证收回对共有产权住房的投资，又能使符合保障标准的购房者有能力支付购买，解决中低收入家庭和"夹心层"的住房问题。政府方面在共有产权住房上的投资，实际上是土地出让金和减免的配套税费，应当以此来确定其占有产权份额的比例。而按照购房人的出资比例确定其持有的产权份额具有科学依据，得到购房者的普遍认可和接受，明确了共有产权边界。社会企业或社会投资机构投资建设的共有产权住房，可按开发成本和合理可行的利润率来确定初始价格。

2. 租金定价要兼顾保障对象负担能力和政府回收成本

对于政府提供的共有产权住房，为了保证回收投资资金并且维持共有产权机制持续运营，应对共有产权人收取部分租金。租金的计价应在充分考虑保障对象的住房负担能力和政府回收成本的情况下，以维修费、管理费、折旧费、投资利息及应缴税收为基准计算，按成本收取一定比例的租金；为激励保障对象早日增购政府产权部分，应实行在5年以内可将共有产权人已缴纳的租金折抵购房款，以激励保障对象购买剩余产权；若超过5年未购买政府产权部分，政府应按照市场租金水平计取租金。

3. 增购、回购价格应充分体现公平性

从我国现有增购政策来看，基本上均为增购价格按照5年或8年后的市场价格确定，回购价格按共有产权住房的初始价格进行一定的折旧来确定，该做法不利于住房产权的有效配置和流转，对购买者也并不公平。建议增购、回购价格以初始价格为基础，考虑投资的资金时间价值，并在扣除房屋折旧后确定，这样可以抵御房价波动产生的购房风险，也有利于增强共有产权住房的公平性。

4. 探索非营利机构参与建设共有产权住房

政府主导的共有产权住房建设中一般会产生融资压力，并且后期会有较大的管理负担等。因此，政府应当运用政策支持、引导非营利机构积极参与共有产权住房的建设和营运管理，明确非营利机构在共有产权住房建设中的作用和定位，并进行适当的监督；还可充分发挥非营利机构的专业化独立运作优势，以市场化方式运营共有产权的开发融资、开发建设、租金收缴、物业管理等方面。非营利机构的参与可以减轻政府在财政方面的压力，解决管理等方面的难题，还能够有效解决过度市场化和过度行政化带来的负面效应，使政府、非营利机构以及市场能够各尽其能、互相影响，促进共有产权住房的可持续运营和发展。

6.5 案例分析

6.5.1 案例：美国保障性住房体系

1. 体系运行概况

（1）市场缺口仍然十分大

美国保障性住房体系从20世纪30年代开始发展。经过80余年的摸索，美国已建立起一套多元化的保障房融资体系，融资主体也经历了由政府为主向市场为主的转变。目前，美国保障房建设与投资的70%是私营开发商，整个融资体系已呈现出高度市场化、金融化的特征。

2008年，金融危机使美国失业率剧升，保障性住房的需求量加大，但当时美国保障性住房的建设市场化程度较高，金融危机时期众多房地产商融资与资金回笼双难，资金链十分紧张，保障性住房的建设因而大受影响。虽然近几年美国经济稳健复苏，但保障性住房的供应仍然十分有限，美国住房保障问题日益突出。

房价高的加州是住房压力最大的地区之一。根据加州房屋管理及城市发展署的数据，加州南部地区的洛杉矶市、橙郡超过66万户低收入家庭支付不起房租，这些家庭急需保障性住房。

仅在洛杉矶市就有约57万户低收入家庭，他们的年收入在3.5万美元以下。橙郡有超过9万户低收入家庭，年收入不超过4.6万美元。南加州超过94万贫困家庭付不起房租。2018年5月16日公布的报告显示，整个加州缺少150万套供低收入人群居住的保障性住房。

（2）政府全方位鼓励保障房市场发展

美国政府向住宅建筑商提供住房开发资金、维修资金、低息开发贷款、贷款贴息、贷款担保等，并向住房建筑者和租房机构提供税收优惠、利息抵税等"开发补贴"，以及增加容积率、减少配套设施建设等项目规划上的优惠。同时，美国政府还支持金融机构通过金融创新拓宽融资渠道，在利率安排、还款方式、还款期限上进行创新，鼓励信贷资金进入保障性住房建设与维护领域。

2017年11月，加州颁布了15条新法例，从州法层面推动加州保障性住房的发展。这15条新法例从融资支持、简化审批程序、法律保障、税务优惠、城市规划等角度全方位为保障性住房项目提供便利及保障：

1）融资支持。具体包括：

① 对房地产交易新开征每笔75~225美元的费用，以增加州政府的资金库。

② 预计每年为保障房开发项目提供2.5~3亿美元补助，用于补贴无家可归者的租房费用和无家可归者服务中心的运营，以及支持地方开展长期保障性住房发展计划。

③ 2018年11月前发行40亿美元房地产债券，所募资金将分配10亿美元用于退伍军人置业贷款支持项目，其余30亿美元用于低收入者安居项目及保障性住房开发项目。

2）简化审批程序。具体包括：

① 要求城市及郡县继续简化并在法律允许的范围内移除阻碍保障性住房开发的程序。

② 若一社区内保障性住房数量未达标（对标州政府规划目标），新的保障性住房开发项目将免除报批程序（包括各种环境评估及公众听证会），大大节约开发商用于项目报批的时间及资金成本。

3）法律保障。具体包括：

① 通过加强州住房法的效力，以防止城市和郡县降低规划住房项目密度，确保城市住房用地的使用效率。

② 强化州住房问责法案，防止社区阻碍已获批保障性住房发展项目或流浪者收容所的建设。

③ 州住房部门可直接向首席检察官检举司法区内违法部门规划或州法的情况。

④ 规定低收入者保障性住房保护政策到期或保障性住房回归市场价时需进行社会听证。

4）税务优惠。强化州低收入税务优惠计划，支持低收入人士及农民工住房开发项目。

5) 城市规划。具体包括：

① 要求地方规划保障性住房发展用地。

② 要求城市及郡县规定15%以上的商品房以优惠价售予中低收入群体。

③ 允许城市及郡县为保障性住房发展预留用地，以提高市区商业中心及交通交汇点附近的保障性住房发展速度。

④ 城市及郡县可设立"可持续发展住房特区"，规定特区内至少20%的项目需为低收入人士设置保障性住房，这些区域设立在交通交汇点，区内项目审批流程大大简化。

⑤ 要求城市及郡县完善包括水源、下水道等住房用地的基础设施配套。

（3）物业管理难度下降，物业升值空间提升

20世纪60年代的时候，政府对保障性住房的补贴是从供给端入手的，也就是说，政府给予开发商补贴，相应地，开发商要将建成物业以低于市场价格租或售予低收入人士。由于建设后的租金或售价较低，开发商往往偷工减料，建成的物业质量很差，加上底层群体过度聚集，公共住宅社区往往沦为贫民窟，社会问题集中，居民生存环境恶劣。

为了解决公共住宅社区的环境及社会问题，20世纪80年代，美国国会通过了公共住宅的拆除重建计划，即HOPE VI，用于资助将高密度的社区改建为低密度的联排别墅和花园公寓，并将公共住房和普通住房混建。与HOPE VI计划同一期间，联邦政府对公共住宅保障从补贴供给向补贴需求转变，开始向低收入人士发放住房券（Housing Vouchers）。住房券通过给予低收入家庭选择居住社区的权力，可以有效缓解贫困家庭聚居而导致的社会问题。这不仅改善了居民的生活环境，对于房地产商来说，他们也更易于管理物业，并且享受社区环境提升所带来的物业升值。同时，低收入者租户并不会减少房地产商的收入，因为政府会补齐余款。

2. 运行模式分析

美国保障性住房体系最为显著的特点是住房开发市场高度市场化，透明化程度及其效率也相应较高，市场发展很成熟，保障性住房开发商的再融资、寻找合作方和第三方服务公司、退出项目，都相对更为容易开展合作和交易。美国政府早期通过直接开发建设公共住房的方式及补贴民间开发商的方式参与公共住房建设，但公共住房的供给与需求难以维持稳定匹配，运营效率低。随着经济的发展，公共住房的空置率居高不下，造成了极大的资源浪费。自20世纪80年代以来，美国政府不再干预住房的建设开发市场，有政府支持运作的保障性住房越来越少，开发环节几乎完全市场化。政府通过对租房者提供房租补贴和提供抵押贷款利息补贴等方式实现居民住房的保障。美国联邦及地方政府对保障性住房发展的积极鼓励，为保障性住房的融资、开发成本、审批流程、规划等各方面工作提供极大便利。更重要的是美国保障性住房市场需求庞大，中低收入人群的住房问题尤为突出，在新的保障性住房发展指导下物业管理难度降低，其价值提升空间增大。目前，美国保障性住房市场已发展得较为成熟，市场基础较好。

其次，美国保障性住房是政府支持下的信贷支持，在政府的支持下各类金融机构都可积极参与住房建设，民间和政府的金融机构广泛经营房地产贷款，住房抵押贷款二级市场较为发达。目前，美国拥有以联邦国民抵押协会（Fannie Mae）、联邦住宅抵押公司（Freddie Mae）和政府国民抵押协会（Ginnie Mae）为主体、大批民间抵押公司共存的抵押贷款市场，为国民购买及建设住房均提供了可靠有力的资金支持。

6.5.2 对我国保障性住房发展的启示

通过美国保障性住房模式的经验，我国可结合实际国情从以下几点出发，持续建设和发展保障性住房，完善保障性住房制度体系，切实解决"居者有其屋"这个民生问题。

1. 加快保障住房基本法律的立法工作

目前我国保障性住房建设体制的实践表明，从根本上改善我国住房保障问题，有效发展以共有产权经济适用房、公租房为主要形式的住房保障体系，关键在于要将保障性住房的政策法制化、规范化和系统化，其首要的工作是加快保障性住房的立法速度，使保障性住房的规划和建设在法律制度的指引下发展。

2. 多渠道解决保障性住房问题

我国的保障性住房包括公共租赁住房、经济适用住房和两限商品房。它们的共同特点都是由政府直接或间接地提供房屋，建设成本都是巨大的，难以持续发展。美国保障性住房模式是根据市场供需关系，对于住房保障进行租房补贴，将补贴真正落实到需要的人群，减少政府的住房开支，控制政府对住房市场自身运行规律的干预。因此，根据我国国情，保障性住房也应当适度采取更灵活、更具有可选择性的方式，除了现有的租金补贴，也可采用住房优惠券等多种方式供受保障者选择，有利于城市各区域的均衡发展。

3. 明确政府在保障性住房领域的职责

美国政府虽然在住房建设领域主张市场主体自由竞争、依靠市场机制进行调节，但在住房保障制度的建设上，往往通过各级政府依法进行干预。我国正处于经济发展中，人口众多，需切实制定保障性住房开发建设的战略，明确各级政府在保障性住房建设过程中的法律责任，有部署、有计划地解决中低收入群体住房困难的问题。

4. 落实保障性住房的资金来源

我国建设保障性住房的资金主要来源是住房公积金和土地出让金。但是住房公积金制度存在覆盖范围小、融资渠道狭窄等问题，不能在保障性住房制度中发挥重要作用，有时还会有法律的障碍；土地出让金在有些地方已经成为推高房价、造成购房经济压力的因素。这种情况下，可借鉴美国实施包含性分区制住房计划的做法，采取减免税费、适当提高容积率和建筑密度等措施，鼓励开发商以低价出租部分房屋，以满足中低收入群体的住房需求。还应积极推进房地产立法，将费改税，实现土地出让金向土地使用税的转型，作为一种特定税种纳入税收进行管理。

第7章

长租公寓项目策划

7.1 长租公寓项目投资分析

7.1.1 长租公寓发展的背景及驱动力

1. 租赁市场供需矛盾逐渐增大

（1）需求侧：流动人口衍生租赁刚需、租售背离引发购房需求溢出

1）城镇化进程中的流动人口衍生租赁需求。根据城市发展规律，城镇化可分为三个阶段：平稳发展阶段、加速发展阶段和缓滞发展阶段。2016年，我国常住人口城镇化率为57.4%，远低于发达国家80%的平均水平，未来仍处于城镇化的加速发展阶段。以城镇化为主要驱动因素，加之高校毕业生异地就业，我国每年流动人口规模巨大，因此也衍生出大量的租房需求。根据中国指数研究院测算，预计到2020年流动人口规模将保持在2.4亿人以上，租赁市场规模将达到1.71万亿元。

2）畸形的租售比挤压出需求。1998年房改以来，不断上涨的房价使买房带来的资本溢价远远超过其他投资的收益，再加上住房附带的入户、子女入学等权利，巨大的投资价值和旺盛的刚需使人们在住房选择时会首选买房而不是租房，导致租金增长动力不足，增长速度远低于房价。租售比是指房屋每平方米月租金与每平方米售价之间的比值，国际上一般将一个区域房产运行状况良好的租售比界定为1:200~1:300。就目前来看，我国北上广深等一线城市商品房的租售比已经达到1:700~1:800，远远超过健康的租售比范围。虽然不能单纯地将租售比作为考量我国房地产市场的唯一标准，但是这一指标也在一定程度上反映了楼市房价与租金背离的现状，导致部分居住需求从购房市场外溢到租房市场。

3）个体租赁消费周期延长，间接增加租赁需求。2007—2012年间，我国登记结婚年龄在25~29岁占比从39%下降到36%，而30岁及以上占比从26%上升到30%，居民结婚年龄不断延后。由于"成家"是首次"置业"的最重要推动因素，因此晚婚导致置业年龄推迟，延长个体租赁时间，从而间接增加租赁需求。我国公民结婚年龄分布变化如图7-1所示。

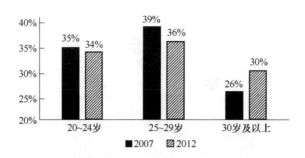

图 7-1 我国公民结婚年龄分布变化⊖

(2) 供给侧：租赁房源供给不足、传统租赁市场痛点较多

在一线城市，租赁需求尤为旺盛，但是目前房源供给不足，市场供给端存在缺口。以北京为例，2016年末北京常住人口约2173万人，租赁人口占比约34%，最近一次人口调查显示，我国家庭平均规模3.1人/户，则租赁房屋大约需要238万套，目前北京租赁房屋约有150万套，存在约1/3供需缺口。

与此同时，在消费升级的大背景下，租赁需求同样面临升级，但是传统租赁市场的弊端和痛点十分明显。根据住建部的一项抽样调查显示，出租房中商品房占比仅为40%，老式公房、农村自建房、回迁房和小产权房等占了很大比例，配套不完善、居住环境破旧成为普遍问题。黑中介、虚假房源等问题也长期扰乱租房市场秩序，加剧了租房需求与供给间的矛盾。

2. 租赁市场规模有待提高

我国尤其是一线城市的住房市场已进入存量时代。目前，全国存量市场已达到180万亿元规模，一线城市更是以存量为主，北、上、深2016年二手房销售额已分别是新房销售额的3.3倍、1.6倍和2.3倍。但租赁市场份额偏低，全国范围内租赁成交占比仅6%，而美国和日本租赁成交占比分别为50%和72%，比较来看，我国租赁市场规模仍有很大增长空间（见表7-1）。

表 7-1 中国、美国、日本三国租赁市场与交易市场成交额

国　家	租赁市场成交额（亿元）	交易市场成交额（亿元）	比　值
中国	10000	150000	7%
美国	34511	69000	50%
日本	7234	10000	72%

注：数据来源于链家研究院、方正证券研究所。

3. 中央地方政策持续推进

(1) 中央层面积极推动

自2015年起，中央已多次在重要会议中提出或颁布具体文件指导住房租赁市场的发展，2017年下半年，住房城乡建设部等九部委联合印发了《关于在人口净流入的大中城市加快发展住房租赁市场的通知》（建房〔2017〕153号），提出培育机构化、规模化住房租赁企业，建设政府住房租赁交易服务平台，增加租赁住房有效供应，创新住房租赁管理和服务体

⊖ 数据来源：民政部、方正证券研究所。

制四项具体措施,并选取广州、深圳、南京、杭州、厦门、武汉、成都、沈阳、合肥、郑州、佛山、肇庆12个人口净流入的城市作为首批开展住房租赁试点。这一政策的出台开启了租赁市场快速发展的通道,预示着我国的存量市场即将进入良性发展时期,2017年也被业界称为"租购并举元年"。表7-2列示了近几年我国关于发展租赁市场的相关政策。

表7-2 近几年我国关于发展租赁市场的相关政策

发布时间	文件	主要内容
2015.1	《加快培育和发展住房租赁市场的指导意见》（建房〔2015〕4号）	发挥市场在资源配置中的决定性作用和政府作用,建立住房租赁信息政府服务平台;积极培育经营住房租赁的机构;积极推进房地产投资信托基金（REITs）试点;支持从租赁市场筹集公共租赁房房源
2015.1	《关于放宽提取住房公积金支付房租条件的通知》（建金〔2015〕19号）	明确提取公积金租房的条件、范围、额度
2015.11	《关于加快发展生活型服务业促进消费结构升级的指导意见》（国办发〔2015〕85号）	积极发展短租公寓、长租公寓等满足广大人民群众消费需求的细分业态
2015.12	2016年中央经济工作会议公报	发展住房租赁市场。鼓励自然人和各类机构投资者购买库存商品房,成为租赁市场的房源提供者,鼓励发展以住房租赁为主营业务的专业化企业
2016.5	《关于加快培育和发展住房租赁市场的若干意见》（国办发〔2016〕39号）	1）发展住房租赁企业,鼓励房地产开发企业出租库存商品住房;引导房地产开发企业与住房租赁企业合作,发展租赁地产 2）鼓励新建租赁住房,将新建租赁住房纳入住房发展规划 3）允许将商业用房等按规定改建为租赁住房,允许将现有住房按照国家和地方的住宅设计规范改造后出租 4）税收优惠,个人出租住房享增值税税率优惠;企业出租住房享其他政策优惠 5）鼓励金融机构向住房租赁企业提供金融支持
2017.5	《住房租赁和销售管理条例（征求意见稿）》	我国首部专门针对住房租赁和销售的法规,重点为保障租房人的权益 1）出租人不得采取暴力、威胁或者其他强制方式驱逐承租人 2）合同中没有约定租金调整次数和幅度的,出租人不得单方面提高租金 3）直辖市、区、县人民政府应当建立住房租金发布制度,定期公布分区域的市场租金水平等信息 4）鼓励出租人与承租人签订长期住房租赁合同,当事人签订3年以上住房租赁合同且实际履行的,当地政府应给予相关政策支持
2017.7	《关于在人口净流入的大中城市加快发展住房租赁市场的通知》（建房〔2017〕153号）	1）人口净流入的大中城市要充分发挥国有企业的引领和带动作用,支持相关国有企业转型为住房租赁企业 2）住建部会同有关部门共同搭建政府住房租赁交易服务平台,提供租赁信息发布服务 3）在金融政策方面,加大对住房租赁企业的金融支持力度,拓宽直接融资渠道,支持发行公司信用类债券及资产支持证券,积极发展房地产投资信托基金
2017.8	《利用集体建设用地建设租赁住房试点方案》（国土资发〔2017〕100号）	确立北京、上海、广州等在内的13个试点城市采取集体土地入市,"零溢价率"和"自持面积比例"竞拍,以及划拨等多种方式,增加租赁用地面积,降低建设成本
2018.4	《关于推进住房租赁资产证券化相关工作的通知》（证监发〔2018〕30号）	明确了住房租赁资产证券化业务的开展条件及其优先和重点支持领域,为租赁住房建设验收、备案、交易等程序,以及资产证券化审核程序建立绿色通道

可以看出，中央层面主要从以下四个方面为租赁市场健康发展提供政策支持：

1）供给支持：供地上，加大租赁用地供给、利用集体用地建设租赁住房等；房源上，鼓励房企转型开展住房租赁业务、培育专业化住房租赁企业。

2）金融支持：允许提取住房公积金支付房租，对租赁企业给予融资支持，推进REITs试点。

3）财政支持：税收优惠、公租房货币化（市场提供租赁房源、政府发放租赁补贴）。

4）权利支持：明确了市场参与主体的权利，明确了企业、承租人、中介机构的相关权益；通过"租售同权"政策，为租赁住房家庭提供相同权利的医疗保障、社会保障与教育保障，确保租赁住房的家庭享有同等权益。

（2）地方政策持续跟进

在中央政策的指导下，各省市政府也纷纷围绕以上四个方面细化房地产租赁市场的发展和监管细则（见表7-3），因地制宜，多维度给予租赁市场宏观指导，推进住房租赁行业良性发展。例如，北京市在2017—2021年的五年用地规划中首次单列租赁用地，计划五年内全市住房建设计划安排150万套，其中租赁住房50万套，租赁住房计划供地1300hm^2，占比21.7%。深圳市不断出台人才租房补贴政策，对符合要求人才可按本科1.5万元/人、硕士2.5万元/人、博士3万元/人领取市级租房生活补贴，另外租房券也逐渐成为补贴的重要形式。

表7-3 关于支持住房租赁的地方政策汇总

时间	省（自治区）（市）	供给方面				金融方面			财政方面	
		租赁用地供给	商改住	房企转型	培育专业企业	公积金付房租	REITs试点	融资支持	税收优惠	公租房货币化
2016.8.10	甘肃						兰州	债券、不动产证券化产品、房屋租金收益权质押贷款		
2016.8.29	海南							债券、不动产证券化产品、流动资金贷款/房地产开发贷款展期支持		
2016.9.9	河北							优惠利率、开发贷展期、短期融资券、中期票据、非定向债务融资工具以及不动产证券化产品等		
2016.9.19	辽宁							银行间市场发行非金融企业债务融资工具、资产支持证券		
2016.10.21	四川							债券、不动产证券化产品		
2016.11.3	宁夏							拓展房屋租赁企业贷款的抵押品种类和范围，支持符合条件的住房租赁企业上市融资，发行债券、不动产证券化产品		

(续)

时间	省(自治区)(市)	供给方面				金融方面			财政方面	
		租赁用地供给	商改住	房企转型	培育专业企业	公积金付房租	REITs试点	融资支持	税收优惠	公租房货币化
2016.11.7	江西			先租后售				优惠利率、住房租金收益权质押贷款业务、专项扶持资金等		
2016.11.29	福建							住房租赁收益权质押业务、资产证券化产品、利息支出补贴、住房租赁企业贷款专项扶持基金		
2016.12.5	山西							债券、不动产证券化产品		
2016.12.20	湖南			先租后售				长期租房贷款、债券证券化业务、不动产证券化产品,贷款展期、财政贴息补助		
2017.1.4	内蒙古							优惠贷款利率、发行债券、不动产证券化产品,财政贴息补助		
2017.1.23	广东							政策性信贷支持、发行债券、不动产证券化产品		
2017.1.26	广西							债券、不动产证券化产品		
2017.2.7	云南							债券、不动产证券化产品		
2017.4.1	青海							特色信贷产品、鼓励各类社会资本进入住房租赁市场		
2017.6.21	天津							债券、不动产证券化产品		

注:各地区政府官网,方正证券研究所整理。

综上所述,不论是从数量还是质量上,仅仅由分散的个人房东和中介二房东构成的供应市场显然不能满足市场需求,但随着流动人口日益增多、房价攀升等给社会经济带来的问题愈加明显,建立合理的住宅租赁市场成为迫切的任务。在此背景下,长租公寓以其多样化的公共空间配置、标准化的物业服务以及透明的价格机制脱颖而出。长租公寓以企业作为新的市场供应主体,从房屋品质到日常管理再到社交等增值服务,提供更加契合市场需求的租赁房源,且有利于规模化经营、盘活存量资产等,是住房租赁市场的重要组成部分。以往长租公寓因前期投入成本高、资金回报率低、资金流动性差、投资回收期长等特点严重抑制了社会资本进入长租公寓领域的积极性。在随着租赁市场政策持续利好、整个房地产行业从增量市场转为存量经营的情况下,长租公寓成为房地产市场新的增长点。

7.1.2 长租公寓市场发展现状与趋势

1. 长租公寓市场发展现状

发展住房租赁市场是国家倡导加快建立多主体供给、多渠道保障、租购并举住房制度的重要举措。长租公寓是租赁住房的重要组成部分,旨在满足租户多元化品质住房的需求。随着长租公寓行业的快速发展,我国涉足长租公寓的企业数量已逾千家,拥有的房屋数量约200万间。

(1) 长租公寓分类

长租公寓,又名白领公寓、单身合租公寓,是为特定人群提供一个月(含一个月)以上的居住空间和有限服务的新兴行业。在我国长租公寓通常分为集中式长租公寓和分散式长租公寓两种。

集中式长租公寓是指以整栋楼(或者一栋楼的几层)为运作标的,包租后对公共区域、配套空间和房间进行标准改造和装修,配备统一服务,进行集中式管理的公寓形式。在合约期内以间为单位出租,并为租客提供生活服务以及社交、创业等附加服务。分散式长租公寓是指公寓运营商从分散的住宅小区(或商住公寓)的业主手中,运用包租、托管等模式,取得一定时限的房屋使用权,通过房屋的运营管理、装修改造及匹配一定的租住服务后为租客提供一体化的租住解决方案。两者差异见表7-4。

表7-4 集中式长租公寓与分散式长租公寓的差异

	集中式长租公寓	分散式长租公寓
典型代表	魔方公寓、万科泊寓	自如、蘑菇公寓
房屋来源	就工业厂房、商业用房、原有的酒店或者开发商手中的闲置房产	从个人房东处获取闲置房源
房源位置	集中式房源获取难度较高,物业性质决定了大多数都会处于相对偏远的位置	分散性房源,所处的位置具有更大的灵活性,地铁沿线、商业配套丰富、生活便利的区域备受青睐
公共空间	公共空间统一装修改造,配置大堂、休息区等	统一的公共空间,依托房源所在社区
出租形式	一般以小面积单套房间的形式出租	一般为"N+1"形式,按间对外出租
服务	社区服务;公共区域配备娱乐休闲设施,便于组织面对面的线下活动;服务半径短、成本低	由于距离原因,可提供给租客的公共服务相对较少
客户情况	个人和集体	个人为主

从特征上来看,两种类型的长租公寓在规模扩张、资产增值、运营服务上都有所差异:

1)规模扩张。分散式长租公寓由于房源选择灵活,房源获取难度较低,对改造能力要求低,更有利于在短期内积累大量房源进而实现快速扩张。而对于集中式公寓,整栋或整层的可供出租改造的物业比分散式房源要少,而且要经过较长的谈判期,需要较高的整体改造装修能力,所以在规模扩张方面缺乏优势。因此,目前国内集中式长租公寓占比不足30%,分散式长租公寓市场占比则超过70%。

2)资产增值。从资产增值来看,通过购买而获取的整栋长租公寓房源,经过整体改造运营,从建筑本身到外部环境,都会得到很好的改善,加上资产价格的上升,资产增值效果明显。例如,2013年初推出的新派公寓CBD旗舰店,由整栋收购的大厦改造而来,短短五年时间其房产增值就已达三倍多。这种情况对于集中式长租公寓存在着更大的可能性。而分散式公寓由于房源一般属于个人房东,资产增值受益方由房东享有。

3)运营服务。从运营服务来看,集中式公寓由于房源集中,易于设置服务设施和开展服务活动,便于管理,运营成本较低。而房源之间都存在一定的距离,分散式长租公寓服务半径拉长,较难开展服务活动,若提供较多的服务则大大提升成本。

(2) 长租公寓企业背景多元化

从发展背景来看,长租公寓的运营商可以归为四类:开发商背景的运营商、中介背景的运营商、酒店背景的运营商与专业的公寓运营商。不同背景运营商优劣势及发展趋势见表7-5。

表7-5 不同背景运营商优劣势及发展趋势

参与者		开发商背景的运营商	中介背景的运营商	酒店背景的运营商	专业的公寓运营商
典型模式		持有-运营	租赁-运营	租赁-运营	租赁-运营
优势		依靠母公司获取资源;集团整体信用的低成本融资	客户和分散式房源获取能力;服务能力	住客服务;存量物业资源和管理经验;连锁经营能力	领导人视野;商业模式;团队执行力
劣势		服务意识;经营能力	成本控制能力;产品理解能力	资源扩张能力;资金成本	资源、资金瓶颈
核心要素	资源	强	中	中强	弱
	客户	弱	强	弱	中
	资金	强	中	中	强
发展趋势		借助品牌价值、资源优势对外扩张,呈现开发运营、运营服务和代建运营等方式	实力中介运营商将逐步增加集中式公寓比例,发挥资源和客源优势,并以此为据点发展周边分散式租赁的托管服务,轻重结合	未来可结合酒店短租方式,发挥长短租相结合的优势	经营方式和思路灵活,有望成为细分子领域的领跑者
代表企业		万科泊寓、龙湖冠寓	链家自如、我爱我家相寓	华住城家、铂涛窝趣	新派公寓、魔方公寓

1) 开发商背景的运营商。在房地产市场由增量转为存量的时期,对于房企来说,积极介入长租公寓市场,除了作为战略转型的方向之外,还有其他诸多益处。例如,大数据时代,大量的客户信息对房企来说弥足珍贵,建立基础数据库可为各类业务的开展提供研究样本;租赁业务与销售业务共享客户资源,通过深入精准营销、市场联动,促进项目去化;在房企管理的物业中,统筹闲置房源推向市场,有助于实现房企、业主、客户的三方共赢。

未来,伴随着越来越多的租赁住房用地入市,积极拿地开发的房企也将成为长租公寓市场的核心力量。首先,拥有多年开发经验的开发商对客户的居住需求和偏好有着深刻的了解,在此基础上打造的产品更容易得到市场的认可。其次,在拿地方面以及自身拥有的存量物业优势使得开发商更容易获取房源。最后,利用集团企业的背景,将大大降低融资成本。

2) 中介背景的运营商。链家自如、我爱我家相寓等中介背景的长租公寓也是重要的市场参与者。房地产中介直接接触房东和租客,对市场有着更为深刻的了解,同时具备丰富的用户数据积累,有助于高效获取分散式房源和推出更加契合客户需求的产品,进而快速扩张。当然,实力较强的企业在发展到一定阶段后也会逐步增加集中式公寓的比例,以更好地发挥客源优势,同时以集中式公寓为中心吸收周边的分散式房源,加速规模扩张。对于拥有较多分散式房源的经营者来说,由于服务距离相对较长,容易出现成本难以把控或服务不到位的状况,如何降低单位面积的运营成本以及更好地提供增值服务是此类模式持续优化运营的重点。

3)酒店背景的运营商。连锁酒店与长租公寓在诸多方面存在对标性,在存量物业获取、标准化管理和服务、品牌溢价能力等方面优势明显。华住酒店旗下城家公寓、亚朵酒店旗下缤润亚朵、铂涛集团的窝趣公寓、如家旗下的逗号公寓等已纷纷布局。酒店集团与其他运营主体相比,更擅长线下精准运营——每一个产品以合理的成本放在合适的位置,每一项服务精准地提供给特定的客户,运营效率具有先发优势。同时,可以和母公司共享开发资源、营销体系、IT系统等,低成本获取物资;借助母公司的力量,融资成本也会相应降低,在经营过程中减少试错次数。当然,酒店背景的长租公寓也有自身的劣势,比如相对于由中介转型而来的运营主体更难以获得分散性的房源,相对于房企资金获取优势不足等。

4)专业的公寓运营商。独立的品牌公寓是长租公寓市场最活跃的组成部分,多个优质公寓品牌已获得了B轮甚至C轮融资,迅速"跑马圈地",扩大规模。如YOU+公寓、优客逸家、青客公寓等。虽然缺乏资源优势,但利用自身灵活的经营思路和方式,往往能够在某些细分领域做出特色,形成竞争优势。例如,YOU+公寓致力于建设创业者之家、蘑菇公寓锁定白领群体、蜜柚公寓纯粹专注于女性客群等。如此种种特色优势的打造离不开团队对细分市场的敏锐嗅觉、团队高效的执行力、商业模式的适应性,再加上精细的产品打造和对成本的良好把控,将共同助力品牌公寓在市场竞争中独树一帜。

(3)长租公寓的经营模式

根据运营商的资产结构不同,长租公寓运营模式可分为重资产运营和轻资产运营两大类。

1)重资产运营。重资产运营即运营商通过自建、收购等方式获取并持有房源、对外出租,主要通过收取租金获取利益的模式。重资产运营模式项下的房源多为集中式物业,对资金的要求较高,让很多运营商望而却步。通常,涉及住房租赁的国有企业和开发商类公寓运营商拥有雄厚的资金和融资优势,拥有闲置的自持物业资源,又具备物业改造能力,因而会选择采用重资产运营模式。

2)轻资产运营。轻资产运营即运营商并不持有物业,而是通过长期租赁或受托管理等方式集中获取房源,通过转租获得租金价差或通过输出品牌、提供租务管理、物业管理等服务,获得管理报酬的模式。选择轻资产运营的,前期沉淀资金相对少,可以在短时间内快速拓展市场。具有中介机构背景的公寓运营商、酒店背景的公寓运营商、专业的公寓运营商多采用轻资产运营模式。

① 托管模式。托管模式就是房东将公寓委托给运营商进行出租和租后管理。在托管模式中,运营商只需承担一定的管理成本,资金压力大大减轻,同时,原本承担的空置率风险也因托管模式而转移到房东本人身上。

② 加盟模式。长租公寓企业凭借品牌优势,通过制定标准化可复制的模式,寻求加盟合作伙伴,快速复制经营模式,实现连锁经营,扩大市场占有率。

③ 互联网+模式。以房源为中心进行智能化和金融化的便捷生活服务,一切以满足租住的生活要求来配置,零售、干洗、生鲜配送、健身、美容、书吧等各种社区服务均采用专业化的外包进行。

(4)长租公寓布局

长租公寓布局主要选择国家中心城市、一线城市这类集聚能力强的地方。这些城市人口流动性大、房价高，对租赁用房需求高，尤其像"90后"这样的客户群体，难以承担高额房价，租房成为众多年轻人的选择。从城市群的维度看，长三角、京津冀、珠三角是长租公寓布局最为集中的片区，三个片区的供给总量占全国总量的70.4%。其中，长三角由于汇集上海、杭州、南京三个城市，聚集度最高。从城市的维度看，10个热点城市——上海、北京、深圳、杭州、广州、南京、武汉、成都、西安、重庆的供给总量占全国总量的81.7%，聚集效应明显。

2. 长租公寓发展痛点分析

随着房地产逐渐由增量向存量市场过渡，住房租赁领域的政策红利空间刚刚打开。由于政府大力培育的住房租赁市场在我国兴起时间较短，政策保障上尚存在不完善之处，行业设计规范有待明确，租赁企业面临盈利及运营难题，租客租约及租赁权益保障有待进一步支持。

(1) 房源获得难，面临资产约束及法律风险

1) 集中式长租公寓物业获取存在的难点。集中式长租公寓物业获取的方式包括以普通住宅用地兴建、利用专门出让只供租赁土地兴建、利用专门出让配租赁用途的土地兴建、城中村改造、利用集体建设用地建设租赁住房、收购物业、租赁存量住宅物业、并购其他长租公寓企业等方式。对于门槛较低的方式，存在市场竞争激烈、改造成本高等问题，而对于门槛较高的方式，一般企业很难参与。

获得整栋物业的租赁权很不容易，如果是产权清晰的物业，业主缺乏动力整体长租给某一主体，因为会影响到未来销售的便利性。一些产权不清晰的房屋，甚至一些小产权房，尽管出租容易，但存在政策风险。最近几年，在一些城市部分长租公寓出现由于消防等问题不能达标导致被拆除的情况。

2) 分散式长租公寓物业获取存在的难点。分散式长租公寓物业的房源主要为个人住宅物业的所有者，此类房源往往无法签长期合约，大都只能在4年以内的范围内签约，因此导致往往刚收回装修改造成本，业主也就收回了房屋。同时，此类小业主毁约的可能性高于机构业主，因此分散式公寓的物业获取租期短，成为较难解决的问题。

(2) 融资难度大，存量投资不易盘活

通过对自如、魔方等管理规模较大的长租公寓企业进行观察可知，这些企业近三年来几乎每年都会进行1~2轮股权融资。目前中国长租公寓企业的融资阶段主要集中于A轮前(Pre-A)，占比将近60%，只有少数企业进入中后期阶段，未来还面临极大的资金缺口，如何破解长租公寓企业融资难，打通银企合作瓶颈，成为行业痛点。部分长租公寓品牌融资情况见表7-6。

表7-6 部分长租公寓品牌融资情况

企业	时间	融资轮次	融资金额	投资方
自如	2018.1	A轮	40亿元人民币	华平投资/红杉资本中国基金/腾讯/华晟/融创中国/泛大西洋投资/源码资本/华兴新经济基金
彩虹租房	2018.1	Pre-A轮	500万元人民币	睿德股份
鼎寓	2018.3	Pre-A轮	1000万元人民币	浙江建筑家投资管理公司

(续)

企业	时间	融资轮次	融资金额	投资方
V领地	2018.4	A轮	2亿美元	华平投资
青客公寓	2018.4	C轮	超1亿美元	凯欣亚洲投资/摩根士丹利
优客逸家	2018.5	C轮	10亿元人民币	SIG海纳亚洲/经纬中国/深创投/绿城服务/星河地产/君联资本
巴乐兔房东直租平台	2018.5	B+轮	3亿元人民币	DCM中国/南丰集团/天图投资/众为资本
英卓未来公寓	2018.6	天使轮	1000万元人民币	西安优普投资有限公司
千屿Islands	2018.7	Pre-B轮	未透露	元璟资本/王刚
青沐公寓	2018.7	天使轮	未透露	芳晟股权投资基金/昂若资本
秘密空间	2018.9	Pre-A轮	未透露	华府天成
小猪短租	2018.1	战略投资	3亿美元	晨兴资本/今日资本/云锋基金/GIC新加坡政府投资公司/愉悦资本/尚城资本
Weave Co-Living	2018.11	天使轮	1.8亿美元	华平投资
E+青年公寓	2018.11	A轮	1亿元人民币	鹏万资本
窝趣公寓	2019.2	B轮	2亿人民币	魔方公寓（领投）
越秀地产	2019.2	战略投资	61.62港币	广州地铁

注：CRIC整理。

(3) 综合成本高，目前盈利空间有限

目前长租公寓的主要收入来源还是比较单一，主要是每间公寓的租金收入（含一定比例的管理费），本质上与传统的二房东赚取房租差价没有多大区别。一些公寓企业试图通过租金支付工具创新、建立社群、组织各种活动（如创投活动、培训活动）等增值服务获得额外收入，现阶段对于公司营业收入的增加并无多少实质影响。长租公寓租金回报水平每年仅2%，加上高额的运营管理成本，长租公寓一直成为企业亏本项目。

(4) 投诉量攀升，行业乱象频生

2018年，长租公寓等成为全年消费投诉"重灾区"。据浙江省市场监管局发布的《2018年消费投诉举报情况白皮书》显示，2018年浙江省共受理长租公寓领域投诉245件，同比增长231.1%。此外，上海市2018年共受理长租公寓类投诉3167件，同比增长2.2倍，租金贷、甲醛超标、长租公寓爆仓等行业乱象频发。究其原因，是长租公寓行业需要大规模投入，且投资回报周期漫长，投资回报率低。但是，国内长租公寓依赖的多为与行业属性极其不匹配的资金，这些短钱、快钱、热钱迫使长租公寓企业只能提高房租，扩大规模，缩短装修空置期，算计租金贷的资金沉淀。

3. 长租公寓发展趋势及建议

目前长租公寓无论是在规模上，还是在融资上，都出现较大程度的回落，行业之间的竞争也从百花齐放逐渐向实力背景强的企业集中。长租公寓的发展不再追求高速度发展，而是更加注重深耕细作，深入研究租赁市场的新特点和新风险。

(1) 立法先行

从政府层面看，要实现长租公寓的健康稳定发展，必须有效破除"规范运行缺失"和"有效供给缺乏"的矛盾。当前，部分矛盾突出的城市，已陆续制定和完善长租公寓相关规范文件，探索有效的监督管理运行机制，但区域性、全国性的规范文件还未出台。此外，进一步加快推进相关法规的制定和出台，为行业发展和相关规范性文件制定提供依据。在破解"有效供给缺乏"的难题上，需要明确规则、分类指导、加强监管，重点要解决好信息不对称、信用不支持、质量不保证三个问题。

(2) 资本风险防范

快速推进的 REITS 类长租公寓金融创新尝试，昭示了政府对此的鼓励和支持，为国内住房租赁市场全面开展资产证券化起到重要示范作用，但相应的防范资本盲目追捧可能引发的金融风险也应得到重视。在大力支持租赁市场发展的背景下，租赁贷款获批较为容易，而相关审查制度并不健全，后期监管耗费成本高，存在被挪作他用的风险，住宅租赁企业在获取大量融资之后是否完全合规地投入到租赁业务、是否会面临经营风险都是需要谨慎考虑的问题。随着租赁市场规模越来越大，相关监管措施应及时推进，以防范金融风险。

(3) 拓展低成本的供应渠道

在我国大多数重点城市，住宅租金回报率往往不足 2%，远低于国际 5% 的平均水平。其中高昂的土地价格是长租公寓长期难以盈利的根本原因。随着住房租赁市场建设进入快车道，上海、北京、广州、深圳等地先后推出多宗低于市场价的只租不售的租赁住宅用地。预计未来将会有更多的租赁住宅用地被推出，提高企业参与热情。以深圳为代表的城市通过城中村综合整治、积极盘活存量房屋用于租赁，增加租赁住房有效供给，推动租赁住房市场的规模化发展；同时，允许符合条件的商业用房按规定改建为租赁住房、新出让土地中配建租赁用房也在多地得到实施。

(4) 强化专业、优化运营

在快速发展的长租公寓市场，未来的数年间将是各大品牌竞相抢占市场的阶段。参与者不得不持续提升专业度，优化运营模式，培育竞争优势。虽然不同企业所选择的模式不尽相同，但无疑都是结合自身优势实现利润最大化。综合来看，集中式公寓凭借自身优秀的用户体验以及强大的品牌溢价，将成为未来长租公寓市场的趋势。能够突破资金及运营瓶颈的市场龙头，有望在未来激烈的竞争中脱颖而出，在房地产领域具有较长时间积累或已率先布局长租公寓的房企将具备较大优势。

(5) 维护行业秩序，健康发展

自觉遵守行业规定，共同维护行业发展秩序，避免盲目扩张，坚决抵制不法企业"激进扩张、违法牟利"等行为。由于长租公寓还处于发展初期阶段，政策和市场环境不确定性较大，增强企业自身抵御风险能力尤为重要。企业个体要积极关注和有效服务国家发展和社会需要，以企业长期发展为目标，基于政策制定发展规划，基于市场需求设计产品，持续提升运营服务能力。

7.2 长租公寓产品设计策略

7.2.1 长租公寓客群分析

长租公寓的客群主要分为三类：第一类是对居住和服务有更高品质要求的外企高管和商务金领；第二类是有一定经济能力但尚无购房能力，看重环境、社交等附加功能的企业白领；第三类是支付能力一般，对租房有安全、便捷、性价比要求的社会新人，如刚毕业的大学生。租户群体特征及居住需求见表 7-7。

表 7-7 租户群体特征及居住需求

需求分项	特 征	需 求
基本特征	年龄在 20~40 岁；按照收入、职业可分为高级白领、金领、普通白领、蓝领；按照生活状态可分为刚毕业的大学生、买房过渡期的租户、创业者等。分布城市：集中于一线城市、人口流入量大的二线城市	租房需求大，租房考虑位置、社区环境、周边配套等
心理需求	追求个性、喜欢与众不同的生活状态和品质；喜欢社交；注重隐私；注重自我提升	独立的休息空间和公共社交空间
居住组成	男性独居、女性独居；异性合租；同性合租	根据性别不同产生的功能配置差异，例如针对女性租户设计衣帽间、化妆台等
消费理念	注重体验，追求品质，喜欢新奇、时尚，从众心理强，受到媒体和同辈人的影响较多	对公寓品质和要求高

7.2.2 项目区位选择策略

长租公寓通常通过改造既有建筑为其空间运营提供空间载体，对改造型长租公寓的既有建筑的选择主要受到区位和既有建筑自身条件的制约，同时要结合价格及其他服务项目的设计进行综合考虑。区位因素包括：

1. 城市因素

要在房价收入比高和新增人口规模大的城市选择既有建筑进行长租公寓改造。

2. 交通因素

既有建筑的选择尽量能够满足步行 15min 内有地铁站，步行 8min 内有公交站，1h 内可以到达市中心、火车站等交通枢纽，缩短青年人的通勤时间，方便出行。

3. 生活配套因素

选择周边 500m 内有餐饮、便利店、银行等生活便利设施，1km 内有超市、购物中心等成熟的配套设施的既有建筑，就近为青年公寓提供生活服务。

4. 工作地点因素

尽量选择离青年人工作地点近的既有建筑进行改造，如选择办公及写字楼区域、科技创意园区、高新园区、开发区以及学校周边的既有建筑进行改造。另外，不考虑周围 20m 内有加油站的既有建筑进行公寓改造、不选择遮挡严重或周围有大型市政工程在建的既有建筑进行改造。

除了区位因素，制约既有建筑选择的自身条件包括：选取的既有建筑可办理临商并且能通过消防验收；选取的既有建筑的形式最好是独栋或庭院，如果在高层物业中租赁部分楼层应选择连续楼层；不选择文物保护类建筑进行公寓改造。

7.2.3 既有建筑改造策略

1. 空间结构重组

公寓建筑空间结构以居住单元为主，而既有建筑大多空间开阔、层高较高，因此结构重组应把大空间转化为尽可能多满足通风采光要求的居住单元，暗房比例应控制在5%以内。除此之外，应根据现代租住青年的社交需求设计部分开敞的公共社交空间。改造应充分利用现有物质条件，保留承载力大的基础、柱子等95%以上的主体结构，并根据需求进行结构加固。必要时为既有建筑添加楼梯、电梯，使其满足居住建筑的疏散要求。

厂房、仓库及商场跨度大，柱网多为8.4~9m，层高多为4.5~6m。为保证中间柱跨房间的采光、通风，改造时需要引入天井、中庭空间，并尽量减少改造后环形交通的公摊面积。设计loft睡眠区来提高居住单元空间效率；另外，改造后的居住单元通常面宽过窄、进深大，需为其设计合理的生活空间序列。

办公楼的柱网尺寸为7.2~8m，建筑进深为15m左右，通风采光良好。改造需要在原有办公开间基础上进行再划分，单位柱网内视情况分成3~4个居住单元。既有办公建筑以骨架结构体系居多，改造应尽量拆除非承重墙体，使公共社交空间相对开敞。

住宅类建筑或是因为墙体承重不宜进行较大的空间改动，或是因为本身已经是细分空间，改造多采用"N+1"模式，把原来客厅改为居住单元，并在各居住单元内靠近入口或阳台的位置加入独立卫生间。复式住宅需要把室内楼梯对外，结合走道空间独立设计，使改造后的上下层居住单元互不影响。

2. 居住单元集约化

不同于传统租住方式，现代青年租住群体对居住单元独立性、私密性要求很高，因此公寓的居住单元设计要能承载所有生活行为，使生活行为可以不介入公共空间。因此，在有限的面积中实现功能齐备、品质优良是集约型居住单元设计需解决的重点。

（1）齐全、紧凑的功能配置

虽然改造会尽量缩小居住单元面积，却要为每个单元设计卫生空间、淋浴空间、入户鞋帽空间、睡眠空间、衣柜等收纳空间、书写休闲空间、晾晒空间、简单烹饪空间等功能空间；配备空调、网络、洗衣机、冰箱、智能门锁以及基本家具等硬件设施，使生活独立性得到保证。功能空间的设计从使用者心理和行为习惯出发，例如通过心理、行为分析确定灯具、家电、插座开关的位置及灯光冷暖、明暗。为提高空间利用率，考虑交叉使用功能空间，如把loft空间中楼梯做成梯柜，兼顾收纳；考虑空间立体化设计，如loft空间可利用卫生间及入口上方空间进行收纳并与睡眠空间连为一体。

（2）立体思维下的户型设计

公寓的居住单元由改造得来，尺度有一定模数化特点，面宽、进深相较传统居住单元有一定特殊性，结合功能配置要求及项目经验，得出相对集约的户型面积应为15~25m^2。根据不同的层高将公寓户型分为平层户型（层高2.6~3.6m）、loft户型（层高3.6~4.5m）、横切平层户型（层高≥5m）三大类。平层户型又分为：面宽过小的咬合户型、面积只有

12m² 的极小户型、有各自独立卧室的共享户型。Loft 户型把床抬高到 2.2m 以上，利用 loft 空间做开敞通透的卧室。Loft 户型还分为单人住的面宽极限户型和两人住的共享户型。共享户型利用进深优势拉大两床间距及床和窗户的距离，确保私密性。横切平层户型把原来的室内楼梯朝向走道，根据主跨尺度分为单跨一切四户型和单跨一切六户型。在此基础上，户型设计可以根据既有建筑空间多样性及市场需求进行调整。

3. 空间社区化

与普通的住宅楼栋不同，长租公寓在满足居住单元使用独立性的同时要为社交活动提供公共场所，促使整个公寓成为氛围良好的租住社区，使租住者找到归属感。公共空间的设计分为两类：一是自发参与的公共活动空间，带有纯社交性，包括多位于首层的公区活动空间、少量商业配套空间等。二是承载部分必要性活动的公共空间，包括分层或隔层设计的公共厨房空间、公共洗衣空间、公共晾晒空间、公共走道空间等。

（1）自发参与的公共空间

公区活动空间是专门为自发性活动设计的公共空间，包括门厅、水吧、接待区、休闲沙发区、长桌游戏区、影音播放区、台球区、健身房等。据调查，晚上及周末公区活动空间使用率很高，朋友聚会、交流工作、看电影、打台球、举办沙龙等，或看书、办公、上网等活动都可能在这里进行。设计应注意流线和动静安排，同时可设计部分专门的办公空间对外出租，提高白天利用率的同时还能为创业的年轻租户提供就近办公的场所。公共活动区面积在 50~150m² 为宜，不要过大。如果建筑形态是围合或半围合形式可做整体设计，使室外景观得到有效利用。

（2）部分必要活动的公共空间

调查显示青年人在家做饭的频率较低，多为简餐，因此复杂烹饪可按需设计分层或隔层的公共厨房满足偶尔的烹饪需要，并设计炊具柜。因为洗衣机是选配家电，应设计部分公共洗衣机安放空间，需求量不大时可结合走道的尽头空间设计。改建后一些房间的晾晒条件不好，小面积、通风好、阳光充足的晾晒空间设计很有必要。走道、楼电梯等空间使用频率高，应结合视觉设计增加趣味性、舒适度。以上这些空间都承载着租户的一些必要性活动，并且这些空间的设计制造了相互碰面的机会，有助于租住社区的营造。

4. 元素结合的设计

现有长租公寓设计风格混杂，一些公寓为展现给资本市场看，装修标准、软硬件设施过度，忽视市场对租金的承受力；还有些公寓装修标准过低，条件过于简陋。长租公寓大部分都是老旧厂房改建，工业风浓厚，在立面设计上以实用性为基准，保持原有建筑结构和风格不变，加入部分现代材料和设计手法，从而得到令人满意的立面形象，以此保证新旧立面部分融合，既满足使用功能，又能激活建筑活力。

5. 工业化设计

建筑工业化能促使长租公寓减少资源浪费、提高工程质量、缩短工期、降低成本、推广新技术。改造后居住单元具有模数化特点，可以对单元内各功能空间进行模块化设计，如模块化整体卫浴设计、模块化烹饪空间、模块化睡眠空间、模块化休闲空间设计等，兼顾空间的多样化。另外，设备管线要进行一体化设计，避免资源浪费、减少上下层互相干扰。

部品标准化设计可分为集中采购和自主研发两个部分：尺寸、种类较多的沙发、床、灯具、智能水电表及门锁、桌椅、橱柜、货架系统等可根据需要集中采购；一些特殊部品需根据模数化特点、风格要求自行研发,比如灵活度较高的货架系统、液压床等。可设计针对loft户型使用的集床、楼梯及梯下空间于一体的钢架床,不用立柱,保证空间通透性,可以工厂加工,现场装配。除了部品以外,预制楼板、墙板等建筑构件还需要根据改建类公寓建筑的特殊性进行研发,使隔声隔热、防火防水性能更好,保证房间的私密和安全。

6. 时代化空间属性

长租公寓公共空间设计要紧随时代发展,不断完善青年群体所需要的新型公共空间,在设计之初预留一定的空间给后期可能出现的新型空间,或将利用率低的空间进行改造,满足时代和科技进步带给青年群体的新型生活方式要求。

7.3 长租公寓项目定价策略

7.3.1 长租公寓定价基本思路

对于长租公寓项目来说,市场外部对价格的影响远远大于项目本身。因此,长租公寓的定价一般采用市场比较法而非成本定价法,在对周边商品房或类似公寓项目情况及租金进行调查后,分析与类似项目的异同,再通过因子分析法在周边类似项目的租金价格上加以调整,得到合理的租金区间。

影响长租公寓租金的因素一般分为两类:项目自身条件和周边环境条件。项目自身条件包括公寓的层高、采光通风、阳台、装修、家具配置等,统一公区或服务则是客户体验的溢价点。而周边环境条件中交通和商业配套等则最为重要。据统计,位于地铁口的项目可以比周边项目溢价30%左右,而项目与核心板块的距离会决定租户出行的时间成本,因此也会有较大影响。当然,项目周边如果有商业综合体,那会有较大加分,有利于溢价。

7.3.2 长租公寓定价技巧

1. 价格体系扁平化

和住宅不一样,长租公寓的价格体系不需要根据朝向、楼层、格局分别制定,而是设计一个扁平化的价格,保证每套房都没有超过租客的支付范围。

2. 公寓项目体量影响价格

公寓租金跟公寓本身的体量有很大关系,如果项目体量比较小,那可以尝试去挑战市场的价格天花板,但如果项目体量很大,价格一定是紧贴着市场,甚至比市场价格略低。

3. 旧居住区项目溢价能力强

根据诺贝尔经济学奖获得者卡曼尼的"前景理论"中的"参照依赖"原理可知,多数人对于得失的判断并不是根据绝对差别判断,而是由参照物决定的。因为很多客户对于产品的实际价值是没有评价能力的,只能通过对比来感性判断价格是否合理。很多旧居住区地理位置优越,配套完善,但老社区的社区环境、治安环境都比较差,在老房子的对比之下,长租公寓就可以适当抬高价格。

4. 尾数定价法

根据心理学家实验证明,商品定价时以数字9为结尾的价格比以数字0结尾的价格更容易让人接受。尾数定价除了给人一种便宜感外还让人觉得商家精准计算,已是最低限度价格的心理感觉。例如，1999 元的租金会让租客感觉是在 1000 元的区间内，但是 2000 元从感官和心理来讲，会让租客觉得是在 2000 元的区间内。

5. 合理制定招租优惠

假设一间长租公寓拥有 100 间房间，一个月的租金成本为 15 万元，一间房间的月租金为 2000 元，满租收益即为 20 万元，若空置超过 25 间，则会收不抵支。因此为提升出租率，可在招租期内合理制定招租优惠的力度和幅度，减少空置率，把招租佣金成本、空置成本置换回来，减少亏损。

7.4 长租公寓项目案例分析

7.4.1 万科泊寓简介

"泊寓"是万科旗下的青年长租公寓品牌，致力通过建立市场化的运营模式，为城市青年提供高性价比和加强社交属性的租赁社区。万科泊寓以城市青年人群为切入目标，以打造活力、安全、宜居、友邻和舒适家为产品概念，同时整合青年人群生活必需资源，通过丰富的社区文化、社区配套、社区活动为城市需求人群提供最为优质全面的长租公寓体验。泊寓于 2016 年正式成立，截至 2018 年 8 月，泊寓已布局全国 36 个城市，累计开业约 4 万间，已获取房间约 14 万间，实现全国一、二线及重点城市的全覆盖。万科远期计划提供 100 万套公寓，预计年收入达到 155 亿元，为一半以上城市新进入者提供长期租住空间及服务。

1. 运营模式

泊寓采用"轻重兼顾"的运营模式，通过购置或租赁商业、办公等物业，改造成青年公寓，赚取租金差和品牌溢价，轻重资产比约为 55∶45。

1) 重资产模式：通过收购获得物业产权或长期使用权，并负责装修改造及公寓运营管理。重资产项目投资回收期长，泊寓拓展重资产模式，除了看重长租公寓的发展前景外，也有对资产增值的考虑。

2) 轻资产模式：即租赁模式，泊寓与项目持有方签订长期房屋租赁合同（一般为 10~15 年），泊寓负责装修改造及公寓运营。目前，长租公寓投资回报期普遍较长，租赁的轻资产模式投资回收期目前一般在 5~8 年。

2. 物业选址条件

泊寓的所有项目均需临近地铁，拥有便利的交通环境，客群定位为青年白领，租金根据地段、房型及面积大小不同。表 7-8 为万科泊寓物业的选址条件。

表 7-8 万科泊寓物业的选址条件

物业位置	公共交通便利，以临近地铁站为宜
物业形态	进深宜≤18m，当进深超标时，方便开天井；层高≥2.7m；宜无地下面积或地下面积不超过 10%；不出暗房或暗房比例≤房间数的 5%
产权性质	商业、综合为佳；其余产权性质需要保证相关营业执照的办理及消防验收办理、通过消防年检
租赁期限	一般要求≥10 年
体量规模	2500m² 以上
签约主体	项目产权方为佳，如果只能与二房东签约，需要原产权方书面同意或转租证明

3. 融资模式

除了依靠自身的资金实力外，万科也积极通过租赁贷款和专项债券进行融资。2018年6月，万科获得证监会核准，分期发行不超过人民币80亿元（含80亿元）的公司债券，专项用于租赁。根据公告，最新发行的20亿元中，14亿元拟用于公司住房租赁项目的建设和运营，包括北京海淀永丰项目和大连宝华旺苑项目。

4. 管理模式

（1）智能线上服务

目前，泊寓专有App平台将所有租务场景都实现了线上管理。在招租端口，租客可以直接获取房源信息，并预约看房，最后在App内完成签约；而在租后服务端，泊寓为租客提供了一系列包括支付租金、快速维修、社群活动发布、智能化安保等一键式服务。强大的数据处理平台一方面符合年轻人互联网化的思维，另一方面提高了泊寓的运营效率，节省人工成本，真正地实现无纸化管理。例如，2016年公司集中做了一次平台签约，15h实现销售网签137间，签约均以电子账单的方式完成，效率很高。泊寓已在全国22个城市拥有布点。如果泊寓租户有迁移到其他城市居住的需求，泊寓可实行无押金转移，最大限度上为租户提供便利。

（2）高效率管理

万科泊寓为总部直属业务，有独立的且较为完善的组织架构。泊寓引入合伙人制度，下属城市负责人为合伙人，带领当地团队获取房源和管理公寓。城市各门店建立以门店店长为核心的门店负责制，完善扁平化的管理制度。此外，泊寓设立了产品研发中心，为中高端产品研发提供支持，并组建专业化的品牌推广团队，将品牌和销售目标挂钩，建立完善的"品牌+市场"的联动制度和奖惩制度。

（3）标准化运营

泊寓依托原有地产品牌的影响力，借助原有的采购、设计、运营等核心团队贯彻标准化运营模式，从而降低整体成本。万科泊寓标准化的运营模式如图7-2所示。

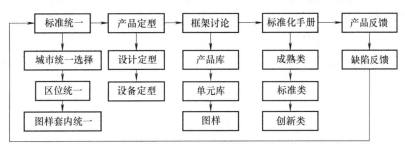

图7-2 万科泊寓标准化的运营模式

5. 盈利模式

目前，泊寓的收入还是以租金以及服务费为主，除此之外，还有对资产增值及未来资产证券化的预期。图7-3为万科泊寓的盈利模式。

6. 产品设计

泊寓项目设施和生活用品齐全，每个房间配备独立的卫浴、床、桌椅、衣柜、空调、热水器等。通过对家具、收纳等整体设计，使小空间高效利用，实现"低租金总价""拎包入

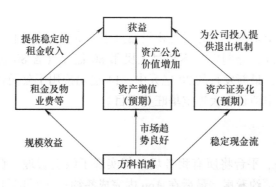

图 7-3　万科泊寓的盈利模式

住"。泊寓的房间安装智能安全密码门锁，公区 24h 全天监控，电梯刷卡乘坐等安全设施，让租房生活更安全。社区内公区 24h 免费为租户提供充足的社交、娱乐、健身空间，同时还会在每周举办各种青年潮流时尚聚会，帮助租户们找到与自己志同道合的朋友，开拓人生视野，让年轻人体会独处时自由、群居时狂欢的乐趣。表 7-9 为泊寓产品的基本情况。

表 7-9　泊寓产品的基本情况

产品定位	以精装集中式公寓为主，针对 18～35 岁青年群体，中端价位
房型	15～40 平方米为主，独立卫生间、整体卫浴
基础配套	床、床垫、沙发、桌椅、层板架、衣柜、晾衣绳、空调、热水器、冰箱、公共洗衣房、公共厨房
休闲娱乐	Party room、影音室、阅读区、咖啡区、主题沙龙、电影摄影、露营烧烤

7.4.2　万科泊寓项目经典案例分析——北京西直门店

1. 项目背景

万科泊寓北京西直门店临近西直门地铁站，位于北京西北二环以北，学院路以东的老街区内。前身是一栋颇具 80 年代北京 "红砖" 房子典型特征的建筑。其建筑面积为 12000m²，已建成 33 年，共 10 层，其中 1～3 层原为洗浴中心，4～10 层原为快捷酒店和公寓。建筑主体是由南侧主楼和西侧配楼组成的 L 形建筑和一栋三层东配楼。西直门店改造前和改造后分别如图 7-4、图 7-5 所示。

图 7-4　西直门店改造前

图 7-5　西直门店改造后

2. 城市关系

项目南侧是一个两岔路口,自然形成三角形的开放场地,比街道高1m,原本作为停车使用。改造后将三角形场地作为面向街道的小广场,围绕广场设置咖啡及小商店外摆,并结合景观设计用台阶和绿化代替原本的矮墙和坡道,形成老街区里一处难得的城市开放空间。

泊寓的主入口位于广场远离街角相对安静的一端;L形主楼背后是一个小的露天内院,包含花园、露天影院、小球场,是公寓租客平日活动交流的主要室外空间。其平面图如图7-6所示。

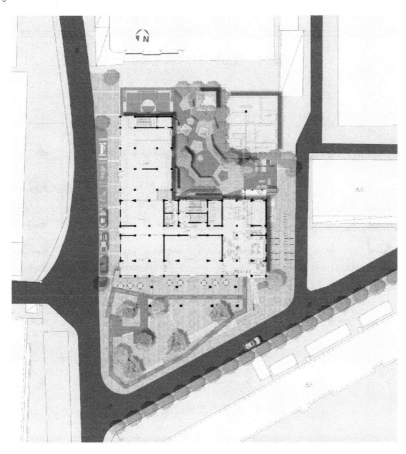

图7-6 西直门店平面图

3. 房间布局规划及改造

建筑师对每层平面进行了不同的调整。泊寓西直门店包含300余间公寓,从最小的8.5m² 的迷你公寓至26.8m² 的小套房。设计在标准层通过增加东西侧山墙面的采光,呈现了更积极的城市界面,同时每层的有效采光面增加了50%。这使得全部户型不仅满足了年轻租户的基本居住需求,也最大化地挖掘了小尺度户型的可能性,在有限面积内提供给年轻租户独立自由的空间。改造前和改造后的标准层平面图分别如图7-7、图7-8所示。

另外,泊寓客厅丰富的共享功能提供给不同的租户多样性的选择:公共厨房、共享客厅、小剧场放映室、可供聚会用的餐厅和共享后花园庭院等,提供给租户们社交驻足的场所。共享客厅如图7-9所示,公共厨房如图7-10所示。

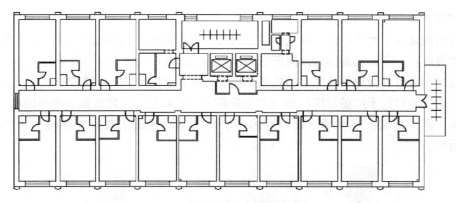

图 7-7 改造前的标准层平面图

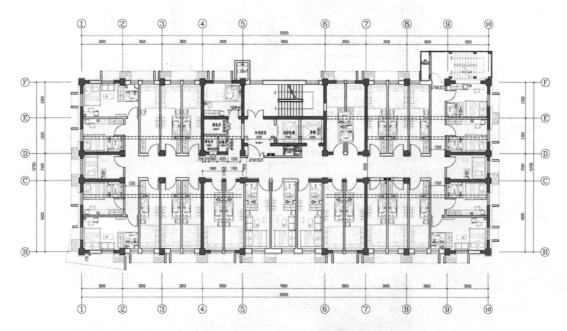

图 7-8 改造后的标准层平面图

图 7-9 共享客厅

图 7-10 公共厨房

4. 立面更新

由于原建筑是一栋层高和跨度不均匀，且有大量加固梁柱外露的老楼，改造需要满足每个房间室外空调机位的摆放，因此在立面上设计了凹凸的铝板窗套，用节奏变化来满足建筑的客观需求。窗套的立面尺度在转角处跳跃到建筑尺度,仿佛整座大楼在街角广场扭转形成生动的城市雕塑。生动的色彩带给了立面表情和温度。窗套内侧从顶部橘红色到底部淡黄色的渐变仿佛月食呈现的色谱,又像是呼应着开业时北京的金秋。而窗套外侧不易察觉的用灰度反向的渐变,平衡了色彩变化的重心位移。其立面设计概念图如图7-11所示。

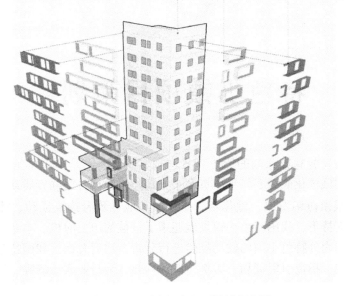

图7-11 西直门店立面设计概念图

注:图片来源:北京盛哲建筑设计。

第 8 章

特色小镇项目策划

我国特色小镇的发展有着深刻的历史背景与现实意义，它是推进供给侧改革的重要平台，是深入推进新型城镇化的重要抓手，有利于推动经济转型升级和发展动能转换，以及促进大中小城市和小城镇协调发展。近几年，在中央和地方政府持续推动、社会资本积极参与、金融机构大力支持下，我国特色小镇发展迎来了最佳的历史时机。本章首先对近几年特色小镇的政策以及国内外特色小镇的成功经验进行分析，然后总结了我国特色小镇的发展模式、规划及产品策划、招商引资策划、案例分析等内容，为行业人士研究、操作特色小镇项目提供借鉴。

8.1 特色小镇项目政策及投资机会

8.1.1 特色小镇概念

1. 定义

根据国家发展和改革委员会发布的《关于加快美丽特色小（城）镇建设的指导意见》（发改规划〔2016〕2125号），特色小（城）镇包括特色小镇、小城镇两种形态。特色小镇主要是指聚焦特色产业和新兴产业，集聚发展要素，是不同于行政建制镇和产业园区的创新创业平台；特色小城镇是指以传统行政区划为单元，特色产业鲜明、具有一定人口和经济规模的建制镇。

特色小镇强调的是平台概念，其"非镇非区"，是各种特色发展要素的聚集区。其规划面积一般控制在 $3km^2$，建设面积在 $1km^2$，要求做到产业"特而强"、功能"聚而合"、形态"小而美"、机制"新而活"，以打造高度产城融合的空间。同时，特色小镇和小城镇之间又有非常密切的联系，两者相得益彰、互为支撑。特色小镇是小城镇中的重要发展主体，小城镇是特色小镇发展的主要载体。

本书中的特色小镇即特色小（城）镇。

2. 特色小镇的特点

特色小镇的特点简析见表8-1。

表 8-1　特色小镇的特点简析

特　点	分　析
产业特性	涵盖范围广，核心锁定最具发展基础、发展优势和发展特色的产业，如浙江的信息经济、环保、健康、金融、高端装备制造等七大支柱产业和广东的轻纺、制造等产业
功能特性	通常为"产业、文化、旅游、社区"一体化的复合功能载体，部分小镇旅游功能相对弱化
形态特性	可以是行政建制镇，如湖南的百个特色旅游小镇，也可以是具有明确边界的非镇、非区、非园空间，还可以是一个聚落空间、集聚区
机制特性	以政府为主导、以市场（企业）为主体、社会共同参与的开发模式

"特色小镇"的"特色"具有以下四点：

（1）产业特性

特色小镇将自身产业与本土文化相结合，并以特色产业为基础，旅游产业为动力，双核驱动特色小镇发展。其中，特色产业的选择需要立足当地资源禀赋、区位环境以及产业发展历史等基础条件，向新兴产业、传统产业升级、历史经典产业回归三个方向发展；而旅游产业具有消费聚集、产业聚集、人口就业带动、生态优化、幸福价值提升作用，是引领特色小镇发展的主要动力。

（2）功能特性

特色小镇通常是"产业、文化、旅游、社区"融合，其核心功能是以产业为依托的"生产"或"服务"。没有生产与服务就无法形成大量人口的聚集；文化是特色小镇的内核，形成了每个小镇独有的印象标识；以旅游激发小镇内在系统与外部系统的良性互动，实现兴业、安居、游乐等复合功能。

（3）形态特性

小镇的风貌是在遵循生态原则的基础上将独特的建筑外观与文化传承相结合。形态上，它可以是建制镇，也可以是风景区、综合体等。

（4）机制特性

机制特性是指特色小镇的建设与运营采取以政府为主导、以市场（企业）为主体、社会共同参与的主办运营商开发模式；其商业模式是以大型企业为主要建设主体，通过市场机制引导民营企业参与建设，整合资源进行市场化运作管理。政府做引导、服务，负责小镇的定位、规划、基础设施和审批服务，相关方参与治理监督。

3. 特色小镇发展意义

一方面，特色小镇是加快供给侧改革的重要举措，是瞄准供给侧结构失衡主动下的先手棋。它通过重构区域产业创新生态体系、提升区域创新能力、促进区域经济转型升级，进而成为新常态下推动供给侧结构性改革的重要举措。从这个意义上，发展特色小镇显然不是简单地进行城镇基础设施规划建设，更不是借此在小城镇扩大房地产投资，而是为区域发展构建一个创新极，以新理念、新机制、新载体推进产业集聚、产业创新和产业升级，推动区域加快创新驱动、培育发展新动能。

另一方面，特色小镇是推进新型城镇化的重要路径。近年来，我国城镇化水平逐渐提高，城镇化进程正在加快，各地经济发展水平不断提高。国家统计局最新发布的数据显示，2018年末，我国常住人口城镇化率达到59.58%，较1949年末提高48.94个百分点，年均提高 0.71 个百分点。城市化进程的不断推进,使城市基础设施、公共服务不断完善,但也出现了市民化进程落后、产城不融合、城镇空间分布不合理、与资源环境承载能力不匹配、"城市病"等问题。为此,中央提出实施以"人"为核心的新型城镇化战略,并发布了《国家新型城镇化规划(2014—2020年)》,特色小镇的建设正是国家新农村建设、新型城镇化在新常态下的"新举措、新模式"。建设特色小镇,一方面让农村更多的优质资源就近向特色小镇集中,形成特色产业集群,促进当地产业结构升级;另一方面,有利于缓解过多人口和资源进入大城市的现象,减少"城市病",进而实现大中小城市协调发展。

8.1.2 政策分析

1. 宏观政策

2016年3月,国务院发布的《中华人民共和国国民经济和社会发展第十三个五年规划纲要》中提出,"十三五"期间要加快发展中小城市和特色镇,因地制宜发展特色鲜明、产城融合、充满魅力的小城镇,这也成为新时期小城镇发展的新课题。

2016年7月,住房和城乡建设部、国家发改委、财政部联合下发了《关于开展特色小镇培育工作的通知》(建村〔2016〕147号),从产业形态、传统文化、美丽环境、设施服务、体制机制等方面对特色小镇的建设进行规范要求,这是支持特色小镇建设的首个国家层面政策。自此之后,国家发布政策的密度不断加大。

2016年10月,国家发改委发布《关于加快美丽特色小(城)镇建设的指导意见》(发改规划〔2016〕2125号),指出释放美丽特色小(城)镇的内生动力要靠体制机制创新。要全面放开小城镇落户限制,全面落实居住证制度,不断拓展公共服务范围;2016年12月,国家发改委、国家开发银行等机构联合发布《关于实施"千企千镇工程"推进美丽特色小(城)镇建设的通知》(发改规划〔2016〕2604号),指出"千企千镇工程"是指根据"政府引导、企业主体、市场化运作"的新型小镇创建模式,搭建小镇与企业主体有效对接平台,引导社会资本参与美丽特色小镇建设,促进镇企融合发展、共同成长。

由于特色小镇尚处于起步阶段,部分参与者对特色小镇的打造理念认识不足,因此在建设过程中,很容易出现特色小镇的建设特色不明显、过度依赖房地产、滥用外来文化、盲目追风模仿等现象。针对该现象,近年来的国家政策中也出现了明显的纠偏倾向。例如,《关于做好第二批全国特色小镇推荐工作的通知》(建办村函〔2017〕357号)中,对以房地产为单一产业,打着特色小镇名义搞圈地开发的建制镇做出了明令禁止,更加注重当地的实际情况以及当地群众的需求,要求引入项目必须符合当地实际等,对第二批特色小镇的申报提出了更加严格的要求。又如,《关于规范推进特色小镇和特色小城镇建设的若干意见》(发改规划〔2017〕2084号)中,从严控房地产化倾向和严格节约集约用地两个方面分别提出了要求。再如,《关于建立特色小镇和特色小城镇高质量发展机制的通知》(发改办规划〔2018〕1041号)中要求,各地在建设特色小镇的过程中应以引导特色产业发展为核心,以严格遵循发展规律、严控房地产化倾向、严防政府债务风险为底线,以建立规范纠偏机制、典型引路机制、服务支撑机制为重点,加快建立特色小镇和特色小城镇高质量发展机制,进而促进经济高质量发展。

2. 规土政策

规土政策是特色小镇政策体系的重要组成部分,意在保障小镇建设所需用地。在各省相继出台的特色小镇规划建设指导意见中，江苏、福建、广东、湖北、河北、江西、云南、海南 8 个省均涉及了土地政策。通过梳理这些土地政策，可将其分为土地保障政策和土地监管政策两个方面。

对于土地保障政策，又可将其分为增量土地利用政策、存量土地利用政策和改革导向土地政策。其中，增量土地利用政策侧重于土地利用总体规划的调整，即将特色小镇建设用地纳入城镇建设用地扩展边界内，以及土地利用年度计划的新增建设用地指标。存量土地利用政策则主要涉及四方面的具体政策：一是工业用地提高容积率，可不再补缴土地价款差额；二是过渡期按原用途使用土地；三是存量行政划拨用地按规定可转为经营性用地；四是城乡建设用地增减挂钩政策。云南省明确提出了特色小镇规划区范围内可探索集体经营性建设用地入市和宅基地流转，即允许以出租、合作等方式利用空闲农房及宅基地，允许通过村民自愿整合、土地入市、采取一事一议，在现有宅基地基础上进行统一集中规划建设，其他省份则皆未提及。

相较于土地保障政策的多样性，土地监管政策则较为单薄，仅浙江省和江苏省的土地政策中有涉及。土地监管政策主要结合年度考核制度建立了用地指标奖惩机制，来对特色小镇的建设进行监督和管理，即浙江省和江苏省提出的"对如期完成年度规划目标任务的，省里按实际使用指标的 50% 给予配套奖励，其中信息经济、环保、高端装备制造等产业类特色小镇按 60% 给予配套奖励；对 3 年内未达到规划目标任务的，加倍倒扣省奖励的用地指标"。

3. 财政政策

在特色小镇的建设中，金融是重要的支撑力量。资金是项目持续发展的血液，资金短缺、金融工具缺乏，会制约特色小镇创立和长远发展。目前，我国对于特色小镇的财税政策主要是政府提供的资金扶持，包括专项资金、财政奖励（补助）、财税返还等。

专项资金是政府财政扶持的重点，表现为安排一定资金专项用于特色小镇建设。例如，陕西省发布《关于进一步推进全省重点示范镇文化旅游名镇（街区）建设的通知》（陕办字〔2016〕49 号），提出从 2016—2020 年，省财政给予每个省级重点示范镇每年 1000 万元专项资金支持，每个省级文化旅游名镇每年 500 万元专项资金支持。

财政奖励（补助）主要是采取"以奖代补"的方式，对按期完成任务、通过考评验收的特色小镇给予一定的奖补资金（如甘肃省），部分地区还提出了具体的补助金额，如福建省给予特色小镇 50 万元规划设计补助，由省发改委和省财政厅各承担 25 万元。

财税返还是扩大特色小镇财政收入，将其用于小镇再开发、再建设。如浙江省对于特色小镇规划空间范围内的新增财政收入上缴省市的部分，前 3 年全部返还给当地财政，后 2 年返还一半。

4. 金融政策

相比于政府提供资金扶持的财政政策，金融政策则是发挥市场融资的作用，具体包括金融机构信贷支持、债券贴息、鼓励社会资本参与等。

金融机构信贷从国家到地方都有政策支持，主要表现为支持特色小镇银行贷款。2016—2017 年，住房和城乡建设部分别和中国农业发展银行、国家开发银行发布《关于推进政策性金融支持小城镇建设的通知》（建村〔2016〕220 号）、《关于推进开发性金融支持小城镇建设的通知》（建村〔2017〕27 号），提出金融机构要加大支持力度，充分利用政策性金融和开发性金融支持特色小镇建设。

债券贴息主要是鼓励企业发行债券来筹措小镇开发建设所需资金。如福建省提出,2016—2018年,新发行企业债券用于特色小镇公用设施项目建设的,按债券当年发行规模给予发债企业1%的贴息,贴息资金由省级财政和项目所在地财政各承担50%。

在社会资本方面,倡导建立市场化运作机制,采取TOT(转让经营权)、BOT(建设—经营—转交)等PPP(政府和社会资本合作)项目融资方式,引导社会资本在更大范围内参与特色小镇建设。

5. 人才政策

人才是特色小镇规划建设的主要力量。相对市区而言,小镇基础设施和公共服务等各方面较为落后,对人才的吸引相对较弱,因而必须制定相应的人才政策,利用行政和市场两方面的力量吸引和留住人才。

行政力量主要是人才挂职,即从政府或高校中选择并安排规划、建设等专业技术人员到特色小镇挂职、任职,加强对小镇规划建设的技术指导,如山东、陕西等省;市场力量主要是通过收入、税收、落户等优惠政策,吸引优秀人才来到并留驻特色小镇。例如,福建省对特色小镇内高端人才实行税收优惠和个税优惠,加大对高层次人才运营项目的担保支持,并以股份或出资比例等股权形式奖励企业高端人才和紧缺人才;重庆市对特色小镇人才落户给予放宽,提出在特色小镇示范点创业投资和稳定就业的市外来渝人员,在城市发展新区、渝东北生态涵养发展区和渝东南生态保护发展区特色小镇示范点落户不受务工经商年限限制。

综合分析现有特色小镇发展的扶持政策,规土政策、财政政策和金融政策最为丰富多样,各省市几乎都有提及,而且可操作性较强;人才政策虽有提及,但更多是短期的人才交流,而长期的人才吸引政策不够全面,对人才的住房保障等缺少关注;对于特色小镇的核心——特色产业,如何培育并使之发展壮大的相关扶持政策较少提及。此外,教育、医疗等公共服务设施配套的扶持政策也较少。可见,当前政策措施更多在用地和资金保障方面,而激发特色小镇自身发展活力的政策相对缺乏,缺乏内在动力,政策体系有待补充调整。

8.1.3 发展现状

1. 特色小镇的类型和分布

2016年10月,住房和城乡建设部公布了第一批127个全国特色小镇名单;2017年8月,住房和城乡建设部公布了第二批276个全国特色小镇名单。截至2017年底,全国特色小镇一共403个。

(1)产业类型分布

根据住建部公布的第一、二批中国特色小镇名单,并结合住建部推荐工作的通知,特色小镇的类型可分为工业发展型、历史文化型、旅游发展型、民族聚居型、农业服务型和商贸流通型。经过整理分析得到,旅游发展型的特色小镇数量最多,为155个,占总数的38.5%;其次为历史文化型特色小镇,数量为97个,占比为24.1%。

在进行第二批全国特色小镇推荐工作时,住建部严格规定旅游文化类项目所占比例不能超过1/3。这是因为有些特色小镇项目的旅游文化项目并不符合当地实情,或者是发展成了单一的房地产项目,小镇规划未达到有关要求,脱离实际,盲目立项,盲目建设,政府大包大揽或过度举债,项目建设规模过大导致资源浪费。可以看到,特色小镇的产业类型分布比例在政策调控下正逐渐发生变化。

(2) 市场区位分析

从各区域的特色小镇数量来看，华东地区的数量最多，为 117 个。这是由于华东人口密度高，经济发达且产业活跃；同时，长江三角洲城市群的基建等条件较好，有着疏解大城市人口和产业升级的期望和需求，自然就配套规划了较多数量的特色小镇。其中，浙江省数量最多，为 23 个。浙江省从 2014 年开始全面启动特色小镇培育工作，目前已经取得了瞩目的成绩。

从特色小镇的区域分布可以看出，特色小镇往往与地区经济发展程度密切相关，这是因为地区经济发展是特色小镇建设的基础。特色小镇在工业化后期和服务经济时代出现，是经济发达的标志。尽管从供给角度来看，各地区都可能出现特色小镇，但从经济基础和需求角度出发，经济发达地区具有较为完善的基础设施和公共服务、多样性产业和完备的产业链；另外，经济发达后，对精神文化的追求导致人们青睐宜居宜业的地区。所以，特色小镇不适合建设在经济落后、交通不发达的偏远地区，而应建设在有较好经济基础地区的周边，与城市形成优势互补关系，为特色小镇的发展带来长足动力。

2. 发展中面临的问题

(1) 盲目跟风，产业定位同质化

特色产业是特色小镇赖以生存的基本要素，也是支撑特色小镇可持续发展的物质基础。近年来特色小镇建设遍地开花，但一些地方仅仅把特色小镇作为投资平台来打造，产业定位同质化现象严重。这些地方政府对本地资源、特色产业及文化遗存等优势认识不足，不顾经济水平、发展阶段和特色小镇建设与发展的基本规律，在发展模式上生搬硬套、简单模仿，在建设目标和实施路径上盲目制定指标，希望通过资金补贴、税收优惠、用地倾斜等优惠政策来维持小镇运转。此外，在小镇规划上也没有创新，以旧有观念和主观思维规划，导致最终所确定的产业和功能千篇一律，脱离实际，使当地的人文、旅游等资源没有得到充分利用。

(2) 主导产业模糊，功能叠加不足

特色小镇建设重点在于三大功能：产业培育功能，生态居住功能，旅游、度假功能。其旨在打造一个产、城、人、文四位一体的新社区。然而，部分特色小镇在规划时未能很好地将这些功能融合，导致功能叠加不足。主要体现在三方面：一是产业与旅游功能融合不足。小镇未能开发与特色产业相关的旅游项目和产品，对游客的吸引力弱。二是产业与文化功能融合不足。部分小镇对自身历史文化的内核挖掘与开发重视度不够，反而大力发展新兴产业，使得传统文化与现代产业难以融合。三是产业与社区功能融合不足。特色小镇的建设需要引进人才，但部分小镇不能同步实现社区的管理、服务、保障、教育、安全稳定五大基本功能，没能形成良好的社区生态，使人们对小镇的归属感不是很高。

(3) 投融资渠道少，资本支撑后劲不足

特色小镇具有投资规模大的特点，在基础设施建设、人才引进、产业发展、项目推进等方面都需要资本的投入。然而，目前我国推广的几大重点工程，投融资需求都是巨量的。例如，据财政部测算，随着我国新型城镇化建设的飞速发展，将会带来高达 42 万亿元的城镇基础设施建设和公共服务投融资需求；"十三五"期间，我国将深入实施大气、水、土壤污染防治"三大行动"计划，投资规模将高达 17 万亿元。可以看出，无论是新型城镇化建设还是环境治理领域的"三大行动"计划，都面临着巨大的资金缺口。受这些因素影响，再加上一些地方政府的招商引资能力较弱、投融资平台作用小以及民间投资少，可以推测，在特色小镇的建设过程中，政府将面临资金方面的难题。

（4）房地产倾向化严重

在开发商大举拿地盖房、卖房赚快钱的发展模式已成为过去式的当下，相当多的房地产开发商又将目光瞄准了特色小镇。随着房企布局特色小镇，小镇的"房地产化"趋向越发严重，主要表现为：部分房企借助建设特色小镇向政府低价拿地，并取得政府的资金支持，以特色小镇的名义搞房地产建设，导致小镇发展背离特色小镇的初衷。尽管特色小镇离不开房企，但"房地产化"致使小镇特色产业难以实现。实际上，特色小镇建设不是原来意义上的城镇化，不是建新城，绝不能用建新城的思路来规划建设特色小镇。

8.1.4 投资机会

1. 延伸产业链方面

特色小镇基于当地资源与特质进行产业定位，主要为最具发展基础、发展优势和发展特色的产业，如智能制造、文化旅游、体育等特色产业。除此之外，特色小镇带来了相关配套设施的建设需求，包括市政交通、水利、生态园林、环境保护等一系列系统性工程，其内容与建筑行业业务具有高度的关联性与协同性。建筑公司承接特色小镇建设具有先天优势与强烈动机，已经有诸多建筑企业布局特色小镇建设，特色小镇的万亿元市场空间将为相关企业带来巨大的市场机遇。特色小镇自身产业及其延伸产业示意图如图8-1所示。

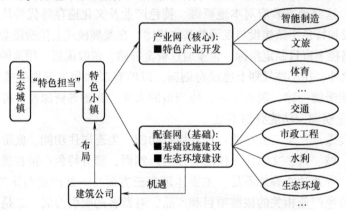

图8-1 特色小镇自身产业及其延伸产业示意图

2. 投资基金方面

从前面的政策分析可知，目前我国对特色小镇的资金支持主要有政府财政支持，以及部分银行提供的资金支持。业内人士指出，用股权基金的方式，探索解决特色小镇建设的资金瓶颈问题，将会是比较契合特色小镇的融资模式之一。当前，用股权基金的方式探索解决特色小镇建设的资金问题，在国内已有先例。

中国首个专注于小城镇建设的股权投资基金——北京市小城镇发展基金已于2012年启动运营，该基金总规模100亿元，首期25亿元。该基金依靠政府、银行、企业等多方出资，首批投向北京42个特色小镇，主要打造旅游休闲、商务会议、园区经济等五类特色小镇。这个小城镇发展基金就是在市政府引导下设立的一种股权投资基金，以点带面，是政府支持与市场化运作相结合的金融资产管理新模式，能弥补社会投资缺乏系统性、政府投资资金量小的尴尬，不仅资金来源充足稳定，而且可能会有央企参与，优质资源整合能力强。

此外，2016年10月，中国开发性金融促进会等单位牵头发起"中国特色小镇投资基金"，母基金总规模为500亿元人民币，未来带动的总投资规模预计将超过5000亿元，达到万亿级别。可见，随着特色小镇建设的推进，相关的基金规模将会越来越大。对于投资者来说，这也将会是一个具有广阔前景的投资机会。

3. 市场规模预测

特色小镇的市场规模预测首先要依据规划目标。《关于开展特色小镇培育工作的通知》（建村〔2016〕147号）中规划，"到2020年，培育1000个左右各具特色、富有活力的休闲旅游、商贸物流、现代制造等特色小镇，引领带动全国小城镇建设"；《关于加快美丽特色小（城）镇建设的指导意见》（发改规划〔2016〕2125号）则提出特色小镇的发展要"统筹地域、功能、特色三大重点，以镇区常住人口5万人以上的特大镇、镇区常住人口3万人以上的专业特色镇为重点，兼顾多类型多形态的特色小镇，因地制宜建设美丽特色小（城）镇"。

目前，全国的省、直辖市、自治区几乎都已经发布了特色小镇的相关政策，其中四川、云南计划用5年时间建设200个左右特色小镇，浙江、江苏、山东、湖南、广东、广西、河北、新疆、河南、陕西、贵州、海南均拟建100个特色小镇。前瞻产业研究院发布的《2018—2023年中国特色小镇建设战略规划与典型案例分析报告》中对全国特色小镇产业规划进行了初步统计，到2020年总计将建设特色小镇2468个左右。假设单个小镇建设投资东部省市为50亿元、中部省市为30亿元、东北部省市为20亿元、西部省市为10亿元，考虑到实际建设过程中投资额将更大，经过测算，全国总投资至少约为6.67万亿元。这些数据充分表明，特色小镇在未来几年将面临更加广阔的市场空间。

8.2 国内外特色小镇成功经验分析

在一些发达国家，特色小镇的发展已有多年的历史，其中，美国的纳帕谷"农业＋文旅"小镇、格林尼治对冲基金小镇和法国的格拉斯香水小镇已成为特色小镇的典范。在我国，近几年来也涌现出了一批成功的典型特色小镇，如云栖小镇、北京古北水镇。这些小镇不仅推动了区域经济的繁荣，还改善了当地人的生活环境和品质。通过总结这些特色小镇的成功经验，可为我国特色小镇的发展提供可参考的样本。

8.2.1 国外特色小镇成功经验

1. 纳帕谷"农业＋文旅"小镇

（1）小镇简介

纳帕谷位于美国加州旧金山以北80km，是美国第一个世界级的葡萄酒产地。它由8个小镇组成，是一块56km长、8km宽的狭长区域，风景优美，气候宜人。

从19世纪中期开始，纳帕谷以传统葡萄种植业和酿酒业等特色引擎产业，包含品酒、餐饮、养生、运动、婚礼、会议、购物及各类娱乐设施在内的"葡萄酒＋旅游"吸引核，形成综合性乡村休闲文旅小镇集群（见图8-2），每年接待世界各地的游客达500万人次，旅游经济收益超过6亿美元，为当地直接创造了2万多个工作机会。

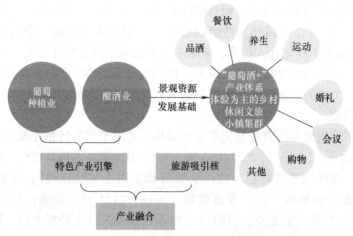

图 8-2 美国纳帕谷小镇特色产业简图

(2) 成功经验

纳帕谷的发展对于农业特色小镇来说是比较典型的,其成功经验也成为类似的农业小镇发展的理想愿景(见表 8-2)。

表 8-2 纳帕谷小镇成功经验

经 验	具 体 内 容
良好的气候条件	纳帕谷位于丘陵地带,拥有温润的地中海气候和多样化的土壤,当地独特的气候条件为小镇发展葡萄种植和酿酒业提供了良好的基础条件
对质量的保证	纳帕酒商有意控制葡萄产量以保证产品质量。规定产区内每英亩(1 英亩 = 4046.86m^2)的葡萄产量不能超过 4t,纳帕 60% 的酒庄年产量低于 5000 箱(1 箱 12 瓶),远低于周边葡萄酒产区。如今,纳帕谷的葡萄酒产量仅占整个加州葡萄酒产量的 4%,产值却占到了 1/3
对品牌的保护	纳帕的品牌在当地企业的倡议下得到了国家立法的保护。为了防止纳帕谷的名字被那些不用纳帕葡萄酿造的酒商所滥用,2000 年,纳帕企业成功倡议美国国家立法规定,正式实施 AVA(美国葡萄酒产地制度),规定凡使用纳帕谷品牌的酒,具备的基本条件是所用葡萄必须产自纳帕谷。由于品牌的保护和彰显,纳帕红酒身价倍增
特色产业和旅游产业完美融合	随着葡萄酒品牌的打响,纳帕谷的旅游业开始兴起,葡萄酒产业链逐步延伸,从最初的酒庄参观和观光旅游开始,到 2000 年以后复合型城镇功能的逐渐完善,第一产业的葡萄种植和第二产业的酿酒构成"特色产业引擎",各类第三产业构成"旅游吸引核",共同成为纳帕谷吸引人口和消费的核心部分
政府的统一规划和差异化定位	由于纳帕各镇均以葡萄酒产业为一、二、三产业融合发展的基础,为避免同质化竞争,纳帕政府及旅游管理部门根据各镇的发展现状和各自的资源禀赋,因地制宜地对 8 个小镇提出差异化的发展定位。根据与葡萄酒产业融合发展的产业类型,大致分为四类,即:葡萄酒、葡萄酒+体育运动、葡萄酒+商业艺术、葡萄酒+休闲养生,整体形成"葡萄酒+"的产业体系
充分依托一、二产业资源进行产品体系和节事活动策划	纳帕谷的葡萄种植业和酿酒业,不仅是地方经济发展的支柱,也为当地旅游产品体系和节事活动提供了景观资源和发展基础。8 个小镇针对各自特定的产业发展定位,与主导的葡萄酒产业协同发展
政企合作成立旅游业提升区(TID)助推地方旅游业发展	由于加州葡萄酒种植区众多,彼此竞争激烈,为提升纳帕谷小镇集群的整体竞争力,由纳帕郡会议与游客管理局牵头,纳帕郡政府、8 个镇政府、纳帕郡商会及纳帕谷内的酒庄、旅馆、餐饮等企业共同设立了"纳帕旅游业提升区",成立非营利组织"帕郡旅游公司"进行统一管理,通过 PPP 模式进行项目融资、招商引资及旅游宣传推广。旅游提升区的成立充分调动了当地社会资本,减轻了政府的财政压力,并通过政府监督和统一管理使资金针对各镇产业发展特点有的放矢,有效避免了内部恶性竞争

2. 格林尼治对冲基金小镇

（1）小镇简介

格林尼治是美国康涅狄格州的一个小镇，面积只有174km²，毗邻纽约市，交通便利，被称为对冲基金的传奇圣地，是全球领先的对冲基金中心之一。

几十年前，格林尼治开始发力吸引对冲基金的时候，当地税收比纽约低很多。例如，一千万美元的年收入，在格林尼治要比在纽约省50万美元。再如房产的物业税，小镇只有12‰，近在咫尺的纽约州就要30‰，这些优惠的税收政策吸引了最早的一批对冲基金企业。更重要的是，格林尼治小镇离纽约州很近，坐火车35～40min，大概相当于深圳到广州的距离，能受益到金融业的集聚效应影响。

经过多年的发展，如今美国格林尼治基金小镇已经初具规模，集中了超过500家对冲基金公司，其基金规模占全美1/3，是全球最著名的对冲基金小镇。目前，380家对冲基金的总部设在小镇，其中仅Bridge Water这家公司就控制着1500亿美元规模的资金，还包括管理65亿美元资产的多战略对冲基金FrontPoint、管理逾100亿美元资产的Lone Pine以及190亿美元资产的定量型基金AQR等。

（2）成功经验

格林尼治对冲基金小镇的成功经验见表8-3。

表8-3 格林尼治对冲基金小镇的成功经验

经　　验	具 体 内 容
税收优惠政策	康涅狄格州有利的个人所得税税率吸引了很多对冲基金在那里落户。从21世纪初开始，小镇就吸引了大批的经纪人、对冲基金配套人员等进驻，对冲基金数量曾一度有4000家之多。纽约州的房产税高达3%，而格林尼治的房产税只有1.2%
交通便利	小镇所在地距纽约仅60km，大约45min车程；这里拥有对冲基金要求的所有配套，能够有效承接纽约金融核心产业外溢；小镇周边还有三个机场，交通十分便利
配套设施完善	在格林尼治，办公室和家之间的路程可能只要10min；住所附近随处都是跑步和遛狗的好去处；住房宽敞舒适，远离纽约的压抑和拥挤；有很多好学校。小镇非常国际化，6万常住居民中有27%来自不同文化背景的国家，包括中国、新加坡等各地精英

3. 格拉斯香水小镇

（1）小镇简介

格拉斯（Grasse）小镇是现代香水发源地，是世界上最著名的香水原料供应地。该小镇位于法国东南部，地中海和南阿尔卑斯山之间，距离海边20km路程。格拉斯小镇位处坡地，傍山而建，面朝大海。夏季地中海吹来的季风湿润宜人，阿尔卑斯山下的地下水加上充足的阳光，使格拉斯成为花草优生地带。再加上地区人文和产业偏好，小镇重点产业逐渐偏向花卉种植业及香水工业，每年在这个地区采集的花朵有700万kg之多。

法国是世界第一香水出口大国，占全世界香水出口量的38%，而格拉斯则是法国香水的第一产地，诞生了香奈儿5号等世界知名香水。格拉斯小镇有超过30家的香水工厂，生产法国 2/3 的天然芳香，用于制造香水和食品调味料，每年香水业为小镇创造超过 6 亿欧元的财富。

小镇因为香水设置有国际香水博物馆、弗拉戈纳尔美术馆、弗拉戈纳尔香水工厂、普罗旺斯艺术历史博物馆等著名景点，吸引了全世界爱香人士及旅游人士的到来。此外，格拉斯每年还会举行"茉莉花节"，届时要举行盛大的活动，装饰华丽的花车穿过市镇，并设置焰火、免费派对、民间音乐团体和街头表演等活动。

(2) 发展启示

格拉斯小镇最初成名于皮革业，因环境污染发展了养花，后来格拉斯便借用花的精髓成为世界的香水之都，如今旅游业又成了小镇的主导产业。由此可见，格拉斯小镇历经了多次的产业转型，并最终走上了以绿色农业为基础（鲜花）、新型工业为主导（香水）、现代服务业为支撑（旅游）的经济发展模式，并始终保持着活力，它对我国城镇化的发展具有现实的参考意义。

在格拉斯的发展历程中，有两次重要的转型，第一次是工匠们积极抓住市场机遇，从手工皮手套生产转向了香精、香水的生产；第二次是随着本地原材料成本的提高，转向国际采购原材料，而本地更多地转向旅游业等第三产业，以获得更高的附加值。

格拉斯的转型对我们的启示有两方面：一方面，在我国劳动力和资源要素成本持续上升的大背景下，更加全面地融入世界全球化产业链是我们要认真思考的课题，在不能放弃制造业的前提下，我们还要更多地将产品设计、原料采购、物流、订单处理、批发零售等产业链环节的价值收入囊中，而不仅仅是世界的代工者；另一方面，小镇的发展要合理有效地开发资源，兼顾经济发展与生态保护。

8.2.2 国内特色小镇成功经验

1. 云栖小镇

(1) 小镇简介

云栖小镇地处杭州西湖区西南，位于杭州之江国家旅游度假区核心区块，是浙江省首批创建的十个示范特色产业小镇之一。小镇规划面积 3.5km²，2016 年已投入使用 20 万 m² 产业空间，规划 3 年内逐步打造 100 万 m² 产业空间。云栖小镇坚持产业、文化、旅游、社区"四位一体"，生产、生活、生态融合发展的理念，打造云生态，发展智能硬件产业，建设基于云计算大数据产业的特色小镇。

截至 2017 年 11 月，云栖小镇已累计引进各类企业 645 家，其中涉云企业 475 家，主要包括阿里云、富士康科技、Intel、银杏谷、数梦工厂、华通、洛可可设计、中航联创、国家信息中心电子政务外网安全研发中心等，产业覆盖云计算、大数据、App 开发、游戏、互联网金融、移动互联网等各个领域，已初步形成较为完整的云计算产业生态。目前云栖小镇正在打造阿里云生态、OS 生态、智能硬件生态、卫星云生态四个产业生态。2017 年 1—10 月，云栖小镇实现财政总收入 5.85 亿元。截至目前，云栖小镇累计完成固定资产投资 33.1 亿元，累计实现云计算相关产值超过 300 亿元，税收超过 20 亿元[⊖]。目前小镇成了以云计算为代表的信息经济产业生态圈，发展智能硬件产业，同时形成大的云计算及 DT 时代技术

⊖ 数据来源：《杭州云栖小镇：云创云栖，构建全新的"云产业"生态圈》，光明网。

分享的云栖大会，在整个产业享有盛誉。

（2）成功经验

首先从产业选择来看，云栖小镇位于杭州市，阿里集团是推动杭州互联网生态蓬勃发展的支柱性力量，所以其实质是因为阿里的存在，使云栖小镇的成长具备了先天性的优势。基于云计算大数据为核心技术的小镇需要有大量的互联网公司作为支撑，而作为行业龙头企业之一的阿里集团周边凝聚了大量相关企业，成为这个小镇可利用的核心资源。

其次，从小镇的区位选择来看，云栖小镇坐落于杭州之江国家旅游度假区，东至杭新高景高速公路、南至袁浦路，西至八角南路，北至320国道，小镇四面环山，环境怡人，具有得天独厚的生态优势，也正是基于此特点，小镇规划中还提出接待30万人次的旅游目标。

最后，从其运作模式来看，小镇采用了政府主导、民企引领、创业者为主体的模式，充分尊重了市场力量的作用。浙江省整体对于民营企业有合理认识并且对市场力量充分尊重，与部分地方政府"大包大揽"的整体思路不同，浙江省政府更倾向于以FOF模式撬动社会资本、发挥社会资本的主观能力性，而这成为特色小镇成功的关键。

2. 北京古北水镇

（1）小镇简介

古北水镇位于北京市密云区古北口镇司马台村，其基于北方水文化，在原有的三个自然村落的基础上修整改建而成，保存有精美的民国风格的山地四合院，是司马台长城脚下独具北方风情的度假式小镇。整个古北水镇面积近$10km^2$，于2010年签约新建打造，并于2014年10月正式对外营业。统计显示，2015年，古北水镇接待游客量超过160万人次，旅游综合收入近5亿元；2016年，古北水镇游客量突破了245万人次，旅游收入达到7.35亿元，同比分别增长67%和59%[⊖]。古北水镇历经4年打造成功，对我国特色小镇建设具有重要的借鉴意义和示范效应。

（2）成功经验

通过对古北水镇的发展模式进行仔细剖析，其成功原因可归结为以下几点：

1）找准卖点，立足自身优势高起点规划。在规划之初，古北水镇就充分结合自身的优势资源进行高起点规划，即以"长城观光、北方水乡"为核心卖点，把项目规划定位为集观光游览、休闲度假、商务会展、创意文化等旅游业态于一体、服务与设施一流、参与性和体验性极高的综合性特色休闲旅游度假目的地。根据项目的功能分布，古北水镇分为六区三谷。整个水镇范围内规划大量酒店、民宿、餐饮、温泉、演艺、娱乐等配套服务设施，总体规划有43万m^2的明清及民国风格的山地合院建筑，包含2个五星标准大酒店、6个小型精品酒店、400余间民宿及餐厅、商铺，10多个文化展示体验区及完善的配套服务设施，满足人们对观光、休闲、度假和会议的需求。此外，项目后期还规划了别墅地产、度假公寓等多种业态，满足项目的可持续发展。

2）充分利用丰富的自然和人文资源。国内部分小镇要么自然风景优美但缺乏厚重的人文资源，要么历史积淀深厚但旅游景点吸引力不够，由于不具备自然和人文双重资源，导致斥巨资建设后的小镇发展动力不足，后期运营困难。相比之下，古北水镇拥有得天独厚的自

⊖ 数据来源：《从古北水镇看旅游小镇的成功打造》，旅游运营网。

然和人文资源：其位于北京市密云区古北口镇区域内，背靠司马台古长城，坐拥鸳鸯湖水库，是北京市及周边地区罕见的山、水、城有机结合的自然古村落。不仅如此，古北水镇还有珍贵的军事历史遗存和独特的地方民俗文化资源。

此外，古北水镇地理位置优越，其距离北京仅 100 余 km，处于京承黄金旅游干线上，高速公路直达景区，交通十分便捷。由于地处北京市郊，古北水镇拥有北京市两千多万潜在旅游消费者，而通过北京这一知名旅游目的地平台，间接拥有数千万乃至上亿的潜在客源市场。

3）围绕水镇特色努力挖掘各类创意要素。古北水镇深入挖掘整理传统历史文化，重点是充分挖掘山、水、长城、民俗文化等多种创意要素。如古北水镇巧妙利用堤坝等设施打造一个个首尾相连的水面，贯穿整个小镇，最终形成一座北方水乡小镇；又如，在建设中大多采用"修旧如旧"的手法，展现小镇久远的历史和深厚的文化积淀。

4）创新经营管理。为实现持续经营，古北水镇在规划时就对景区业态进行了"三三制"划分，即 1/3 的门票收入、1/3 的酒店收入和 1/3 的景区综合收入。在古北水镇经营业态上，除门票外，经营者更加重视游客在景区的二次消费，现已形成温泉、餐饮、游船、索道、住宿、演艺和娱乐等多种业态复合经营的良好态势。这种模式既充分满足了游客的多种旅游消费需求，又极大降低了门票收入在整个经营收入中的比例，成功破解了困扰业内的"门票经济"难题。

不仅如此，针对北方景区冬季游客减少的问题，古北水镇适时开发出雪地长城观赏、庙会、冰雕节、温泉等一系列冬季旅游产品，这种模式使得小镇"淡季不淡"，保证了小镇运营的可持续性。

5）政府支持。政府的大力支持是古北水镇建设取得成功不可或缺的重要因素。古北水镇项目是北京市"十二五"规划的重点旅游建设项目，小镇的开发得到了当地政府的大力支持，密云区政府除给予基建补贴外，还在道路交通、征地拆迁、水电供暖等方面给予支持与帮助。

8.3 特色小镇发展模式

8.3.1 建设开发模式分析

特色小镇建设明确提出要坚持"政府引导、企业主体、市场化运作"原则。具体而言，就是政府要搭建平台，提供服务，负责小镇的定位、规划、基础设施和监管治理；企业要作为特色小镇建设的主体，通过市场化手段引进企业和社会资本来建设特色小镇。综合来看，特色小镇的建设开发模式可分为以下两类：

1. 政府引导，企业主导

这种开发模式更多强调产业自身的内驱动力，政府在特色小镇的建设过程中更多的是配建制度和环境的角色，以最高层级的规划作为引导力量；在建设过程中则由企业和社会资本起主导作用，负责具体的战略落实、建设和运营。

以杭州玉皇山南基金小镇为例，该小镇坐落于上城区目前仅有的成片规划区块，规划面积 3.2 万 km^2。玉皇山南基金小镇成立了玉皇山南建设发展公司，充分发挥市场在资源配置中的决定性作用,以企业为投资建设主体,主导小镇的"国际化""专业化""市场化"发展。

其中,对于采用PPP模式运作的特色小镇,政府应在其中充当管理者和参与者的双重角色,即在提供相关政策保障和政策引导的同时,要吸引更多的社会资本参与到小城镇建设中来,并选择重点产业和特色产业给予重点扶持。

2. 政府全部包揽扶持模式

与民营经济力量较强伴随的一般是该区域的经济活力较强,而与之相对的,政府力量占绝对优势地位的区域往往表现为经济活力较差。而在特色小镇建设过程中,由于企业和社会资本能力不足,政府角色定位多表现为包揽扶持模式。

以西藏山南市扎囊县桑耶镇为例,该小镇的典型特质是依托当地优质的历史文化底蕴、民俗文化传统、特色景观资源,这些是满足建设特色小镇的重要条件。对于生态环境较优但交通不便,或是景区缺乏足够特色的文旅小镇,一般面临区域经济活力不强、基础设施建设较差、地方政府财力薄弱三大问题,特色小镇的建设最具可操作性的方案即为政府全权负责型。

如果由政府全权负责,那么特色小镇的设计和建设的水平一般不会出太大问题,但是在整个特色小镇的不断开发和升级中,需要大量的资金投资,采用股权投资、PPP或基金模式都有可能,但一定要关注的是政府政策支持的力量和资金持续的流入。

值得注意的是,文旅小镇的优质生态环境只是吸引人口流入的充分条件,而不是充分必要条件,旅游只是人口的流动,而并不意味着小镇能够实现长久的人口导入,西部的特色小镇对这一问题尤其应该给予充分重视。

8.3.2 运营要点分析

特色小镇的形成不是一蹴而就的,它的诞生是一个错综复杂的过程,需要土地、产业、城镇、服务、法制等多个方面的配合与交织。为方便分析小镇的运营要点,将特色小镇的建设过程分为土地一级开发期、产业项目开发期、产业项目培育期、产业链整合期、土地二级开发期五个发展阶段。每一个阶段都对应着不同的资源形态,有着不同的运营要点及目标。

1. 土地一级开发期

特色小镇中的土地一级开发并不仅仅是项目地的征地补偿、拆迁安置等基础设施和社会公共配套设施的建设,其主要目的也不仅仅是使"生地"成为"熟地",而是要与产业发展、项目开发结合在一起,因为产业的价值决定了土地的价值。因此,土地一级开发必须结合产业项目开发和土地二级开发,只有这样才可能真正获取一级市场的利润。土地一级开发期的运营要点在于顶层设计和政策法制层面:顶层设计层面,即做好城市规划和产业规划,确定小镇未来的发展方向;政策法制层面,即出台土地、奖惩、税收等方面的政策条件以及监管机制,保证小镇的顺利推进。

2. 产业项目开发期

"特色产业"的发展方向确定后,就要围绕这一产业,通过项目及载体的开发建设,形成产业的开发、培育及集聚,最终打造产业集群,实现产业价值。产业项目开发是第一步,即紧抓产业链上的核心环节,在尊重市场及产业发展规律的基础上,集中人才、创业团队及资金等优势条件，集中攻破产业开发的各种难题，形成产业项目发展条件的聚集。因此，产业项目开发期的运营要点在于对接国内外优势的科研及教育资源，一方面通过科研成果的孵化促进技术向生产力的转化，另一方面通过专家学者的研究突破产业发展技术上的一些难题，还可以完成人才的培育及输送，形成产业可持续发展的后备力量。

3. 产业项目培育期

当产业初步开发完成，形成一定的特色优势及产业价值后，就进入了产业的培育阶段。这里所说的培育是围绕产业的核心部分展开的，主要目的在于培育和扶持有效的产业项目和企业主体，形成规模化的经营效益。在这一时期，运营重点在于相关政策的大力扶持，包括信贷金融支持、税收优惠和财政补贴、科研补贴、进出口关税和非关税壁垒、土地价格优惠等。在这一阶段可以有的放矢，对一些重点品牌或企业进行大力支持，引导它们与产业链条上的其他小型主体建立互补、合作、共赢的关系，发挥龙头企业的引领带动作用。

4. 产业链整合期

特色小镇围绕主导特色产业，利用整合手段，使特色产业、旅游产业及其他相关产业通过某种方式彼此衔接，构建一个有价值、有效率的产业集群。其运营重点在于打通产业链上下游及各相关产业之间的壁垒，有效运用资源、技术、产品、市场、经营方式、组织管理、制度、人才等各种手段，实现产业之间的有效聚集，形成带动作用更强、效益更好的产业集群式发展。

5. 土地二级开发期

随着产业链整合逐渐完成，特色小镇也进入了土地二级开发期，即产城融合共建期，这是新形势下特色小镇发展的必经阶段。产业大发展，吸引大量就业人群集聚，进而产生了对居住、教育、医疗及第三产业服务业的大量需求。基于"产城人"一体化的发展目标，就需要通过土地的二级开发，实现综合服务配套的升级，包括居住配套、商业配套、教育配套、医疗配套、休闲娱乐配套、社区服务配套等。这一时期的运营重点在于综合考虑城市发展、旅游发展、产业发展、政策的扶持和制约等因素，实现产城一体化开发，防止以城镇运营之名，行地产开发之实。

8.3.3 运营管理内容

小镇的运营需要完成实施规划、建设、招商、运营的一体化操盘，形成小镇发达的社会网络组织和专业化服务分工机制，通过产业关联打造一个类似生物有机体的产业生态链，主要包含物业管理、配套服务、产业运营三大核心内容。

1. 物业管理是基础

物业管理是小镇运营过程中最基础的管理，为小镇居民与进驻企业提供基本的保障，让企业能够把主要精力放在企业发展上，让居民能获得舒适的生活环境。小镇物业管理涉及水、电、暖、空调、通信网络、卫生、停车、安全保卫等事宜，需要具备规范化、信息化、智能化的物业管理生态体系，制定标准化的管理流程，以及应激性的处置措施。

（1）秩序维护

人员要求：小镇所有物业管理工作人员在工作期间要统一着装，佩戴工牌，仪容仪表规范整齐，定期进行培训，确保人员素质水平。

智能监控：通过人脸识别、智能门禁等智能设备做好小镇来访人员的记录，小镇配备智能监控设备,并做到 24 小时设备运行,覆盖小镇主要道路和出入口。

应急预案:小镇的变电箱等部位贴上安全警示标志;做好火灾、浸水等突发事件的应急处理预案。配备智能预警设备,一旦有险情,自动预警。其中,文旅小镇更要做好人员拥挤、踩踏等意外事故的应急处理预案。

(2) 设施维护

项目设施:根据小镇产业的不同,配备产业需要用的设施可能不一样,要确保设施运行正常,维护良好,保养检修制度完备,有设施运行记录;针对设施故障及重大事件或突发事件要有应急方案和现场处理措施、处理记录。

公共设施:对小镇的照明、供水、排水、电梯、智能化、消防等系统定期巡查,做好巡查记录,及时组织维修并严格遵守操作规范及维护规范。

(3) 餐饮卫生

按照高要求高标准确保餐饮的卫生,一旦卫生出问题,整个小镇的品牌是最容易受影响的,因此必须杜绝卫生事故的发生。

厨房卫生:保障地面无积水、杂物、油渍,保持厨房整洁、明亮,墙面无尘、无死角;随时检查灭蝇灯是否正常工作,定期清理灭蝇灯,确保外表无尘土、无污渍。

垃圾处理:处理固体废弃物应分类,指派专人进行清理,采取"四定"办法,即定人、定物、定时、定质量划片分工,包干负责。

(4) 车辆管理

车辆检查:门岗对小镇人员、车辆出入进行查证、验证,或者通过智能化的手段,对人员、车辆的控制管理做好记录。

停车场管理:利用智能化设备,对小镇车辆进行管理、疏导,保证车辆停放整齐,场地清洁卫生。

2. 配套服务是保障

小镇的配套服务是指为满足小镇内部企业员工以及小镇居民的日常生活需要而发展的各式住宅、医院、学校、餐厅、超市、住宿酒店、街区商场、银行、通信公司、咖啡店、健身房、广场、公园、酒吧、美容美发店、书店、图书馆、影院等配套设施。

处于不同圈层的特色小镇对于配套服务的要求不一样。靠近中心城区和近郊地带的特色小镇可以利用一部分中心城区发达的商业环境以及完善的商业设施条件,满足小镇内部员工的日常生活需求,包括员工家属的上学和就医诉求。然而,大多数特色小镇并没有具备相应的条件,都处于相对独立的或者远离中心城区的地方,需要小镇重新建设相应的配套服务设施。

小镇配套服务设施的运营管理包括开展商业招商、店家更新以及商业物业管理。在前期,小镇适当牺牲部分经济利益,先争取急需的配套商业店家及时进驻,保障小镇经营运转起来,从而保证小镇产业招商的顺利开展和进驻企业的正常运转。小镇进入稳定期以后,根据小镇的整体需求和企业、居民的现实需求,适当调整商业业态,补充、更新商业店铺及综合配套设施,切实提升小镇综合服务水平。

3. 产业运营是核心

产业运营是特色小镇的核心,决定着特色小镇的未来。产业运营涵盖的专业领域非常广,涉及的公共关系非常多,是工作周期相对长、工作复杂程度高的系统工程,而且效果也不可能立竿见影，需要认真、耐心与毅力。产业运营主要包含产业环境打造、产业招商、孵化器、公共服务平台打造、公共关系管理等在内的专业服务以及小镇内生发展等多方面的内容。

（1）产业环境搭建

营造所规划产业的良好发展环境包括软件方面的公共政策与产业扶植政策等，以及硬件方面的行业设施配套。

1）软件方面。根据不同产业发展的不同阶段制定激励企业发展的政策，如高新技术企业在刚入住小镇的时候给予免租金或者租金折扣的优惠，后期给予研发补助等激励政策；对于商贸型的企业，可免费搭建社区平台，协助举办展销会等；对于农业企业，给予提供专家服务等支持政策，营造一种良好的发展氛围；对于旅游企业，帮助与周边景区搭建合作平台，共享客流等。

2）硬件方面。根据产业的需求提供行业设施配套，如工业产业所需的物流配送、展览展示，农业种植灌溉所需的配套设施，旅游行业所需的停车场、公厕等，以及创业企业所需的公用办公室、实验室等。

（2）产业招商

产业招商是基于特色小镇产业规划确定好的产业定位，围绕产业的主导产品及其上下游产品，引进高端产品生产技术，拉长技术链，营造主导产业，引进终端产品制造业以及相关服务配套企业，形成完整的产业链招商，并形成产业聚集，为进一步提高招商引资的竞争力而采用的一种招商模式。

（3）专业服务

针对所规划的入驻企业建立系统全面的公共服务体系，开展有针对性的公共服务和增值服务，是小镇运营里最重要的内容。主要包含创业孵化、公共服务平台、公共关系管理三方面的内容。

1）创业孵化。小镇的核心是产业，而产业是依托当地的特色资源来发展的，从资源变成产业需要一个过程，孵化便是其中一个环节。因而小镇需要提供孵化器的服务，让初创企业获得一个健康成长的"温箱"，让产业在小镇生长起来。具体而言，孵化服务就是要做好三件事：①给小微企业提供适宜的成长环境；②提供政策、资金、信息和管理培训扶持；③针对企业的具体状况，指导技术研发，促进市场摸索，帮助融通资金。

2）公共服务平台。公共服务体系是小镇运营商对接进驻企业并借服务赢得回报乃至共赢发展的重要载体和实现途径。公共服务平台的完善程度很大程度上预示着小镇发展的后劲，完善的公共服务平台是衡量小镇核心竞争力的重要指标之一，具体包括技术服务、金融服务、市场服务、人才服务、信息服务和经营管理服务等内容。

3）公共关系管理。在小镇建设运营过程中不可避免地与政府、行业机构和相关社会团体产生工作往来和业务联系，这就是小镇的公共关系工作。其中，产业运营过程涉及的公共关系很多，如政府的工商、税务等各职能部门，报纸、广播、电视台等文化传播媒体，以及金融、财务、法律等各领域的中介服务机构，这些公共关系都需要进行打理维系。在小镇运营管理工作中，公共关系建设是重中之重。

8.3.4 盈利模式分析

特色小镇的盈利收入主要来自两部分：地产增值和产业增值。地产增值是指依附在土地溢价基础上的一种盈利模式，通过建设工业厂房、物流仓库、办公楼宇、商业配套设施并以出租出售方式供企业使用，同时提供物业服务。产业增值又包括产业投资、中介服务、平台服务、政府补贴、税收奖励五个方面。产业增值是通过产业运营和享受关联政策获利。客观地说，过去很多产业园区或者产业新城主要依靠地产增值，而小镇应坚决杜绝"重地产、轻产业"的情况，因此小镇应主要依靠产业增值获利。

1. 产业投资

产业投资盈利模式主要是指运营商建立或控股专业性的产业投资机构，如天使基金、VC、PE 等，以此开展项目投资，或者利用孵化期的优势对进驻的潜力企业开展多种形式的股权投资，实现企业成长并获取长期收益。

2. 中介服务

中介服务盈利模式是指运营商整合产业资源，引进各类中介服务机构，向进驻企业提供工商注册、融资信贷、法律咨询、人才外包、资质认证、技术中介、管理咨询、知识产权服务、网络通信服务等全套的产业服务，并向服务提供方适当收取佣金的收益模式。

3. 平台服务

平台服务盈利模式是指运营商通过组建专业咨询部门或专业化公司，自主建立公共服务平台，如中介机构，为进驻小镇的企业提供针对性的技术服务、市场营销服务、金融信贷服务、管理咨询服务等，直接获取咨询性、服务性收入。平台服务还可以通过 BPO（商务流程外包）等形式获取长期、稳定的收入。

4. 政府补贴

从国家到省市各级政府都制定了一系列支持小镇建设与发展的政策资金，根据专款专用的原则划拨给小镇。另外，针对一些创新性或者特色性的产业，区域政府也会给予一部分财政补贴，以支持产业发展，促进区域产业升级。

5. 税收奖励

税收奖励是指小镇的企业上缴的税收，会有一部分被返还至小镇，支持小镇建设或者用于扩展招商，堪称区域政府对小镇的"绩效奖"。然而，每个特色小镇的建设经营各有侧重，收入来源比重不同，但从小镇收入构成和比例额度上，不难看出小镇的经营定位和运营能力。

8.4 特色小镇规划及产品策划

8.4.1 特色小镇规划原则

规划是引领有序发展的重要手段，特色小镇作为一项新生事物，是涵盖产业、生态、空间、文化等多个领域的系统性工程。因此，特色小镇规划是一项各种元素高度关联的综合性规划，不能照搬现有某个单一领域的规划方式和方法，而应在"多规合一"的基本理念下，针对特色小镇特点开展创新性实践。

1. 在内容上坚持"产业为先"原则

重空间、轻产业是传统规划的缺陷，建设特色小镇的核心是因地制宜，培养独具特色和富有活力的产业。薄弱的产业基础难以形成人口的聚集，难以创造稳定的现金流，从而无法保证稳定的资金流入。在小镇发展过程中，特色小镇应始终坚持"产业为先，内容为王"，产业向"做特、做精、做强"发展，新兴产业成长快，传统产业改造升级效果明显。充分利用"互联网+"等新兴手段，推动产业链向研发、营销延伸，将加工制造业、文化产业、未来新兴产业等与旅游结合起来，完善小镇产业链条，实现多产融合发展，在新兴产业、文化旅游乃至金融信息等多个发展热点中找到依托，从而形成自己的优势产业与特色风格。

2. 在特色上坚持"文化为魂"原则

文化是软实力，深深熔铸在民族的生命力、创造力和凝聚力之中，没有文化生产力的发展作为支撑，经济发展就不可能获得质的提升。《关于开展特色小镇培育工作的通知》（建村〔2016〕147号）提出特色小镇的培育要彰显特色的传统文化，小镇传统文化得到充分挖掘、整理、记录，历史文化遗存得到良好保护和利用，非物质文化遗产活态传承。小镇要能够形成独特的文化标识，与产业融合发展。小镇的优秀传统文化应在经济发展和社会管理中得到充分弘扬。因此，文化必须是发展特色小镇的灵魂，没有文化的小镇是空洞的。"文化为魂"还必须坚持文化的传承发展，彰显特色小镇内涵。

3. 在环境上坚持"以人为本"原则

特色小镇要发挥"小而精"的特点，确保小镇环境"以人为本"，优美宜居。小镇空间布局与周边自然环境相协调，整体格局和风貌具有典型特征，路网合理，建设高度和密度适宜；小镇居住区开放融合，提倡街坊式布局，住房舒适美观；建筑彰显传统文化和地域特色；公园绿地贴近生活、贴近工作；店铺布局有管控，镇区环境优美，干净整洁。

4. 在技术上坚持"多规合一"原则

特色小镇规划的内容除了传统空间规划内容外，还包括定位策划、产业规划、社区规划、旅游规划、交通规划等，同时需突出生态、文化等功能。因此，特色小镇规划必须坚持多规合一，突出规划的前瞻性和协调性，融合小镇所在城镇的社会经济发展规划、城乡总体规划、土地利用规划、环境保护规划、交通综合规划、文物保护规划等相关规划，"一张蓝图干到底"，推进产业、空间、设施等方面协调有序发展，引导项目与产业落地。

5. 在方法上坚持"共同缔造"的原则

伴随中国城镇化的推进，城市规划模式也在转变，特色小镇规划需要坚持"共同缔造"的原则，发动组织群众改善人居环境、促进社会和谐，最终构建完整社区，把社区规划与发展作为实现社会治理的途径，在公众参与中把市民的积极性调动和组织起来。这一过程需要专业的城乡规划师发挥作用，规划师的角色必须转变，规划的方法也必须转变，构建"纵向到底、横向到边、协商共治"的治理体系，由政府部门牵头，邀请城乡规划、社会治理等诸多方面富有经验的专业人士组成团队，运用专业知识和技能，以社区为单位，发动与组织当地群众参与，共同建设特色小镇美好环境和和谐社会，实现特色小镇的"共谋、共建、共管、共评、共享"。

8.4.2 特色小镇规划思路

特色小镇规划内容上应采用"务虚"与"务实"相结合的方式，既要有作为顶层设计的战略性研究，又要有建设项目实施计划，并在主要的规划内容上与所在地的国民经济社会发展规划、城乡规划、土地利用规划和生态功能区规划进行充分对接。

特色小镇规划主要围绕主题定位、功能定位、产业规划、小镇选址、空间布局、实施计划六个主要内容开展，并在此基础上汇总形成小镇创建期的各项规划目标。

1. 主题定位

特色主题是特色小镇冠以"特色"之名，并实现小镇产业定位"特而强"目标的根基，也是小镇规划首先需要解决的问题。从规划角度看，特色主题包含了两方面的概念：一是大方向上主攻产业体系中哪个门类；二是在大方向下，某个特色小镇所具有的"独特性"细分领域。

一般而言，确定某个特色小镇的特色主题，可以从小镇所在地或更大尺度范围的区域角度入手，立足"特色产业、资源禀赋、文化底蕴"这三个要素，梳理、提炼、总结小镇具有的特征，再将其与地区的产业规划体系进行综合考量确定；这一阶段中，主要与所在地的国民经济社会发展规划和相关产业规划进行对接。

2. 功能定位

"功能定位"是基于小镇特色主题的深化与细化，是小镇长远的目标愿景，目的是实现特色小镇功能叠加"聚而合"的要求。这一阶段，应当以规划小镇为对象，从文化、旅游、产业和社区四个不同维度，采用"先分项、后整合"方式，确定小镇具体细化的目标定位，并提出相关功能建设的发展策略。具体步骤如下：

1）进行多角度的分项研究和分析，提出不同角度下，小镇可能具有的相关功能内涵及其可实现的作用地位。

2）将多维度的分项结果进行整合，保留可共存、可融合，并能产生叠加效应的部分，完成小镇的规划功能定位研判。

3）立足确定的功能定位，分别对产业、文化、旅游、社区等功能建设，提出相应发展导向、发展重点和发展路径等内容。

3. 产业规划

主题定位和功能定位确定之后，则开始进行产业规划工作。产业是小镇能否持续健康发展的基础和条件，是小镇保持永续动力的前提。具体来看，产业规划包含以下两部分：

（1）主导产业遴选

主导产业遴选是特色小镇规划的一个具有决定性意义的工作，主导产业选择科学合理与否，直接影响着小镇的产业发展方向、产业体系以及业态项目的策划等工作，也是整个特色小镇创建能否成功的关键。

特色产业的选择需要立足该小镇的主题定位，向新兴产业、传统产业升级、历史经典产业回归三个方向发展。以产业为依托的"生产"或"服务"是特色小镇的核心功能，没有生产与服务，就无法形成大量人口的聚集；文化是特色小镇的内核，形成了每个小镇独有的印象标识。

在遴选法上，对传统的小镇而言，需要选用一定的遴选办法，如区位熵模型、比较劳动生产率等，根据实际情况构建适合小镇评价的指标体系，科学合理地遴选适合小镇实际的主导产业，一个选定的产业形成小镇的主导产业，关键在于创新以及品牌的力量。

对于一些新建的新兴小镇，则需要跳出传统的产业甄选模型，从区域发展价值定位、小镇发展的理想与追求等角度，将外部机遇与发展前景、基础优势与产业适宜性、价值定位与目标匹配度三者进行复合归集，甄选出适合新开发小镇发展的主导产业。

（2）业态体系构建

在主导产业遴选的基础上，还要构建完善的产业业态体系，形成完整的产业链条或者实现多产业融合，不断培育主导产业上下游的具体项目。对于一个小镇而言，单一的产业容易受到市场波动的影响，一旦市场发生波动，即便是这个行业的"单打冠军"，其产业产值下降也在所难免。培育多个产业主体项目，形成完整的产业链，可以最大限度地发挥产业的规模效益，而这恰好是小镇抵御市场风险、推动自身发展的有力武器。

特色小镇的业态体系除了关注主导产业的上下游外，还需要注重对"旅游+"的挖掘。虽然特色小镇不能只以旅游为核心功能，但旅游的"搬运"功能，可以激发小镇内在系统与外部系统的交换融合。有特色产业，有旅游，有居住人口，有外来游客，就必然要形成满足这些人口生活与居住的社区功能，否则特色小镇就只是一个"产业园"。

4. 小镇选址

特色小镇的主题定位、功能定位和产业规划实际上回答了两个问题：一是小镇所属区域建设特色小镇的必要性；二是小镇今后总体发展的方向性。而"小镇选址"则回答"小镇在哪里的可行性"问题。综合而言，小镇选址时需要考虑以下四个方面：

（1）购买能力

选择购买力较强的城市周边，目标客群具有较强的产品消费能力。做特色小镇或乡村振兴田园综合体，如果没有找到区域位置的目标人群，盲目定位产品，会导致很大不确定性，很好的东西没有消费者；或是应该定位很高档的产品，结果目标群体找错了，对发展造成很大的影响，产品没有办法匹配消费。

因此，在寻找目标客群的时候，要分析当地的财力是结构性市场还是区域性市场，目标客户来自于全国还是附近的重点城市，要做充分的考量和分析，才能最终确定产品的定位。

（2）区位交通

区位和城市之间的关系有规律可循。对于北京和上海等一线城市，交通距离在80km之内的位置都不是问题。对于准一线、二线城市，40km以内都能接受。对于三四线城市，20km则可能太远。所以在选择群体的时候，要十分了解当地人的文化，尤其是目标客群的文化。

当今近距离出行，首选的交通工具就是高速，所以在选定位置的时候，高速的出口是最优的位置。附近若有高铁或机场则更好，交通节点距离项目地10min车程以内为佳。另外对于昆明、三亚这些旅游度假景点的项目，面向的是全国市场的群体，与区域性市场的定位是两个概念，需要区别分析。

（3）生态环境

生态环境是一个非常重要的因素，因为城市中的中等收入人群和富人向郊区或者乡村转移的过程当中，首先选择的是去山清水秀的地方，要享受新鲜空气和别样风光。空气质量、小镇周围的自然环境，都是非常关键的因素，直接影响目标群体的变化。小镇周边的山或河流、湖泊等自然资源、农业资源和历史文化资源，均为优先加分项。

（4）土地规模

土地规模不是越大越好，但要有一定的量。有专家建议项目建设用地指标在1000～

1500亩为宜，土地指标持续供应有保证，容积率可综合平衡。特色小镇或田园综合体是以造城的模式，大部分用地是各种文化、娱乐、商业、教育、医疗、基础设施等功能，从城市向郊区转移，在转移的过程当中，需要起码的规模。

另外，要明白国家的土地指标是控增量的，企业一定要去查拟选址的城市的土地总规，看实际是否还有用地指标，并且要清晰城市与乡村的边界。现在有城市的控规，还没有完整的乡村控规，城市控规在指导乡村控规的时候，很多项目是不能落地的。所以，在土地的考量过程中，一定要非常清晰土地的边界，才能把项目很好的实施下去。

5. 空间布局

"空间布局"的目的是实现小镇建筑形态"精而美"的要求。确定特色小镇的用地基本方案应将特色小镇划分为不同类型的功能区，如产业功能区、配套服务功能区、生态控制区、预留发展区。根据不同功能区的特点，提出各功能区的发展方向、建设规模及空间范围与管制要求。

在特色小镇空间布局过程中，应重点注意以下几个问题：

1）统筹安排用地指标和空间布局。从县域层面统筹安排产业用地指标和空间布局，引导布局适度集聚；有条件发展产业的小镇要预留发展空间和用地指标，避免进驻企业无地可用。

2）要注重提高产业用地建设强度，不宜将产业园区作为小城镇现代化标志进行打造。

3）要设定产业用地建筑密度和容积率下限，绿地率不宜过高，小镇内部道路红线宽度不宜过宽。

4）要整理闲置企业用地，适度引导企业集中。

此外，在空间布局的整个过程中，可考虑遵循"风貌控制、功能组合、场地拟合、形体设计"四个步骤来实施。具体包括：

1）立足特色主题，针对小镇的历史文化传统和未来主导发展方向，筛选、提炼并确定相适宜的建筑风格、环境风貌，作为空间布局的设计导则。

2）立足各项功能定位，进行功能空间形式的细分，并按照复合集约利用的导向，将其中可整合、叠加、聚集的功能空间类型进行归并设置，采用复合型建设方式，以期达到资源利用效益的最大化。

3）立足场地环境特点，围绕场地自然环境与开发现状，布置各类功能空间，构建内外交通联系便捷、功能区块呼应紧密的功能布局总平方案。

4）在以上三个步骤基础上，按照小镇风貌控制要求，落实总体性的概念设计方案和重要节点的意向效果，塑造完整、连续、有辨识性的小镇形态风貌。

6. 实施计划

特色小镇注重与实体经济紧密结合，强调有效投资和可实施性，因此"实施计划"是小镇规划的重要环节。实施计划应包括建设项目策划、确定建设主体、安排建设时序、制订运营方案等四个部分。具体如下：

1）建设项目策划，依托规划的功能定位与导向，结合空间布局要求，确定创建期内各具体项目的内容、规模、选址和建设意向。

2）确定建设主体，按照目前招商引资、引智的实际情况予以明确，并区分政府性和市场性的投资主体。

3）安排建设时序，主要考虑建设主体的投资意愿和土地供给的可能性等因素，安排每个项目的年度投资和供地计划。

4）制定运营方案，可围绕开发模式、资金平衡、效益分析等方面展开，按照"政府引导、企业主体、市场化运作"的基本原则，结合每个小镇实际情况，提出有针对性的运作方案。

8.4.3 不同类型的特色小镇规划重点

特色小镇的类型多种多样，若所有类型都千篇一律地规划，势必会违背"产业为先"的原则，因此不同类型的特色小镇应有不同的规划重点。

近年来，科技创新已经逐渐成为提高我国综合国力的关键支撑。此外，国家提出要从文化旅游、健康养老、教育培训三方面继续推进服务消费提质扩容。而关于特色小镇的类型，官方并没有给出明确的分类标准和体系。因此，结合我国近年来的发展热点问题，本书将特色小镇分为文旅特色小镇、康养特色小镇、教育型小镇、科创小镇和其他产业型小镇五大类型，并分别介绍各个类型的规划重点。

1. 文旅特色小镇

文旅产业是指以旅游业、娱乐业、服务业和文化产业为龙头形成的经济形态和产业系统。随着我国人民生活水平的不断提升以及大众旅游时代的到来，"文旅化"成为当前旅游行业实现特色化的有效途径之一，也促使"文旅小镇"成为我国特色小镇浪潮中最热闹也最受欢迎的一种类型。

根据文旅特色小镇的依托资源和业态类型，文旅特色小镇还可细分为生态旅游小镇、文创小镇、民俗小镇以及艺术小镇等小类。在该类小镇的规划过程中，既要对其与传统景区、旅游区以及文旅地产项目等的内在关系有所认识，同时也要对其不同之处区分清楚。

（1）生态旅游小镇

生态旅游小镇是指已开发的当地具有价值的自然或人文景观，或在此基础上开展的旅游服务类小镇。此类小镇一般拥有良好的自然资源，环境优越、气候宜人，城镇发展和风景区建设紧密结合在一起，且以景区发展为基础，比如滨海小镇、温泉小镇、滑雪城。其开发要点在于加强自然资源和环境保护，控制城镇的承载力，以休闲度假为方向，走综合发展之路，打造一个集观光、休闲、度假、养生、康体、文化体验、居住等多种功能于一体的旅游小镇。其打造重点有两个方向：一是设置完善的度假生活配套及高品质的服务质量，配套一些必要的高端度假项目；二是以度假人口"候鸟型"居住和休闲度假为目标的度假项目的开发。

（2）文创小镇

文创小镇是指以文化元素挖掘、文化价值构建为基础，利用现代化的手法进行创意设计，共同打造的一种独特的商业体验空间，是融特色文化、特色景观、创意产业、市场运营管理于一体的综合创新发展平台。

打造文创小镇，人才的吸引和留住是前提，文化、产业、社区的融合是促进，"文创+"跨界融合是推动力，形成创意产业集聚和区域发展是目的。打造文创小镇，应注意以下三点：一是小镇应以创意文化产业为主导，并与国际接轨，引领国际创意潮流；二是小镇应以文化为深度，以创意为广度，实现产业的融合发展；三是小镇应打造创意产业平台，促进国内与国际的互动交流。

（3）民俗小镇

民俗小镇是指依托具有一定历史或者独特民俗文化资源的村镇，开展历史文化或民俗体验的特色小镇，具有代表性的如彝人古镇、周庄、乌镇等古镇。

民俗小镇作为文旅产业的重要核心组成部分，其培育和发展的核心在于小镇主题文化的体验情境设计，发展的关键在于如何延长游客的停留时间。同质化是民俗小镇规划开发面临的通病。挖掘小镇特色主题，形成鲜明的主题形象，是民俗小镇规划的首要任务。民俗小镇在经历以"奇"为特色的观光主导、以"商"为核心的商铺为王阶段之后，以"夜"为核心的休闲体验发展成为民俗小镇开发的重点方向。因此，民俗小镇的业态向休闲化发展是必然趋势，以夜景观光、夜间活动、夜晚休闲为核心的夜游项目，保证了持续的人流和消费，从而保持了民俗小镇旅游的旺盛生命力。

2. 康养特色小镇

国务院在2016年发布的《"健康中国2030"规划纲要》中指出，应积极促进健康与养老、旅游、互联网、健身休闲、食品融合，催生健康新产业、新业态、新模式。康养小镇的开发以"健康"为出发点和归宿点，以健康产业为核心，将健康、养生、养老、休闲、旅游等多元化功能融为一体。若进一步细分，康养小镇还可分为文化养生型、生态养生型、养老综合型、度假产业型等形态。在进行这类特色小镇的规划时，应注意以下三点：

1）因地制宜。应根据自身特色，确定小镇开发类型。无明显特色资源的小镇要进入康养小镇开发领域，则应通过旅游的搬运功能进行特色植入。这种类型一般仅适合长寿文化型、生态养生型、医养结合型或养老小镇型开发。其中，生态养生型要求小镇有较好的环境基础，后期要改善和维护小镇生态环境，同时培育和引导养生养老产业进驻，发展养生产业，进行生态养生型开发。

2）多元化开发。康养小镇在规划时必须强化健康养生养老主题，进行多元化开发。即以健康养生、休闲养老度假等健康产业为核心，进行休闲农业、医疗服务、休闲娱乐、养生度假等多功能开发。对于养老综合型养老地产，应从物质和精神两个层面着手：通过舒适愉悦的生活环境、人性化的专业侍候体系、智能的专控服务体系、便利的特色产品体系保证老年人的身体健康；通过良好的人际交往环境、多元的休闲娱乐项目设置，使老年人获得心理上的享受，进而构建养身、养型、养情、养味、养颜、养心、旅游度假的全产品体系。

3）整体化运营。在运营管理方面，要立足于小镇自身特点，以市场化开发为主导，确定项目的开发主体、开发模式、招商及运营模式等，形成系统化的运营管理流程，推进健康产业链的高效发展，实现小镇经济效益的增长。

3. 教育型小镇

近年来，随着消费升级带来的影响，教育支出在家庭消费中的占比越来越高。而教育小镇，作为"教育"与"特色小镇"结合的黄金矩阵，则拥有巨大的市场空间。教育小镇是指多种教育机构在空间上集聚整合，通过教学资源的共享、合理配置，有效推动城镇化发展的开放式教育资源生产基地，如福建网龙教育小镇、英国的牛津小镇、剑桥小镇等。在该类小镇的规划过程中，应注意以下几点：

1）选址应位于城市边缘。教育小镇作为一个"非镇非区"的城乡空间网络节点，它的选址体现了"承上启下"的特殊职能，特殊的角色定位决定了它在选址上一般位于城市边缘或城乡接合部的小城镇。此外，由于教育的发展与企业联系密切，因此工厂、企业向城市郊区的转移也使得院校的布局向城郊、县城拓展，便于院校了解最新的生产流程和人才需求，降低办学成本。

2）教育、社区、文化、旅游多元功能融合。借鉴国外社区型大学的建设经验，应将教育与城镇生活关联，使教育小镇成为功能多元聚合的空间场所。除核心教育功能外，还应综合设置居住社区、文化体育、企业研发、旅游观光、商业娱乐等功能。此外，教育小镇应有良好的自然环境基础，可依据地形地貌，开发建设户外运动体验区、户外实践教学基地等与自然相结合的场地，一方面与未来教育的理念相吻合，让学生走出教室去学习，在大自然中学习，通过亲身实践和操作，去探索和研究；另一方面还可以为游客提供休憩的场所以及休闲娱乐的地方，让教育与旅游有机融合、协调发展。

3）在产业规划中尝试引入科技元素。科技在任何时代都是第一生产力。教育小镇应致力于为人们提供正式化和非正式化兼具的学习环境，并导入现代科技元素，积极创造功能丰富的交互式体验空间。从技术手段来说，小镇可引入如 VR 体验、大数据展示、云教育平台等高端的科学技术，不仅为"未来教育"提供技术基础，还对教育产业和旅游产业的融合、延伸发展产生了推动的作用。科技化是未来教育至关重要的一步，它促使教育产业从传统走向现代、从模仿走向创造、从单一走向整合，是教育理念和方式的一次由内而外的变革。

4. 科创小镇

科创小镇是指以科技与软件研发、互联网与大数据、企业孵化与经营为主要特色的小镇。曾几何时，在以租售空间为主商业模式的情况下，创新创业孵化并不被产业地产商看好，但近两年科创小镇却逐渐吸引了业界的广泛关注。在科创小镇的规划过程中，应从选址、构建产业社区和营造人文环境三个方面去把握。

（1）选址

科创小镇的开发建设，首先要寻找到合适的优质科创产业资源。现有的科创小镇大多数位于大城市边缘区的科技园（城）、高新区、经济开发区内部，附近一般有大学、科研院所、研发机构、科技网络公司等智力密集空间，具备科创产业资源。因此，综合来看，科创小镇的选址应具备以下三个因素：①小镇位于经济发展程度较高的区域；②小镇以科技智能等新兴产业为主，科技和互联网产业突出；③小镇有一定的新兴产业基础的积累，产业园区集聚效应突出。

（2）构建产业社区

在产业组织形态上，应打造"创客空间—创业苗圃—科技孵化器—科技加速器"的完整创新链条，构建由一个个创新载体形成的网络化产业社区。一方面，每个创新载体就是一个创新空间，包括封闭型科教园区、主题型科技小园区、国际化孵化器和加速器群、开放型混合创业街区等。这些创新载体可独立运转，实现生产、生活、生态协调发展，形成"自我造血"功能。另一方面，建立技术联盟、企业家俱乐部，也是打造产业社区的关键。例如，可以建立产业技术研究院，以及举办各类专业沙龙会议，强化小镇内部的技术连接、人才连接，加强与全球创新资源的连接。

（3）营造人文环境

在科创小镇的规划中，应建设富有活力的"第三空间"，即构建步行化、社交化、宜人化的公共空间。例如，突出路网高密度、街坊小尺度、建筑低高度的街坊尺度，提供更多步行化混合街区、社交聚会场所。另外，要植入创新创业的文化基因。构筑满足多元文化需求的社区生活圈，包括品质社区、文化设施、基础教育设施、先进医疗设施、便捷交通设施、广场公园、慢行系统等，营造优美自然生态环境，倡导绿色健康，培育创新文化氛围。

5. 其他产业型小镇

除了以上四个类别，特色小镇还有其他许多类型，如花卉、农产品、传统制造业、体育产业、商贸物流、金融产业等。由于篇幅有限，本文选择近年来较常见的农业特色小镇、工艺制造小镇和体育小镇进行规划重点分析。

(1) 农业特色小镇

农业特色小镇是指独立于成熟的社区，具有明确的农业产业定位，依托农业育种、农业种植、农产品加工、农业科技、农业休闲等多种业态，以销代产、以生活消费整合产村镇一体化的小镇开发体系。该类小镇建设的关键在于基于当地的农业产业特色优势和不可复制的地理环境因素，营造一种区别于都市生活的原乡生活方式。这种方式从空间上看，是一个系统圈层架构，第一层为农户业态，包括每一农户所提供的餐饮、农产品和民俗方式；第二层为村落为中心的原乡生活聚落；第三层为更广阔的半小时车程范围内的乡村度假复合功能结构。

具体到业态环节，根据一、二、三产业融合发展的宗旨，农业业态体系可以包括农业观光、科普教育、产品展示、特色餐饮、商贸物流、健康运动、休闲度假几个环节。

(2) 工艺制造小镇

工艺制造小镇是指以传统制造业为支柱产业，相关配套产业为支撑的产业小镇，形成稳定的主导产业和上、中、下游结构特征的产业链，如湖州丝绸小镇、龙泉青瓷小镇等。在总体上，工艺制造小镇应以工业产品为核心，以产业链条构筑为抓手，以上下游产业延伸为目标，以产业人才吸引为支撑，打造集技术研发、工业生产、产品销售、产品旅游、创意经济、宜居环境于一体的产业综合体和宜居、宜业、宜游的特色小镇。

对于产业本身的打造，要科学确定其产业定位，并构建相对完善的产业链条。对能够聚集的人力、技术、信息资源（如某一细分领域装备用品的生产制造、某个细分领域在行业中的标志性地位，或难以复制的先天市场环境等）进行深度发掘和提炼，确定主导产业发展方向，实现其配套产业、服务产业、支撑产业的聚集，形成产业链。

(3) 体育小镇

体育小镇是以足球、徒步、自行车、滑雪等细分产业为主题的小镇开发体系，具体又分为产业型体育小镇、休闲型体育小镇、赛事型体育小镇。

体育小镇在规划过程中，应基于小镇自身的地脉和文脉，即自然环境、生态基地、多元文化和产业基础共同构建独具吸引力的产业定位。产业型体育小镇要求小镇以体育用品或设备的生产制造为基础，并发展体育文化、体育博览及旅游等功能；休闲型体育小镇要求小镇位于景区或景区周边，自然环境较好，建设有大量户外体育休闲活动设施，活动较为平民化、多元化、体验化，能发展体育休闲旅游；赛事型体育小镇要求小镇具有举办单项大型赛事的场地条件，规模较大，影响力空前，能吸引体育爱好者前来观赏旅游。确定小镇的产业定位以后，应强化体育产业基因，形成相对完善的体育产业链。

8.4.4 特色小镇产品策划

1. 产品策划的内容

策划是指通过谋划、创意和论证，充分考虑景区项目的现有条件和发展趋势，通过顶层设计，提出具有巨大价值的目标同时又可落地执行的最佳方案的活动。策划就是全盘"策"动，就是一个"活"字；策划就是运筹帷幄，决胜千里，就是一个"胜"字。因此，策划是系统化、专业化和精准化的战略思想的体现。

特色小镇的策划比一般的项目要求更高，因为不仅要考虑要素的导入、项目的前期建设和后期运营，而且还要统筹考虑人口分布、生产力布局、国土空间利用和生态环境保护等。

具体而言，特色小镇的产品策划主要包含以下几方面内容：

1）项目市场调查：通过调查潜在客群的需求、对类似的成功案例进行研究及借鉴，得到破题思路。

2）项目定位：以市场调查的结果为依据，确定小镇的总体定位、文化定位、总体发展策略、客群定位、产品定位、商业主题定位等。

3）项目概念性规划：通过对小镇的用地条件分析，结合项目定位，对小镇的功能分区进行规划，并确定配套的道路交通规划、绿地水系规划、市政设施规划、项目整体的风貌规划等。

4）项目分期开发策略：以现有市场销售速度预估项目整体的开发周期，依据每个阶段战略目标需要，将项目进行分期开发，并规划详细的物业产品形态。

5）项目运营策略：确定项目的运营管理主体、分期招商策略及分期推广策略。

2. 产品策划理念

关于特色小镇该如何构建，包括策划构思、规划蓝图、开发模式、运营方式等，目前许多机构也都对其展开了热烈讨论。结合当前国家政策引导方向，本书提出以下四项特色小镇的产品策划理念，希望从普遍规律层面对特色小镇的策划起到一定的指导作用。

（1）坚持集约化原则

特色小镇建设应该走精明收缩的道路，小城镇规模应较小，避免建设规模过大，反对粗放式、快速式、一窝蜂的建设。因此，在进行特色小镇策划时，要紧凑布局，遵循建设紧凑布局和集约建设用地的原则，避免摊大饼式或脱离现有产业分布人为划定建设区。鼓励分期建设，反对一次成型，建一个成一个，要有高标准和长远性，可放慢建设速度，但要保证质量，分期建设还可以保证特色小镇在风貌和形态上的多样性。

（2）努力构建信息通达的智慧体系

首先就是要绿色发展加生态低碳，即特色小镇的发展模式、布局形态、建筑技术都应该采用绿色和生态低碳的发展思路和标准。基于绿色低碳和物联网、云计算等高新技术的"智慧城镇"是面向未来的全新的城镇形态，智慧发展就是互联网与小城镇的完美结合，通过信息的便捷，释放空间对人的约束。智慧手段也能够促进产业的发展，对接更广阔的市场，服务更多人群，用智慧系统提升镇区的服务水平。

（3）坚持人与自然和谐相处的原则

首先，要注重自然山水，避免人工打造，景观要多用自然，不应套用城市的处理手法。风貌要突出地域、时代的特征，要注重地域材质、符号的应用，避免过度运用欧式风格，要尊重地域文化，找到文化自信。沿街的建筑应保持乡土特色和田园风光。其次，整体上的风貌应和谐统一，能够彰显特色小镇的文化内涵。最后，应建立与经济社会发展相适应的完善的服务体系，提升综合承载能力，将小镇打造成为整合资源、集聚创新和特色产业的"新载体"。

（4）充分体现创新的生态系统观

创新生态系统理论落实到小镇上，就是小镇内企业要以"共赢"为目标，织就一个创新网络,各个创新主体之间资源共享、互利互惠,才能将小镇打造成一个科技创新与经济产出有效结合的平台。只有这样,才能实现特色小镇这个创新生态系统的平稳运作,这也是其实现可持续发展的关键。

具体而言,一方面应使商业、产业、人居实现有机融合及一体化管理;另一方面应使原住民、外来居民、商业居民与管理者实现有机融合。只有把商业体验、生产和人居服务结合在一起进行运营管理,把当地人、外地人和公司化运营体制一体化融合,才能让管理工作更持久、更有效率。

8.5 特色小镇招商引资策划

随着改革开放的不断深入,招商引资对地方经济的健康、可持续发展发挥着重要作用,日渐成为地方发展的重要经济支撑。尤其是目前我国经济已经从高速增长阶段迈向高质量发展阶段,为迎合新常态,各地纷纷对新的招商引资方式做出了探索,而特色小镇以其产业特色鲜明、经济收益可观和社会影响较大等优势在各招商模式中脱颖而出。

特色小镇的招商引资,即借助政府公共平台、各类市场平台、媒介等方式,通过展示资源优势、项目包装优势、经济回报优势等方式吸引投资,引入企业投资,带动企业参与,从而推动特色小镇的规划、建设和运营。所以说,小镇从前期规划到后期成功落地,离不开企业投资者的投入,招商模式是当前特色小镇建设最常用的吸引投资方式,也是竞争最激烈、最惨烈的"招商争夺战"。因此,对特色小镇进行招商引资策划至关重要。

8.5.1 招商引资的功能

1. 投资融资

特色小镇是招商引资的新载体,招商引资也是特色小镇成败的关键点。特色小镇建设所需资金量非常庞大,而且投资回报周期长,显然仅仅依靠单一投资体是无法承担的。无论是通过政府投资、PPP、BOT、BT 等方式,还是吸引民间资本的参与,都是通过招商手段达到引资融资的目的,进而解决特色小镇建设的资金链问题。

2. 产业项目建设

通过主动对接大型央企、国企、民营企业,结合产业项目的资源优势,制定贴身政策,吸引这些企业联手进行项目的规划、设计与建设,以更高的标准、更快的速度、更强的合力进行产业项目的建设,提升项目的规划、设计和建设水平,打造精品工程。

3. 产业项目经营

吸引央企、国企及民营企业等市场主体参与产业项目的经营管理和市场运作,营造融合产业功能、旅游功能、文化功能、社区功能,构筑集产业链、投资链、创新链、人才链、服务链于一体的特色小镇产业发展生态圈。

8.5.2 招商引资的模式

近年来,各地政府及产业园区均将招商引资列为头号工程,各地为了引进先进产业、创新产业各显神通,创新手段层出不穷。传统的土地政策、税收政策已经很难吸引到真正的优质企业,线上线下多类型结合的招商手段已经逐渐代替传统的"坐地招商"模式。结合以往效果较好的招商引资经验，本节梳理了以下八种招商引资的先进模式：

1. 产业园区合作招商

与国内一些发达地区的知名产业园区合作，通过设立园中园或者孵化器的方式，为对方提供土地资源和办公资源，谈好税收分配机制，通过知名园区的产业集群效应、品牌效应、管理能力，迅速带动一批产业集群入驻，这要比一家一家企业去谈判速度更快，效果更好。同时，这些招引进来的产业集群在异地产业园区的"背书"下，又能更好地开拓市场，达到"三赢"的目的。

2. 飞地招商

顾名思义，飞地经济就是把需要招商的产业园区设置在别的城市或开设分园及总部经济园等模式。2017年6月2日，国家部委层面首次就"飞地经济"和"飞地园区"进行联合发文和支持。这个办法打破了招商中的行政界线，意在促进各市县之间的资源流动。飞地经济模式可以让某些发达区域在不改变行政体制框架的情况下，把一些项目、资金、技术从发达地区转移到欠发达地区的产业园区。双方在产业规划、基础设施建设、税收分配等方面制定某种合作机制。如今，有了国家层面政策的保驾护航，飞地项目的实施将会更加顺利。这对于欠发达地区承接区域中心城市的产业转移，无疑是个巨大利好。

3. 全球产业（资本）合作招商

最近几年，中国的巨大市场和资金能力已经吸引了全球企业的目光。同时，无论是欧美发达地区还是其他海外区域，先进制造业、生物医药、航空航天、新能源等领域创新企业不断涌现，但是这些企业大部分有技术无资金实力，而国内的一些上市公司和基金投资公司手里掌握着大量的资金，需要通过不断并购来加速企业发展，因此主动促成国内产业和资本的撮合也是一种重要的创新手段。

4. 产城融合招商

随着我国一线城市的房价和物价的走高，三、四线城市的交通环境、营商环境、生活环境的不断改善，未来大批的"一线人士"和"乡土人士"将不断考虑回流和定居在三、四线城市，这批人将从工作、生活、休闲、康健、养老等全方位角度考虑入驻城市的环境及服务问题。这对于三、四线城市的经济开发区、高新园区和大型产业园区无疑将是一次"产城融合"体验开发的考验和巨大机会，如果能在这次竞争中脱颖而出，无疑将会成为地方城市发展的重大契机。

5. 产业基金招商

产业基金招商即采取财政资金撬动社会资本的方式，引导社会资本建立股权投资基金，打造"基金+项目+园区"的一体化生态链，实现资本与项目的有效对接。很多优秀的创新创业企业的背后都是一些基金投资公司，因此与这些基金公司建立良好的合作关系，会起到事半功倍的效果。而政府出资成立引导基金，需要体现一定的政策意图，这种意图一般并不在于获得高额投资回报，更为重要的是通过引导基金扶持当地产业发展。一些政府开始借助政府引导基金去做招商引资，利用资本的催化和杠杆作用，以股权投资和其他优惠政策吸引其他地区的优质企业转移至当地。据统计数据显示，截至2017年7月底，国内共成立1660只政府引导基金，目标规模超8万亿元。

6. 产业链招商

产业链招商是一个高效的方法，也是当今各地最为重视、使用最为频繁的招商方法。其主要围绕某个产业的上下游行业进行招商,以增强产品、企业、产业乃至整个地区综合竞争力的一种招商方式。产业链招商是一种"三赢"的模式,既可以帮助园区内已有的企业完善产业链,降低运营成本,又可以帮助招商引资企业找到良好的上下游配套关系,开拓市场,同时实现本地产业链的聚集招商效应。

产业链招商也可以通过数字化软件来完成,有的招商服务平台提供的产业链数字地图技术,不仅仅可以为各个地方政府和园区绘制产业链数字拓扑图,同时也可以通过该企业提供的产业数据库动态获取产业链上的相关企业信息,并可切换至全国地图去分析,为产业链招商提供了一款非常有效的辅助招商工具。

7. 大数据招商

大数据蕴藏着巨大的产业信息宝藏,在招商引资中,如果认识不到大数据的重要性,就没有开发利用大数据的动力,以至于"拿着金碗要饭吃"。大数据是解决当前招商困境的"一剂良药"。大数据招商不仅仅可以筛选招商线索,提高招商转化率,甚至可以提高招商服务水平,并可以在招商前、招商中、招商后实现对被招商企业的动态监控。国内已经有很多企业平台开始尝试,建立基于大数据的招商引资决策平台,通过对数据的统筹和分析,已经可以做到精准筛选潜在投资企业、分析企业的投资概率,让政府快速实现专业化、精准化招商。未来,随着人工智能技术的进步,大数据招商平台还将由"数据分析"向"人工智能决策"转变,真正实现智能招商、精准招商。

8. 互联网社群招商

招商除了要做好对招商企业的精准筛选外,更重要的是联系到决策人,基于招商人士社交平台也是重要的招商手段之一。目前,各类产业通讯录、钉钉、LINKEDIN、金麦圈等平台是基于这种产业社交服务的优秀平台。

8.5.3 招商引资策划的内容

招商引资项目策划因深浅程度不同,通常体现为可行性研究报告、项目建议书、招商计划书、项目简介等形式,项目简介则是最简单的一种形式。

招商项目简介就是要用简练的语言,给投资方介绍清楚依托什么资源、在哪个区域、做一个什么项目,主要建设内容是什么,投资规模多大,预期效益多少,怎么样合作,联系方式是什么,以便投资方对项目有大致的了解。项目简介的要素主要包括:项目名称、承办单位、项目内容、投资总额、合作方式、效益预测、联系单位、联系人、电话、邮箱、地址、邮编等。下面就主要要素进行介绍:

1. 承办单位

如果项目承办单位是行政单位,通常写作项目联系单位;项目承办单位若是企业,则要描述企业的资产情况、主营业务及经营情况、竞争优势等。

2. 项目内容

项目内容主要由项目提出的背景、主要建设内容、项目进展情况等组成。

1) 项目背景:通常要阐述提出这个项目的依据。工艺制造类项目可从原料、能源、劳动力、专利技术、场地条件、交通条件等方面表述;农业类项目可从土地资源、气候优势、水利条件、群众经验等角度描述;文旅类项目可从山水生态、历史文化、非物质文化遗产等方面表述。

2）主要建设内容：需写清项目位置、区域面积，要表述清楚产品、工艺、规划年产量、建设用地面积、建筑面积等，复杂的项目可划分功能区来表述。

3）项目进展情况：一般可以从可研编制、规划设计、环评、安评、备案立项等项目前期工作情况方面表述，已开工建设的项目可从建设进展情况角度表述。

3. 投资总额

投资总额包括建设投资、流动资金等。

4. 合作方式

合作方式包括独资、合资、合作及PPP合作方式等。合资一般要明确出资比例、股权比例；合作则要考虑拿什么合作，如技术、品牌、土地、场地设施等。目前较为流行的PPP合作模式是指政府与社会资本的合作。政府为了减少直接投资，降低债务，引进社会资本；社会资本为了增强投资的安全性，与政府合作共同投资。由于社会资本投资的目的是获取收益，所以，一般有盈利能力的项目才会采取该种合作模式，而没有盈利能力的项目可采取BT模式合作，即社会资本垫资建设，政府在约定期限内还本、付息，并支付额外的资金占用费。

5. 效益预测

该部分主要分析项目生产的产品或服务的市场供给和需求状况，描述项目的优势和盈利能力，指出项目建成正常运营后的年度销售收入、利润、税金及投资回收期等经济指标。要准确把握这些指标，就要查阅有资质的专业公司做出的项目可行性研究报告。若没有可行性研究报告，可查阅同类产品当前市场价格，根据价格、年产量计算销售收入。

然后是利税指标。利税是新增加的价值，与销售收入没有必然的关系。有些企业销售收入很高，但原料数量和价格在收入中所占比重很大，所以预期利税就不一定大，一些高技术含量的项目，利税往往就高。一般用资金利税率换算控制，如利税占总投资的30%是正常的比例。但如果是高技术项目，资金利税率可达50%以上，甚至与投资接近。

文旅类项目的效益预测通常用接待人数与人均消费来计算，根据项目的特点，判断该项目在吃、住、行、游、购、娱等旅游要素中，实际提供了什么，然后估计出人均日消费额，进而计算出旅游综合收入。

8.5.4 招商引资工作的管理

1. 做好产业项目库规划

要体现特色小镇的"特"，就需要政府主管部门根据当地文化、经济、产业等特色资源进行精准定位，切实做好产业项目的规划，设计和建立具有竞争吸引力的项目库。

2. 做好融资规划

依据特色小镇的总体规划，由相关部门适时编制相应的融资规划，确定特色小镇建设的投资主体、投融资模式等，做好项目库融资安排，针对具体项目的融资需求，统筹安排融资方式和融资总量。

3. 做好招商平台建设

建立特色小镇招商大数据库平台，运用现代信息手段，搭建创新交流平台、技术合作平台、品牌发布平台等，集成利用好各种高端要素，打通产业链、创新链、人才链，促进各种技术、资金、人才自由流动、高效利用。

4. 做好全员招商工作

一是在全民参与、掀起招商引资高潮上实现新跨越；二是在改进方式、提高招商引资质量上实现新跨越；三是在兑现奖惩、完善招商引资机制上实现新跨越；四是在突出重点、扩大招商引资规模上实现新跨越；五是在强化服务、努力实现良好招商引资环境建设上实现新跨越；六是招商方式要大胆创新。

5. 做好招商管理

建立特色小镇招商管理平台，对整个特色小镇招商工作进行全面把控，确保特色小镇招商引资工作都在受控状态，降低成本的同时，提高营销效果。

同时，通过特色小镇招商工作循环系统，从系统策划到战略规划，到战术执行，到总结、评估与改进，对招商工作进行不断总结、不断跟踪，从而保证营销的时效性。

8.6 特色小镇项目案例分析

8.6.1 广东顺德北滘智能制造特色小镇

北滘镇隶属广东省佛山市顺德区，位于我国最早完成工业化并率先进入后工业化时代的珠三角地区，区位交通条件优越。改革开放以来，北滘镇从以农为纲，到工业立镇，再到工商并举，今天已经发展成为产业特色明显、城乡环境宜人的"中国家电制造业重镇"。

2016 年 10 月，广东顺德北滘智能制造特色小镇以全省第一的成绩入围首批中国特色小镇名单，以智能化、高科技为特征的"智造小镇"开始在国内掀起热潮，对于区域乃至全国都具有重要的示范意义。

1. 小镇基础优势

（1）产业特色基础

北滘镇支柱产业主要包括家电、金属材料以及机械设备制造等，拥有美的、碧桂园两家千亿元企业，以及精艺、惠而浦、蚬华、浦项、锡山等一大批中外知名的企业。北滘镇以工业立镇，尤以家电著称，历经多年的培育和发展，目前拥有中国规模最大最齐全的白色家电产业链和小家电产品集群，已成为全国三大家电产业基地之一，家电配套制造产业产值超千亿元，规模超过全国家电业总产值的 10%。

（2）文化特色基础

水乡生态文化魅力日趋靓丽，积淀深厚的岭南水乡文化与丰富多彩的现代企业文化相得益彰，古老的宗祠与现代化的高楼大厦相映成趣。

岭南水乡文化特色鲜明浓厚。北滘镇全面启动古村活化提升工程，推进中国历史文化名村、中国传统村落碧江等古村落的保护活化，修复古祠堂 30 座，打造以碧江金楼古建筑群、和园等为重点的文化旅游线路。

（3）创新特色

北滘智能制造小镇已形成鲜明的产业特色，具备一定的产业基础。小镇范围内目前已集聚了相当数量的智能制造高端产业，拥有美的全球创新中心、广东工业设计城、总部经济区、慧聪家电城、广东（潭州）国际会展中心等重大创新服务平台。其中，广东工业设计城是国家最具影响力的工业设计园区，获得国家级众创空间、省工业设计中心、省创业孵化示范基地称号。目前，广东（顺德）工业设计研究院已投入使用，与国内外87所高校联合培养近千名研究生。中心除了满足企业自身总部办公需求，还作为中小企业发展的孵化器，为北滘镇乃至顺德区产业转型提供了更好的平台。

2. 规划定位与目标

（1）总体定位

按照突出"智能制造"，构建"众创空间"，凝练"岭南文化"，发掘"机制模式"，实现"产城人文"的发展思路，打造集创新、会展、制造、电子商务为一体的家电全产业链，全面提升智能制造水平，打造具有浓郁岭南特色的"创智水乡"。

（2）阶段目标

根据特色小镇的总体定位，北滘智能制造特色小镇将按照"三年初见成效，五年基本成型"的步骤推进特色小镇的创建工作。

1）近期目标为：全面推进基础工作，加快美的全球创新中心、广东工业设计城等重大科技创新平台建设，逐步完善交通、市政公服和商业配套基础设施等产业支撑体系建设，进一步巩固家电行业领先地位。到2020年，新兴产业增加值占比达到16%，研究与发展经费支出占地区生产总值的比重达到12%，实现公共Wi-Fi和数字化管理全覆盖，城镇生活污水处理率达90%以上，生活垃圾无害化处理率达100%。

2）远期目标为：至2030年，建设成为水平一流、经济繁荣、社会和谐、环境优美的魅力小镇。建立完善的创新创业服务支撑体系，逐步成为智能制造强镇、区域总部基地和会展服务中心；构建宜居便民开放共享的服务体系，打造岭南水乡和智慧城市特色兼备的小镇风貌，成为省内一流特色小镇。

3. 产业体系规划

在产业体系规划方面，北滘智能制造特色小镇依托家电制造业的产业基础，以"智能制造+智慧家居"的"双智"战略为核心，重点完善创新创业服务支撑体系，集中打造以智能制造为特色的"五大产业圈"（见图8-3）。一是打造以众创空间为核心的创业服务产业

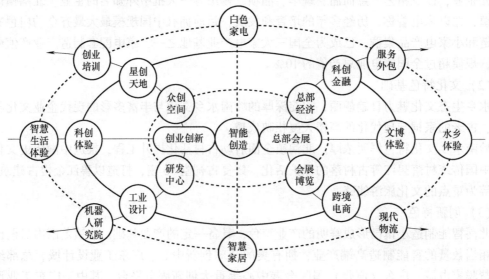

图8-3 北滘特色小镇产业体系规划

圈,为创业人员的创业全过程,从初期创意、天使融资、财务管理等,到中后期的样品完善、风投进入、团队架构、产品计划和宣传推广等,提供全链条服务。二是打造以研发设计为核心的创新服务产业圈,依托美的全球创新中心等研发平台,实施智能机器人科技重大专项。三是打造以总部经济为核心的商务服务产业圈,启动总体招商推介,吸引区域内外的优质企业落户,将北滘总部经济区建设成"广佛顺"区域重要的高端经济区。四是打造以会展博览为核心的商贸服务产业圈,加快发展会展企业孵化,打造以会展企业总部基地、会展技术创新中心、国际会展设计中心、会展按需加工中心为主的会展产业集群。五是打造以文化体验为核心的旅游服务产业圈。重点打造"工业文化+旅游"项目,并结合"音乐+体育+盛事"和华语文学传媒盛典等项目,提升文化创意和设计服务水平。

4. 分区规划

结合产业体系规划,打造创业孵化区、科技创新区、总部经济区和商务会展区四大产业功能区。

(1) 创业孵化区

打通区域水系,构建环形水网,打造特色田园风光的优美环境,依托优美的生态环境打造绿色生态办公区,重点打造以中小企业孵化为主的众创空间以及面向农业创业为主的星创天地。

(2) 科技创新区

依托广东工业设计城、美的创新中心、慧聪家电城建设,加快推进产业向研发设计端延伸,提升智能制造产业的研发设计水平。

(3) 总部经济区

依托新城区总部基地的建设,将此区域打造成为特色小镇区域内总部经济商务片区,成为新型现代产业的汇集中心。

(4) 商务会展区

以广佛环线北滘站 TOD 开发建设为契机,依托毗邻广东(潭洲)国际会展中心的区位优势,大力发展会展博览、跨境电商、现代物流等现代服务业。

5. 宜居环境创建

(1) 打造创智绿道系统

规划提出要营造包括绿道系统、共享开放空间的小镇共享空间系统。规划首先以"电路板"为规划理念,打造创智绿道系统,实现"绿道连接,乐享生活"。以"电路板"的工艺形态打造北滘内部绿道组织,体现高速开放的交往空间,结合滨河绿色走廊与河道,打破传统社区的封闭形式,覆盖全部步行及自行车通道,接驳整个城市公共空间,串联传统的滨水生活与未来的都市公园,实现资源共享与互补和各类智慧创新要素迅速交融、渗透。

(2) 完善城市开放共享空间体系

因地制宜地建设公共绿地,构建一个由"镇级公园—社区公园—小游园"三级共享空间的网络状生态绿地系统,依托水系和自然资源设置绿地走廊,形成北滘绿地公园体系。

(3) 建设有岭南水乡特色的海绵城市

以林上河、潭州水道为重点,加强水乡生态岸线保护。鼓励北滘文化中心、图书馆、音乐厅等公共建筑和新建小区建设绿色屋顶、雨水花园、透水铺装、凹陷式滞水广场、生态停车场等低影响开发设施;建设小区中水回用系统;在新建居住区、商业区和工业区等设置中水处理站,处理中水主要用于市政用水、景观环境用水、生活杂用水等;建设安全高效的供水排水体系。

(4) 构建优美健全的环境支撑体系

建设水上环境卫生工程设施，保护北滘特色水乡环境，规划水上转运生活垃圾体系，布局以清除水生植物、漂浮垃圾和收集船舶垃圾为主要作业的垃圾码头；利用北滘智能制造优势，开发水上垃圾收集机器人；加快完善其他环境基础设施体系；规划建立"垃圾收集站＋垃圾转运站"的垃圾清运设施系统，开展生活垃圾差别化收集。

6. 体制机制创新

创新小镇运营模式，主要内容包括：

1) 开创建设投融资新局面。全力推动社会资源投入投融资模式创新项目，拓展合作模式，实现经济效益与社会效益双丰收，营造"以产促镇、以镇建镇、以镇养镇"的发展局面。整合提升北滘港现有资源，做好北滘港提升项目，提升港口运营的整体效益。

2) 创新土地开发模式。探索回购留用地的模式，积极创新土地开发模式，形成村镇共同开发模式及预兑现留用地价值模式。

3) 树立经营城市理念。逐步实现城镇资产从公共资产到可经营资产的转变，城市建设从市政公用事业到资本经营的转变，政府从城镇资产所有者到经营者的转变，把市场经济意识和经营城市意识渗透到城镇建设和政府决策实施行为中。

另外，要从产业扶持、土地保障、财政支持、金融支持以及人才支撑等方面促进体制创新。

7. 规划效益

(1) 社会效益

顺德北滘智能制造小镇建成后，预期的社会效益包括对居民的收入、生活水平、生活质量、就业、地区文化、公共基础设施等多个方面的积极影响。小镇建成后，预计新集聚企业5781家，新增就业岗位1200余个。工业设计、机械制造等高技术人才激增，集聚中高级人才约2500人，当地居民收入有一定程度的提高；建成顺德水乡旅游代表性地区，小镇整体申报成为3A级旅游景区，大大提升了小镇的知名度与游客流量。

(2) 经济效益

小镇预计投资总额93.71亿元。小镇建设可带动周边上下游相关产业发展，包括旅游业、会展业、智能制造、商贸物流等的发展。尤其对周边地区家电制造业的整体提升有较大作用。到2020年，智能制造产业产值为2521亿元。建成后，预期年税收收入为80亿元。

(3) 环境效益

通过规划项目的实施，2022年城市污水截流处理率为95%；城市气化率为88%；工业废水达标排放率为93%；工业固体废物综合利用率为88%；建设项目环境影响评价审批及环保"三同时"审批率均达到100%，建成项目环保"三同时"验收合格率达100%。当前，城镇大气环境质量、水环境质量、城镇噪声环境质量、城镇固体废物处理率、城镇人均公共绿地面积均已达到国家级生态示范区的验收指标。

8.6.2 特色小镇发展建议

借鉴国内外特色小镇的成功经验，并通过对广东顺德北滘智能制造特色小镇这一成功案例进行深入剖析，针对我国特色小镇发展提出以下四点建议：

1. 政府部门要注重规划先行

规划是设计、投融资、建设和运营的前提,没有强有力、科学的规划,特色小镇极易南辕北辙。因此,地方政府要围绕产业"特而强"、功能"聚而合"、形态"精而美"、文化"特而浓"做好小镇规划。具体来说,政府要充分发挥引领作用,高水平编制规划,不仅要编制概念性规划,还要编制控制性详规,实行多规融合,并突出规划的前瞻性、协调性、操作性和有效性,以确保规划可落地。

在精心编制规划的同时,政府要在产业招商方面下功夫,紧紧围绕确定的"特色产业"谋划一大批好项目,出台优惠政策,引进资金雄厚、技术先进和管理经验丰富的社会资本(包括产业资本和金融资本),目的是将特色小镇的规划落到实处。

2. 立足区位特点,确立发展重点

发展特色小镇需要立足于自身区位特点,挖掘自身文化内涵,杜绝模式照搬。由于我国幅员辽阔、区位特点差异性较大,因此对于不同地区发展重点要有所不同:在东部地区,由于建制镇数量较多,分布比较密集,而且在人口规模、经济水平、公共服务以及居住环境等方面均优于中西部地区,因此发展的重点在于控制特色小镇的规模、提升存量以及避免大规模的拆建;而中部地区特色小镇发展的重点在于以市场为导向,对产业方向进行慎重选择,找准特色小镇发展的根本推动力;对于西部地区来说,则需要充分依据自身资源状况,农业资源充足则发展农业特色小镇,旅游资源充足则发展旅游小镇,不能脱离自身条件的限制,为"特"而"特"。

3. 在特色产业的打造方面,应"小而精",避免"大而乱"

针对特色小镇发展中存在同质化竞争问题,特色主导产业和产业集群的选择十分关键。建议在做好小城镇产业 SWOT 分析的基础上,首先从小镇内部有利条件和弱势(如小镇的区域优势、配套服务、政策、融资环境等)着手研究;其次从外部条件角度分析整个行业发展趋势中存在的机会与威胁,进行区域范围内产业同质性分析等;最后在差异化发展原则下,筛选现在具有优势与未来具有潜力的特色产业,将其结合起来作为小镇特色主导产业,形成"人无我有"的区域特色。另外,在产业集群方面,需要形成特色化、品牌化、规模化的产业链;在垂直产业链上,向上扩展到原材料供应环节,向下延伸到服务环节,通过将产业塑造成一、二、三分级的产业链形式,实现特色产业链与创新链的新融合。

4. 推进产城融合,提升生态宜居性

特色小镇作为新型城镇化的有机组成部分,要注重以人为本的发展原则。一方面,特色小镇建设需要全面提高特色小镇的生态宜居性,提升人民的生活质量,使特色小镇的"特色"不仅体现在产业上,更体现在人的生活方式、小镇文化等各个方面;另一方面,要尊重群体意志,强调居民参与。这就要求产城融合发展,在小镇的建设过程中,兼顾产业特色、生态宜居以及居民意愿,推进"文化产业+小城镇+企业""环保产业+小城镇+企业"和"旅游产业+小城镇+企业"等多元融合发展模式,既有利于助推特色产业发展,又可以加快以人为本的新型城镇化的建设进程。

第9章 区域规划与卫星城策划

　　城市也叫城市聚落，是以非农业产业和非农业人口集聚形成的较大居民点一般包括住宅区、工业区和商业区，并且具备行政管辖功能。城市的行政管辖功能可能涉及较其本身更广泛的区域，其中有居民区、街道、医院、学校、公共绿地、写字楼、商业卖场、广场、公园等。城市的形成和发展是社会生产力逐步集聚和高度集中的显著标志（尤其是现代城市），也是人类社会进步的具体表现。

　　区域规划是为实现一定地区范围的开发和建设目标而进行的总体部署，为城市规划提供有关城市发展方向和生产力布局的重要依据。广义的区域规划是指对地区社会经济发展和建设进行总体部署，包括区际规划和区内规划，前者主要解决区域之间发展不平衡或区际分工协作问题；后者是对一定区域内的社会经济发展和建设布局进行全面规划，一些地方可以分成片区规划。狭义的区域规划主要是指一定区域内与国土开发整治有关的建设布局总体规划。

　　本书所提到的区域规划主要是广义的区域规划，因此本章节针对区际规划与区内规划，分别以粤港澳大湾区和雄安新区为例来分析其发展模式和功能定位等。此外，本章还将介绍为缓解大型城市的人口压力应运而生的城市格局——卫星城。

9.1 粤港澳大湾区的发展模式

　　粤港澳大湾区包括香港特别行政区、澳门特别行政区和广东省广州市、深圳市、珠海市、佛山市、惠州市、东莞市、中山市、江门市、肇庆市（以下称珠三角九市），是中国著名的侨乡，也是具有全球影响力的先进制造业基地和现代服务业基地、南方地区对外开放的门户、国家参与经济全球化的主体区域、国家科技创新与技术研发基地。区域内平原广阔，易于开发建设；河网密集，水资源充沛；暖湿多雨，气候宜人。区域总面积5.6万 km^2，占全国的0.57%。截至2017年末，该区域总人口约7000万人，是我国开放程度最高、经济活力最强的区域之一，在国家发展大局中具有重要战略地位。建设粤港澳大湾区，既是新时代推动形成全面开放新格局的新尝试，也是推动"一国两制"事业发展的新实践。为全面贯彻党的十九大精神，全面准确贯彻"一国两制"方针，充分发挥粤港澳综合优势，深化内地与港澳合作，进一步提升粤港澳大湾区在国家经济发展和对外开放中的支撑引领作用，支持香港、澳门融入国家发展大局，增进香港、澳门同胞福祉，保持香港、澳门长期繁荣稳定，让港澳同胞同祖国人民共担民族复兴的历史责任、共享祖国繁荣富强的伟大荣光。

9.1.1 发展背景

1. 发展历程

（1）20世纪80年代至90年代初的村镇工业化阶段

由于特殊的地理位置及良好的经济基础，珠三角成为中国改革开放的"实验田"。随着一系列优惠政策的实施及对外开放程度的深入，经济发展模式逐渐由传统的计划经济向市场经济转变。通过吸引外资，大力发展出口加工业以推动经济快速发展。

20世纪80年代初期，农村土地"家庭联产承包责任制"的实施及农业生产"包产到户"的施行，释放了大量剩余劳动力，为珠江三角洲乡村工业的发展提供了有利条件。农村体制的改革极大地调动了农民生产的积极性，乡镇行政自主权力增大则为乡镇企业的发展提供必要的支持，村集体通过土地和厂房出租等非农业活动，极大地促进了乡镇企业的发展。

20世纪80年代中后期，珠三角通过"三来一补"，大力发展食品加工、轻纺、服装、小家电、玩具等劳动密集型制造业，吸纳农村剩余劳动力，促进了佛山、中山、东莞等地乡镇工业快速发展。此时期，珠三角工业总产值以年均30%左右的速度增长，地区生产总值年均增长速度远高于全省及全国水平，非农产业总价值占地区生产总值的比例快速增加，经济模式逐步由传统农业向现代工业转变。

20世纪80年代末至90年代初，随着十四大明确提出建立社会主义市场经济体制，珠三角改革开放不断深入，外资引入大幅度增加，工业发展突飞猛进，佛山、中山和珠海3市乡镇企业抓住国内家用电器消费浪潮，积极引入国外先进技术设备，建立了洗衣机、电冰箱、空调等家电生产基地。与此同时，深圳和东莞等地的乡镇企业充分利用国家给予的优惠政策、毗邻香港的区位优势及廉价的土地和劳动力，有效地承接了香港电子产业的转移，为以后珠三角东岸地区以IT产业为代表的现代制造业和高新技术产业的发展奠定了基础。乡镇企业的快速发展促进了本地区城乡一体化，然而，在珠三角从农业经济向工业经济转变的过程中，城镇体系发展与区域经济发展并不适应，城乡社会经济发展差距越拉越大。1989年，广东省建设委员会组织编制《珠三角城镇体系规划（1991—2010年）》，提出重点培育广佛、深圳、珠海、中山、江门、顺德、东莞、惠州大亚湾、肇庆、清远10个城镇群的空间构想，并对区域性重大基础设施、旅游服务网点进行布局安排。1994年，广东省建设委员会主持编制了协调区域经济发展的《珠江三角洲经济区城市群规划》。该规划提出建设"一个整体——珠江三角洲有机协调的城市群，一个核心——广州市中心城区，两个发展主轴——广州至深圳和广州至珠海发展轴线，三个大都市地区——中部和珠江口东岸、西岸都市区"的城市群空间发展战略，并对城市群发展的趋势与策略、目标与准则、政策与实施进行了系统的理论概括和规律性探讨，在城市群规模等级结构、职能结构、空间布局结构等方面提出了新的观点，为以后珠三角城市群的空间格局与发展方向奠定了基础。

村镇工业化的发展推动着珠三角建设用地缓慢增加，并对城镇化产生了巨大的推动作用，主要表现在三个方面：①增加了农民的经济收入，提高农民的消费能力，从而带动乡镇非农产业的发展；②吸收了大量农村剩余劳动力，实现了农村居民职业的就地城镇化；③增强了政府的财政支付能力，保障了政府在公共服务和市政基础设施建设的投入。此阶段，以村集体土地股份合作制的"南海模式"、以镇办骨干企业为主体的"顺德模式"、以专业镇发展的"中山模式"及以外资企业为主的"东莞模式"成为珠江三角洲工业化的典型。

（2）20世纪90年代末至21世纪初的城镇工业化阶段

20世纪90年代末，珠江三角洲大中城市工业基础较为坚实，乡镇工业基础较强，已形成成批专业化生产的工业强镇，如具有"中国铝材第一镇""中国有色金属名镇""中国内衣名镇"称号的佛山市大沥镇及以生产五金制品、电子电器音响为主的中山市小榄镇、以服装产业为特色的东莞市虎门镇等。21世纪初，深圳、东莞等地区加快产业转型，主动承接台湾省IT产业转移，大力发展外向型IT硬件制造业的配套加工，培育IT产业集群，华为、美的、海王等一批民营企业快速崛起。此外，土地有偿使用、住房制度改革等大力推动了珠三角城市建设与房地产开发。随着香港、澳门的回归以及中国加入WTO，外资涌入珠三角的规模进一步扩大，随之而来的资金与先进的技术为珠江三角洲地区经济整合及新一轮产业调整提供了良好的机遇。珠三角参与全球化生产和贸易也愈加深入，建设用地需求迅速增加，城市规模不断扩大，城市功能日益完善。因经济能力的提高以及土地财政的运转，珠三角城市获得大量的建设资金，各类新城、新区相继建设，发展重点开始由工业化成本较低的村镇地区逐步向基础设施相对完善、交通条件较好的城镇转移。城市空间逐渐扩大，并在珠三角城镇化过程中发挥主导作用，区域经济呈现出多级竞争的局面。

经过20多年的快速发展，珠三角已基本形成大城市连绵区，各种经济要素集聚于此，城镇化水平处于全国先列。同时，区域经济发展失衡愈显突出、生态环境问题日益明显、基础设施建设相对滞后等一系列问题制约了珠三角的可持续发展和一体化进程。2003年，胡锦涛总书记在视察时寄望广东："应抓住机遇、加快发展、率先发展、协调发展，在全面建设小康社会、率先基本实现社会主义现代化方面发挥排头兵的作用"。基于此背景，广东省委、省政府与建设部组织编制了《珠江三角洲城镇群协调发展规划（2004—2020）》，提出将珠江三角洲建设成为"重要的世界制造业基地和充满生机活力的世界级城镇群"，并以科学发展观为指导，从对外交流与合作、区域经济整合、区域人文环境及制度创新等方面提出具体发展目标。该规划根据城镇体系规划的目标定位、职能规模、基础设施和生态环境等，首次关注了珠三角各城市之间的社会经济联系、泛珠三角区域合作以及珠三角腹地建设等内容，提出"一脊三带五轴"的空间发展格局以及"双核多心多层次"的中心等级体系，区域空间发展应由点轴系统逐渐向区域一体化转变。

（3）21世纪初以来的大都市化阶段

随着区域内基础设施的完善以及各城市之间经济合作的加强，珠三角经济发展呈现区域一体化趋势，建设用地规模快速增加，进入大都市化发展阶段。《珠江三角洲地区改革发展规划纲要（2008—2020年）》提出"珠三角一体化"建设目标，并计划培育"广佛肇""深莞惠""珠中江"三大都市区。随着广州、佛山两市签署《广州市佛山市同城化建设合作框架协议》，广佛同城化不断深入，为"广佛肇"都市区的发展奠定基础。珠三角地区作为中国改革发展试验田与对外贸易重要基地，其发展被纳入国家战略。为了进一步提升珠三角城市群综合竞争力和国际影响力，国家"十二五"规划、《珠江三角洲地区改革发展规划纲要（2008—2020年）》以及粤港澳合作框架协议均将"打造更具综合竞争力的世界级城市群"

作为发展目标。为了适应新常态，2014 年广东省委、省政府编制了《珠江三角洲全域规划》。该规划继承了《珠江三角洲地区改革发展规划纲要（2008—2020 年)》的发展目标，与国家、省级的新型城镇化进行衔接，落实了"一带一路"倡议，探索了"多规合一"，提出了新时期珠三角发展思路、发展路径和任务及优化城市群内部空间格局的策略。2019 年 2 月，由中共中央、国务院印发实施《粤港澳大湾区发展规划纲要》，进一步提升粤港澳大湾区在国家经济发展和对外开放中的支撑引领作用，支持香港、澳门融入国家发展大局，增进香港、澳门同胞福祉，保持香港、澳门长期繁荣稳定，让港澳同胞同祖国人民共担民族复兴的历史责任、共享祖国繁荣富强的伟大荣光。

综上可知，珠三角城市群发展是两种力量共同作用的结果。其一为市场力量，改革开放初期，凭借毗邻港澳的优势，积极参与国际产业分工，通过"三来一补"，大力发展劳动密集型产业，推进经济快速发展。其二为行政体制力量，2000 年后，行政力量配置资源对城市的发展尤为突出，行政级别较高的城市通常能获得较多的发展政策支持。作为国家中心城市和广东省省会城市的广州及国家经济中心城市和经济特区的深圳，在吸引大项目的同时，对珠三角经济发展、空间组织起到了带头作用。

进入 21 世纪以来，区域合作已成为参与经济全球化、增强区域可持续发展动力的重要内容之一。2003 年以来，广东省大力倡导"泛珠三角"区域合作计划，主动加强与珠江流域经济流向和文化相关的福建、江西、湖南、广西、海南、四川、贵州、云南、香港、澳门在产业发展、交通建设和能源供给、生态环境保护等方面的合作。目前，珠三角已经成为粤港澳合作的深化区，在产业发展、规划建设、资源供给等方面合作成效显著；广泛地参与国际竞争和合作，国际经济地位显著提高。内陆 8 省份积极承接珠三角产业转移，加强与广东在轨道、高速等基础设施建设的衔接力度。香港、广州和深圳已成为华南地区重要的货物交换基地。

粤港澳大湾区的相关规划及政策见表 9-1。

表 9-1　粤港澳大湾区的相关规划及政策

规划与政策文本	主要内容	历　　程
2003 年《内地与香港关于建立更紧密经贸关系的安排（CEPA)》	内地与港、澳之间的贸易和投资合作，促进双方的共同发展	内地与港澳第一个全面实施的自由贸易协议
2005 年《珠江三角洲城镇群协调发展规划（2004—2020 年》	将环珠江口地区作为区域核心，实施经济发展与环境保护并重的策略，努力建成珠江三角洲重要的新兴产业基地、专业化服务中心和环境优美的新型社区	正式提出湾区概念
2008 年《珠江三角洲地区改革发展规划纲要（2008—2020 年)》	将珠三角九市与港澳的紧密合作纳入规划，目标是到 2020 年形成粤港澳三地分工合作、优势互补、全球最具核心的竞争力的大都市圈之一	粤港澳地区合作发展的国家政策开始出台
2009 年《环珠江口"湾区"宜居区域建设重点行动计划》	宜居湾区是建设大珠三角宜居区域的核心和突破口	将湾区作为粤港澳合作重点区域
2014 年深圳市政府工作报告	重点打造湾区产业集群，构建湾区经济	地方政府报告中首次提出发展湾区经济

(续)

规划与政策文本	主要内容	历程
2015年《推动共建丝绸之路经济带和21世纪海上丝绸之路的愿景与行动》	充分发挥深圳前海、广州南沙、珠海横琴、福建平潭等开放合作区作用，深化与港澳台合作，打造粤港澳大湾区	粤港澳大湾区第一次被明确提出
2016年国家"十三五"规划纲要	支持港澳在泛珠三角区域合作中发挥重要作用，推动粤港澳大湾区和跨省区重大合作平台建设	深化粤港澳大湾区平台建设
2016年3月《关于深化泛珠三角区域合作的指导意见》	构建以粤港澳大湾区为龙头，以珠江—西江地区经济带动中南、西南地区发展，辐射东南亚、南亚的重要经济支撑带	专门章节陈述打造粤港澳大湾区
2016年11月广东省"十三五"规划纲要	建设世界级城市群、推进粤港澳科技创新合作	地方开始谋划粤港澳大湾区建设
2017年政府工作报告	研究制订粤港澳大湾区城市群发展规划	"粤港澳大湾区"被纳入顶层设计
2019年2月《粤港澳大湾区发展规划纲要》	从战略定位、空间布局等方面做出了总体规划和定性，并且在科技创新、基础设施、共同参与"一带一路"建设等多个方面进行了规划	对粤港澳大湾区的战略定位、发展目标、空间布局等方面进行了全面规划

2. 基本特征

（1）空间、规模结构与地理位置

1）空间结构。

① 已形成网络化、多中心的空间结构。2000年以来，随着快速交通网络的建立及珠海、佛山、中山、东莞等城市的快速发展，珠三角城市群体空间结构逐渐向网络化、多中心模式演化，现已形成了三大都市区和四条城镇密集带。其中，中部都市区包括了广州和佛山，东岸都市区包括深圳、东莞和惠州，西岸都市区包括珠海、中山、江门。这三大都市区人口密集，经济活跃，建设用地连片分布，各种专业小镇沿交通流量较大的广深、广珠、广开等重要交通线路布局，主要城镇密集分布在四条交通干道沿线：济广高速、沈海高速、二广高速、国道321。这四条城镇密集带将珠三角核心地区与外围地区串联起来，并成为核心地区产业转移的经济走廊。

② 城市中心差异性减小。城市中心性体现了城市在区域城市体系中的地位和作用，可用中心性指数来量化。影响城市中心性的因素主要有人口规模、经济实力和公共服务水平等。通过选取各市市辖区的年末总人口、人均GDP、社会消费品零售总额、地方财政支出、医院和卫生院床位数、高等学校教师人数和普通中小学教师人数7个指标，计算珠三角9个城市的中心性指数。结果表明，2000—2013年，广州市中心性指数由4.23下降到3.01，肇庆则由0.29下降至0.23，深圳、珠海、佛山、惠州、东莞、中山和江门都略有上升，城市间中心性指数差异系数也由1.68降低到0.81。这说明珠三角城市群内部各城市地位基金及发展水平差异在缩小，印证了整个城市群空间结构向多中心模式演变。

2）规模结构。若按照1989年《中华人民共和国城市规划法》城市规模划分标准（即特大城市、大城市、中等城市、小城市），2000年，珠三角城市群特大城市、大城市、中等城市、小城市数量的比例分别为6.66%、6.67%、30.00%、56.67%；2010年，则为

17.39%、17.39%、17.39%、52.17%。这些情况说明珠三角城市规模差异在缩小，中小城市发展较快。

2000年，珠三角城市群特大城市、大城市、中等城市和小城市人口占全区域人口的比例分别为50.02%、10.10%、24.14%、15.74%；2010年，则分别为70.25%、16.35%、5.62%、7.78%。依据各个城市市辖区非农业人口数量将其系划分为7个不同等级规模，计算其城市规模不平衡指数。结果表明，非农业人口向广州和深圳等市区集中较为明显，向中小城市集中速度较为缓慢，非农业人口空间分布不均衡性更加突出。这种城市规模等级结构无法为特大城市分流解压。为了进一步缓解特大城市广州和深圳的人口压力，缩小城市群内部社会经济差异，未来应贯彻落实新型城镇化提出的大中小城市协调发展战略，加快中小城市的发展，促进非农业人口向中小城市集中。

3）地理位置。粤港澳大湾区地处我国沿海开放前沿，以泛珠三角区域为广阔发展腹地，区位优势明显，在"一带一路"建设中具有重要地位。区域内平原广阔，易于开发建设；河网密集，水资源充沛；暖湿多雨，气候宜人。总面积5.6万km^2，占全国的0.57%。其交通条件便利，拥有香港国际航运中心和吞吐量位居世界前列的广州、深圳等重要港口，以及香港、广州、深圳等具有国际影响力的航空枢纽，便捷高效的现代综合交通运输体系正在加速形成。

(2) 经济实力

粤港澳大湾区经济发展水平全国领先，产业体系完备，集群优势明显，经济互补性强，香港、澳门服务业高度发达，珠三角九市已初步形成以战略性新兴产业为先导、先进制造业和现代服务业为主体的产业结构，2017年大湾区经济总量约10万亿元。

粤港澳大湾区虽然为中国经济最活跃的地区之一，但与世界发达区域相比，经济发展水平还有较大差距。据2015年美国CityLab和经济智库马丁繁荣研究所公布的全球经济25强排名，纽约、伦敦和东京位列前三名，我国的香港、北京和上海入选，而珠三角城市群两核心城市——广州和深圳榜上无名。

(3) 创新能力

粤港澳大湾区创新能力在国内具有一定的优势，从技术密集型制造业的贡献程度来看，珠三角地区相比京津冀和长三角地区水平高、发展快。创新驱动发展战略深入实施，广东全面创新改革试验稳步推进，国家自主创新示范区加快建设。粤港澳三地科技研发、转化能力突出，拥有一批在全国乃至全球具有重要影响力的高校、科研院所、高新技术企业和国家大科学工程，创新要素吸引力强，具备建设国际科技创新中心的良好基础。

在全球层面上看，珠三角城市群的创新能力仍不乐观。珠三角外资制造业分支机构大部分为制造加工环节，在全球制造业劳动分工中扮演制造和装配基地的角色。根据澳大利亚智库"2 think now"发布的《2014全球创新城市指数》显示，旧金山-圣何塞创新指数为57，排名第1；纽约创新指数为56，排名第2；伦敦创新指数为56，排名第3。粤港澳大湾区核心城市创新能力仍显不足，排名较为靠后：深圳创新指数为47，排名第74；广州创新指数为43，排名第190。

(4) 国际化水平

香港作为国际金融、航运、贸易中心和国际航空枢纽，拥有高度国际化、法治化的营商环境以及遍布全球的商业网络，是全球最著名经济体之一。由于我国与葡语国家商贸合作服务平台的作用不断强化，作为世界旅游休闲中心的澳门，其多元文化交流的功能日益彰显。广州是我国最最早开放的城市之一，是国际经济交流的主阵地。珠三角九市是内地外向度最高的经济区域和对外开放的重要窗口，在全国加快构建开放型经济新体制中具有重要地位和作用。

(5) 合作基础

香港、澳门与珠三角九市文化同源、人缘相亲、民俗相近、优势互补。近年来，粤港澳合作不断深化，基础设施、投资贸易、金融服务、科技教育、休闲旅游、生态环保、社会服务等领域合作成效显著，已经形成了多层次、全方位的合作格局。但是也应看到在国际交流与合作上，珠三角与长三角、京津冀城市群相比，虽然扮演着不同的角色，但广州、深圳的国际地位明显落后于北京和上海。

9.1.2 发展模式

1. 指导思想

深入贯彻习近平新时代中国特色社会主义思想和党的十九大精神，统筹推进"五位一体"总体布局和协调推进"四个全面"战略布局，全面准确贯彻"一国两制""港人治港""澳人治澳"、高度自治的方针，严格依照宪法和基本法办事，坚持新发展理念，充分认识和利用"一国两制"制度优势、港澳独特优势和广东改革开放先行先试优势，解放思想、大胆探索，不断深化粤港澳互利合作，进一步建立互利共赢的区域合作关系，推动区域经济协同发展，为港澳发展注入新动能，为全国推进供给侧结构性改革、实施创新驱动发展战略、构建开放型经济新体制提供支撑，建设富有活力和国际竞争力的一流湾区和世界级城市群，打造高质量发展的典范。

2. 发展目标

到 2022 年，粤港澳大湾区综合实力显著增强，粤港澳合作更加深入广泛，区域内生发展动力进一步提升，发展活力充沛、创新能力突出、产业结构优化、要素流动顺畅、生态环境优美的国际一流湾区和世界级城市群框架基本形成。

1）区域发展更加协调，分工合理、功能互补、错位发展的城市群发展格局基本确立。

2）协同创新环境更加优化，创新要素加快集聚，新兴技术原创能力和科技成果转化能力显著提升。

3）供给侧结构性改革进一步深化，传统产业加快转型升级，新兴产业和制造业核心竞争力不断提升，数字经济迅速增长，金融等现代服务业加快发展。

4）交通、能源、信息、水利等基础设施支撑保障能力进一步增强，城市发展及运营能力进一步提升。

5）绿色智慧节能低碳的生产生活方式和城市建设运营模式初步确立，居民生活更加便利、更加幸福。

6）开放型经济新体制加快构建，粤港澳市场互联互通水平进一步提升，各类资源要素流动更加便捷高效，文化交流活动更加活跃。

到 2035 年，大湾区形成以创新为主要支撑的经济体系和发展模式，经济实力、科技实力大幅跃升，国际竞争力、影响力进一步增强；大湾区内市场高水平互联互通基本实现，各类资源要素高效便捷流动；区域发展协调性显著增强，对周边地区的引领带动能力进一步提升；人民生活更加富裕；社会文明程度达到新高度，文化软实力显著增强，中华文化影响更加广泛深入，多元文化进一步交流融合；资源节约集约利用水平显著提高，生态环境得到有效保护，宜居、宜业、宜游的国际一流湾区全面建成。

3. 基本原则

创新驱动，改革引领。实施创新驱动发展战略，完善区域协同创新体系，集聚国际创新资源，建设具有国际竞争力的创新发展区域。全面深化改革，推动重点领域和关键环节改革取得新突破，释放改革红利，促进各类要素在大湾区内便捷流动和优化配置。

（1）协调发展，统筹兼顾

实施区域协调发展战略，充分发挥各地区比较优势，加强政策协调和规划衔接，优化区域功能布局，推动区域城乡协调发展，不断增强发展的整体性。

（2）绿色发展，保护生态

大力推进生态文明建设，树立绿色发展理念，坚持节约资源和保护环境的基本政策，实行最严格的生态环境保护制度，坚持最严格的耕地保护制度和最严格的节约用地制度，推动形成绿色低碳的生产生活方式和城市建设运营模式，为居民提供良好生态环境，促进大湾区可持续发展。

（3）开放合作，互利共赢

以"一带一路"建设为重点，构建开放型经济新体制，打造高水平开放平台，对接高标准贸易投资规则，加快培育国际合作和竞争新优势。充分发挥港澳独特优势，创新完善各领域开放合作体制机制，深化内地与港澳互利合作。

（4）共享发展，改善民生

坚持以人民为中心的发展思想，让改革发展成果更多更公平惠及全体人民。提高保障和改善民生水平，加大优质公共产品和服务供给，不断促进社会公平正义，使大湾区居民获得感、幸福感、安全感更加充实、更有保障、更可持续。

"一国两制"，依法办事。把坚持"一国"原则和尊重"两制"差异有机结合起来，坚守"一国"之本，善用"两制"之利。把维护中央的全面管治权和保障特别行政区的高度自治权有机结合起来，尊崇法治，严格依照宪法和基本法办事。把国家所需和港澳所长有机结合起来，充分发挥市场化机制的作用，促进粤港澳优势互补，实现共同发展。

4. 战略思考

针对粤港澳大湾区的发展现状、问题与发展环境变化，未来应在以下几个方面大力创断，探索发展新模式：

（1）构建全球化平台，提升区域合作，重构粤港澳城市群新格局

根据《蓄势待发的世界湾区第四极：粤港澳大湾区展望及世界湾区经济研究》报告，在特殊的天然禀赋和产业基础之上，粤港澳大湾区将形成东西联动、港深莞穗核心轴带动西岸次轴的发展格局；发展格局重构是粤港澳大湾区未来发展的重要特征：

1）湾区的发展关键在于不同制度下区域的融合发展，高规格的湾区协调机构需成立，以加快实现湾区内部各核心城市、不同行政区间的协同与合作。

2）在大湾区空间重构方面，港深莞穗将成为优势互补的湾区核心发展轴，湾区本身所具有的科创和金融两个强势产业将大大促进湾区经济的腾飞；而在核心轴的辐射带动下，未来重大基建项目的建成也将助力东西联动，促使珠江西岸次轴发展加速。

3）粤港澳大湾区在核心发展轴和珠江西岸次轴的融合发展下，辐射范围将扩大，影响力深入华南腹地，统筹协作推动空间由多中心转向网络化，湾区城市最终实现发展均衡，要素得以充分自由流动，最终有望形成世界湾区经济发展的第四极。

粤港澳大湾区有以香港为核心的大珠三角的金融、航运、贸易中心圈，以深圳为核心的"硅谷"创业创新高端产业中心圈，以及以整个区域为基础的智能制造及教育文化旅游产业圈，使湾区发展兼顾经贸、科技、教育、文化和生态环保等各个领域，推动了城市群的可持续发展。在核心城市的引领下，粤港澳大湾区将珠三角的制造业与港澳两地的服务业有机结合，逐渐形成三大都市圈，分别是：以深圳和香港为核心城市，以现代服务业、金融业、创新科技为主导的港深莞惠都市圈；以珠海与澳门为核心城市，以旅游业、绿色经济、现代制造业为主导的澳珠中江都市圈；以广州为核心城市，以现代制造业与工商服务为主导的广佛肇都市圈。

珠三角地区作为改革开放先行地区，在区域合作方面取得了丰硕成果，与港澳及泛珠三角地区建立了紧密联系。然而，随着广深等中心城市国际化功能的强化，珠三角城市群发展水平的提高，粤港澳合作逐渐进入瓶颈期。近年来，珠三角区域合作对象逐渐向外拓展，东盟、拉丁美洲、非洲逐渐成为新兴贸易伙伴。在建设"21世纪海上丝绸之路"的新背景下，珠三角城市群应充分发挥地区优势，明确自身角色，加强国际贸易与综合服务功能的培育，建立开放的经济合作载体与全球化平台，打造粤港澳城市群新格局。具体包括：通过南沙、前海蛇口、横琴自由贸易区，进一步整合三地资源，突破合作瓶颈，寻找新的发展契机；与泛珠三角地区共同贯彻落实2016年3月《国务院关于深化泛珠三角区域合作的指导意见》，在产业发展、旅游合作、能源开发与供给、水资源调配、交通规划建设及生态保护等方面加强合作，促进优势互补及区域协调发展；通过构建港口联盟，搭建海上丝绸之路沿线城市的合作平台，加强"21世纪海上丝绸之路"贸易互联；与各国展开全方位合作，加强国际机场和航空通道、国际高铁通道建设，形成海陆空综合交通互联通道；降低物流成本，促进珠三角东岸和西岸的社会经济交流，推动企业经济转型升级；积极推进广深港客运专线、港深西部快速通道、莲塘、香园围口岸等项目建设；加强粤港澳民间社会团体的互动交流，消除生活观念和政治意识形态的分歧，保障和谐发展，将粤港澳城市群打造为亚太地区最具活力和国际竞争力的城市群。

（2）大力推进技术创新，突破产业发展路径依赖

粤港澳大湾区经济发展一直依赖三方面路径：一是出口导向型发展模式导致政府、市场和企业对海外市场、投资与技术的路径依赖；二是低端劳动密集型产业导致对大量廉价劳动力、廉价土地、生态环境的依赖；三是政府主导的城镇化模式造成对建设用地扩展与土地财政过度依赖。

目前这三种路径都遇到了问题。首先，国际经济尚未复苏，出口导向发展模式难以为继。其次，劳动力价格上涨以及劳动力短缺，土地价格与环境成本上升，导致生产成本大幅度上升，使大量低端劳动密集型产业难以生存。最后，土地资源供给不足，导致新增建设用地不能满足经济发展需求，过去以劳动力、资源和环境的低成本为代价的粗放型增长模式已经无法维持。

对此，珠三角应鼓励自主创新，加大对科技研发的财政投入，研发经费占GDP的比重应不低于4%。打造高水平科技创新载体和平台，加快推进大湾区重大科技基础设施、交叉

研究平台和前沿学科建设，着力提升基础研究水平。优化创新资源配置，建设培育一批产业技术创新平台、制造业创新中心和企业技术中心。

完善创新带动就业政策，建立人才、技术和资金等创新要素完善的市场配置机制，逐步摆脱对国外技术的依赖。依托区域内高校、科研院所，建立科技创新平台，包括产业公共服务平台以及信息科技共享平台，引导产业良好发展。鼓励高校创新人才培养模式，培养学生独立思考和动手能力，为社会输出工程型人才。加强信息的交流与资源共享，建立"产、学、研"技术创新联盟、各类科技组织联盟。建立以企业为主体、市场为导向、产学研深度融合的技术创新体系，支持粤港澳企业、高校、科研院所共建高水平的协同创新平台，推动科技成果转化。实施粤港澳科技创新合作发展计划和粤港联合创新资助计划，支持设立粤港澳产学研创新联盟。

加强区域内技术交流与合作，通过国际贸易合作、学习国外先进的创新理念与技术，优化技术创新产出模式，提升技术创新产出效率。更好地发挥内地、香港、澳门科技合作委员会的作用，推动香港、澳门融入国家创新体系、发挥更重要作用。充分发挥粤港澳科技和产业优势，积极吸引和对接全球创新资源，建设开放互通、布局合理的区域创新体系。推进"广州—深圳—香港—澳门"科技创新走廊建设，探索有利于人才、资本、信息、技术等创新要素跨境流动和区域融通的政策举措，共建粤港澳大湾区大数据中心和国际化创新平台。

(3) 创新人口政策，强化土地利用，推动城镇化转型

1) 创新人口政策，应对人口红利枯竭。2000—2014年，珠三角城市群人口增长缓慢。其中，2000—2010年少数城市劳动人口比重甚至出现了负增长。春节后，珠三角城市群常出现"民工荒""招工难"以及与长三角城市群争抢农民工等现象。随着依赖低价劳动力获得低成本优势的"人口红利"逐渐消失，政策将成为形成新人力资本红利的关键。一是加快户籍制度改革，降低落户门槛，取消"定居人口""暂住人口"和"流动人口"三者并存的户籍登记和管理办法，实行城乡户口一体化管理。二是在面临大学生就业难的情况下，应考虑对高素质人才给予一定的就业保障，通过高端供给与优质配套吸引人才留下，并提供与之相匹配的工作岗位。三是对于新生代农民工应给予一定的就业指导，引导其找到合适的工作岗位。

2) 强化土地集约节约利用，探索新的土地开发利用模式。经过多年的快速发展，珠三角国土开发强度已经远高于区域内生态安全的承载力。国土空间紧缺制约了珠三角城市群的转型升级，因此未来应通过土地利用总体规划控制建设用地无序蔓延，强化工业用地的节约集约利用；摸清建设用地利用潜力，加强闲置土地的管理，加大对旧城镇和旧厂房等土地二次开发；对高污染、高能耗、低附加值的产业应限制土地供给，保证新增建设用地或存量用地流向高附加值产业；加大农村废弃宅基地综合整治，统筹城乡建设用地，推动旧村庄改造与城镇建设用地需求相结合，以破解城市建设用地供给不足和农村建设用地闲置浪费双重矛盾；学习英国伦敦地下多层轨道交通开发模式，注重将地下轨道交通与地下商业相结合。

3) 推动城镇化"质量转型"与"制度转型"。目前，粤港澳大湾区基础设施供给不足，常住人口增长率超过基础设施增长率。多数外来人口实现了职业的转变，但未实现"人"的城镇化，城镇化综合质量不高。2014年，珠三角常住人口城镇化水平为84.12%，户籍人口城镇化水平为73.11%，两者相差的11.01%是农业转移人口所占的份额。农业转移人口在就业、劳动权益、社会保障、住房和教育等方面均与本地人口有所差异。就业方

面，农业转移人口主要集中于非正规部门。劳动权益方面，企业对农业转移人口"用而不养"的问题突出。社会保障方面，农业转移人口参加养老保险、工伤保险和医疗保险等比例均在20%以下。住房方面，农业转移人口多居住在简陋、环境差或区位偏的住房。教育方面，受现行户籍制度影响，农业转移人口子女就学多选择办学条件较差、师资薄弱且流动性大的农业转移人口子弟学校。

(4) 加强生态环保建设，突出人文引领，构建世界级城市群

珠三角要构建世界级城市群，经济发展固然重要，但最终还应回归到对人的关注。世界发达国家城市群十分重视生态建设与环境保护，将保护历史文化和生态环境、提高人的生活质量放在重要位置。城市群发展应以人为本，关注人的发展需求，注重市民社会建设，营造宜居城市环境、宜业城市氛围，从人的幸福生活出发，关注经济、生态、社会等多方面协调发展。牢固树立和践行"绿水青山就是金山银山"的理念，像对待生命一样对待生态环境，实行最严格的生态环境保护制度。坚持节约优先、保护优先、自然恢复为主的方针，以建设美丽湾区为引领，着力提升生态环境质量，形成节约资源和保护环境的空间格局、产业结构、生产方式、生活方式，实现绿色低碳循环发展，使大湾区天更蓝、山更绿、水更清、环境更优美。同时，本土文化建设已成为地区差异化发展的竞争战略，城市文化塑造将成为全球竞争中的关键。珠三角城市群应按照主体功能区规划确定国土开发强度，重点保护西部生态防护和生物多样性保护区、南部沿海生态防护区及山地森林生态安全屏障区等。应依托岭南文化特色，将城市历史传统、城市标志、文化底蕴、市民风范、生态环境等多方要素进行融合，塑造出具有岭南特色的城市文化。

9.2 承接非首都核心功能——雄安

雄安新区位于中国河北省保定市境内，地处北京、天津、保定腹地，规划范围涵盖河北省雄县、容城、安新三县及周边部分区域。雄安新区作为北京非首都功能疏解集中承载地，要建设成为高水平社会主义现代化城市、京津冀世界级城市群的重要一极、现代化经济体系的新引擎、推动高质量发展的全国样板。

雄安新区定位二类大城市。设立雄安新区，对于集中疏解北京非首都功能，探索人口经济密集地区优化开发新模式，调整优化京津冀城市布局和空间结构，培育创新驱动发展新引擎，具有重大现实意义和深远历史意义。党中央、国务院通知要求，各地区各部门要认真落实国家主席习近平重要指示，按照党中央、国务院决策部署，统一思想、提高认识，切实增强"四个意识"，共同推进河北雄安新区规划建设发展各项工作，用最先进的理念和国际一流的水准进行城市设计，建设标杆工程，打造城市建设的典范。雄安新区是"无废城市"建设特例区。

9.2.1 北京非首都功能疏解和雄安新区集中承载地建设的战略意义

1. 北京"大城市病"根源在于集聚过多非首都功能

随着北京城市的不断扩张，北京患上了人口膨胀、房地产价格高涨、交通拥堵、资源环境约束强化等"大城市病"。2004年，北京规划，到2020年人口控制在1800万人，而2016年末北京常住人口已经达到2172.9万人。究其原因，是因为北京作为首都，集聚了过多非

首都功能。北京市中央政府和国家各部委总部所在地，也是众多企业总部集聚地，教育、医疗资源密集，户口含金量较高，导致人口和产业不断涌入。

2. 疏解非首都功能有利于北京更好发挥首都核心功能

北京通过疏解非首都功能，有利于更好发挥首都核心功能，拓展发展空间，提升发展层次，推进产业转型升级，实现自身"瘦身健体"和经济提质增效，根治北京的"大城市病"，促进经济社会发展与人口资源环境相适应。这几年北京通过控制增量和疏解存量两手抓，有序疏解了一批北京非首都功能。例如，北京制定了全国首个新增产业禁止和限制目录，受到禁限的行业占全部国民经济行业比例达到79%。截至2017年6月22日，北京已关停1713家企业，调整疏解409家商品交易市场。通过疏解，北京的产业结构向"高、精、尖"转型，人口和资源环境压力得到缓解。2016年，北京市第三产业占GDP比重达到80.3%，常住人口增量和增速同比出现双降，PM2.5平均浓度同比也下降9.9%。

3. 疏解非首都功能是区域协同发展的关键

由于城市存在规模经济效应，在城市发展初期，人口和产业向城市集聚符合城市发展规律。当城市发展到一定阶段，土地等非流动要素价格上涨和市场拥挤效应会导致大城市扩散效应超过极化效应，辐射带动周边地区发展。但是北京作为首都城市，既具有一般城市所共有的特性，又具有一般城市所不具备的首都属性。这导致北京叠加了过多功能，对周边地区的资源要素形成虹吸效应，没能辐射带动周边地区发展。只有通过疏解非首都功能，才有可能建成区域反磁力中心，形成新的经济增长极，发挥首都对周边地区的辐射带动作用，促进区域协同发展。

4. 集中承载地建设有利于补齐区域发展短板

京津冀协同发展过程中，最大的短板来自河北。2015年，河北省人均GDP仅相当于北京市的37.8%，产业结构呈现明显的"二、三、一"特征。北京已进入后工业化阶段，而河北仍处于工业化中期。北京有26所211高校，河北只有1所（地理位置位于天津）。北京城镇人口比例达到86.46%，天津城镇人口占比达到82.61%，而河北城镇人口占比只有51.33%，低于全国平均水平。北京和天津每百万人口分别拥有1.9家和1.8家三级医院，而河北只有0.5家。雄安新区建设北京非首都功能疏解集中承载地，有利于提高北京非首都功能疏解的效率，有利于把雄安新区培育成反磁力中心和新的经济增长极，补齐河北在科技、产业、公共服务等领域的短板，打造京津冀世界级城市群。

9.2.2　准确识别北京非首都功能和雄安新区功能需求

1. 准确识别北京非首都功能

2014年2月26日，习近平总书记在北京考察时强调，北京要坚持和强化首都全国政治中心、文化中心、国际交往中心、科技创新中心的核心功能，调整疏解非首都功能，深入实施人文北京、科技北京、绿色北京战略，努力把北京建设成为国际一流的和谐宜居之都。2015年4月30日，中央政治局会议审议通过的《京津冀协同发展规划纲要》指出，京津冀协同发展核心是有序疏解北京非首都功能，明确首都北京的核心功能定位是"四个中心"，即全国政治中心、文化中心、国际交往中心、科技创新中心。由此可见，首都的核心功能就是建设"四个中心"，为中央党、政、军等领导机关的工作服务，为国家的国际交往服务，为科技和教育发展服务，为改善人民群众生活服务。除此之外，都可以理解为非首都功能。

然而，并不是所有的非首都功能都需要疏解，因为北京既是首都（所在地），又是城市。城市的正常运转需要一些生产、服务、管理、协调、集散等基本功能，这些功能的缺失会影响首都城市功能的有效发挥。因此，有序疏解北京非首都功能，主要是疏解北京叠加的过多功能，这些功能对首都核心功能的发挥已经造成了负面影响。正因如此，《京津冀协同发展规划纲要》明确了北京非首都功能疏解的重点领域，包括"一般性产业特别是高消耗产业""区域性物流基地、区域性批发市场等部分第三产业""部分教育、医疗、培训机构等社会公共服务功能""部分行政性、事业性服务机构和企业总部"等四类非首都功能。北京市2014年制定了全国首个新增产业禁止和限制目录，在实施过程中又进行了修订，受到禁限的行业也属于北京需要疏解的产业和功能。

2. 前瞻分析雄安新区的功能需求

雄安新区作为"千年大计、国家大事"，必须高起点定位、高标准建设、高水平推进。习近平总书记强调，雄安新区不同于一般意义上的新区，其定位首先是疏解北京非首都功能集中承载地，重点承接北京疏解出的行政事业单位、总部企业、金融机构、高等院校、科研院所等，不符合条件的坚决不能要。由此可见，雄安新区在承接北京非首都功能疏解时，需要坚持问题导向和目标导向，前瞻性地分析自身功能需求，高点定位，高端承接，精准对焦，靶向施策。北京重点疏解的四类非首都功能中，第一类一般性产业特别是高消耗、高污染、高占地、低附加值的一般性制造业，不是雄安新区承接的对象。但制造业中高技术含量、高附加值、低耗能、低耗水、低污染的高端高新产业和一般制造业的设计研发环节可以落户雄安。第二类区域性物流基地、区域性批发市场等部分第三产业，也不是雄安新区承接的内容。但结合雄安新区已有产业基础和未来发展需要，有必要适当规划建设一些满足雄安新区发展需要的物流基地和特色批发市场。第三类部分教育、医疗、培训机构等社会公共服务功能，其中大部分应该作为雄安新区重点承接的对象，要主动创造条件吸引北京高校、科研院所、医院迁到雄安新区或到雄安新区建立分支机构。第四类部分行政性、事业性服务机构和企业总部也是雄安新区需要重点承接的对象，要深入分析和合理甄别北京可能疏解的行政性、事业性服务机构和企业总部，积极主动进行对接。

9.2.3 雄安新区承接北京非首都功能疏解需要做好"七个结合"

1. 与雄安新区"千年大计"相结合

作为北京"一体两翼"的重要组成部分，雄安新区既是北京非首都功能疏解集中承载地，也是首都功能拓展区，还是以首都为核心的世界级城市群中的重要一极，与北京共同形成全国创新驱动经济增长新引擎。雄安新区承接北京非首都功能疏解，要立足于高端高新产业培育，立足于未来长远发展，必要时可以承接部分首都核心功能。

2. 与雄安新区"四区"功能定位相结合

规划建设雄安新区，首要定位是打造北京非首都功能疏解集中承载地，具体定位还包括"绿色生态宜居新城区""创新驱动发展引领区""协调发展示范区""开放发展先行区"。符合上述"四区"定位的非首都功能，雄安新区要主动承接；不符合"四区"定位的坚决不能承接。

3. 与雄安新区资源环境承载力相结合

要立足于雄安新区现有开发强度、生态环境容量和未来开发潜力，合理确定功能分区，根据各功能区的资源环境承载能力，划定生态红线和城市开发边界，合理控制开发节奏和开发强度，有序承接北京非首都功能疏解。

4. 与雄安新区空间均衡相结合

承接北京非首都功能疏解时，要遵循空间均衡理念，按照组团式发展要求，坚持"大分散、小集中、多中心、护绿心、密路网、小街区"的原则，引导功能、产业、人口、交通基础设施在地域空间上合理配置，实现经济、社会、人口与资源环境相协调，实现土地高效集约利用、交通便捷高效和职住平衡。

5. 与雄安新区建设反磁力中心相结合

雄安新区不能仅仅满足于打造疏解北京非首都功能疏解集中承载地，还必须提供比北京更优质的公共服务，不仅要让北京非首都功能能够转得出，还要能够留得住、发展得好。

6. 与雄安新区辐射带动周边地区相结合

规划建设雄安新区，就是要补齐河北区域发展的短板，首先要辐射带动冀中南加快发展。雄安新区在承接北京非首都功能疏解过程中，要立足于周边配套的产业链和创新型产业集群，实现区域创新链与产业链有效对接，提升区域整体竞争力。

7. 与河北走好发展新路相结合

非首都功能疏解并非简单的产业和功能转移，更不是污染企业异地搬家。雄安新区要处理好非首都功能承接与产业转型升级的关系，让承接的产业在转移中提升技术水平，降低污染排放，实现绿色、低碳、高效发展，引领带动河北走好加快转型、绿色发展和跨越提升的新路。

9.2.4 雄安新区精准承接北京非首都功能疏解对策建议

1. 增强雄安新区承接"引力"

1）要提供优质公共服务，打破户籍、高考、社会保障等对人才流动的束缚，增强雄安新区对北京非首都功能和高端要素资源的"引力"。首钢搬迁的经验表明，企业搬迁并不必然带来人口的疏解。必须提供比北京更优质的公共服务，让迁入雄安新区的高端人才能够享受到优质的教育、医疗资源和社会保障，高端人才才会涌入雄安新区，北京功能和人口双疏解的目标才能够实现，疏解到雄安新区的功能才能够留得住、发展得好。建议雄安新区与北京实行户籍、高考政策一体化和社保对接，提高雄安新区公共服务水平，这是北京能够有效疏解功能和人口的关键所在。

在《河北雄安新区规划纲要》第六章中，专门阐述如何"提供优质共享公共服务"，主要强调要坚持以人民为中心、注重保障和改善民生，引入京津优质教育、医疗卫生、文化体育等资源，建设优质共享的公共服务设施，提升公共服务水平，构建多元化的住房保障体系，增强新区承载力、集聚力和吸引力，打造宜居宜业、可持续发展的现代化新城。该章主要从布局优质公共服务设施、提升公共服务水平和建立新型住房保障体系这三方面落实如何提升雄安新区优质共享公共服务，有序推进基础设施建设，完善配套条件，推动疏解对象顺利落地；同时，率先建设一批高水平的幼儿园、中小学、医院等公共服务设施，提供租购并举的多元化住房保障，增强雄安新区承接"引力"，坚持以人民为中心，让雄安新区留得住人且发展得好。

2）要完善基础设施建设，尤其是加快轨道交通建设，构建一站式、大容量、速度快、票价低、便捷高效的绿色智能交通体系，形成雄安新区与京、津、保、石"一小时交通圈"。

在《河北雄安新区规划纲要》第七章中，专门阐述如何"构建快捷高效交通网"，该部分强调要按照网络化布局、智能化管理、一体化服务要求，加快建立连接雄安新区与京津及周边其他城市、北京新机场之间的轨道交通网络；完善雄安新区与外部连通的高速公路、干线公路网；坚持公交优先，综合布局各类城市交通设施，实现多种交通方式的顺畅换乘和无缝衔接，打造便捷、安全、绿色、智能的交通体系。

3）要优化市场环境，制订高层次人才引进计划，出台激励人才流入和人才培养的政策措施，出台激励创新创业的政策措施，出台扩大服务业开放的政策措施。

在《河北雄安新区规划纲要》第十章第三节"创新体制机制与政策"中，提出如何进行创新人才人口管理。该节提出需要探索实行有利于激发新区创新活力的人事、薪酬、住房、税收、养老等政策；探索实行个人所得税改革；实行开放便捷的人才引进制度，在技术移民和外籍人才入境、停居留、永久居留等方面制定更加便利的措施，建立人才特区；推进人口管理创新，实施积分落户和居住证制度，建立以居住证为载体的公共服务提供机制。

2. 抓紧制定承接方案和配套政策

抓紧制定雄安新区承接北京非首都功能疏解的具体实施方案和配套政策，有序高效承接北京非首都功能疏解。组织力量前瞻分析雄安新区的功能需求，研究北京非首都功能疏解中与雄安新区当前功能需求高度耦合的功能，列出雄安新区承接北京非首都功能疏解的重点领域清单，有的放矢地推进非首都功能疏解集中承载地建设。研究北京可以辐射带动雄安新区的首都功能，让首都功能和政策延伸至雄安新区，把雄安新区建设成为首都功能拓展区，形成北京"一体两翼"中的重要一翼。强化协同发展意识，推进雄安新区与北京在社会保险、教育、医疗、人才、生态、社会服务等领域的政策衔接。

《河北雄安新区规划纲要》中提到"创新体制机制与政策"，要求围绕推进雄安新区规划实施，坚持深化改革、扩大开放，制定出台支持政策，打造体制机制新高地，为新区建设发展创造良好条件，发挥对全国全面深化改革扩大开放的引领示范作用。该节从深化行政体制改革、深化财税金融改革、创新人才人口管理、推进土地管理制度改革、积极扩大对内对外开放等几方面具体论述如何制定配套政策，为新区建设发展创造良好条件，有序高效承接北京非首都功能疏解。

3. 推进体制机制创新

建立雄安新区与北京非首都功能疏解高效对接机制，围绕北京非首都功能疏解、雄安新区集中承载地建设定期进行会商和协调，紧密跟踪北京非首都功能集中疏解过程中出现的矛盾和问题，及时研究对策措施。加强雄安新区与北京在规划、产业、财税、科技、金融等领域政策的对接交流，为有序集中疏解北京非首都功能提供制度保障。探索建立跨区域产业转移税收共享机制，实现产业园区、产业转移平台和载体的共建共享，提高疏解地的疏解"动力"和承载地的承接"引力"，形成疏解"合力"。创新产业合作机制，鼓励发展飞地经济、异地产业园区、服务外包基地和协同创新共同体等，实现雄安新区与北京优势互补和互利共赢。推进雄安新区与北京人才互认、信息互通和资源共享，促进生产要素合理顺畅流动。创新雄安新区承接北京非首都功能疏解的投融资模式，积极探索创新PPP、BOT等模式，吸引社会资本和民间资本参与集中承载地建设。

4. 高端承接北京非首都功能疏解

承接北京非首都功能疏解，要以是否符合雄安新区的"四区"定位为标准，坚持世界眼光和国际标准，高端高起点承接，把雄安新区打造成绿色生态宜居新城区、创新驱动发展引领区、协同发展示范区和开放发展先行区。对于行政事业单位，除了中央党政军领导机关、外交国防部门、"一委一行两会"之外，其他部门雄安新区都要积极争取。建议争取教育部、环保部、工信部等部门落户雄安；争取符合雄安新区发展定位的北京高校及科研院所到河北办分校、合作办学或整体迁入，争取建立一所根植于雄安新区和服务于"千年大计"的综合性大学；争取新三板等金融机构落户雄安；争取符合雄安新区功能定位的企业总部落户雄安；争取以中关村为代表的创新要素向雄安新区集聚。同时，要争取将北京服务业扩大开放综合试点的政策延伸至雄安新区，推动雄安新区在科技、教育、文化、信息、金融、商务、旅游、医疗等重点领域扩大开放，推行外商投资准入前国民待遇加负面清单的管理模式。

在《河北雄安新区规划纲要》第五章第一节"承接北京非首都功能疏解"中，通过高等学校和科研机构、金融机构、高技术产业三个方面阐述如何明确河北雄安新区的承接重点。

（1）高等学校和科研机构

重点承接著名高校在新区设立分校、分院、研究生院等，承接国家重点实验室、工程研究中心等国家级科研院所、创新平台、创新中心。在医疗健康机构方面，重点承接高端医疗机构在雄安新区设立分院和研究中心，加强与国内知名医学研究机构合作。

（2）金融机构

承接银行、保险、证券等金融机构总部及分支机构，鼓励金融骨干企业、分支机构开展金融创新业务。在高端服务业方面，重点承接软件和信息服务、设计、创意、咨询等领域的优势企业，以及现代物流、电子商务等企业总部。

（3）高技术产业

重点承接新一代信息技术、生物医药和生命健康、节能环保、高端新材料等领域的央企以及创新型民营企业、高成长性科技企业。支持中关村科技园在雄安新区设立分园区。

5. 推进区域产业协同发展

建立优势互补、错位发展的产业分工格局，优化区域产业空间布局，形成创新链和产业链紧密联系的区域价值链体系，这是雄安新区承接北京非首都功能疏解的基本要求。雄安新区"创新驱动发展引领区"的定位要与北京"全国科技创新中心"的定位错位发展，相互促进。借势北京科技教育资源密集和科研成果较多的优势，集聚吸纳北京科技教育资源，推进北京科技成果在雄安新区转化应用，培育高端高新产业，尤其是重点培育"大智移云"、特种机器人、智能装备、航空航天、生命健康、节能环保、新能源、新材料、军民融合等有发展前景的产业。立足于科技部认定的北京中关村移动互联网创新产业集群、保定新能源与智能电网装备创新型产业集群、石家庄药用辅料创新型产业集群、邯郸现代装备制造创新型产业集群，在雄安新区集聚培育相关创新型企业，建立协同创新共同体，推进雄安新区创新链与上述区域产业链紧密对接，打造具有全球竞争力的优势创新链、产业链和创新型产业集群。立足于保定高新技术产业开发区、保定京南现代产业基地、白洋淀科技城等周边产业园区发展的技术需求，吸引北京相关功能向雄安新区集聚，使雄安新区创新发展既有配套产业支撑，又能辐射带动周边地区产业发展和转型升级。与北京合作，共建雄安新区服装设计研究院、玻璃研究院、钢铁研究院、装备制造研究院等与河北产业结构高度契合的传统产业研发机构，通过雄安新区的研发和创新，带动河北传统产业转型升级。总之，河北雄安新区的发展应瞄准世界科技前沿，面向国家重大战略需求，通过承接符合新区定位的北京非首都功能疏解，积极吸纳和集聚创新要素资源，高起点布局高端高新产业，推进军民深度融合发展，加快改造传统产业，建设实体经济、科技创新、现代金融、人力资源协同发展的现代产业体系。未来雄安新区应着重发展以下几类产业：

(1) 新一代信息技术产业

围绕建设数字城市，重点发展下一代通信网络、物联网、大数据、云计算、人工智能、工业互联网、网络安全等信息技术产业。近期依托5G率先大规模商用、IPv6率先布局，培育带动相关产业快速发展。发展物联网产业，推进智能感知芯片、智能传感器和感知终端研发及产业化。搭建国家新一代人工智能开放创新平台，重点实现无人系统智能技术的突破，建设开放式智能网联车示范区，支撑无人系统应用和产业发展。打造国际领先的工业互联网网络基础设施和平台，形成国际先进的技术与产业体系。推动信息安全技术研发应用，发展规模化自主可控的网络空间安全产业。超前布局区块链、太赫兹、认知计算等技术研发及试验。

(2) 现代生命科学和生物技术产业

率先发展脑科学、细胞治疗、基因工程、分子育种、组织工程等前沿技术，培育生物医药和高性能医疗器械产业，加强重大疾病新药创制。实施生物技术药物产业化示范工程、医疗器械创新发展工程、健康大数据与健康服务推广工程，建设世界一流的生物技术与生命科学创新示范中心、高端医疗和健康服务中心、生物产业基地。

(3) 新材料产业

聚焦人工智能、宽带通信、新型显示、高端医疗、高效储能等产业发展对新材料的重大需求，在新型能源材料、高技术信息材料、生物医学材料、生物基材料等领域开展应用基础研究和产业化，突破产业化制备瓶颈，培育新区产业发展新增长点。

(4) 高端现代服务业

接轨国际，发展金融服务、科创服务、商务服务、智慧物流、现代供应链、数字规划、数字创意、智慧教育、智慧医疗等现代服务业，促进制造业和服务业深度融合。集聚银行、证券、信托、保险、租赁等金融业态，依法合规推进金融创新，推广应用先进金融科技。围绕创新链构建服务链，发展创业孵化、技术转移转化、科技咨询、知识产权、检验检测认证等科技服务业，建设国家质量基础设施研究基地。发展设计、咨询、会展、电子商务等商务服务业，建设具有国际水准的总部商务基地。发展创意设计、高端影视等文化产业，打造国际文化交流重要基地。发展国际仲裁、律师事务所等法律服务业。

(5) 绿色生态农业

建设国家农业科技创新中心，发展以生物育种为主体的现代生物科技农业，推动苗木、花卉的育种和栽培研发，建设现代农业设施园区。融入科技、人文等元素，发展创意农业、认养农业、观光农业、都市农业等新业态，建设一二三产业融合发展示范区。

对符合发展方向的传统产业实施现代化改造提升，推进产业向数字化、网络化、智能化、绿色化发展。

6. 制定差异化的政绩考核标准

北京与雄安新区作为异质区域，在资源环境承载能力、现有开发强度和未来发展潜力等方面存在明显差异。在地方政府政绩考核中，二者需要根据各自功能定位，制定差异化的政绩考核标准。北京作为首都，应围绕"全国政治中心、文化中心、国际交往中心、科技创新中心"建设，淡化经济中心，疏解非首都功能，缓解日益严重的"大城市病"。因此，北京的绩效考核应侧重非首都功能疏解、经济发展方式转变和产业结构调整，把减量考核作为重要考核标准，弱化对经济增速、财政收入、招商引资等经济指标的考核。雄安新区则应围绕"四区"定位和"七大重点任务"，积极承接北京非首都功能疏解，大力发展高端高新产业，努力打造贯彻落实新发展理念的创新发展示范区。雄安新区的政绩考核，应侧重于集中承载地建设、高端要素集聚、高端高新产业培育、现代智慧城市打造和公共服务供给，强化对高端项目引入、经济提质增效和产业转型升级的考核，弱化对经济总量、增速、财税等指标的考核。

7. 政府与市场协同发力

既要合理发挥政府顶层设计、规划、政策的引导作用，形成北京非首都功能疏解的"推力"，又要充分发挥市场配置资源的决定性作用，提高雄安新区承接的"引力"。对于北京疏解出的行政事业单位、国有企业、教育、科研、医疗、培训、金融机构，政府可以发挥主导作用，统筹谋划布局。对于非政府机构、民营企业等市场化主体的疏解，需要政府引导和市场诱导相结合，更多发挥市场的决定性作用，政府不宜过多干预。政府可通过建立倒逼机制和激励机制，推动和引导符合雄安新区定位的非首都功能向雄安新区集中疏解。北京非首都功能过度集聚是由于行政因素导致的市场选择结果，因此需要更好地发挥政府作用，通过行政手段打破各种市场约束，为市场发挥配置资源的决定性作用铺平道路。

9.3 轨道交通缩小城市空间——卫星城

9.3.1 卫星城的背景

现代城市的高速发展不可避免地要向外扩张。在这一过程中，研究人员发现，"卫星城—中心城"模式与平铺"摊大饼"模式相比，对于原市中心的压力分担更为明显。卫星城在原有城镇或工业园区的基础上附加部分城市属性，方便周边群众，也在一定程度上缓解中心城所承受的巨大压力。在此优越条件下，研究人员纷纷开始探索怎样的交通模式才能更好地体现卫星城的"分压"作用，既能满足卫星城与中心城之间的交通需求，又能使卫星城在中心城的影响辐射下发展得更好，全面体现卫星城自身的价值。

卫星城作为中心城的延伸，其交通对中心城的合理规划与发展有着十分重要的影响。轨道交通是指在辅助轨道上行驶的交通工具组成的交通模式，代表交通工具有地铁、城市轻轨等。轨道交通拥有运量大、节能环保、安全舒适、可靠性强等特点，是现在及未来公共交通的发展方向。

轨道交通作为现代城市的标志之一，目前已是大多数人选择出行的绿色交通模式。交通设施是城市形态的骨架，具有先行功能、从属功能、引导和调节功能，对城市形态起着重要的作用。轨道交通在改善市区交通的同时，也是积极发展与卫星城之间的公共交通运输系统。轨道交通与城市发展之间的作用理论经历了四阶段：轴线式、同心圆理论、扇形理论、多核理论。这四种理论表明，城市轨道交通与城市发展密切相关。从城市人口优化布局来看，快捷、舒适、准时、安全的城市轨道交通有助于居住区布局于城市边缘区，工作集中在城市中心区，有效降低中心区的人口密度，提高边缘区的居住质量；其建设将引导城市向集约化发展模式转变；轨道交通连接城市核心区与外围组团，增强了城市中心对周边区域和地区影响力，强化了部分区域的中心地位，提高了城市发展的周边区域和地区影响力，提高了城市发展的战略纵深。

综上所述，轨道交通+卫星城模式将会成为未来趋势，并且随着轨道交通的发展，我国也将会出现越来越多的卫星城。

9.3.2 卫星城的产生与发展

1. 卫星城的概念

卫星城是指将城市的人口和产业向大城市以外的地区疏散，从而降低大城市的人口、建筑密度，在大城市外围所建的城市。卫星城的目的是分散中心城市的人口和工业，减小中心城市的规模，避免中心城市功能过于集中和庞大。卫星城市与中心城市之间保持着相对独立但密不可分的关系，它们在生产、生活等方面存在着紧密的联系。

中心城与卫星城是相互的，2017年，由国务院要求、住建部、发改委等19大部委编制的《全国城镇体系规划》中提出了"国家中心城市"这一概念，是指位于城镇体系最高位置，且在全国具备引领、辐射、集散功能的城市。除了北上广深，天津、重庆、沈阳、南京、武汉、成都、西安、杭州、青岛、郑州、厦门位列其中，一共15座中心城市；卫星城是在中心城外围建立的既有就业岗位，又有较完善的住宅和公共设施的城镇，是在大城市郊区或其以外附近地区，为分散中心城市的人口和工业而新建或扩建的具有相对独立性的城镇。

我国主要中心城市及卫星城市见表9-2所示。

表9-2 我国主要中心城市及卫星城市

北京-天津-石家庄	廊坊、唐山、保定、秦皇岛、承德、沧州、张家口
广州-深圳-香港	惠州、佛山、东莞、江门、肇庆、清远、珠海、澳门
上海	青浦、嘉定、崇明、苏州、嘉兴、无锡
成都	龙泉驿、新都、青白江、温江、双流、新津、都江堰、广汉
西安	咸阳、铜川、渭南、三元、泾阳、临潼、高陵、蓝田
南京	江宁、马鞍山、镇江、潭水区、浦口
武汉	黄冈、孝感、鄂州、咸宁
重庆	北碚、渝北、鱼洞、江津、长寿、南州、铜梁

2. 卫星城的产生过程

（1）霍华德的"花园城市"理论

有关卫星城建设理论的先导应属英国著名的城市学者和规划师霍华德的"花园城市"理论。他早在1898年出版的《明天：通往真正改革的和平之路》一书中，就提出了一个兼有城市和乡村优点的理想城市模式——"花园城市"。这种"花园城市"是为健康、生活以及产业而设计的新兴城市。其基本特征是以一定规模城市为中心，在其周围兴建一圈较小的城镇，形成一个市镇组合群。"花园城市"图解如图9-1所示。

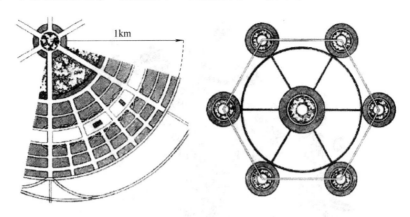

图 9-1 "花园城市"图解

(2) 恩温与台依拉提出"卫星城"概念

1915年，美国学者台依拉在他的著作《卫星城镇》一书中，就首先使用了"卫星城"的概念。他主张工业从大城市向周边转移，也劝说应该通过卫星城来疏散大城市人口。

曾经参与"花园城市"规划设计的建筑师恩温，于20世纪20年代提出了在伦敦周围适当距离的郊区建设一系列"田园城市"（恩温称之为"卫星城"）的设想主张。1924年，在荷兰阿姆斯特丹召开的国际城市会议上，恩温明确提出了卫星城的概念和一系列设想。在这次会议上，恩温明确提出了卫星城的定义，认为卫星城市是一个经济上、社会上、文化上具有现代城市性质的独立城市单位，但同时又是从属于某个大城市的派生产物。恩温卫星城镇群的概念如图9-2所示。

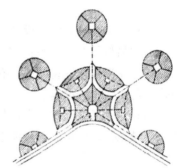

图 9-2 恩温卫星城镇群的概念

3. 卫星城的发展阶段

卫星城的发展经历了三个阶段，分别是卧城、半独立卫星城和独立卫星城阶段。对应每个阶段的卫星城具有不同的特点与功能。

(1) 卧城：居民的工作和文化生活仍在主城

第一代卫星城也称为卧城，1912—1920年，巴黎制订的郊区居住建筑规划，意图在距巴黎中心16km的范围内建立28座卧城，有效地缓解了城市中心区的居住人口集中和用地紧张等问题，但是由于居民就业和娱乐生活仍依靠母城，所以母城和子城之间的交通荷载随之增加，中心区产业集中等问题也未能解决。

卧城分散了大城市的人口，一定程度上缓解了城市膨胀带来的矛盾。但是同时该卫星城增加了城市交通的压力，还消耗了人们的体力和时间。

(2) 半独立卫星城：有一定数量的工厂企业和公共设施，居民可就地工作

1938年，建筑师沙里宁（Eliel Saarinen）受人委托，在大赫尔辛基（Greater Helsinki）

方案中，引借了自己于1918年提出的"有机疏散（Organic Decentralization）"理论，主张在赫尔辛基附近建立一些半独立卫星城，有机分散中心城市的功能，其示意图如图9-3所示。

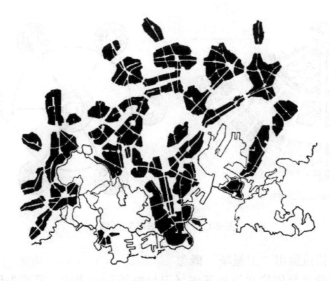

图9-3　半独立卫星城示意图

该理论主张一方面建设有一定的工业建筑和服务性公共设施，另一方面，通过地铁等轨道交通加强与母城的联系；而且各个卫星城之间，卫星城与城市中心区之间以公园等绿地形式相隔。在半独立卫星城内，有从中心城市迁入的或新建的大批工厂，并建有相应配套的居民住宅与生活服务设施。

半独立卫星城设有一定数量的工业企业和服务设施，一部分居民可就地工作，另一部分仍去母城工作。但是该阶段的卫星城规模小，设施不完善，所以疏散并不彻底。

（3）独立卫星城：距母城较远，有自己的工业及全套服务设施，可以独立存在

第二次世界大战以后，针对卧城和半独立卫星城对分担中心城市功能及人口压力方面无明显效果的问题，出现了具有相对完善功能，并在一定程度上自给自足的独立卫星城。

1928年编制的大伦敦规划方案体现了卫星城规划思想与区域环境联系的特征，提出大城市的人口疏散应该从工业及人口分布的规划着手，计划将伦敦中心区人口减少60%。这些卫星城中居住区与工业区按照一定比例建设，有成套的文化福利设施，在工作和生活上基本可以满足卫星城居民的需要，独立性较强。

独立卫星城的特点是按比例疏散人口和产业，有成套的服务设施，具备完善的或不亚于大城市的居住条件、公用设施、文化生活等，可保证全体居民在本城工作和生活。

（4）新城：多中心敞开式城市结构，用高速交通线把卫星城和中心城市联系起来，中心城市的功能扩散到卫星城中去

建立卫星城的主要目的是为了控制大城市人口过分膨胀，疏散大城市的部分工业和人口，也是为了抵消大城市对周围地区的人口吸引力。为了减少早期卫星城对中心城市的依赖，强调其独立性，在后期的卫星城建设中进行了改进和规划。包括上述第三阶段的独立卫星城模式，这类按规划设计的新建城市统称为"新城（New Town）"。

英国政府在1946年颁布了《新城法》，规范了有关新城开发的政策。就规划概念而言，

新城较卫星城更强调功能的相对独立性，基本发展为一定区域范围内的中心城镇，可以为其本身及周围的地区服务，并与中心城市相互作用，成为城镇体系的一个重要组成部分，特别是对中心城市的人口及外来人口有疏解和截流的作用。

9.3.3 卫星城理论的影响

1. 对国外的影响

第二次世界大战后，英国、瑞典、苏联、芬兰、法国、美国、日本等都先后规划、建设了卫星城镇。

近30年来，发达国家在大城市外围建设的卫星城镇，具有代表性的有：斯德哥尔摩的卫星城魏林比，巴黎外围的赛尔基-蓬杜瓦兹等5个新城，华盛顿的卫星城雷斯登，东京的卫星城多摩等。苏联在20世纪30年代提出在莫斯科外围建设小城镇，以控制城市人口。1971年的莫斯科规划中，计划在外围布置11个卫星城镇，其中泽列诺格勒等已经建成。

2. 对国内的影响

20世纪40年代末，我国在上海城市规划中已提出在市区周围建设卫星城镇的设想。20世纪50年代末上海、北京等城市的总体规划中都考虑了卫星城镇的规划和建设。上海城市规划中建设的第一批卫星城镇有闵行、吴泾、松江、嘉定、安亭和吴淞。20世纪70年代上海市由于建设石油化工总厂而发展起来的金山卫星城，住宅和公共设施配套齐全，建设效果较好。

在黄文忠主编的《上海卫星城与中国城市化道路》一书中将我国卫星城的发展分为三类：第一类是港台地区的卫星城发展。由于卫星城建设开始得较早，现阶段卫星城发展较为成熟，卫星城发展过程中，与母城"一体化"趋势越来越明显。第二类是我国大陆东部沿海的特大城市的卫星城发展。这些城市的基础条件较好，经济较发达，因此城市化的速度和城市建设步伐都非常快，都市化倾向相当明显。由于城市人口大幅度攀升，城区面积相应大规模膨胀，在这些大都市周边的邻近地区正在迅速崛起一批新兴的卫星城，而原有的一些卫星城经过长期发展已经与大都市城区连绵相连，例如上海、北京、广州等大城市已经开始向大都市区演化。第三类是我国中西部地区的大都市的卫星城发展。这些中西部地区的大都市一方面正在出现集聚式的大城市发展趋势；另一方面，由于清醒地认识到周边卫星新城发展的重要性，不少特大城市在原有城区周围规划并开始兴建卫星城镇。

9.3.4 卫星城理论的核心要素及内容

1. 卫星城分类

卫星城市同母城之间尽管距离远近不同，但在职能上具有明显的从属关系。

卫星城市按主导职能分为工业、居住、科研与文教四类；按位置分为里圈及外圈（以到中心城区耗用5h作为划分里圈和外圈的标准）；按发生过程分为自然发生（即处于特大城市影响范围内的村镇自然变质，导致城镇规模变大，与中心城市联系增多）及人为规划发生；按其与母城的关系分为完全从属型、半独立型和独立型。通常，与母城距离较近的卫星城市，居住职能强，依附性强；距离较远的，工业职能强，独立性强，人口规模也大，有时甚至可达中等城市规模。按霍华德花（田）园城市思想，卫星城市与母城的距离不论远近，均应以绿带包围，与母城在地域上相分隔，但实际上两者间常因发生膨胀而连成一体

(称为"集合城市")。

2. 卫星城形成条件

（1）母城条件，即特大城市的发展

只有特大城市的发展达到相当大的规模和足够强大的经济实力时，才在客观上产生建设卫星城的要求，并且在主观上具有建设卫星城的可能。特大城市不断发展，不可避免带来"都市病"。为了克服与缓解"都市病"，也为了使自发的城市郊区化合理有序地发展，政府着手进行"卫星城"的建设计划，同时，特大城市的政府也有财力建设若干个卫星新城。

（2）子城（卫星新城）发展的自然环境条件

要使子城——卫星城有发展前景，在地理位置的距离上必须适当。例如，建设"卧城"为基本功能的卫星城，应选择地势较平坦、地域开阔、环境污染少、距离中心城区较近的区域；建设有很高产业功能的卫星新城，则应视产业特色而决定选择对象。

（3）便捷的交通运输和通信条件

卫星城与母城之间必须有足够好的交通运输条件和通信条件，使广大企业、机构和居民的出行与联系十分便利。这样，也吸引企业及其他机构迁移入住或者投资兴业，并吸引居民在此选择就业和居住。

（4）卫星城自身具有的城区设施条件

卫星城的建设，除了产业发展之外，还应该包括学校、医院、公园、文化、体育场馆、金融、商业服务以及其他各类公共设施的建设，否则将无法使居民安居乐业，也无法吸引企业前来投资经营。正因为如此，发达国家卫星城的建设由20世纪20年代的转移居民居住区的单一功能的"卧城"，发展到20世纪60年代以密尔顿·凯恩斯为代表的"新城"建设，即十分注重卫星城各类设施的配套建设，同时建设了工业、商贸、交通服务业等多种产业，因而使其很快成为设施齐全、功能多样的新兴城市。

3. 卫星城规模

在发展初期，它们一般位于与母城相连的交通干线附近，距离中心城市较近，一般为30～50km，容纳的人口一般为2万～6万人，主要以满足母城居住要求为主，它们对母城的依附性较强。

随着工业企业、商业服务设施、科研机构和教育部门等的逐步完善，卫星城市的规模逐渐扩大，逐步向远离中心城区方向发展，卫星城区职能逐步完善，相对独立性增强。

从工业配置及环境保护的角度对中心城市与卫星城合理协调布局的研究表明，卫星城规划最优距离中心城40～100km，规模3～8个，每个卫星城人数为5万～30万人，产业配置应相对分散均衡。

4. 卫星城的功能

（1）卫星城的基本功能

1）城乡联系协调发展。卫星城一般处在交通方便、位置优越、经济社会发展水平相对较高的大城市周围，同时又与广大农村有着紧密的联系，是城乡联系的必要环节，因此具有城乡联系协调功能。

卫星城可以为大城市提供从农村聚集而来的原材料、农副产品、各种劳务，为大城市向农村转移产品、技术、资金、人才开辟广阔的市场，同时促进城乡一体化的发展。

2）产业聚集和经济辐射功能。卫星城作为一个中小城市，同样具有大城市所表现出来的产业聚集和经济辐射功能。但是由于卫星城独特的地理位置和经济功能定位，其产业聚集主要表现为两个方面：①农村乡镇工业的聚集。②吸收所依托城市经济技术的能力，实现区域产业链的延伸。

3）人口聚集功能。卫星城的人口聚集功能主要指缓解城市中心区人口压力和吸纳农村剩余劳动力。卫星城的发展能够疏散大城市中心区过密的人口，缓解住房、交通压力，减少环境污染，改善人居环境，保证中心区的从容发展。

（2）卫星城在我国城市规划建设中的功能

当前中国经济经历高速发展之后，经济增长速度变慢，同时面临着核心生产技术缺乏，创新能力不足，人口红利消失，以及人口老龄化等问题，但我国仍然有很大的发展潜力。我国可以通过体制改革来释放改革红利，然后通过新型城镇化发展城市群，以特大城市为中心，选择相对发达的小城市并在此基础上建设卫星城。通过卫星城的建设调整城市的产业布局，拉动内需，应对挑战，缓解经济下行的压力，尤其房地产行业将迎来更加宽松的环境和发展机遇。

我国新型城镇化可以通过卫星城的建设来降低大城市工业化运行的成本。充分利用卫星城较低的土地租金，降低工业用地成本，以及人工居住成本；降低大城市的高房价，降低工业生产的成本，给工业化生产的产业研发升级提供有力保障；争取到宝贵的时间，缓冲国内经济下行趋势；通过卫星城的建设，能够提供有效的房屋供给，以及低成本的工业生产。所以卫星城是未来的发展趋势，卫星城的房地产目前更加具有投资价值。

卫星城作为城乡之间联系和交流的中间环节，不仅可以为大城市提供从农村聚集而来的原材料、农副产品、各种劳务人员，而且还可以为大城市向农村转移产品、技术、资金、人才，开辟广阔的市场。因此，卫星城作为连接城乡的纽带，能够充分发挥其城乡经济的网络功能，促进城乡一体化的发展。

卫星城能疏散大城市中心区过密的人口，缓解住房和交通压力，减少环境污染，改善人居环境，同时能聚集人口，吸纳农村剩余劳动力，保证中心区的稳定发展。现代城市在经济飞速发展的带动下影响着城市自身的膨胀和变化。人口的高度集中，交通的压力增大使城市变得更加拥挤，不适于人居环境的改善。卫星城建设的加入无疑是城市发展的一剂良药，对城市的商业、交通、文化等公共服务设施进行重新分类，形成卫星城与中心城相结合的互补体系，有利于控制合理的空间形态，进一步促进现代人居环境的发展，从而推动经济和社会的进步。

9.3.5 我国卫星城理论的实践运用——以成都市为例

成都作为西部特大中心城市，正在不断加强轨道交通与卫星城的联系，通过全面系统地分析轨道交通新格局下，轨道交通建设对卫星城城市经济可能发生的影响，本节对卫星城与轨道交通建设的协调发展提出对策建议，希望对于成都市向大都市区转型具有借鉴作用。

1. 成都市轨道交通新格局概况

目前，成都市国家及区域交通主要以中心城区为核心进行组织，市域高快速路网及轨道线网规划建设仍以中心城区优先，卫星城缺乏与中心城区、天府新区之间点对点的交通联系。从卫星城与轨道交通的通达情况来看，都江堰到成都的市域铁路已建成，中心城区到龙泉驿区、郫县的地铁2号线已开通。根据《成都市城市轨道交通近期建设规划修编

(2016—2020)》，至2020年，成都市城市轨道交通线网将达到11条，总长度约460km，并延伸至所有卫星城。预测2020年，成都市公共交通占全方式出行量比例为33%，轨道交通占公共交通出行量比例为35%。

2. 成都市卫星城建设概况

成都卫星城建设早于轨道交通开通，早在20世纪80年代，成都就曾提出过发展卫星城的初步构想。1996年编制的城市总体规划明确提出建设大弯、龙泉、华阳等7个卫星城。进入新世纪后修编的《成都市城市总体规划（2003—2020）》提出规划构建新都、温江、郫县等六个周边组团。《成都市新型城镇化规划（2015—2020年）》将包括新都、温江、郫县、双流在内的八大卫星城纳入规划。最新编制的《成都市总体规划（2016—2030年）》又纳入空港新城和龙简新城两大卫星城，形成10大卫星城。

目前，成都市卫星城在吸纳中心城区产业、截留外来人口等方面还是发挥了一定的作用。从产业园区来看，卫星城承接了中心城区迁出的专业批发市场，并新建服务业集中发展区，共形成16个市级服务业集聚区，数量约占全市50%；卫星城的工业集中发展区已成为成都工业发展的主要载体，2014年各卫星城工业增加值总量占全市56%。从人口流向看，2010-2014年中心城区占比维持在33%左右，卫星城占比由36.6%提高到38.45%。2010—2014年成都中心城区和卫星城常住人口的比例变化如图9-4所示。其中，龙泉驿区、温江、双流和郫县户籍人口增长最快。

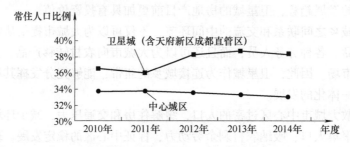

图9-4　2010—2014年成都中心城区和卫星城常住人口的比例变化

3. 当前轨道交通建设与卫星城发展的特征分析

从当前建成的轨道交通与卫星城发展的情况来看，主要呈现以下四个特点：

（1）促进中心城区与卫星城互动，但不足以支撑大都市圈发展

轨道交通使得成都市所具有的资源要素与郫县、龙泉驿区、都江堰等资源要素相结合，但目前联系中心城区与卫星城的轨道交通线路严重不足，不足以支撑成都大都市圈发展。至2020年，成都轨道交通站点数为268个，而伦敦、纽约、巴黎、东京均为700个以上，东京甚至达到1323个。

（2）引导产业沿轨道交通沿线发展，但产业同质化现象严重

龙泉驿区围绕地铁2号线沿线规划发展与汽车相关的生产性服务业，温江在地铁4号线沿线重点规划发展高端服务业态和精品房地产业。根据各区（市）县对站点周边产业发展的定位，发现发展方向基本上是以住宅、商业综合体为主，产业发展方向不明确，同质化现象严重。

（3）促进卫星城站点周边开发，但与城市功能契合度低

轨道交通促进站点区域大量房地产项目开发，例如犀浦站所在区域成为房地产项目开发

的热点区域，且地铁开通前后价格上涨幅度达 31.8%。但目前围绕地铁站点的开发建设相对滞后，站点周边拆迁改造迟迟难以启动，部分站点甚至尚未修通连接道路，并缺乏与其他公共交通方式的接驳。

（4）改变交通出行方式，但也激发卫星城不少矛盾

轨道交通极大改变了卫星城居民的生活方式和出行方式，降低了交通出行成本，但也面临不少矛盾，如卫星城缺乏公共配套而沦为睡城，高峰时段某些站点人口瞬间激增，地铁设施难以承受大规模人流通行，出行环境水平大幅下降。

4. 轨道交通新格局对卫星城发展的积极影响

结合案例及目前新城建设状况，可以发现，目前的新城建设存在缺乏吸引力的问题，主要由以下问题造成：

1）交通的问题：无法顺利实现工作区与生活区的往返。

2）配套设施问题：没办法在生活中愉悦身心。

3）周边环境问题：没办法有效地吸引居民。

如此种种，导致卫星城无法实现其分流人口的目的。所以，这样的投入必然是低效的。从更深一层讲，资金投入、政策导向、规划水平是影响卫星城成败的重要因素。

根据《成都市城市轨道交通近期建设规划修编（2016—2020 年）》，下文主要从城市空间、城市产业、城市功能、城市生态四个方面，探讨 2020 年前规划建成的轨道交通对卫星城发展的积极影响。

（1）城市空间

1）引导人口向卫星城转移。轨道交通加速了人们在中心城区流动的速度，改变了人们对居住、就业、休闲娱乐等空间的选择，从而有利于引导城市人口的空间重构。轨道交通与人口分布之间强烈的互动关系，主要表现在人口聚集在轨道交通沿线的某些站点，这些站点的土地利用主要以居住用地为主。由于轨道交通 1、2 号线延伸至卫星城，加快了人口聚集在中心城区并不断向龙泉驿、双流、郫县等卫星城扩散的趋势，并且在卫星城某些站点形成大量居住人口。随着 2020 年轨道交通不断延伸至卫星城，轨道交通引导人口向卫星城的转移并非均衡地分布在每个点上，而是将不断聚集于公共配套相对成熟、具有更多就业机会的地区，这些站点往往能够吸引大量人流，从而产生更多居住开发需求。

2）促进全域大都市区加快形成。轨道交通的线网形态是城市空间生长的骨干，能够拉大城市框架，拓展城市空间，引导和支撑着城市各种功能空间的分布，使得区域内各层次城镇、城市之间的联系得到加强，从而向多中心网络化空间结构转型。东京都市圈所形成的城市空间结构就是依托轨道交通建设的一个典型，在快速轨道交通网络的基础上分布住宅区、产业区和生活功能区。目前，成都城市形态正处于向"全域成都"多中心发展格局转变的过程中，中心城区的行政办公、大型医疗机构、高等院校、商贸物流等服务功能已开始逐步向卫星城外溢，而成都市轨道交通规划的"九横十七纵"骨架路网结构，将促使城市各种设施和功能向轨道交通沿线加速聚集，形成沿轨道交通线的非均衡性、高密度点状扩展，促进"双核共兴、一城多市"的网络城市群大都市发展格局。

（2）城市产业

1）带动地铁相关产业转型升级。随着城市"退二进三"产业政策的调整，加之运输成本的降低，制造业逐渐搬离中心城区，卫星城成为承接中心城区搬迁工业、全域成都工业产业发展的主阵地。随着轨道交通通达卫星城，位于轨道交通站点附近的产业园区，如温江海峡工业园区、双流航空港经济开发区等，都有望通过站点对公共配套的聚集效应使得园区基础设施建设得到完善，进而加快园区内的产业转型升级。此外，轨道交通的建设也能助推卫星城产业定位与轨道交通相关产业的发展，例如新津的轨道交通材料产业园及北车成都产业园等项目，依托轨道交通建设，积极培育和引进发展轨道交通服务产业，打造轨道交通产业集群，同时能够有效推动卫星城中涉及冶金、机械、建材等的传统行业转型升级，着力消化传统产业的过剩产能，拓展产业发展空间。

2) 促进轨道交通沿线服务业发展。服务业的发展需要较大的人流作为支撑，轨道交通固定的线路设计与站点换乘处能够快速聚散人流，为服务业的发展提供了条件。轨道交通对商业、服务业的促进作用主要表现在以下几个方面：一是使商业资源能够在轨道交通沿线范围内进行整合与重新分配，促进新的商业圈形成，一般是在轨道交通的起点、终点和重要的中转站口处。具体来看，随着轨道交通1号线和2号线的发展，市域商业格局正由单一核心商圈向"一核多次"商圈并存转变，同时在成都南站、世纪城站等重要枢纽地区形成了较高等级的商圈。二是轨道交通的建设能够进一步提升站点附近的商圈等级，尤其是本身已有一定商业基础的潜力站点，或是政府未来规划建设的重点区域。随着轨道交通全面通达卫星城，潜力站点附近容易形成新的商圈。例如，西部新城站点，作为成都市重点规划的现代服务业聚集区之一，建成后不断吸引人口聚集，公共服务设施集中，并在循环累积效应的影响下，催生更多的商业、服务业需求，使得商业等级迅速提升，最终形成一个集居住、生活、休闲、工作于一体的中心型站点，也促进了城市次中心的发展。

3) 促进沿线房地产繁荣。卫星城相对低廉的地价，开发风险低，未来具有较大的增长潜力。加之轨道交通建成后改变了沿线土地的可达性，大大降低了沿线影响区范围内的时间及经济成本，进而吸引大量开发商在站点附近开发成片住宅项目，导致城市的居住空间发生变化。通过对建成的轨道交通站点附近的房地产进行调查，发现其价值都有不同程度的上涨，究其原因主要是中心城区的开发建设较为完善，轨道交通对中心城区的影响相对较小，而城市边缘区的土地可达性较差，轨道交通高度可达性的"磁力效应"对沿线房地产的增值作用巨大。例如，1、2号线开通以来，地铁沿线形成了高新、世纪城、华府板块、光华板块以及大面铺等几个房地产板块，而高新站附近聚集的南城都汇、英郡、领馆区一号等中高档地产的成交量以51%高居中心城区之首，均价居全城前列。随着轨道交通全面通达卫星城，城市的居住空间将不断向卫星城转移，以地铁为中心的环地铁居住区将加快形成，且重点集中在某些站点附近，呈现出沿轨道交通线非均衡性的点状扩展，如新都区的大丰、双流的航空港、温江的光华大道等区域，都将成为未来房地产项目的热点区域。

(3) 城市功能

1) 促进卫星城传统区域再开发。由于轨道交通能够优化站点周边的土地利用，促使城市各个功能空间重新配置，因此，政府有意将轨道交通站点置于老旧城区，通过局部城市更新，使老旧城区迸发新的活力。目前，卫星城老旧城区普遍存在布局混乱、房屋破旧、环境污染和基础设施缺乏等问题，例如郫县犀浦镇、龙泉音乐广场等。通过城市自身的进化能力已难以解决这些问题，随着该地区站点的运营，大量房地产项目在该地区聚集，使得该地区的城市面貌有所改善。随着轨道交通全面通达卫星城，将进一步提升卫星城的交通可达性，带来规模集聚的消费人群和旅游人群，原先土地的零散、条块分割似的利用方式造成的土地粗放使用，例如新都大丰区域、双流老城区、郫县郫筒街道，都有望通过轨道交通修建带来的廊道效应，围绕站点建设形成圈层状的土地开发，通过功能植入、环境改善、土地集约化利用，大大加快该区域的环境改造进程。

2）促进城市新兴空间加速形成。轨道交通主要通过改变站点周边的土地利用，使得站点周边的土地利用形态发生变化，尤其是土地利用高效的站点往往能够聚集大量人流，进而又推动其他商业和住宅项目的发展，逐渐形成繁荣的商业区、娱乐区和中等商务区，最终依托轨道交通站点形成区域经济新增长点。成都市轨道交通全面通达卫星城，所在区域交通可达性提高，将显著提升交通沿线地区的经济发展潜力，带动周边土地升值，并在沿线聚集发展大型购物中心、大型公共服务设施，从而有机会形成一批新兴增长空间，成为轨道交通轴线上最活跃的点状高密度中心。

(4) 城市生态

1）促进城市绿色化发展。轨道交通作为高效、环保、枢纽型的新型交通方式，确实可以降低城市能源消耗，与其他公共交通方式相比，轨道交通的单位能耗较低。随着轨道交通全面通达卫星城，卫星城的居民更愿意选择乘坐轨道交通，且小汽车的出行比率降低，在一定程度上能够减少能源消耗、尾气排放。同时，轨道交通能够减轻噪声污染。在轨道交通运行过程中，车轮与钢轨之间的碰撞以及发动机运转过程中会产生大量噪声，但由于轨道交通大部分在地下运行且相对平稳，除了靠近轨道交通线路的地区噪声干扰较大之外，其他地区受到的影响相对较低。根据相关研究结论，轨道交通运行过程中产生的噪声比公路干道低 5~10dB（A）。随着轨道交通技术的成熟、隔声措施的加强以及其他相关技术的改进，又会进一步降低轨道交通的噪声污染，给城市中居民创造安逸、舒适的生活环境。

2）引导土地集约高效利用。当前，土地资源缺乏已经成为制约城市发展的难题，而轨道交通建设能够引导土地有序、集约化发展。首先，轨道交通建设占用的土地面积较少，除出入口占用土地面积外，基本上都是地下空间的开发利用，远小于其他公共交通所占用的土地面积。其次，轨道交通建设能够加速站点周边土地利用形式的转化，提高土地资源的开发强度，使土地资源的利用效率最大化，并促进和引导土地向居住、商业等收益高的用地类型转化，使得城市的各种功能高度聚集在以站点为核心的影响范围内。因此，随着轨道交通通达卫星城，站点建设对卫星城土地功能的集约化、板块化起到了积极作用，从而促进卫星城土地的内涵式发展。

5. 轨道交通新格局下卫星城与轨道交通协调发展策略

(1) 强化 TOD 与 SOD 相结合的卫星城功能培育

TOD 和 SOD 结合的模式是卫星城将公共交通和公共服务建设相结合，围绕轨道交通站点规划相应的公共服务设施。首先，从全市层面统筹考虑卫星城的站点打造，对全市大型公共服务设施进行摸底调查，梳理出服务频率低、半径大的设施，列入外迁候选名单，再结合轨道交通潜力站点的建筑规模、人口、业态等因素，将大型公共服务设施预先布局到合适站点周边，充分发挥 SOD 的"造血"功能，形成以特定功能为主导的轨道交通特色站点，与产业发展相结合，带动居民就近生活、工作、消费，从而构建起功能完备、宜居宜业的卫星城。其次，可以围绕轨道交通站点打造一批新型服务业。从卫星城功能定位出发，统筹卫星城轨道交通站点，围绕站点策划一批新型服务业，打造一个个特色产业小城，如微电影小城、国际医疗旅游小城、足球小城等，形成独具特色的枢纽经济点，开创成都服务业发展的新局面。

(2) 构建支撑卫星城内外联系的综合交通系统

充分发挥轨道交通运量大、客流集中的优势，按照"零换乘"或者"少换乘"的原则，实现轨道交通与各类交通方式的有机衔接，加快构建支撑卫星城内外交通联系的综合交通系统。一是加强轨道交通与"双核"间的交通联系，强化天府新区核心区、中心城区对卫星城的辐射。各个卫星城在加快推进轨道交通建设的同时，要注意强化与"双核"之间高速路、快速路等干线的有效接驳，实现与全市重要交通枢纽以及交通要道等的有效衔接和高效转换，力争与"双核"形成半小时通勤圈。二是优化提升卫星城轨道交通与其内部交通方式的有效连接。公交作为轨道交通换乘的主要方式，应根据轨道交通线路和站点，规划设计公交接驳线路，优化公交线路布局，推动公交与轨道交通无缝衔接；同时，需要重点考虑小汽车的换乘问题，如设置"P+R"停车场，同时配建非机动车停车场，鼓励自行车作为其有效补充，提高公交分担率。

(3) 合理调控卫星城发展与站点开发的时序

对于卫星城的新建地区，应当尽量保证新建地区与轨道交通站点开发建设的同步进行，这有助于减少在轨道交通通达前小汽车对交通造成的拥堵，同时能够利用轨道交通站点对该地区土地的高效集约化发展，优化土地利用结构，保障轨道交通建设与城市开发建设的合理性与效率性。此外，中心城区与卫星城相连接的站点设置应保持一定的距离，避免中心城区向外"摊大饼"式的蔓延发展。一般来讲，与中心城区结合较为紧密的地铁站点，最可能受到城市空间扩张影响的冲击，因此为确保大都市区生态空间的完整性，对这类站点的设置要与中心城区保持充足的距离。基于优先发展的卫星城与中心城区之间的线路站点布设宜少不宜多，尤其是双流、温江、新都、郫县、龙泉驿区等与中心城区距离较近的站点。

(4) 打造与卫星城风貌相适应的轨道交通线路特色

轨道交通作为联系各种地上、地下空间的纽带，通过在沿线站点的建筑空间形态上强化线路风格和站点特色，达到各种空间的"无感过渡"，也是卫星城不同文化风貌的重要体现。为全方位展示卫星城风貌，提升卫星城吸引力，方便乘客对不同站点的区位识别，在整体风格指导之下针对各站点进行专门设计，突出差异与特色，呈现出与站点所在区域相适应的空间感，即实现"一线一色"和"一站一品"的有机结合。这就要求深挖当地地域文化内涵，抓住最能代表本土的文化特征元素，更要紧握时代内涵，既有继承又有发展地将文化元素融入轨道交通站点的空间设计中，凸显各大卫星城的不同特色。

第10章 房地产企业的转型之路

习近平总书记在十九大报告中提出,要"坚持房子是用来住的、不是用来炒的定位,加快建立多主体供给、多渠道保障、租购并举的住房制度,让全体人民住有所居"。当前我国经济发展进入新常态化,经济增速较之前有所放缓,宏观经济进入调整期,行业转型升级速度加快。房地产行业经历"黄金十年"高速发展时期后,也进入了相应的调整期。

房地产企业多元化转型是必然趋势,但这也并非易事。房地产企业的高速扩张和粗放发展导致当前房地产市场住房存量过大,未来去库存压力大。同时,经济新常态下,需求放缓、土地供给减少、融资成本增加,企业利润趋于平缓,政策调控不断趋于常态化,这些都使得房地产企业转型变得十分必要而且迫切。房地产企业转型机遇与挑战并存,面对未知投资风险,各大房地产企业管理层的投资眼光和转型能力更加受到考验。房地产企业多元化转型,合理的路径选择至关重要,警惕"病急乱投医",盲目转型。既要翔实研判新领域所处的发展阶段和市场前景,又要充分审视自身资金、资源及其战略布局、开发运营等能力。

进入新领域后,增长目标出现阶段性下滑,短期利益损失,甚至要放弃一些原有增长的目标,这都是必经的转型阵痛。房地产企业转型寻求的是企业长远持续发展,在这机遇与挑战共存的过程中,要保证房地产业务的输血能力,更重要的是通过深度思考,尽快吃透新领域,踩准脉搏节点,创新模式,打造持续竞争力。目前,各房地产企业还在试错和探索的过程中,谁能把握楼市机遇,提前探索出清晰的发展模式,谁就能在"下半场"竞争中的先胜一筹。

10.1 房地产发展现状

10.1.1 规模迈上新台阶,增速步入新常态

如图10-1所示为2007—2018年我国房地产市场销售面积及增速趋势[1]。从该图中,我们可以看出:总体上,我国房地产市场发展规模进入新阶段,增长速度方面,由高速增长时

---

[1] 数据来源:中国国家统计局网站。

期逐渐转变为中高速增长时期，行业发展进入新常态。从规模来看，2007—2018 年我国房地产市场销售面积平均值为 120134.92 万 m²，销售面积最高值和最低值分别为 2018 年的 171654 万 m² 和 2008 年的 65970 万 m²，二者相差 105684 万 m²；同时，我国房地产市场销售面积由 2007 年的 77355 万 m² 增长至 2018 年的 171654 万 m²，增长幅度为 94299 万 m²，我国房地产市场规模进入了一个新的量级阶段。

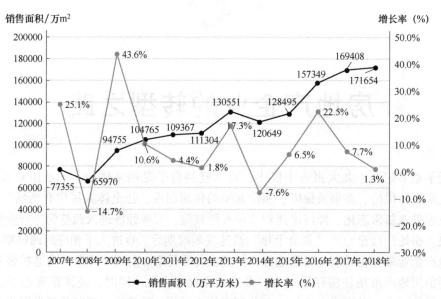

图 10-1　2007—2018 年我国房地产市场销售面积及增长率趋势

从增长速度来看，2007—2018 年房地产市场销售面积增长了 121.9%，考察期间内增长率最高值和最低值分别为 2009 年的 43.6% 和 2008 年的 -14.7%。具体来看，2007 年全国以住宅为主的房地产市场在国家经济快速发展和住房需求强力推动下，保持了较快速度的发展，但四季度市场明显出现调整和观望；而 2008 年受全球金融危机和多重自然灾害等国内复杂因素的影响，房地产行业信心受挫，房地产市场出现了负增长；2009 年，由于经济刺激计划、保障性住房计划和宽松货币政策等一系列宏观调控政策和优惠措施的全面落实，这对稳定市场信心产生了积极影响，压抑许久的"刚需"在政策"东风"的带动下全面爆发，成交量呈井喷式上涨，增速大幅提升；受一系列房地产调控政策的影响，2010 之后中国房地产市场增长速度有所下滑，增长率进入了个位数字的阶段，甚至出现了负向增长的趋势（如 2014 年）；面对房地产市场逐渐趋冷的迹象，2015 年前后国家加大了对房地产市场的需求侧的刺激，房地产市场开始止跌回升；2016 年国家继续加大了对需求侧刺激政策推动，同时强化了从房地产市场供给侧的调控，市场开始出现了过热的迹象；2017—2018 年房地产行业迎来了史上最严调控，房地产市场增长速度下降，热度下行。由此可见，我国房地产市场步入新常态已经成为房地产市场发展重要的阶段性状态。

10.1.2　价格持续走高，调控成效初显

图 10-2 显示了 2007—2017 年我国商品房平均销售价格及增长率趋势。从该图中，我们可以看出：2007—2017 年间我国商品房住宅平均销售价格持续上升，增长幅度有所减缓。

具体而言，商品房平均销售价格由 2007 年的 3864 元/m² 上升至 2017 年的 7892 元/m²，平均值为 5750 元/m²，绝对值上最高值与最低值相差 4028 元/m²，商品房销售价格整体步入较高阶段。从增长速度来看，2007—2017 年商品房平均销售价格年均增长 7.40%，房价总体呈现上涨态势。其中，2009 年大幅增长 23.18%，自 2009 年后商品房平均销售价格增长速度逐步回落，2014 年降至 1.39%；2015—2016 年商品房价格持续上涨；2017 年开始，商品房价格上涨速度有所减缓。

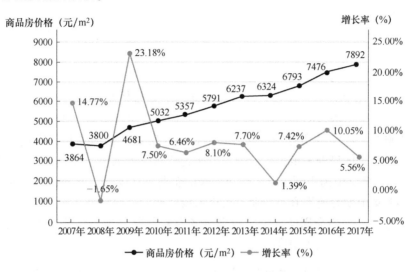

图 10-2　2007—2017 年我国商品房平均销售价格及增长率趋势

2017 年，我国经济由高速增长阶段转向高质量发展阶段，供给侧结构性改革不断深化。中央政府继续坚持从严调控不放松，房地产市场整体渐趋平稳，但城市间分化依旧显著。房地产调控政策重心逐渐由需求侧转向供给侧，坚持因城、因地施策，大力发展租赁市场，优化土地供应制度，完善住房保障体系，房地产市场长效机制初具雏形；2018 年房地产市场调控力度延续，继续制约投资增长，房地产长效机制建立迈出实质性步伐，多元化住房供应体系开始形成，多个省区市确定加快发展住房租赁市场，房地产调控成效初显。

10.1.3　市场份额头部集中

近十年来，我国房地产行业集中度日益提升。龙头房企凭借自身在拿地、融资等方面的优势，快速进入相对活跃的市场，通过合理的业务布局，保证业绩的稳定性。2018 年四季度以来，部分龙头房企规模增速较一二季度增速下降明显，预计未来企业规模会从高速增长变为稳定增长。此外，在因城施策的宏观背景下，中小房企因地域限制，业绩出现较大分化。

根据《2019 中国房地产开发企业 500 强测评研究报告》⊖显示，前四大房地产开发企业销售金额占比从 2012 年的 6.61% 上升至 2018 年的 14.17%，以销售金额计算的前 10 强、20 强、50 强、100 强房地产企业市场份额分别为 24.04%、36.06%、51.95%、63.50%，除前 10 强份额比 2017 年降低 0.01 个百分点，其他数据分别较上年增长 3.85、6.66、8.26 个百

⊖ 报告来源：中国房地产业协会官方网站。

分点，各梯队市场份额基本处于稳中有升的趋势。此外，2018年房地产行业马太效应依然十分明显：前百强房企销售规模增长28.94%，前50强房企销售规模占全行业51.95%；千亿房企创纪录新增至30家；在货值集中度方面，51%的土地被排名前10强的企业购得。

从时间序列看，最近十年的市场集中度提高主要体现在2010年、2014年和2017年三个年度。以前20名的占有率为例：2010年度的市场集中度比2009年提升2.4个百分点，2014年度的市场集中度比2013年度提高近3.9个百分点，2017年度的市场集中度比2016年度提升7.3个百分点。

同时，龙头房企的优势并不局限于住宅开发，慢慢向长租公寓、物流地产、商业地产、物业服务等领域扩展。尾部企业则要面临资金链断裂、处境困难被动退出等问题。同时，有部分企业因各种原因主动开始淡出房地产开发行业，谋求转型。

此外，2018年融资渠道持续收紧，行业增速乏力，整体呈现向追赶成长和滞后发展端偏移的态势，行业金字塔型的结构越来越明显，强者恒强更加显著。少数实力雄厚的大型房企受益于行业整合，业绩得到进一步提升，销售回款在规模、增量和稳定性上占据绝对优势，实现稳步增长，优势进一步扩大。中小型房企依然举步维艰，成长空间及市场份额进一步被挤压，500强房企中销售额小且呈现负增长的企业不在少数。此外，从G-K产业生命周期理论看，行业集中度急速提升是产业发展进入成熟期的重要特征之一。结合我国房地产业发展现状，从G-K产业生命周期理论阶段划分各因素判断，我国房地产业正处于从成长期向成熟期过渡的阶段，行业集中度将持续提升。

10.1.4 中央坚持"房住不炒"基调，地方开展"因城施策"方略

2019年开年来全国楼市总体保持平稳运行，市场预期趋于理性，局部市场出现升温，中央政策仍以稳定为主。具体表现在：2019年4月17日，自然资源部为保持土地供应节奏科学平稳有序，提出因城施策差异化供地，从供应侧直接为城市房地产市场平稳健康发展明确了新的评价指标；2019年4月19日，住建部提出也将按月按季对各城市房地产市场进行评估，对房价地价波动较大城市进行预警；同日的中央政治局会议也再次重申"房子是用来住的，不是用来炒的"，指出要落实一城一策、因城施策、城市政府主体责任的长效调控机制。整体来看，这些动作均表明了中央层面稳地价、稳房价、稳预期的调控目标自始至终保持不变，延续政策的稳定性和可持续性。

就地方而言，各城市调控分化，"因城施策"落地表现有收有放。一方面，部分城市调控加码，例如2019年4月11日合肥滨湖新区调整最高限价标准；4月19日长沙停止执行对家庭第二套改善性住房的契税优惠税率。另一方面，部分城市加大购房补贴力度，例如4月18日呼和浩特发布通知，普通全日制本科及以上学历的应届毕业生或三年及以内往届毕业生可半价买房；4月21日宁波出台通知，高层次人才最高可获60万人才购房补贴。整体而言，各城政策均是围绕"房住不炒"的基调，从城市市场实际出发进行的政策微调，以期促进市场的稳定发展。

中央与地方政策看似相悖实则统一，"一城一策"将成为新常态。表面上看，出自各部门的相关政策都预示着楼市调控政策宽松预期将要终结，但随之而来的呼和浩特、宁波等地方刺激措施却并未受到干预。这样看似矛盾的操作，在我们看来其实质上二者是有机统一的，在调控目的上并不相悖。中央层面始终保持政策的稳定性和连续性，因此对市场预期的

作用相对稳定,将楼市调控更大的自主权赋予地方"因城施策";各地方在制定各类政策无论是刺激的还是紧缩的,都能更紧密地结合当地市场实际情况,楼市的升温或降温更多的是受地方政策的导向影响,最终的结果和目标更是要紧贴"房住不炒"的基本原则,即鼓励合理的刚需改善等自住需求,抑制投资和投机炒作行为。因此,各地方政策呈现出有收有放的格局,中央与地方维持楼市健康稳定发展的调控目的一致、手段也并行不悖。无论各地方政策是松是紧,均严格把中央"房住不炒"的目标落到了实处,其调控目的均是各地方为了扩大自住需求,同时抑制不合理炒作行为,旨在稳定楼市稳定发展。

10.2 销售型转为自持型

10.2.1 商业模式的概念

商业模式描述了组织如何在经济、社会、文化或其他环境中创造、传递和获取价值的基本原理。商业模式的构建和修改过程也称为商业模式创新,是企业战略的一部分。

国内外学者针对商业模式的概念进行了诸多研究。Timmers 的研究表明,商业模式由服务、产品和信息流组成,是一个有机的系统,能够描述企业商业活动参与者的利益和公司利润来源。Shafer 的研究则认为,商业模式其实是组织或商业体系创造价值的路径。Morris 认为,商业模式旨在描述企业如何定位和整合战略方向、经济逻辑和运营结构等一系列具有较强关联性的元素,从而让企业在某些特定市场上建立竞争优势。Mahadevan 的研究认为,商业模式为公司和商业合作伙伴及资金方之间的收入流、价值流、物流呈现一定特征的组合。黄培、陈俊芳则认为,商业模式是资金模式、收入模式、运营模式的特定组合。钱志新认为,商业模式是企业实现市场价值的模式,是公司价值转化的一种有效机制。乔为国认为,商业模式是能够为公司创造价值的基本逻辑之一。

10.2.2 销售型房地产商业模式

1. 销售型房地产概念

销售型房地产是以获得土地使用权后进行土地二级开发、建造,最终将开发完成的房地产销售作为目的的商业开发模式。

2. 销售型房地产的特征

(1) 开发周期短,无经营周期

销售型房地产开发以快速销售为主,类似于产品销售,其开发周期类似产品的生产周期,实现销售后通常无经营周期。

(2) 以获得短期收益为主

由于销售型房地产实现销售后通常无经营周期,收益主要来源于房地产的销售所得,开发难度较低。

(3) 运营水平要求不高

销售型房地产对销售期的短期经营能力有一定需求,但销售交付后则基本结束整个开发经营周期,对运营水平要求不高。

(4) 对短期资金峰值要求高

企业竞争主要在规模、成本、速度三个方面。通常，项目规模越大、成本越低、建设速度越快，项目收益越高。因此，销售型房地产前期开发成本高，且在销售前没有收入，均由企业自有资金或融资支付，对企业短期资金峰值要求高。

3. 销售型房地产的开发过程

1) 房地产开发公司进行准备工作，在报行政机关审批之前，房地产开发公司应办理好土地出让手续，委托有资质的勘察设计院对待建项目进行研究并制作报告书，应附有详细的规划设计参数和效果图，并落实足够的开发资金。

2) 规划总图审查及确定规划设计条件，初步设计及施工图审查，规划报建图审查，施工报建，获得开工许可证。

3) 施工阶段建设单位办理施工报建登记，开发商对工程进行发包，确定施工队伍（招标类工程通过招标确定施工队伍，非招标类工程直接发包），进行施工并不断监督施工进度与质量。

4) 获得商品房预售许可证，制定商品房预售方案；进入销售阶段，实现销售款回笼。

10.2.3 自持型房地产商业模式

1. 自持型房地产概念

自持型房地产是将土地开发完成后长期持有，类似于建设固定资产，即不转移该物业的产权，只出卖其使用权，获得长期租金收益的商业模式。

2. 自持型房地产的特征

（1）经营周期长

自持型房地产不进行销售，而是由房地产企业持有并自行经营，经营周期相对长，开发难度高。

（2）以获得未来长期现金流为主

由于自持型房地产由企业持有并自行经营，项目收益主要来源于经营周期的租金收入等。稳定的现金流有利于稳定上市房地产企业的股票市值，也利于企业应对经济波动及市场调整。

（3）运营水平要求较高

自持型房地产经营周期往往长达数十年，对经营管理水平要求较高。相比销售型房地产，自持型房地产的运营更加复杂，往往需要专业的管理或运营机构打理，才能使物业管理、维护达到比较好的水平，使物业租金保持理想水平，并使物业持续增值。

（4）融资压力大，投资回收期长

自持型房地产开发经营周期的前期净现金流长期为负，资金回收较慢，投资回收期长。企业必然需要做好心理准备，要抱着"短期亏损，长期收益"的态度进行耐心、精心、专业的经营运作。

3. 自持型房地产的开发过程

1) 自持型房地产的开发过程与销售型房地产相比，从获得土地到报批报建、开工、开业基本没有太大差异。

2) 开发前期对自持型房地产的定位、功能选择、动线设计、建筑设计有着相当高的要求，因为这些所有前期规划设计决定了未来自持型房地产的成败。

3)开发完成后,持续经营期间为了获得更高的租金回报,对开发商或者后期的经营者提出了更高的要求,需要展现出相当的管理和运营能力。

4)通常自持型房地产开发周期控制在30个月以内,尽早开业代表着现金流的早日流入。房产证多以大产证为主,房型分割仅仅为后期经营使用。

10.2.4 商业模式转型的政策背景

1. 租购并举

2016年,国务院办公厅印发《关于加快培育和发展住房租赁市场的若干意见》(国办发〔2016〕39号),指出实行租购并举,培育和发展住房租赁市场,是深化住房制度改革的重要内容,是实现城镇居民住有所居目标的重要途径,要以建立租购并举的住房制度为主要方向,健全以市场配置为主、政府提供基本保障的住房租赁体系,支持住房租赁消费,促进住房租赁市场健康发展。同时,文件明确提出到2020年,基本形成供应主体多元、经营服务规范、租赁关系稳定的住房租赁市场体系,基本形成保基本、促公平、可持续的公共租赁住房保障体系,基本形成市场规则明晰、政府监管有力、权益保障充分的住房租赁法规制度体系,推动实现城镇居民住有所居的目标。同年,中央财经领导小组第十四次会议指出,规范住房租赁市场和抑制房地产泡沫,是实现住有所居的重大民生工程。要准确把握住房的居住属性,以满足新市民住房需求为主要出发点,以建立租购并举的住房制度为主要方向,以市场为主满足多层次需求,以政府为主提供基本保障,分类调控,地方为主,金融、财税、土地、市场监管等多策并举,形成长远的制度安排,让全体人民住有所居。

在中央政策的指导下,截至2018年6月底,全国超过40城市多次发布相关政策,细化房地产租赁市场的发展和监管细则。地方政策从租赁双方权益、增加租赁住房供应以及发展租赁企业三个层面,就公共服务权益、住房公积金、税收优惠、租赁权益保障、租赁住房用地、个人房源、集体土地试点、国有租赁企业、开发企业、中介及物业服务企业的租赁扶持等多方面发布了实施细则,培育和推动住房租赁市场健康有序发展。

2. 租售同权

2016年,国务院办公厅印发《关于加快培育和发展住房租赁市场的若干意见》(国办发〔2016〕39号),要求完善住房租赁支持政策,非本地户籍承租人可按照《居住证暂行条例》(国务院令第663号)等有关规定申领居住证,享受义务教育、医疗等国家规定的基本公共服务。

2017年,广州市政府率先正式发布《关于印发广州市加快发展住房租赁市场工作方案的通知》(穗府办〔2017〕29号),首次使用"租购同权"的说法,明确赋予符合条件的承租人子女就近入学等公共服务权益,保障租购同权。具体为:具有本市户籍的适龄儿童少年、人才绿卡持有人子女等政策性照顾借读生、符合市及所在区积分入学安排学位条件的来穗人员随迁子女,其监护人在本市无自有产权住房,以监护人租赁房屋所在地作为唯一居住地且房屋租赁合同经登记备案的,由居住地所在区教育行政主管部门安排到义务教育阶段学校(含政府补贴的民办学校学位)就读,具体细则由各区教育行政主管部门制定。随后,沈阳、武汉、南京、合肥等地均结合实际情况出台了一些相关举措。

3. 土地政策

(1)租赁土地

2017年,住房城乡建设部、国土资源部发布《关于加强近期住房及用地供应管理和调控有关工作的通知》(建房〔2017〕80号),要求将新建租赁住房纳入住房发展规划,采用多种方式增加租赁住房用地有效供应。鼓励房地产开发企业参与工业厂房改造,完善配套设施后改造成租赁住房,按年缴纳土地收益。在租赁住房供需矛盾突出的超大和特大城市,开展集体建设用地上建设租赁住房试点。鼓励个人依法出租自有住房,盘活存量住房资源。发展住房租赁市场迅速成为房地产投资新风口,北京、上海、广州、南京、杭州、佛山等多城相继推出租赁住房用地。同年7月4日,租赁住房用地首现上海,上海规划和国土资源局挂出位于浦东新区和嘉定区的两宗地块,土地用途为"租赁住房",受让人须在70年出让年限内整体持有租赁住房物业并持续出租运营,不得出售。随后,党的十九大报告再次强调坚持"房子是用来住的、不是用来炒的"定位,要求加快建立多主体供给、多渠道保障、租购并举的住房制度,让全体人民住有所居。

(2) 集体土地入市

2017年8月,住房城乡建设部、国土资源部为增加租赁住房供应,缓解住房供需矛盾,构建租购并举的住房体系,建立健全房地产平稳健康发展长效机制,根据地方自愿,确定第一批在北京、上海、沈阳、南京、杭州、合肥、厦门、郑州、武汉、广州、佛山、肇庆、成都13个城市开展利用集体建设用地建设租赁住房试点,并制定了《利用集体建设用地建设租赁住房试点方案》(国土资发〔2017〕100号)。

2018年12月,《中华人民共和国土地管理法(修正案)》提请十三届全国人大常委会第七次会议进行初次审议,删去了原本"从事非农业建设使用土地的,必须使用国有土地或者征为国有的原集体土地"的规定,这意味着建设用地市场将迎来变化。

2019年4月,中共中央国务院发布《关于建立健全城乡融合发展体制机制和政策体系的意见》,提出建立集体经营性建设用地入市制度,加快完成农村集体建设用地使用权确权登记颁证,要求按照国家统一部署,在符合国土空间规划、用途管制和依法取得前提下,允许农村集体经营性建设用地入市,允许就地入市或异地调整入市;允许村集体在农民自愿前提下,依法把有偿收回的闲置宅基地、废弃的集体公益性建设用地转变为集体经营性建设用地入市;推动城中村、城边村、村级工业园等可连片开发区域土地依法合规整治入市;推进集体经营性建设用地使用权和地上建筑物所有权房地一体、分割转让。完善农村土地征收制度,缩小征地范围,规范征地程序,维护被征地农民和农民集体权益。

2019年8月,第十三届全国人大常委会第十二次会议审议通过了关于修改土地管理法的决定,新修订的土地管理法自2020年1月1日起施行。新修改的土地管理法破除了农村集体建设用地进入市场的法律障碍。规定农村集体建设用地在符合规划、依法登记,并经三分之二以上集体经济组织成员同意的情况下,可以通过出让、出租等方式交由农村集体经济组织以外的单位或个人直接使用,同时使用者在取得农村集体建设用地之后还可以通过转让、互换、抵押的方式进行再次转让。

10.2.5 转型困境

1. 自持型房地产投资回收期长

房地产前期开发建设资金需求量巨大,并且自持型房地产后续持有运营也需大量资金支持,维护运营不佳的物业将面临租金下滑,对租户、客户吸引力下降的风险。例如,酒店这类物业一般满5年需重新装修,否则设施老化,舒适度降低,酒店物业将面临区域内新入市酒店对住客的争夺；购物中心、写字楼这类物业维护成本投入大，如香港置地为了使其在香港中环持有的优质物业的建筑形态不致落伍，维护物业的高端品质，保持其对国际顶级品牌商户的持久吸引力，物业整体每5年进行一次翻修改建，每年投入的维护成本为租金收益的3%；长租公寓的经营特征决定了它们的初始投资很大，资本回报周期很长，这导致运营成本增加，一些公寓经营者试图通过创新的服务理念，建立社区消费，组织各种活动等来获得增值收入，但从实际效果来看，其收入和利润相对有限。自持型房地产高昂的前期成本和运营成本带来了较长的回报周期，经营较好的酒店项目一般需要10年左右才能收回投资，购物中心回收周期则一般在15年以上，长租公寓一类的住宅类自持型房地产回收周期则更长。

2. 自持型房地产投资回报率相对较低

自持型房地产尤其是住宅类投资回报率相对较低。根据《2019年一季度50城租金收益率研究报告》㊀显示，2019年一季度50城租金收益率为2.4%，环比下降4%，同比下降7%，其中排名第1的西宁达到3.7%，而排名垫底的厦门仅为1.2%。从具体城市看，北上广深四个城市的租金收益率环比涨幅分别为0%、1%、-6%和-3%，其中广州租金收益率降低是因为租金下降较明显，而深圳租金收益率降低主要是因为房价上涨。四城的租金收益率同比涨幅分别为8%、14%、10%和7%，其中上海和广州租金收益率相比去年同期上升较大，主要是因为租金增长较快而房价保持稳定。我国部分城市长期以来租金收益率较低，主要原因是一线城市的住房租金增长速度远不及房价的增长速度，造成收益率的低下。

站在房地产企业的立场上，我国住宅的租金回报率太低。与房价相比，租金上涨幅度是非常缓慢的，租售比低下，这就直接导致了在不考虑政策支持的基础上，传统方式下的快速销售和处置住宅获得资本溢价将比持有住宅租赁获得租金收益更加有利可图，这将造成需求与供给的严重失衡。已经涉足长租公寓市场的企业的整体盈利状况普遍不理想，据相关统计显示，最早进入市场的万科泊寓到目前为止依然没有实现真正意义上的盈利。出现这种情况的根本原因依然是当下长租公寓市场的租金收益率太低，迫使企业只能被动放眼于低回报、长投资回收周期的商业模式。据公开资料显示，旭辉领寓当前的租金回报率已达到行业的较高水平，大约是4%~5%；万科泊寓仅为2%~3%，并且，在目前的收入结构中，租金收入为最核心的盈利点，至于其他增值服务方面，其所创造的收入是微乎其微的。

3. 缺乏金融配套政策和金融创新产品

近年来，自持型房地产的经营者主要通过引入风险投资、私募股权基金和发行股权等方式进入长期租赁公寓等自持型房地产行业。尽管资金大量涌入，但这些资金的进入和退出仍存在很大的不确定性，这些不确定性明显受到市场波动的影响，不利于自持型房地产的规模经营和利润增长。此外，自持型房地产的业务链和回报周期长，现金流时刻考验着企业经营者。不管是股权还是债券融资渠道都比较单一，资产证券化借助资本市场力量可为企业提供长期稳定的资金来源，而REITs保证企业可以享受资产未来的增值溢价，从而大幅提高资产收益率。但目前在REITs、供应链金融及证券化、租客消费分期及证券化、租金收益权资产证券化均没有真正意义上的符合当前市场实际的标准规范，也缺乏创新的金融产品。

4. 自持型房地产证券化退出机制尚未完善

无法快速收回资金，将大大限制房地产企业在自持型房地产市场上扩张的步伐。在美国

㊀ 数据来源：上海易居房地产研究院。

市场，证券化退出渠道完善，企业可通过资产证券化实现资金的快速退出回笼。房地产信托基金，即 REITs，已经在美国市场占据了一定地位。

不动产证券化工具（例如 REITs、CMBS6 等）能够对存量资产进行盘活处理，将未来稳定、持续、可预测的现金流进行提前兑现，从而使得房地产企业能够在重资产运营模式下继续实现快速扩张、规模化经营，进而打通资本从投入到运营再到退出的完整闭环。

国内不动产证券化起步较晚。从 2012 年重新开放试点至今，由于相关的一些关键性政策支持迟迟未能突破并落地，造成近些年来 REITs 的发展速度一直低于市场预期，也尚未形成真正成熟的产品结构、发行机制和交易体系。特别是，REITs 还面临着多重征税、多头监管、法律和会计制度不支持等种种限制。除此之外，我国目前尚没有真正意义上的"公募 REITs"公开发行上市，国内现有的实践操作中主要以私募性质，且更偏向于债务融资属性的"类 REITs"产品为主。

根据住建部、链家集团等多家研究机构数据，目前我国不动产证券化规模（CMBS + 类 REITs）不足 1500 亿元，相比我国目前 50 万亿元的商业不动产市场规模，证券化渗透率几乎为 0；而美国 CMBS + REITs 的规模已超过 10 万亿美元，渗透率超过 12%。我国不动产证券化的未来前景无比广阔，但植根现实依然任重而道远。

10.2.6 发展建议

1. 加强政策引导，制定行业标准

政府部门应当建立健全相关法律法规，并强化市场监控力，以维护各方的合法权益。一方面，要加强自持型房地产行业的规范化管理，制定统一的硬件设施安全性、宜居性标准和相关权益归属等。例如，在长租公寓这一类产品方面，可以定期公布长期公寓市场的参考租金，实施公租合同备案等；同时，应该提供相应的政策支持给租户，让居住在公寓的居民可以享受完全等同于房屋所有者的公共服务；此外，政府的推动会让更多的人愿意住进长租公寓，从而营造更加和谐的租赁市场环境。

2. 合理降低运营成本，解决盈利问题

为了更好地保持自持型房地产市场平稳健康发展，政府应通过规划税收和土地管理等方式调整政策，使其能够以更为合理的成本获得住房或土地，实现合理的收入预期，并实现运营模式的良性循环。因为发展自持型房地产并保持合理的营销水平是重中之重，并且自持型房地产与销售型房地产的开发和销售业务相比，存在运营成本更大、资金周转更为迟缓、投资回收周期更为冗长等不利条件。

3. 研究制定金融扶持政策，提供更多的融资渠道

健全的金融体系可以拓宽融资渠道，为自持型房地产行业的长期稳定发展做出贡献。有关部门要积极完善金融体系，为自持型房地产行业提供政策支持，鼓励金融机构为自持型房地产开发与经营开展信贷融资。此外，我们可以借鉴国外经验，实施房地产投资信托等项目，提供更多便利，降低融资成本。

4. 形成产业集群，提供全方位服务

在自持型房地产的发展过程中，企业应当将相关产业形成产业链，进而形成大型的产业集群。例如，日本的长期租赁公寓市场具有高度成熟的市场细分和特许经营权。在整个住房租赁市场中，住房租赁机构提供80%以上比重的规模数额。大东建托就是其中比较具有代表性的大型住房租赁机构，它通过将工业租赁产业形成相关产业链，再将产业链整合形成大型的产业集群，进而改善租赁的管理水平并优化租赁体验。大东建托是现在为止日本规模最大的一家住宅租赁资产管理公司，市场占有量达到全日本的7%。早在之前，大东建托从房屋租赁业务开始，依靠综合产业链扩大其业务范围，包括房地产、金融贷款、房屋租赁、房地产、液化石油气、建筑、钢铁、新能源、护理、保险、信托和许多其他业务。这种整齐划一的运营管理模式，在良性稳步发展长租公寓的同时，也逐渐优化了租赁市场的环境，迎合了租户多种多样的住房体验需求，更有利于房地产市场有条不紊地发展。

10.3 存量房时代的发展出路

10.3.1 存量房的概念

存量房是指市场上已经存在的商品房，它是相对于增量房而言的。增量房是指由房地产开发商投资新建的商品房；非增量房即存量房，存量房一般是二手房，但也包括开发完成后未销售的空置房等。

从20世纪80年代我国实行住房制度改革开始，经过40年的发展，我国房地产市场规模日益扩大，并形成了以新房开发为主导的增量房地产市场。2017年，我国房地产开发企业投资完成额突破10万亿元，达到102580.61亿元。但随着城市土地供应日趋紧张，增量房地产市场发展速度放缓。从2014年开始，我国房屋施工面积呈下降趋势，从2014年的135.56亿m^2降至2017年的117.52亿m^2[⊖]，年均降幅4.65%。同时，我国存量房交易量不断上升。尽管在国家调控收紧的情况下，近几年我国房地产成交总量有所下降，但成交结构不断由增量房市场向存量房市场倾斜。2017年，我国18个重点城市二手房交易量占比达到51%[⊖]。增量房占市场主导的趋势已去，我国开始步入存量房交易占主导的市场时代。

从相对狭义的角度讲，存量房市场的核心含义在于三点：交易、管理、金融。交易是为了达成所有权的流通和转移；管理是为了实现资产的价值创造；金融是为了完成资产的价值兑现。更加广义的存量房市场应该包括：①在售和待售新房库存、二手房、商办的交易市场及交易衍生服务；②房屋租赁、管理以及衍生服务，如搬迁、保洁、维修等；③存量土地和房屋的更新改造；④围绕交易和资产管理的房地产金融服务。

10.3.2 存量房时代的主要特征

1. 存量房交易已占主导

存量房交易量超过新房交易量是市场进入存量房时代的重要标志。我国一线城市存量房交易量已经超过新房交易量。以广州为例，从2014年开始，广州存量房交易套数占住房总

⊖ 数据来源：国家统计局。
⊖ 数据来源：《2017年全国存量房市场白皮书》。

交易套数的比例快速上升，2017年其存量房交易占比达到60%，表明广州的房地产市场已进入存量房占主导的时代。而2017年其他三个一线城市（北京、上海、深圳）存量房交易已占绝对主导地位，有的甚至已接近80%。同年，其他房地产热点城市二手房交易量占比快速上升，如厦门超过70%，南京、成都、无锡、东莞等占比也超过了50%[⊖]。

2. 热点城市存量房流通率已接近发达国家水平

存量房流通率是指存量房交易量占存量房总量的比率，是衡量存量房交易活跃程度的指标。2016年我国存量房流通率约为2%，与成熟的房地产市场相比，我国的存量房流通率仍处于偏低水平。美国流通率的峰值为6.6%，英国为5.3%，澳大利亚为5%，法国接近4%，即目前我国存量房流通率仅为美国的1/3，英国和澳大利亚的2/5，法国的一半[⊜]。但我国四大一线城市和部分二线城市，其存量房流通率已接近发达国家的平均水平，2016年北京、上海、深圳、广州的存量房流通率分别为3.6%、4.5%、5%、2.8%。一般而言，存量房流通率与经济发展水平、人口增长速度、房地产市场的成熟度、住房自有率水平和金融支持力度等因素有关，流通率与这些因素有正向关系。也就是说，随着我国经济的进一步发展和房地产市场日趋成熟，我国存量房流通率未来有较大上升空间。

3. 房地产调控机制的逻辑发生变化

在新房时代，开发商是供应主体，它是典型的B2C（Business-To-Customer）的市场，这时候宏观调控政策包括土地政策和货币政策，通过影响土地、影响新开工面积、影响投资，进而影响固定资产投资和经济增长。但是存量房市场的交易主角是客户端，卖方是业主，买方是客户，而且存量房市场的卖方本身就是客户，客户本身也是卖家，这让存量房市场成为连环单的市场。如今的一线城市市场典型的是以换房为主的市场，以小换大、以老换新、以近换远。这种市场交易主体下，业主本身既在卖房，也在买房，所以交易的复杂性是非常大的，不确定因素也越来越多，交易链条长，越来越脆弱。这带来的影响就是，任何一次宏观调控或者房地产调控都可以使这个市场产生非常敏感的变动。

4. 房地产经纪机构参与度不断提高

房地产经纪机构参与度是衡量存量房市场发展成熟与否的指标。经纪机构参与度可以用经纪机构渗透率和经纪机构业务促成率加以衡量。经纪机构渗透率是衡量经纪机构介入程度的指标。经纪机构渗透率越高，表明经纪行业越成熟，房地产市场越发达。美国、日本、英国等房地产经纪行业成熟的发达国家，其经纪渗透率已超过90%[⊜]。而我国一线城市的经纪机构渗透率也已达到较高水平，2016年北京、上海、深圳房地产经纪机构渗透率分别为88%、86%和80%，广州略低但也达到了75%。经纪机构业务促成率是指在房地产交易中，由经纪机构促成交易的业务量占存量房总成交量的比例，它是衡量经纪机构在交易环节介入成功与否的指标。在存量房交易市场，2016年深圳房地产经纪机构业务促成率为74%[⊜]，广州为62%，2017年广州上升至71.37%^㉔。

⊖ 数据来源：《2017年全国存量房市场白皮书》。
⊜ 数据来源：《新中介的崛起与房地产价值链的重构》。
⊜ 数据来源：深圳市房地产中介协会。
㉔ 数据来源：《存量房时代到来的四个基本特征》。

10.3.3 存量房市场存在的主要问题

1. 存量房市场有效供给不足

由于我国房地产市场是随着住房制度改革的进程而不断发展起来的，因此在不同发展阶段，国家制定出台了一系列房地产政策，从而使房地产市场产生了多种产权性质的房屋种类。在存量房市场，由于产权不同，住宅类存量房屋大体上可分为二手商品房、已购经济适用房和已购公房。其中，已购公房（又称房改房）是我国存量房市场的供给主力之一，但目前真正上市交易的已购公房数量十分有限。因此，如何真正开放这部分市场，将会对活跃我国存量房市场起到极大的作用。

造成已购公房上市成交量少的主要原因是已购公房产权问题未得到明确解决。已购公房是按照国家规定以成本价或标准价出售给职工的享受国家一定优惠政策的房屋。这部分房屋原本属于公房，所以在出售给职工后就存在产权转移的问题，而且由于享受了国家的优惠政策，在再上市的过程中受到了很多的限制，比如补足土地出让金、强迫进行收益分成等。这些均造成已购公房上市交易限制条件多，过程复杂，成交困难。

总之，由于政策性因素导致存量房产权不明晰，增加了存量房上市交易的复杂程度，导致此类存量房再上市交易程序不顺畅，甚至引发产权纠纷，增加了存量房市场交易的障碍，继而无法成为我国存量房市场供给的有力补充。

2. 存量房交易税费高

存量房交易时，交易税费往往比新房要高很多。高额的税费不仅抑制了存量房市场上的供给数量，也使大量有意购买存量房的购房者望而却步，还导致存量房市场对税费政策的反应较为敏感。通常情况下，一些税费制度出台前夕，存量房市场往往会出现很大的波动。例如，国务院办公厅于2013年2月26日发布《国务院办公厅关于继续做好房地产市场调控工作的通知》（国办发〔2013〕17号），各地出台落实"新国五条"细则，严格执行个税征收的政策。在政策正式实施之前，购房人为搭上政策末班车，匆忙签约，不仅使购房需求提前透支，引发市场交易"井喷式"增长，还导致后续合同纠纷不断，十分不利于存量房市场的稳定运行。

现行的存量房交易中税费构成主要包括：增值税（原营业税）、个人所得税、土地增值税、印花税、城市维护建设费、契税、教育费附加等。对居民个人转让普通住宅的，暂免征收土地增值税；印花税为房屋买卖成交价的0.05%（2009年至今暂免）；个人所得税的计税依据为以转让财产的收入额减除财产原值和合理费用后的余额为应纳税所得额，税率为20%；普通住宅的契税为1%，高档商品房契税为4%。税收负担公式为

$$\frac{卖方负担的税费}{消费者负担的税费} = \frac{需求弹性}{供给弹性} \tag{10-1}$$

当需求弹性小于供给弹性时，说明当房屋由于政府征税而引起价格变动时，其需求量的变动幅度小于供给量的变动幅度。在这种情况下，税负会更多地由消费者（买方）承担，根据这个原理，最终涉及存量房卖方的税费会直接转嫁给买方，继而增加了购房人的购房成本，而对卖房人影响很小。

3. 存量房市场交易信息不对称

存量房信息的发布主要集中在各主流媒体门户网站及大型房地产经纪机构，长期以来，

没有政府等相关部门发布及更新存量房信息。而在房地产经纪活动中，经纪公司大量占有委托人的交易资金，通过先收取买家房款，拖延办理过户手续的时间，利用这一时间差挪用买家资金，同时由于消费者资金的安全缺乏有效的保障措施，从而在这过程中增加了房地产经纪交易风险。为此，住建部要求加强城镇个人住房信息系统联网建设，在存量房交易管理方面，要求推进存量房合同网签备案制度，各地搭建存量房交易服务平台，加强存量房交易资金监管。各地纷纷建立起相关服务平台，但平台在运行过程中，还存在着房源发布滞后、信息透明性及公开性差等问题，存量房交易信息不对称的现象仍然存在，未能有效解决。究其原因，主要有以下几个方面：

1）交易双方市场地位不同。在存量房市场中，卖方常处于信息优势地位，买方则处于信息劣势地位。如果买方想要更多地了解所购存量房的权属情况、建筑面积、建成年代等信息，通常只能通过存量房的卖方来了解。而卖方为追求自身利益最大化，可能隐瞒房屋缺陷，又因存量房交易多为一次性博弈，故而造成买方正当利益受到损害。

2）房地产专业性强。按照经济发展的一般规律，随着发展过程中社会分工的不断细化，具备专业知识优势的参与者在信息获取方面更具优势。因此，房地产本身的专业性特征加剧了存量房交易参与者之间的信息不对称。

3）交易信息公开性差，缺乏政府监管。在房地产市场发展成熟的发达国家，交易平台信息及时透明，时效性强。买方能够以最低成本获取更多的买房信息，通过廉价的搜寻和更广泛的信息渠道减少信息不对称。而我国尚无健全的信息披露机制，监管手段不到位，因此信息公开性差，透明度不高。

4. 经纪机构操作不规范

房地产经纪行业是存量房市场不可缺少的重要环节，是市场和消费者之间的桥梁和纽带，对推动存量房市场成熟发展起到了积极作用。与此同时，我们也注意到，房地产经纪机构在从事房地产经纪业务过程中还存在着很多问题，诸如经纪服务质量不高、操作不规范等，严重损害了消费者的利益，也扰乱了存量房市场的正常秩序。

1）从业人员素质低，甚至部分从业人员不具备资质。按照我国相关规定，从事经纪业务需要通过国家组织的房地产经纪人员从业资格考试，并取得相应资格证书。但在现实中，房地产经纪人准入门槛低，从业人员素质参差不齐，一些经纪机构的从业人员中有相当比例的人员并不具备从业资格。房地产经纪人作为"经济人"，追求自身利益最大化的本质体现在两方面，即促进经济发展和损害经济效率，如何从公平、法治方面促使房地产经纪人朝着经济发展和行业发展方向努力，成为当前急需解决的问题。经纪人过分追求经济利益，置法律和规范于不顾，隐瞒、欺骗顾客，吃差价、引诱顾客的事情时有发生，损害交易双方的利益，败坏了经纪人的名声；从业人员整体素质不高，高质量技术人才匮乏。尽管现在有些企业提高学历门槛，但针对企业现有的低学历职工，还有较长的路要走；房地产经纪人的行为管理制度存在缺陷，偏向于形式而非实质，一些人失信或存在违规交易，给客户造成较大损失，却能轻易规避处罚。

2）经纪机构管理混乱。目前，我国房地产经纪机构最常见的经营模式是依托店铺的门店式经营。虽然此种形式能使经纪机构短期内抢占市场份额、提升品牌形象，但也会带来一系列的问题：更多依靠人海战术去抢占市场，使得当前的房产经纪行业人均效能和效率普遍不高；人员队伍的整体素质问题、服务流程标准化的问题、管理体制是否完善的问题、企业如何防控风险问题、奖励机制是否合理问题等。存量房市场中，从业机构众多且资源有限，所以及时掌握真实、有效房源，成为在这个领域取得一席之地，并获得高额回报的关键。

3）对违规经纪活动行为监管不力。按照《房地产经纪管理办法》相关规定，我国实行房地产经纪机构备案管理，并对经纪机构违法违规行为有处罚措施。但在实际执法中，由于政府房地产主管部门职能和手段有限，对房地产经纪机构违法违规行为的处罚通常需要与其他部门联合执法，但多个部门间的配合又容易造成执法主体职责不明，导致出现了交叉地带责任不清和相互推诿等现象，一些领域甚至存在监管空白。例如，由于市场尚未形成独家代理制等完善有效的市场交易规则，一些未备案机构假借咨询或信息公司的名义扰乱市场，欺诈客户、吃差价、多收费的现象屡禁不止。因此，无论是政府、房地产主管部门还是行业协会，都存在缺乏监管力度的问题。

10.3.4 存量房时代的发展建议

当下的中国房地产市场正在发生"增量时代"向"存量时代"的转换，这是一种更根本、更深刻的改变。完善和发展存量房市场对整个房地产市场具有重要影响，不仅可以盘活存量，优化资源配置，加强存量房市场与增量房市场之间的有效联动，还有利于完善房地产市场的供需结构，扩大住房消费，改善居民住房条件，对推动经济可持续增长意义深远。

1. 扩大存量房市场有效供给

扩大存量房市场有效供给，首先应从产权入手，将种类繁多的产权类型逐步进行过渡和统一。种类繁多的产权类型不仅加大了存量房再上市流通的难度，也在一定程度上抑制了存量房的供给。因此，我国应进一步建立健全配套法律法规体系，减少房屋产权类型，明确保障性住房与非保障性住房的管理模式。对于保障性住房，实行以租为主，封闭管理，只用于保障居民基本居住需求。而对于非保障性住房，应畅通上市流通渠道，使限制产权房能逐步过渡统一为完全商品房产权，从而减少上市交易阻碍，扩大存量房市场的有效供给。

扩大存量房市场的有效供给，还应优化交易环节流程。当前，存量房市场的重要问题是供需不对称，而且存量房交易流程复杂，无形中加剧了供需矛盾。优化交易流程，可利用现代化信息手段，以各地方住建部门现有管理系统及房屋普查数据为基础，提高存量房信息透明度，建立存量房交易参与主体（银行、税务、国土、房管等部门）之间的数据交互共享机制。政府应不断完善房屋交易市场管理政策，优化交易流程，取消或缩短行政主管部门参与存量房交易流程的时限，从而盘活部分房屋上市交易，扩大存量房市场有效供给。

2. 加强市场信息透明度

政府部门应加快建立健全房地产信息披露制度，通过明确信息披露主体及相应职责，建立统一的信息披露标准，规范信息披露渠道，提高信息披露效率和信息质量。充分发挥政府部门的作用，定期向社会公布各类交易登记信息，为社会提供可靠的信息保障，实现信息透明。此外，应建立完善的监管机制。缺乏监管机制也是存量房市场信息透明度不高的成因之一，完善的监管机制可以保障法律法规的实施和执行，确保市场运行公正透明。应当在现有存量房网签信息平台、交易资金监管平台、权属登记管理平台等各种平台的基础上，建立统一的存量房交易服务平台，统一发布存量房交易信息，规范经纪机构信息发布行为，让存量房市场的信息发布与使用相互对称，避免信息重复发布、市场报价水平偏离实际、经纪机构通过供求信息优势哄抬房价等行为,增强存量房交易信息的公开度、透明度,促进形成市场竞争。通过与房屋登记、金融机构和税收信息系统实行信息对接,为房屋交易中的各个主体(包括交易双方、房地产经纪机构、金融机构、房屋登记部门、土地管理部门、税务管理部门等)提供权威、透明的信息和快捷、便利的交易服务,优化交易流程,提高交易效率。利用存量房交易平台信息为政府部门提供存量房市场真实的供求信息和交易信息,为政府提供市场动态和形势分析,便于进行监测与统计分析,为市场监管、政府决策与市场调控提供支持。

3. 调整现有税收体制

一方面,应当减少交易环节税负,降低交易成本。现在存量房交易过程中的税费过高,不利于存量房的流通。因此,基于有利于促进住房市场流通和平衡税收负担的考虑,在征收有关房产税收时,政府应降低存量房交易环节的税收,只针对房产增值部分缴纳个人所得税,取消营业税、土地增值税等。这样不仅对于抑制投资投机获利需求更具有针对性,也是响应"营改增"改革的要求。另外,应尽快建立存量房交易计税价格核定机制,将实际成交价格与交易计税价格脱钩,彻底解决"阴阳合同"问题,同时有利于政府部门掌握最为真实的存量房成交价格,从而有利于存量房市场健康可持续发展。

另一方面,对于个人住房征收房产税,可以通过提高房地产的保有成本,加大"囤积"房地产的负担,达到抑制房地产投机的目的。同时,较高的保有税率可以避免房屋空置或低效率使用,达到实现盘活现有存量房产、刺激存量房流动的目的,促进住房二级市场的健康发展。另外,从长远看,土地财政不可持续,房产税可为未来地方政府财政收入主要来源提供保障。考虑到上海、重庆已有开征房产税试点的先例,因此政府应针对各地方房地产市场的特点,研究制定房产税征收管理办法并上报中央,加快推进房产税征收工作,明确房产税征收模式、征收范围和推行方式。同时,考虑保护自住型、改善型住房刚性住房需求,实行差别化征收政策,比如对于首套住房可以免征房产税,二套房以上住房开征房产税,尤其要加大对空置房的征收力度。

4. 加强房地产经纪机构监管

目前,我国对房地产经纪人和经纪人协理的监管重视不够。实践中由于存在着房地产经纪机构和人员行业准入门槛低等现象,导致一些不具备专业能力和风险承担能力的机构、人员进入房地产经纪行业,个别经纪机构主体行为不够规范等问题出现。目前,北京市对房地产经纪行业的监管已经开始从侧重管理经纪机构向管理经纪人和经纪人协理的方向转变,并且对房地产经纪行业启动记分管理,今后房地产中介机构和经纪人员的违法违规行为都将被记分量化管理,累计不同分值将有相应处罚和限制措施,旨在通过对房地产经纪人员的素质强化和行为监管,提高房地产经纪行业从业人员的整体素质。

5. 大力发展租赁住房租赁市场,建设发展租赁公司

中国证监会、住房城乡建设部发布《关于推进住房租赁资产证券化相关工作的通知》(证监发〔2018〕30号),鼓励专业化、机构化住房租赁企业开展资产证券化;支持住房租赁企业建设和运营租赁住房,并通过资产证券化方式盘活资产;支持住房租赁企业依法依规将闲置的商业办公用房等改建为租赁住房并开展资产证券化融资;优先支持项目运营良好的发起人(原始权益人)开展住房租赁资产证券化;重点支持住房租赁企业发行以其持有不动产物业作为底层资产的权益类资产证券化产品,积极推动多类型具有债权性质的资产证券化产品,试点发行房地产投资信托基金(REITs)。

与西方发达国家相比,我国住房租赁公司发展迟缓,管理机制还不是特别成熟,对此,住房租赁公司管理人员应该认真借鉴先进经验,完善本组织的管理机制。国家应该加强中介市场管理,推动住房租赁相关条例出台,引导住房租赁公司遵纪守法,履行本公司的义务和职责,依照合同规定调节住房供需矛盾与纠纷。

10.4 不同层次房地产企业的发展之路

10.4.1 头部企业——多元化发展

1. "城乡建设与生活服务商"

头部企业应以"城乡建设与生活服务商"为定位,即以人民的美好生活为己任,沿着健康、可持续的道路领跑,为更广泛的利益相关者创造更长远的真实价值,成为无愧于伟大新时代的好企业。这一定位具体来看就是美好生活场景师、实体经济生力军、创新探索试验田和谐生态建设者这四个角色。企业在关心城市的同时,也关心乡村,关心城市和乡村的互动。但这并不是说企业要去乡村盖房子,而是指场景的建设,诸如美好生活、乡村振兴的场景,为广泛的利益相关者和社会创造更多的真实价值。

万科企业股份有限公司成立于1984年,并于1988年进入房地产行业。成立之初,万科坚持多元化战略,有工业生产、房地产、对外贸易、文化传播四大经营业务。然而,万科多元化高速发展使得资源有限的弊端日益暴露。万科开发项目众多,但项目规模有限,市场竞争力较低,业务发展很不稳定,利润实现停滞,企业缺乏长远发展动力。20世纪90年代以来,国内经济发展速度加快,年均增长率超过10%。城镇化进程不断推进,再加上国家住房货币化改革,住房需求迅速增加,房地产企业迎来发展的黄金时期。经过三十余年的发展,万科已经成长为我国房地产行业的龙头企业之一。

2013年秋季例会,万科确立了继续贯彻"均好中提效"是贯穿未来十年的业务方针,并提出了"城市配套服务商"的转型目标。2014年,万科第四个十年发展规划已经把"三好住宅供应商"的定位延展为"城市配套服务商",始终以"为普通人盖好房子"为宗旨,坚持"盖有人用的房子",秉承"自身业务与客户同步发展、与城市同步发展"原则,以传统的住宅开发和物业服务作为公司的核心业务。万科近年来稳步推进混合所有制改革,并且积极拓展多元化业务,以城市配套服务商核心定位为出发点,在以巩固核心业务为基础的情况下,稳步拓展业务板块。目前万科的业务领域已经包括商业开发和运营、冰雪度假、物流仓储、集中式长租公寓、教育、养老等。

2016年,万科凭借2015年度1843.18亿元(293.29亿美元)的营业收入首次跻身《财富》"世界500强",位列榜单第356位。2017年、2018年,万科接连跻身《财富》"世界500强",分别位列榜单第307位、第332位。

根据万科企业股份有限公司2018年度报告,在物业服务方面,万科以"让更多用户体验物业服务之美好"为使命,贯彻"住宅商企两翼齐飞"的发展战略。2018年,万科物业实现营业收入98.0亿元,同比增长33.0%,在新增签约饱和收入中,住宅业务占比65%,非住宅业务占比35%。万科物业连续九年蝉联"中国物业服务百强企业综合实力TOP1",

连续五年蝉联"中国房地产开发企业500强首选物业品牌"榜首,并连续两年获得"中国特色物业服务领先企业——企业总部基地"荣誉称号。

在租赁住宅方面,2018年万科集团继续围绕核心城市加大对租赁住宅的布局,长租公寓业务覆盖35个主要城市,累计开业超过6万间,开业6个月以上项目的平均出租率约92%,以青年公寓("泊寓")为主要产品线,同时探索为不同阶段客户提供长期租住解决方案,共完成55亿元住房租赁专项公司债券发行,为租赁住宅业务发展提供了资金支持。

在商业开发与运营方面,截至2018年底,万科集团管理商业项目共计210余个,总建筑面积超过1300万 m^2。其中,印力集团作为万科集团商业开发与运营平台,专注于国内商业地产的投资、开发和运营管理,运营项目逾120个,遍布国内50多个城市,管理面积近1000万 m^2,管理的商业项目品牌包括印象城MEGA、印象城、印象汇、印象里、万科广场等。2018年,印力集团联合收购的20家凯德购物中心完成交割。同时,印力集团聚焦存量项目的运营管理,通过改造激发存量项目的活力,并持续优化资产结构,探索资产证券化。2019年1月,印力集团以南京江北印象汇及天津印象城为标的发起并设立资产专项支持计划(CMBS),发行规模21.06亿元。2019年2月,印力集团管理的商业地产基金以深圳龙岗万科广场为标的发起并设立资产支持专项计划(类REITs),发行规模21.16亿元,是市场首单无强增信并以购物中心为资产支持的权益类REITs产品。

在物流仓储服务方面,万科集团旗下万纬物流专注于高标仓储投资、开发选址、招商运营、资产管理等环节,经过近四年的发展,已成为国内领先的物流服务商,服务的客户超过600家,涵盖电商类、快递快运类、制造业类、餐饮类、零售商超类等各个领域。2018年新获取项目64个,合计可租赁物业的建筑面积约为494万 m^2,进驻42个城市,已获取124个项目,可租赁物业的建筑面积约971万 m^2,其中已运营项目62个,其中稳定运营项目平均出租率为96%。同时,万纬物流持续丰富服务内容,通过收购融合太古冷链物流,实现冷链规模及运营能力的升级,累计进入11个城市,覆盖国内一线城市及内陆核心城市,提供一站式温控物流解决方案服务。此外,万科集团现为全球领先的现代物流设施服务商普洛斯的第一大股东。

在其他业务方面,万科集团开始通过深入的产业服务与广泛的企业服务,为客户提供优质服务与差异化的办公体验。截至2018年底,万科集团在超过20个城市开展标准办公与产业园的建设和运营管理业务,管理标准办公项目70余个,产业园项目30余个,管理面积合计约700万 m^2。此外,万科集团响应国家发展冰雪运动的号召,持续提升品质,打造最佳滑雪度假目的地。2018年11月至2019年3月雪季期间,万科集团旗下吉林万科松花湖和北京石京龙两个滑雪项目累计到访的客流量超过60万人次。其中,万科松花湖项目在滑雪人次、客流量两个维度均属国内领先,并连续两年获得世界滑雪大奖"中国最佳滑雪度假区"称号。2018年8月,万科集团与合作方组成的联合体成功中标北京2022年冬奥会和冬残奥会延庆赛区PPP项目,将作为社会资本方参与延庆赛区的建设和赛后运营工作。此外,万科集团继续探索和人民美好生活相关的产品和服务,完善生活配套,解决客户痛点,在养老、教育等领域的品牌影响力逐步扩大。

2. "产业新城"模式

产业新城模式将"以产兴城、以城带产、产城融合、城乡一体"作为开发理念,着眼于国家发展战略大局,把"产业新城"理想蓝图付诸行动,成就新时代背景下区域经济的换挡升级。这一模式下，在位于中心城市周边小城镇或者县域，以产城融合为发展目标建设发展产业新城，能够带动相对落后的区域缩小与中心城市之间的差距。如果从中长周期来看，产业新城通过持续深耕特定区域，切实推动这一地区的新型城镇化、产业转型升级乃至社会综合变革，将实现城市健康可持续发展，促进该区域与中心城市的协调发展。

华夏幸福基业股份有限公司创立于1998年，始终致力于产业新城的投资、开发、建设与运营，已成长为我国领先的产业新城运营商。截至2018年底，公司资产规模近4100亿元。从河北固安开始，华夏幸福就致力于让产业新城成为都市圈均衡发展不可或缺的关键节点，并最大化分享城市群和都市圈发展过程中的外溢红利。华夏幸福既有的实践也表明，在中心城市周边布局的产业新城，既是促使整合城市群均衡协调发展的重要手段之一，也是中心城市价值红利外溢过程中的直接受益者，并将成为城市群内部均衡化发展的重要支点和新的经济增长极。

华夏幸福通过选址研究、战略规划、产业规划、空间规划、开发策略的方式发现城市价值；通过城市发展和产业发展打造城市价值；通过城市运营和民生改善分享城市价值。在产业新城的建设和运营中，华夏幸福形成了"园区孵化+房地产开发"的独特模式，即与地方政府合作建设产业园区的同时在园区内以及周边进行大规模的房地产开发，以产业发展与城市发展双轮驱动的发展模式投资运营开发区，推动产业价值最大化、园区价值最大化，以及县域经济、区域经济价值最大化。

(1) 前期战略选择，聚焦大城市

华夏幸福首先围绕北京布局，逐渐辐射到河北沿海地区、辽东半岛、山东半岛等环渤海区域。园区在地域选择上，聚焦核心大城市周边地带、快速轨道线的衔接地带、城乡落差较大的"洼地"。目前已经运营的固安、大厂工业园均在京郊50km范围内。

(2) 签订"园区孵化"协议，快速实现园区建设

与传统的园区开发不同，园区基本属于地方政府而不是开发商。华夏幸福则与政府签订排他性的"园区孵化"协议，根据托管分成协议，在托管年限之内完成规划、建设、招商和后期维护工作，政府通过收税和卖地赚取收益，并分期支付公司一级开发的成本。

"园区孵化"模式一方面可以在前期政府零投入的情况下，顺利实现园区的正常开业和运作，契合地方政府的诉求。另一方面，开发商省去园区土地购置成本，将资金直接用于园区建设，两项结合的最大效应是短期内实现园区快速建设，给开发商和地方经济带来双赢结果。

(3) 通过"园区孵化"获得低成本土地和园区收益

随着园区的逐步成熟，入园企业数量及投资将不断增加，土地价值和政府财政收入提升，华夏幸福名义上获得入园企业落地投资额一定比例返还的产业服务收入，实际运作中政府通过税收收入补偿和住宅土地增值补偿的方式，使华夏幸福持续以较低成本获得土地储备，并分享园区收益。

(4) "园区孵化"和"地产开发"协同促进

华夏幸福园区业务与房地产开发形成协同效应，利用区域开发带动房地产开发的区域影响力和城市配套，利用房地产开发改善区域开发投资环境，并弥补园区业务的现金流支出。

此外，华夏幸福产业新城采用PPP模式，基于"政府主导、企业运作、合作共赢"的核心原则，与地方政府确立PPP合作模式，充分尊重政府在合作过程中的主导地位，并发挥市场化效应，把"伙伴关系、长期合作、利益共享、风险分担"等公私合作理念融入产

业新城的协作开发和建设运营之中。合作期间,政府是产业新城规划的审批者、产业项目的决策者和服务质量的监督者;华夏幸福是产业新城项目规划、设计、建设、运营服务的直接提供者。双方各司其职,通力合作,实现 1+1>2 的效果。

3. "空间即服务"战略

所谓"空间即服务(SaaS,Space As A Service)"战略,是龙湖以客户为视角,以技术为驱动,深度参与城市空间和服务的重构,不断升级空间营造和服务的能力,打造有生命的空间、有温度的服务,持续践行"善待你一生"的理念,为消费者和合作伙伴提供更加多元的服务和发展空间,成为以客户为中心的空间营造服务企业。

龙湖集团控股有限公司 1993 年创建于重庆,发展于全国,业务涵盖地产开发、商业运营、长租公寓、智慧服务四大主航道业务,并试水养老、产城等创新领域。2018 年该集团营业额逾 1100 亿元,纳税额达到百亿规模。集团拥有雇员 27000 余人,业务遍布全国 7 大城市群,40 余个城市,累计已开发项目超过 200 个,已开发面积超过 7700 万 m^2,待开发土地储备超 5000 万 m^2。

龙湖集团企业文化中的差异化创新基因,以及稳健卓越的财务表现,赋予了公司不断开拓进取的勇气与主动变革的底气。26 年时间里,龙湖已由单一的地产开发主航道业务演进为地产开发、商业运营、长租公寓、智慧服务四大主航道并进。此外,为积极响应国家应对人口老龄化、加快老龄事业和产业发展的号召,将首次进军养老产业,在"善待你一生"的服务理念下,龙湖集团在满足适老化要求的同时,积极打造更智能、更健康的养老产品,体现"高标准管理、高质量服务"的目标要求,将打造全新的中国养老社区。

(1) 地产开发:专注品质,销售规模保持行业位列前十

自 1997 年开发首个住宅项目重庆龙湖花园南苑以来,龙湖致力于做客户心中的好产品,先后有 5 个项目荣获中国房地产综合开发行业最高奖项"广厦奖",12 个项目荣获中国土木工程最高奖项"詹天佑奖"。2018 年累计实现签约金额 2006.4 亿元,同比增长 29%,超额完成全年销售目标,位居行业前十名。

(2) 商业运营:产品线清晰,运营成熟

作为中国最早的购物中心开发商之一,龙湖集团从事商业运营已 19 年,先后发展出都市型购物中心"天街"、社区型购物中心"星悦荟"和中高端家居生活购物中心"家悦荟"三个业态品牌。截至目前,龙湖商业在北京、上海、重庆、成都、杭州、苏州、西安等城市累计开业商场数量 29 个,开业商场面积近 258.2 万 m^2,已合作商户近 4000 家,战略合作品牌近 200 家。

(3) 长租公寓:City Hub 理念,提供租住新生活

为响应党中央提出加快建立租购并举的住房制度,龙湖依托自身在空间获取、建造以及运营方面的能力,针对 20 至 35 岁这一年轻群体的租住需求,研发出以"冠寓"为代表的长租公寓,秉承"我家我自在"的品牌主张,以及 City Hub 理念,将"住、商、办公、社交、服务"生态化联动一体,并持续丰富产品和服务的多样性,成为行业内率先将长租公寓作为主航道业务的公司。

(4) 智慧服务:以"满意+惊喜"的高品质服务赢得客户

龙湖智慧服务成立于 1997 年,秉承"善待你一生"的服务理念,"满意+惊喜"式幸福是龙湖智慧服务最深入人心的标签。截至目前,服务近 173 万户业主,合约面积 2.08 亿

m²，分布于重庆、成都、北京、西安、上海等50余个城市。龙湖智慧服务全年服务满意度连续10年保持在90%以上，是备受行业肯定的物业管理标杆企业。

(5) 健康养老

龙湖集团旗下椿山万树健康产业发展有限公司成立于2017年，注册资本1亿元。椿山万树顺应人口老龄化趋势，秉承"善待你一生"的经营理念，实践"空间即服务"理念，以"全国化布局、规模化发展"为目标，聚焦北京、上海、重庆、成都、杭州、粤港澳大湾区为核心的一、二线城市群，由布点而铺面，全面布局养老、健康产业。依托龙湖集团资源优势，椿山万树秉持"延续美好，服务未来"的企业理念，创新商业模式和服务特色。在城市核心区，持续优化空间运营解决方案，率先运营专业机构进军养老市场，打造团队综合服务能力；以嵌入式社区照料中心为服务单元，进行城市网格化布局，打造社区养老服务能力；以数据和技术驱动，实现线上、线下融合，构建养老、健康服务大数据平台，打造全场景服务输出能力。在产品与服务方面，椿山万树创新颐年公寓、社区照料中心、持续照护养老社区、居家照护等全业态产品，与地产、商业、智慧服务、长租公寓等业务协同共生，为客户提供专业、温暖、自在、品质的健康养老服务，助力中国大健康体系建设。

4. "规模＋效益型"模式

"规模＋效益型"发展模式是恒大集团的新战略之一。所谓的"新战略"就是要坚定不移地实施"规模＋效益型"发展模式，要坚定不移地实施低负债、低杠杆、低成本、高周转的"三低一高"经营模式，并在产业布局上积极探索高科技产业，逐渐形成以民生地产为基础，文化旅游、健康养生为两翼，以高科技产业为龙头的产业格局。这一战略转型启动于2017年。在发展模式上，从"规模型"向"规模＋效益型"模式转变；在经营模式上，从高负债、高杠杆、高周转、低成本的"三高一低"模式向低负债、低杠杆、低成本、高周转的"三低一高"模式转变。2017年，公司核心业务利润405.1亿元，同比增长94.7%，净利润370.5亿元，同比增长110.3%，营业额3110.2亿元，同比增长47.1%；总资产达17618亿元，同比增长30.4%；现金余额2877亿元，多项核心数据均创行业第一。同时，净负债率下降近六成，战略转型成效显著。2018年，公司开始实施"新恒大、新起点、新战略、新蓝图"重大战略决策。坚定不移地实施"规模＋效益型"发展模式，坚定不移地实施低负债、低杠杆、低成本、高周转的"三低一高"经营模式。

目前，恒大集团是以民生地产为基础，文化旅游、健康养生为两翼，新能源汽车为龙头的世界500强企业集团。目前，恒大总资产2.1万亿元，年销售规模超6000亿元，累计纳税超2300亿元、慈善捐款超146亿元，员工14万人，每年解决就业260多万人，世界500强排名第138位。

(1) 地产

恒大地产在我国280多个城市拥有810多个项目，与全球860多家知名企业战略合作，实施精品战略，打造高品质、高性价比产品，开创行业"全精装修交楼"和"无理由退房"先河，让600多万业主实现宜居梦想。

(2) 新能源汽车

恒大进军新能源汽车产业，是打造百年老店的重大战略决策。入主瑞典国家电动汽车有限公司NEVS，获得有75年历史的瑞典萨博汽车核心技术，与世界顶级豪车制造商科尼赛克组建合资公司，获得强大的超级豪华整车研发制造能力；具备新能源汽车整车生产、销售资质，拥有瑞典研发生产基地和天津、广州、上海等多个生产基地；入主卡耐新能源，获得日本顶尖动力电池技术；与汽车动力工程领域国际龙头德国 Hofer 成立合资公司，拥有了世界最先进的三合一动力总成核心技术和世界最高水准的研发制造能力；入主荷兰 e-Traction 公司和英国 Protean 公司，全面掌握了商用车和乘用车领域的世界最先进的轮毂电机技术；入股广汇集团，拥有全球最大汽车销售渠道；与国家电网成立合资公司，聚焦社区停车库车位的智慧充电服务，破解新能源汽车充电难问题，助力国家能源战略。恒大已完成新能源汽车全产业链布局，力争 3~5 年成为世界规模最大、实力最强的新能源汽车集团，助力中国从汽车大国迈向汽车强国。

（3）旅游

恒大旅游全方位构建文化旅游综合体版图，着重打造填补世界空白的两大拳头产品"恒大童世界"和"恒大水世界"。恒大童世界是专为 2~15 岁的少年儿童打造，是全球唯一全室内、全天候、全季节的大型童话神话乐园，15 个项目已布局完成，2021 年起陆续开业；恒大水世界则已筛选出全球最受游客欢迎的 120 个水上游乐项目，恒大将建设全球最大的全室内、全天候、全季节的大型温泉水乐园，未来 2~3 年布局 20~30 个；打造全球人向往的文化旅游胜地"中国海南海花岛"，拥有童话世界、雪山王国、海洋乐园、植物奇珍馆及顶级酒店群等 28 大业态，2020 年正式开业；打造世界超前高新技术的全国农业现代化与观光农业标杆"恒大高科农业"。

（4）健康

恒大健康践行"健康中国"战略，着重打造填补中国空白的养生养老拳头产品"恒大养生谷"。恒大养生谷整合一流医疗、健康管理、养生、养老、保险和旅游资源，独创"四大园"，搭建会员制平台，提供全周期、高品质、多维度的 867 项健康服务，是国内最大、档次最高、世界一流的全方位全龄化养生养老胜地。目前已布局 16 个，未来三年布局超 50 个并将陆续开业。博鳌恒大国际医院是哈佛大学附属教学医院——布莱根医院的境外唯一附属医院，提供顶级肿瘤专科医疗服务。

此外，恒大集团还涉足保险、商业地产、互联网等多个领域，将多元产业引入战略投资，以实现进一步把负债率将降至行业中低水平的发展目标。

10.4.2 中层企业——区域产业集群

珠海华发集团有限公司组建于 1980 年，与珠海经济特区同龄，是珠海两家龙头国企之一，也是珠海最大的综合型企业集团和全国知名的领先企业。历经几十年的励精图治，华发集团不断发展壮大，已经从单一的区域型房地产企业发展成为以城市运营、房产开发、金融产业、实业投资为四大核心业务，以商贸服务、现代服务为两大配套业务（4+2）的创新驱动型综合企业集团。华发集团现控股"华发股份""华金资本""华金国际资本""庄臣控股"四家主板上市公司，以及"华冠科技""华冠电容"两家新三板挂牌企业，业务布局从珠海拓展至北京、上海、广州、深圳、武汉、香港、澳门等 60 多个国内主要城市和旧金山、特拉维夫等海外城市。

2012 年，华发集团开始实施"转型升级、跨越发展"战略，紧扣实体经济和城市建设，在推动珠海城市发展的过程中不断壮大。经过几年的努力，已经从单一的区域型房地产企业发展成为以城市运营、房产开发、金融产业、产业投资为四大核心业务，以商贸服务、现代服务为两大配套业务的创新驱动型综合性企业集团。

在过去五年成功实现"转型升级、跨越发展"战略目标的基础上，2018年华发集团一方面积极深耕原有"4+2"业务，继续保持快速增长；另一方面适时调整战略，积极探索实施"科技+金融+产业+城市"发展模式，在推进先进制造业与现代服务业深度融合的同时，寻求企业进一步转型升级，成效显著。2018年集团资产总额超2800亿元，实现合约销售899亿元、结转营业收入544亿元，利税总额超百亿元。

2018年4月，商务部等8部门在《关于开展供应链创新与应用试点的通知》中指出，积极稳妥开展供应链金融业务，为资金进入实体经济提供安全通道。2019年2月，中共中央、国务院印发的《粤港澳大湾区发展规划纲要》中明确提出，要大力发展特色金融产业，支持珠海等市发挥各自优势，发展特色金融服务业。2019年4月18日，以华发集团作为核心债务人的供应链资产证券化项目"华金-联易融-华发大湾区供应链1-30号资产支持专项计划"获得上海证券交易所无异议函。该资产证券化项目是《粤港澳大湾区发展规划纲要》正式出台以来，市场上首单获批的大湾区资产支持专项计划类产品。"华金-联易融-华发大湾区供应链1-30号资产支持专项计划"采取分期发行方式，发行总额计划为100亿元，发行期数不超过30期，华金证券作为主承销商和计划管理人。供应商将以持有的华发集团下属子公司的应收账款，借助华发集团的资质和信用，通过专项计划发行证券的形式，实现在资本市场的融资。华发集团本次资产证券化产品的发行，不仅响应了国家号召，更有利于缓解华发集团上游供应商融资难、融资贵问题，为大湾区内具备条件的核心企业及其产业链上的上下游企业融资创新提供了先行先试的经验，支持了产业链上下游和谐发展，助力大湾区建设。下一步，作为核心债务人，华发集团将深耕大湾区，蓄力勃发，把握珠海本土资源优势，抢抓粤港澳大湾区建设和港珠澳大桥通车的历史性机遇，坚持"科技+金融+产业+城市"发展模式，紧扣实体，以"科技+"战略为引领，深入推进"二次创业"，积极通过供应链资产证券化项目等多种形式，在服务实体经济和融入大湾区规划方面不断实现突破，以大湾区战略的先行者和践行者姿态，全方位助力粤港澳大湾区发展。

10.4.3 尾部企业——破产并购或深耕区域

1. 破产并购

如第一节所说，2018年房地产行业的马太效应依然十分明显。前百强房企销售规模增长28.94%，前50强房企销售规模占全行业51.95%，千亿房企创纪录新增至30家，51%的土地被排名前十的企业购得。同时，龙头房企的优势并不局限于住宅开发，慢慢向长租公寓、物流地产、商业地产、物业服务等领域扩展。然而，尾部企业则要面临资金链断裂等问题，处境困难，面临被动退出。而有部分企业则因各种原因主动开始淡出房地产开发行业，谋求转型。

2018年融资渠道持续收紧，行业增速乏力，整体呈现向追赶成长和滞后发展端偏移的态势，行业金字塔型的结构越来越明显，强者恒强更加显著。少数实力雄厚的大型房企受益于行业整合，业绩得到进一步提升，销售回款在规模、增量和稳定性上占据绝对优势，实现稳步增长，优势进一步扩大。市场调整期往往是大企业寻求扩张的最好时机，与直接通过招拍挂方式从地方政府手中获得土地相比，大型房企通过并购获得的土地成本往往会更低，项目性价比更高。除了通过并购来实现规模扩张之外，大型房企还能通过并购贷款来拓展新的融资途径，帮助企业迅速占领新市场。例如，2018年10月初，万科收购华夏幸福旗下涿州公司80%股权、裕景公司80%股权、裕达公司80%股权、廊坊公司80%股权和霸州公司65%股权。这五家公司持有位于环京区域的涿州、大厂、廊坊和霸州市的共10宗土地，均为住宅用地，总用地面积约34万 m^2。万科实际通过收购目标公司控股权的方式获得了相关地区的土地储备和项目开发权，从而得以进入环京市场。随后，万科又获得部分海航地产项目以及嘉凯城旗下5个项目，前述三项资产收购共计耗资76.24亿元（含相关债务）。

而尾部中小型房企依然举步维艰，成长空间及市场份额进一步被挤压，500强房企中销售额小且呈现负增长的企业不在少数。调控重压之下，中小房企控股权腾挪案例大量增加。例如，有的公司陆续处理掉旗下地产业务；有的公司则彻底从房地产转向金融行业。2018年下半年，房企并购整合更加频繁，有超过30家中小地方性房企股权和债券通过产权交易平台挂牌转让。上市公司方面，Wind数据显示，2018年6月以来，上市公司共计发起了46起标的资产为地产行业的并购，披露交易规模达到489亿元，并购重组成为持续增加土储、促进销售增长的重要推动力，这一趋势在未来还将延续。

2. 区域深耕

进入2019年，以"稳地价、稳房价、稳预期"为特点的因城施策也在全国多地施行。虽然不少城市放宽落户门槛，个别城市甚至出台购房补贴政策，但"房住不炒"的主基调并未改变，房地产调控从紧的基本面并未出现扭转。不少中小房企在年初喊出了"千亿"目标。在政策依然从紧，以及市场向龙头房企等"千亿"规模级的房企集中的趋势下，对于在布局、资金、品牌等方面不占优势的中小房企，区域深耕则成为一条发展出路。

在调控依然从紧、竞争进一步加剧、集中度进一步提高的环境下，更多区域型中小房企逐渐掉队甚至淡出。然而，一些区域深耕型房企在调控周期和激烈的市场竞争下活得并不逊色。

（1）滨江集团

聚焦杭州的滨江集团2018年实现合约销售850.1亿元，同比增长38.2%；实现营业收入211.15亿元，同比增长53.3%；实现利润总额42.41亿元，同比增长44.9%。自2018年下半年，滨江集团在深圳等非优势区域的投资进展不顺利后，其逐渐明晰"聚焦杭州、深耕浙江"的战略，并将杭州作为主战场。

以其大本营杭州市场为例，2018年，滨江集团在杭州实现合约销售294亿元，市场占有率达到7.4%，稳居第一位，基本完成了300亿元的年度目标。而杭州市商品房成交金额TOP10项目中，滨江集团有4席入列。在房企众多、竞争激烈的杭州，滨江集团并不逊色于全国性布局的龙头房企。而正是在优势区域的深耕，才让滨江集团在激烈的竞争中不至于"掉队"。

（2）龙光地产

龙光地产扎根深圳，深耕粤港澳大湾区。2018年，其实现合约销售718亿元，同比增长65%；实现营业收入441亿元，同比增长59%；实现核心净利润77亿元，同比增长66%。龙光地产2018年718亿元的合约销售中，有六成来自粤港澳大湾区区域，其中深圳区域以及大湾区其他区域的销售占比分别达到26%和34%。此外，至2018年底，龙光地产的土地储备货值达到 6520 亿元，其中大湾区土地储备货值占比约为 82%。

通过区域深耕，地方性房企在当地与全国性布局的龙头房企竞争时，往往并不居于下风。该类型房企大多在当地深耕多年，对市场、客户群体的研究较为透彻，在当地拥有良好的产品力、品牌知名度和忠诚度，并有着深厚的资源积累和良好的竞争优势。

进入存量时代，房地产企业必然要通过并购来扩大规模，占领市场。未来房地产行业集中度会进一步提升，房地产市场格局继续朝着"寡头化"趋势发展。在调控压力之下，中小房地产企业面临着"凛冬"的生死考验，不进则退。中小房地产企业应当认清时代潮流，敢于面对风险，认真全面考虑如何解决风险、如何最大限度地避免风险发生、最大限度地避免损失，与合作伙伴利益绑定，通过经济杠杆激励各方合力解决风险、规避损失，谋求发展。

参考文献

[1] 高珮义. 城市化发展学原理 [M]. 北京：中国财政经济出版社，2009.
[2] 王学德. 宏观层面的中国房地产研究 [M]. 青岛：中国海洋大学出版社，2016.
[3] 唐健，王庆日，谭荣. 新型城镇化战略下建设用地再开发政策的理论与实践 [M]. 北京：中国社会科学出版社，2016.
[4] 高波. 现代房地产经济学 [M]. 南京：南京大学出版社，2010.
[5] 黄英，王海燕，王满良. 房地产投资分析 [M]. 北京：清华大学出版社，2015.
[6] 刘寅，朱庄瑞. 新常态下我国房地产市场变化分析与调整思路 [J]. 现代管理科学，2016（7）：73-75.
[7] 陈晓，魏兰叶. 经济新常态下我国房地产市场发展路径研究：基于房地产投资水平分析 [J]. 商业经济研究，2017（1）：188-191.
[8] 黄燕芬，李志远，张超. 坚持"房住不炒"深入推进房地产市场供给侧结构性改革：2017年房地产政策回顾与2018展望 [J]. 价格理论与实践，2018（1）：18-23.
[9] 吴焕军. 土地政策在房地产调控中的政策效果评价 [J]. 中南财经政法大学学报，2011（6）：23-27.
[10] 唐健，徐小峰. 近年来房地产调控中的土地政策评析 [J]. 中国土地科学，2011，25（3）：9-15.
[11] 中国财政学会公私合作（PPP）研究专业委员会课题组，贾康，孙洁. 公私合作伙伴机制：城镇化投融资的模式创新 [J]. 经济研究参考，2014（13）：16-27.
[12] 郝涛，徐宏，岳乾月，等. PPP模式下养老服务有效供给与实现路径研究 [J]. 经济与管理评论，2017，33（1）：119-125.
[13] 黄芳圆. 我国共有产权保障房政策执行困境研究：以上海市为例 [D]. 上海：华东师范大学，2015.
[14] 中国发展研究基金会. 中国城镇化进程中的住房保障问题研究 [M]. 北京：中国发展出版社，2013.
[15] 巴曙松. 房地产大周期的金融视角 [M]. 厦门：厦门大学出版社，2012.
[16] 王明华，刘珍，李楠竹. 中国养老产业发展走势总体判断及政策导向 [J]. 财经问题研究，2017（4）：28-34.
[17] 李燕，伍梦. 中国养老产业发展研究综述与展望：基于养老产业政策的角度 [J]. 当代经济，2018（9）：119-122.
[18] 姚尚建. 城乡一体中的治理合流：基于"特色小镇"的政策议题 [J]. 社会科学研究，2017（1）：45-50.
[19] 赵天奕，刘圣. 雄安新区建设思路与策略：基于深圳特区、上海浦东新区开发开放建设经验的视角 [J]. 河北金融，2017（10）：9-12.
[20] 潘凤. 深圳特区、浦东新区、雄安新区的比较研究 [J]. 经济体制改革，2017（6）：46-51.
[21] 姚士谋，周春山，王德，等. 中国城市群新论 [M]. 北京：科学出版社，2016.
[22] 刘靖. 长江三角洲城市群一体化的机制和实现路径研究 [D]. 上海：上海社会科学院，2013.
[23] 刘秀娟. 长三角城市群固定资产投资对经济增长的拉动分析 [D]. 北京：首都经济贸易大学，2015.
[24] 武建奇，母爱英. 世界大都市圈协同发展模式与京津冀协同发展路径研究 [M]. 北京：中国社会科

学出版社,2018.

[25] 朱道才,任以胜,徐慧敏,等.长江经济带空间溢出效应时空分异[J].经济地理,2016,36(6):26-33.

[26] 蔡高明,李志斌,王东宇,等.中原城市群产业投资网络结构特征分析[J].城市发展研究,2017,24(12):16-21.

[27] 周均旭.产业集群人才吸引力及其影响机制研究[D].武汉:华中科技大学,2009.

[28] 中国行政管理学会课题组,贾凌民,陈永杰.房地产市场短期政策与长效机制政策研究[J].中国行政管理,2014(5):34-38.

[29] 陈峰,张妍.我国房地产长效机制的构建困境与若干建议[J].学习与探索,2018(2):117-123.

[30] 吴粲.策划学[M].北京:北京师范大学出版社,2008.

[31] 黄福新.房地产策划师职业培训教程[M].北京:机械工业出版社,2006.

[32] 兰峰.房地产项目策划[M].西安:西安交通大学出版社,2009.

[33] 贾士军.房地产项目全程策划[M].广州:广东经济出版社,2002.

[34] 张敏莉.房地产项目策划[M].北京:人民交通出版社,2007.

[35] 王直民.房地产策划[M].北京:北京大学出版社,2010.

[36] 陈火金.策划学全书[M].北京:中国社会出版社,2005.

[37] 吴翔华.房地产营销策划[M].北京:化学工业出版社,2012.

[38] 曹春尧.房地产营销策划[M].上海:上海财经大学出版社,1999.

[39] 谢荣华,张信和.房地产广告[M].广州:广东经济出版社,2002.

[40] 简明,胡玉立.市场预测与管理决策[M].北京:中国人民大学出版社,2003.

[41] 贾士军.房地产项目策划[M].北京:高等教育出版社,2011.

[42] 宋玉军.房地产市场调控回归基点的理论探略:基于政治经济学视角[J].合肥学院学报(综合版),2017,34(6):29-34.

[43] 叶学平.图文:坚持"房子是用来住的、不是用来炒的"定位:在发展中保障和改善民生 专家讲习之八[N].湖北日报,2018-07-04(4).

[44] 周莹,兰日旭.租售同权视角下的城镇化探析[J].南方论丛,2017(5):12.

[45] 陈杰.以供给侧改革来推进"房子不是用来炒的"住房制度建设[J].中国发展,2017(5):13-18.

[46] 赵玮,王军武.消费者预期心理对商品住宅价格影响的研究[EB/OL].北京:中国科技论文在线(2010-10-20)[2019-12-20].http://www.paper.edu.cn/releasepaper/content/201010-331.

[47] 杨西萍.人口老龄化背景下的西安市养老产业发展研究[D].西安:西安电子科技大学,2013.

[48] 曹炳良.《中国老龄工作七年发展纲要(1994—2000年)》出台始末[J].中国社会导刊,2008(20):53-55.

[49] 周玉.北京市社会养老服务体系构建的金融支持研究[D].北京:首都经济贸易大学,2018.

[50] 苏振芳.人口老龄化与养老模式[M].北京:社会科学文献出版社,2014.

[51] 李洪心,李巍.人口老龄化与老年服务业发展研究[M].北京:科学出版社,2018.

[52] 吴犁.我国养老地产发展问题研究[D].长沙:湖南师范大学,2014.

[53] 范云翠,王红,郭继秋.养老地产融资制约因素及发展对策研究[J].中国住宅设施,2018(7):6-8.

[54] 刘亮,郭师虹,杨晶晶.我国养老地产发展现状及对策研究[J].建筑经济,2016,37(1):67-70.

[55] 邬昭晗.国外养老产业融资模式对我国的启发[J].现代商业,2016(27):54-55.

[56] 颜玮.中国家庭的功能演变与养老模式的适应性变迁[J].广西社会科学,2018(5):168-171.

[57] 宋健."四二一"结构家庭的养老能力与养老风险:兼论家庭安全与和谐社会构建[J].中国人民

大学学报, 2013, 27 (5): 94-102.

[58] 安硕. 社会转型背景下居民养老模式新探索: 论介护保险在我国的适用 [D]. 西安: 长安大学, 2015.

[59] GRANOVETTER M, SWEDBERG R. The sociology of economic life [M]. [s. l.]: Westview Press, 1992.

[60] 刘清发, 孙瑞玲. 嵌入性视角下的医养结合养老模式初探 [J]. 西北人口, 2014, 35 (6): 94-97.

[61] 于潇. 公共机构养老发展分析 [J]. 人口学刊, 2001 (6): 28-31.

[62] 章晓懿, 张钟汝, 陈亚鹏, 等. 上海市老年照料护理人员情况调查及国际比较研究 [C] //中国老年学学会. 持续增长的需求 老年长期照护服务: 全国老年照护服务高峰论坛论文集. 北京: 中国文联出版社, 2010.

[63] 张莹. 嵌入式养老地产模式的研究: 以浙江省为例 [D]. 杭州: 浙江财经大学, 2018.

[64] 孙雯芊, 丁先存. 公立医院医养结合模式可行性研究: 以合肥市滨湖医院老年科为例 [J]. 安徽农业大学学报 (社会科学版), 2013, 22 (5): 69-74.

[65] 袁晓航. "医养结合" 机构养老模式创新研究 [D]. 杭州: 浙江大学, 2013.

[66] 郑少卿. 英国社区养老模式对我国的启示 [J]. 商场现代化, 2012 (20): 394-395.

[67] 刘国萍. 现阶段我国城市社区养老模式存在的问题与对策研究 [D]. 杭州: 浙江财经大学, 2013.

[68] 彭小京. 基于持续照护模式的养老服务机构设施规划研究 [D]. 广州: 华南理工大学, 2018.

[69] 张程远. 我国持续照护型养老社区医疗康复区规划与设计研究 [D]. 重庆: 重庆大学, 2018.

[70] 詹新鹏. 互联网时代下产品的适老化设计研究 [J]. 西部皮革, 2018, 40 (2): 119-120.

[71] 徐帆. 我国适老化住宅开发建设及运营管理研究 [D]. 杭州: 浙江大学, 2014.

[72] 郝学. 居家养老模式下适老化设计标准研究与实践 [D]. 北京: 北京建筑大学, 2017.

[73] 熊伟. 住区规划中的适老化设计对策 [J]. 规划师, 2012, 28 (S1): 89-92.

[74] 董伟源. 中国养老地产运营模式探索及建议 [J]. 全国商情 (理论研究), 2014 (5): 37-38.

[75] 武甲晓. 美国养老地产开发经验启示 [J]. 合作经济与科技, 2012 (1): 11-12.

[76] 余杰, ROSENBERG M W, 程杨. 北京市老年人居家养老满意度与机构养老意愿研究 [J]. 地理科学进展, 2015, 34 (12): 1577-1585.

[77] 李宗伟, 张艳辉, 栾东庆. 哪些因素影响消费者的在线购买决策? 顾客感知价值的驱动作用 [J]. 管理评论, 2017, 29 (8): 136-146.

[78] 徐隽倬, 韩振燕, 梁誉. 支付意愿视角下老年人选择社会养老服务影响因素分析 [J]. 华东经济管理, 2019, 33 (8): 167-173.

[79] 张勇. 中国保障房融资模式研究 [M]. 北京: 经济科学出版社, 2014.

[80] 虞晓芬, 金细簪, 陈多长. 共有产权住房的理论与实践 [M]. 北京: 经济科学出版社, 2015.

[81] 刘宁, 孔凡文. 我国保障性安居工程绩效评价模型与应用 [M]. 北京: 科学技术文献出版社, 2016.

[82] 马先标. 解读中国房改: 建立 "两房协调" 的住房新体制 [M]. 北京: 清华大学出版社, 2017.

[83] 牛建宏. 规则的博弈: 中国房地产观察 [M]. 北京: 人民日报出版社, 2017.

[84] 徐旭初. 我国保障房体系动态优化中的金融支持与风险控制研究 [M]. 合肥: 合肥工业大学出版社, 2018.

[85] 张诗雨. 美国、新加坡公共住房政策与制度: 国外城市治理经验研究之九 [J]. 中国发展观察, 2015 (10): 84-85.

[86] 张富强. 完善中国住房保障法律制度的几点思考: 以美国经验为借鉴 [J]. 华南师范大学学报, 2014 (6): 121-128.

[87] 胡建文. 新加坡组屋制度与深圳市保障性住房制度的比较分析 [J]. 住宅与房地产, 2019 (17): 72-75.

[88] 王昱博. 共有产权住房定价及产权问题研究 [D]. 武汉: 华中师范大学, 2016.

[89] 李霞，梁森森．发展共有产权住房的若干思考［J］．城乡建设，2014（5）：67-69.

[90] 陆玉龙．共有产权：经济适用房制度创新研究［J］．中国房地信息，2015（9）：18-21.

[91] 赵沛琪．公租房准入与退出核准制度分析：基于上海联明雅苑公租房案例研究［J］．现代营销（信息版），2019（8）：205.

[92] 李和平．基于"夹心层"群体特征的公租房选址偏好解译：重庆市主城区公租房第22次配租的实证研究［C］//中国城市规划学会．共享与品质：2018中国城市规划年会论文集．北京：中国建筑工业出版社，2018.

[93] 谭瑞．中国保障性住房体系的演进、特点与方向［J］．深圳大学学报（人文社会科学版），2017，34（2）：101-108.

[94] 夏磊．住房租赁市场：政策与未来［J］．发展研究，2017（10）：30-46.

[95] 戴德梁行研究部．长租公寓市场发展分析［J］．住宅与房地产，2018（4）：51-59.

[96] 高晓飞．长租公寓行业现状及发展趋势研究［J］．企业改革与管理，2018（10）：202-203.

[97] 张燕来，么文爽．基于既有建筑改造的青年长租公寓设计研究［J］．中国房地产，2017（18）：13-19.

[98] 温锋华．中国特色小镇规划理论与实践［M］．北京：社会科学文献出版社，2018.

[99] 陈青松，任兵，通振远，等．特色小镇实操指南：策划要点 运营实务 落地案例［M］．北京：中国市场出版社，2018.

[100] 李季．大国小镇：中国特色小镇规划与运营模式［M］．北京：中国建筑工业出版社，2018.

[101] 印建平．小镇的崛起：特色小镇规划与运营指南［M］．北京：经济管理出版社，2018.

[102] 住房和城乡建设部政策研究中心，平安银行地产金融事业部．新时期特色小镇：成功要素、典型案例及投融资模式［M］．北京：中国建筑工业出版社，2018.

[103] 陈劲，于飞，谢俊，等．特色小镇智慧运营报告（2018）：顶层设计与智慧架构标准［M］．北京：社会科学文献出版社，2018.

[104] 金梦薇．特色小镇土地政策研究［D］．杭州：浙江大学，2018.

[105] 徐豪．专访茂名市委书记许志晖：积极对接和融入粤港澳大湾区发展［J］．中国报道，2019（4）：30-31.

[106] 武义青，柳天恩．雄安新区精准承接北京非首都功能疏解的思考［J］，西部论坛，2017，27（5）：64-69.

[107] 何海岩．京津冀协同发展下北京人口调控的问题与对策［J］．宏观经济管理 2016（4）：64-67.

[108] 张可云．北京非首都功能的本质与疏解方向［J］．经济社会体制比较，2016（3）：23-25.

[109] 廖菲，陈姣姣．轨道交通新格局对卫星城发展的影响研究：以成都市为例［J］，成都理工大学学报（社会科学版），2017，25（3）：69-73.

[110] 廖莹，沈一．城市规划理论在我国实践中的运用：以卫星城理论为例［J］，安徽农业科学，2012，40（8）：4738-4740.

[111] 刘畅，潘海啸，贾晓韡，等．轨道交通对大都市区外围地区规划开发策略的影响：外围地区TOD模式的实证研究［J］．城市规划学刊，2011（6）：60-67.

[112] 李道勇．大都市区多中心视角下轨道交通与新城的协调发展［D］．天津：天津大学，2014.

[113] 孟庆艳，李强．城市公交网点与人口分布互动关系的理论模型［J］．人文地理，2008，23（5）：119-123.

[114] 胡敏．轨道交通对城市空间布局的影响探析［J］．现代城市研究，2007（11）：34-39.

[115] 盛来芳．基于时空视角的轨道交通与城市空间耦合发展研究［D］．北京：北京交通大学，2012.

[116] 康利敏．城市轨道交通对郊区化影响研究［D］．上海：华东师范大学，2011.

[117] 蔡蔚，韩国军，叶霞飞，等．轨道交通车站与城市建筑物的一体化［J］．城市轨道交通研究，2000

(1): 55-58.

[118] 田申. 房地产供给侧改革路径研究 [D]. 郑州：郑州大学, 2017.

[119] TIMMERS P. Business models for electronic markets [J]. Electronic markets, 1998, 8 (2): 3-8.

[120] SHAFER S M, SMITH H J, LINDER J C. The power of business models [J]. Business horizons, 2005, 48 (3): 199-207.

[121] MORRIS M, SCHINDEHUTTE M, ALLEN J. The entrepreneur's business model: toward a unified perspective [J]. Journal of business research, 2003, 58 (6): 726-735.

[122] MAHADEVAN B. Business models for Internet-based e-commerce: An anatomy [J]. California management review, 2000, 42 (4): 55-69.

[123] 黄培, 陈俊芳. 看安然公司的商业模式 [J]. 企业管理, 2003 (3): 50-51.

[124] 钱志新. 创新商业模式探析 [J]. 现代管理科学, 2007 (8): 3-4.

[125] GEISSDOERFER M, SAVAGET P, EVANS S. The cambridge business model innovation process [J]. Procedia Manufacturing, 2017 (8): 262-269.

[126] OSTERWALDER A, PIGNEUR Y. Business model generation: a handbook for visionaries, game changers, and challengers [M]. Hoboken: Wiley, 2010.

[127] 朱仲贤. 销售型与持有型房地产投资回报差异及评价初探 [J]. 当代经济, 2012 (17): 126-127.

[128] 杨红旭. 持有型物业：地产企业经营战略主方向 [J]. 城市开发, 2008 (Z1): 74-75.

[129] 肖茂. 基于REITs下的国有企业长租公寓投融资研究 [D]. 北京：对外经济贸易大学, 2018.

[130] 刘喜明. 持有型物业运营管理的信息化建设分析 [J]. 四川水泥, 2018 (9): 213.

[131] 王卉. 浅析持有经营物业对房地产公司收益的影响 [J]. 经贸实践, 2018 (10): 79-81.

[132] 陈杨, 郝建新, 邵红瑜. 我国长租公寓行业的发展困境及对策分析 [J]. 现代商业, 2019 (5): 51-52.

[133] 刘贞平, 纪倩. 存量房背景下房地产经纪行业转型升级探索 [J]. 中国房地产（下旬刊）, 2018 (8): 73-79.

[134] 赵淑霞. 北京市存量房市场研究 [D]. 北京：北京交通大学, 2014.

[135] 巴曙松, 杨现领. 新中介的崛起与房地产价值链的重构 [M]. 厦门：厦门大学出版社, 2017.

[136] 石付宜, 张文娟. 浅析如何提高房地产经纪从业人员素质 [J]. 现代物业（中旬刊）, 2015, 14 (4): 48-50.

[137] 赵小旺, 唐韦, 杨婵玉. 房地产经纪人综合素养探究 [J]. 产业与科技论坛, 2019, 18 (5): 236-237.